Emil-Ernst Ronner

Der Mann mit der Laterne

Dr. Barnardo
Der Vater der
Niemandskinder

Die Deutsche Bibliothek – CIP-Einheitsaufnahme

Ronner, Emil Ernst:
Der Mann mit der Laterne: das Leben Thomas John Barnardos /
Emil Ernst Ronner. – Ungekürzte Ausg., 3. Aufl., Neuausg. –
Neuhausen-Stuttgart: Hänssler, 1993
  (TELOS-Extra; Nr. 4)
  ISBN 3-7751-0642-1
NE: GT

3. Auflage
ISBN 3-7751-0642-1 (Hänssler)
ISBN 3-89397-730-9 (CLV)
Das vorliegende Buch war bisher unter dem Titel
»Der Mann mit der Laterne: das Leben Thomas John Barnardos«
als TELOS-Taschenbuch Nr. 334 erhältlich.
TELOS-EXTRA, Nr. 4
Bestell-Nr. 74.104
© Copyright 1982 by Hänssler-Verlag, Neuhausen-Stuttgart
Titelbild: Autumn landscape with a view of Het Steen. –
Peter Paul Rubens; mit freundlicher Erlaubnis von
The National Gallery, London
Umschlaggestaltung: Daniel Dolmetsch
Printed in Germany

Meiner Frau

Ein Mensch wird zweimal geboren

Als sich am 4. Juli des Jahres 1845 der Abend auf das Dächermeer von Dublin herabsenkte, stand John Michaelis Barnardo am Fenster seines etwas düster gehaltenen Arbeitsraumes und seufzte tief. Nicht, weil er an diesem, nun zur Neige gehenden Tage zum neuntenmal Vater geworden war; unter anderen Umständen wäre das für ihn ein Grund zu herzlicher Freude gewesen. Kinder waren ein besonderes Geschenk des Herrn, das wußte er. Aber die Geburt des Söhnleins hatte der Mutter beinahe das Leben gekostet, und auch jetzt noch machte der Arzt ein bedenkliches Gesicht. Würde sie sich von dem erlittenen Blutverlust je wieder erholen können?

»Mary, mein Gott, Mary«, stöhnte Barnardo. Und wie er sich müde mit der Hand über die Augen fuhr, da sah er zerfallen aus wie ein Mann, der die Kämpfe eines langen Lebens bereits hinter sich hat, und er war doch erst fünfundvierzig Jahre alt. Doch was ihm an diesem Tage zu tragen aufgegeben worden war, überstieg beinahe seine Kräfte, war doch zu den Aufregungen im Hause noch ein anderes gekommen: die niederschmetternde Nachricht vom finanziellen Zusammenbruch der Wicklow Wesford Eisenbahngesellschaft. Nahezu sein ganzes Vermögen, ein paar tausend Pfund, hatte er in dieses, so aussichtsreich scheinende Unternehmen gesteckt. Und nun war das alles verloren.

Barnardo trat vom Fenster zurück und setzte sich an den Schreibtisch. Aber seine Hände blieben untätig und seine Gedanken waren nicht bei den Zahlen auf den vor ihm liegenden Papieren. Wie Falter um ein Licht, so kreisten sie immer wieder um die eine Frage: welches mochte der Sinn dieser Prüfungen sein? Was hatte der Herr mit ihm vor, daß er ihn mit solcher Härte züchtigte?

Plötzliches Stimmengemurmel aus dem Nebenzimmer riß ihn aus seinem Brüten. Erschreckt lauschte Barnardo nach der Türe hin.

Gott sei Dank! Ganz deutlich vernahm er jetzt die ruhige Stimme der Pflegerin. Also war Mary aufgewacht. Er stand auf, straffte sich und zwang ein Lächeln auf sein hageres Gesicht. Er wollte hinübergehen, um nach ihr und dem Kleinen zu sehen. Seine Frau durfte nicht wissen, wie schwer es ihm ums Herz war, wie ungewiß die Zukunft vor ihnen lag.

Trifft den Menschen ein Ungemach, dann wähnt er, die Welt müsse nun stille stehen. Und doch geht alles nach einer unbarmherzig erscheinenden Gesetzmäßigkeit seinen Lauf. Auch nach der finstersten Nacht dämmert endlich der Morgen herauf, und auch im verhagelten Blütenbaum stimmt der Fink wieder sein Lied an.

So gingen denn auch die für Barnardo so schweren Julitage vorüber. Freilich, der Zusammenbruch der Eisenbahngesellschaft war endgültig und somit das Geld verloren; aber was wichtiger war: Mary erholte sich rascher, als nach der Prognose des Arztes zu hoffen gewesen war.

Das Söhnlein allerdings, das in der St. Andreaskirche auf die Namen Thomas John getauft worden war, blieb trotz sorgfältiger Pflege ein schwächliches Kind. Es hatte ganz den Anschein, als ob seinem Leben keine lange Frist gesetzt worden sei. Und als dann das zweijährige Büblein noch von einer schweren und langwierigen Krankheit befallen wurde, zehrten die Fieber die letzten Kräfterestchen im kleinen Körper auf. Die beiden mit der Behandlung betrauten Ärzte versuchten alles, um das entschwindende Leben zurückzuhalten, doch waren ihre Bemühungen umsonst. Als sie eines Abends vom bedrückten Vater ans Krankenbettchen geholt wurden, weil der Kleine so sonderbar geröchelt hatte, konnten sie nur noch den Tod ihres Patienten feststellen.

Am nächsten Tag wurde im Trauerhaus alles für das Begräbnis vorbereitet. Die Verwandten und Bekannten brachten Blumen, Kränze und Trostesworte, ein Särglein wurde ins verdunkelte Zimmer getragen, und schließlich erschien auftragsgemäß ein Angestellter der Bestattungsgesellschaft, um die kleine Leiche in ihrem weißen Hemdlein zwischen Blumen in ihr letztes, enges Kämmerchen zu betten.

Möglich, daß der Mann, der damit einer alltäglichen Pflicht oblag, durch dieses tote Büblein an sein eigenes Kind erinnert wurde und, so in Gedanken versunken, sich weniger als sonst beeilte, Tatsache ist, daß er die Hand auf die schmale Brust der Leiche legte und wie unter einem elektrischen Schlag zusammenzuckte, weil er ganz deutlich das Schlagen des kleinen Herzens wahrgenommen hatte.

Sofort wurden die Eltern verständigt und die Ärzte geholt, und die Trauer wich inniger Freude, als es gelang, Tom zu neuem Leben zu erwecken. Für die Mutter bestand kein Zweifel, daß Christus ihre inbrünstigen Gebete erhört und das am Töchterchen des Jairus vollbrachte Wunder an ihrem eigenen Kinde wiederholt hatte.

Und nun entwickelte sich Tom im Laufe der Jahre zu einem gesunden, ja, ungewöhnlich temperamentvollen Knaben. Zusammen mit seinen Geschwistern wuchs er in einer strenggläubigen Umgebung auf, verhielt sich jedoch zum großen Leidwesen der Mutter, die von der in Irland ansässigen englischen Quäkerfamilie der Drinkwaters abstammte, allen religiösen Fragen gegenüber völlig teilnahmslos. Sein älterer Bruder Fred hat einmal bezeugt, daß Tom als Junge recht eigensinnig gewesen sei und mit seinen Streichen und oft üblen Späßen das ganze Haus in Unruhe und Aufregung versetzt habe.

Er war in allem das genaue Gegenteil seines jüngeren Bruders Harris, der wegen seines gezierten, ganz unkindlichen Benehmens und seiner hübschen Stimme den Besuchern im Hause Barnardo gern als Musterkind vorgeführt wurde, um von ihnen bestaunt, gelobt und nach Noten mit Süßigkeiten verwöhnt zu werden. Und während Harris im Salon seine Liedchen sang, die schönen Augen aufschlug und sich wohlgefällig über sein weiches Lockenhaar streichen ließ, gebärdete sich der im Kinderzimmer zurückgelassene Tom wie ein kleines Ungeheuer, hämmerte mit den Fäusten und Schuhen gegen die Türe und bemühte sich erfolgreich, diesen Radau mit gellendem Geheul noch zu übertönen.

Einmal, als Harris, wiederum an einer Süßigkeit schleckend, das Kinderzimmer betrat, stürzte sich Tom auf ihn und schlug dem völlig Überraschten die Hand ins Gesicht: »Da hast du auch noch von mir eine Belohnung! Vielleicht hörst du nun endlich auf, den Engel zu spielen.« Nachdem er sein Opfer in eine Ecke geboxt hatte, versetzte er ihm eine zweite Ohrfeige: »Und das, du Geizhals, ist die Strafe dafür, daß du das erheuchelte Schleckzeug nicht wenigstens mit mir geteilt hast.«

Die Schule besuchte Tom vom zehnten Lebensjahr an. Er lernte sehr leicht, doch nur das, was ihm zusagte. Daß er durch sein störrisches Wesen seinen Eltern endlose Not bereitete, kann nicht weiter verwundern. Für Spiel und Sport — ausgenommen für das Schwimmen — hatte er gar nichts übrig. Viel lieber verkroch er sich nach der Schule mit irgendeinem Buch in einen Winkel, wo ihn niemand vermutete und fand. Das Lesen war seine große Leidenschaft, er verschlang wahllos alles, was ihm in die Hände fiel. Während seines ganzen Lebens bedauerte er, nie Zeit gefunden zu haben, selber ein Märchenbuch zu schreiben.

Die bevorzugte und fraglos kaum geeignete und richtig verstandene Lektüre des Vierzehnjährigen waren die Schriften Rousseaus, Voltaires und Paines. Kein Wunder, daß es sich so für Tom Barnardo nur um eine bedeutungslose Zeremonie handelte, als er mit fünfzehn Jahren vom Dubliner Erzbischof konfirmiert wurde. Ein Jahr später verließ er die Schule, ohne viel zu wissen und ohne zu einem bestimmten

Berufe entschlossen zu sein. So trat er, da er doch etwas tun mußte, in eine kaufmännische Lehre ein.

Dann kam die große Wende.

Es ging in jener Zeit, von Norden herkommend, eine starke Erweckungsbewegung durch Irland, und eine Welle dieses neuen Geistes erreichte auch Dublin. Außer in den Vororten fanden hier die Versammlungen hauptsächlich in der Metropolitain-Hall, einem früheren Zirkus, statt.

Zu den eifrigsten Besuchern dieser Evangelisationsabende gehörten Barnardo und die Seinen. Einzig Tom ging nicht mit. »Solche Seelenmassage habe ich nicht nötig«, lächelte er spöttisch überlegen. »Seht euch nur die Bußfertigen genauer an. Das sind mir schöne Heilige! Heute breiten sie mit wahrer Wollust ihre schmutzige Wäsche vor andern aus, singen Halleluja, und morgen schon setzen sie sich zu den Selbstgerechten und halten über andere Gericht.«

Aber seine beiden älteren Brüder drangen weiter in ihn. Sie hatten es in diesen Wochen an sich selbst erlebt, daß einer in Christo zur neuen Kreatur wird, wußten jedoch auch um die Verpflichtung, das empfangene Licht an andere weiterzugeben. Und schließlich erreichten sie, daß Tom, wenn auch widerwillig, sie zu einer der Versammlungen in der Metropolitain-Hall begleitete. Außer William Fry ergriff an jenem Abend auch Rochefort Hunt das Wort.

Und dieses Wort überraschte und packte Tom, denn es entsprach ganz und gar nicht dem, was er erwartet hatte. Es ließ ihn nicht mehr los, war wie ein Sämlein, das in gute Erde fällt und zu keimen beginnt. Der Zweifel erwachte in ihm. Der Boden, auf dem er so sicher zu stehen gewähnt hatte, bekam Risse und Sprünge.

Wohl spottete er nach wie vor, wenn daheim von den Gebetsversammlungen gesprochen wurde, doch wurde sein überhebliches Lächeln mehr und mehr zur Maske, hinter der er seine wachsende Unsicherheit verbergen konnte. Von nun an ging er freiwillig mit zu den Versammlungen.

Wie sich die Mutter freute! So hatte denn der Herr auch diesmal ihr Bitten erhört. Aber sie hütete sich wohl, das, was sich im Herzen ihres Jungen langsam vollzog, durch ungeduldiges Drängen zu stören. Auch die Blüte erschließt sich dem Lichte erst, wenn sie sich in der Enge der Knospe entwickelt hat.

Am 26. Mai 1862, fünf Wochen vor Tom Barnardos siebzehntem Geburtstag, sprach in der Metropolitain-Hall John Hambleton, ein gewesener Schauspieler. Von seinem mutigen Bekenntnis fühlte sich Tom seltsam ergriffen. Als sich die Eltern und Brüder ihrer Gewohnheit gemäß nach der Versammlung noch mit Bekannten unterhielten, trat er auf die Seite, um dann auch auf dem Heimweg in völligem Schweigen zu verharren.

Nach Stunden innerer Kämpfe ertrug er das Alleinsein nicht mehr. Es trieb ihn in das Schlafzimmer seiner beiden älteren Brüder hinüber. Neben Freds Bett warf er sich auf die Knie nieder: »Ich bin so voller Angst! Hilf mir, den richtigen Weg zu finden!«

Und aus der eindringlichen Unterredung und dem gemeinsamen Gebet der beiden jungen Menschen wuchs über alle Zweifel hinaus Toms fester Entschluß, mit der Vergangenheit zu brechen und ein neues, Gott unterstelltes Leben zu beginnen.

Als ihn in der Morgendämmerung die Arme des Bruders freigaben und er in sein eigenes Zimmer zurückkehrte, erfüllten ihn eine nie gekannte Ruhe und Zuversicht.

Missionare für China

Ein brauchbares Werkzeug in Gottes Hand zu werden, das war von Stunde an Tom Barnardos brennendes Verlangen. Fürs erste entschloß er sich, in der ihm neben seiner kaufmännischen Tätigkeit verbleibenden Zeit für das Reich Gottes zu werben. Er sprach den Schutzmann an der Straßenecke an, ob er den Weg kenne, der allein zur Seligkeit führe, er besuchte die Kranken in den Spitälern und hielt sich mit besonderer Vorliebe in der Nähe der Kasernen auf, wo er versuchte, mit den Soldaten ins Gespräch zu kommen, die vom Drill mehr wußten als von den Zehn Geboten. Man erzählte sich, daß er einmal am Lager einer armen Frau gebetet und dabei den Boden mit Tränen genetzt habe.

Weder Spott noch Enttäuschungen, die dem jugendlichen Rufer in der Wüste wahrlich nicht erspart blieben, vermochten seinen glühenden Eifer zu dämpfen. Der kleine Bursche, der es immer eilig hatte, war mit seiner blauen Brille und dem unter den Arm geklemmten Wachstuchpaket voller Traktätchen in den Elendsvierteln Dublins bald eine bekannte Erscheinung. Gassenbuben lauerten ihm auf und machten sich einen Spaß daraus, ihn mit Lehmkugeln und

Roßäpfeln zu bewerfen, und mehr als einmal kam es vor, daß der Daherstürmende aus einem Fenster einen Wasserguß empfing.

Aber gerade Anfechtungen solcher Art waren Öl in das Feuer seiner Begeisterung, nahm er sie doch als Beweise für die Dringlichkeit der Aufgabe, die er sich gestellt hatte.

Am liebsten hätte er seine kaufmännische Lehre abgebrochen, um wie Georg Müller, der Waisenvater in Bristol, sein Leben ganz in den Dienst eines großen Werkes zu stellen. Und kurzerhand setzte er sich hin und schrieb einen Brief nach Bristol, in dem er dem berühmten Wohltäter seinen Plan auseinandersetzte. »Seit einiger Zeit habe ich jede Woche einen Teil meines Taschengeldes für den Herrn auf die Seite gelegt, und nun möchte ich Sie um einen Rat bitten. Ich wohne mitten in der Altstadt von Dublin und begegne täglich vielen Menschen, die einmal als Heiden dahinsterben werden, weil sie nie etwas von der christlichen Erlösungslehre gehört haben. Ich brenne darauf, sie mit Gottes Hilfe vom Rand des Abgrundes zurückzuhalten. Aber ich bin noch ein wenig jung, erst siebzehn Jahre alt, und deshalb wende ich mich an Sie. Wenn Sie mir vorschlagen wollten, wie ich am besten zu Werk gehen könnte, wäre ich Ihnen unendlich dankbar.«

Die Antwort Müllers ließ längere Zeit auf sich warten. Und als sie dann endlich eintraf, bereitete sie Barnardo eine große Enttäuschung. »Nein, das habe ich nicht erwartet.« Müller schien sein Anliegen gar nicht ernst genommen zu haben, schrieb er ihm doch – was er wohl jedem andern jungen Enthusiasten auch schrieb – er solle, ehe er mit andern Gebetsversammlungen abhalte, das Wort Gottes vorerst selber studieren.

Barnardo legte den Brief unwillig auf die Seite und ging, die Hände auf dem Rücken, mit großen Schritten im Zimmer auf und ab. Dann lächelte er, was bei ihm nicht häufig vorkam. »So bleibt mir denn nichts anderes übrig, als meine Absicht ohne Orakelspruch aus Bristol nach eigenem Gutdünken zu verwirklichen.«

Und noch am gleichen Abend kam er mit seinen Brüdern überein, in verschiedenen Teilen der Stadt Lokale zu mieten, in denen Evangelisationsversammlungen abgehalten werden sollten.

Des gutgemeinten Rates, das Wort Gottes vorerst selber zu studieren, bedurfte Barnardo nicht. Seit jenem denkwürdigen 26. Mai war auch für ihn die Bibel das Buch der Bücher geworden. Er wunderte sich selbst, daß die Werke Voltaires und anderer Skeptiker einst einen so starken Einfluß auf ihn hatten ausüben können. An den Sonntagen nahm er, mit Bleistift und Notizpapier in der Hand, an vier oder fünf Gottesdiensten teil, und fünf Abende in der Woche waren seiner Arbeit in christlichen Vereinigungen gewidmet.

Er war ein ungewöhnlich rühriges Mitglied des »Christlichen Vereins junger Männer« und stellte sich der »Swift Alley Mission« zur Verfügung, deren Mitarbeiter sich verpflichteten, einzeln oder zu zweien von Haus zu Haus, von Stube zu Stube zu gehen, um aus der Bibel vorzulesen, zu predigen, zu beten und beim Weggehen ein Flugblatt zurückzulassen. Er trat dem religiösen Bund der »Offenen Brüder« bei, einer Gruppe, die sich unter der Führung Georg Müllers von Darbys »Plymouth-Brüdern« losgesagt und selbständig gemacht hatte. Daneben betätigte er sich als Lehrer in einer Armenschule und erhielt so Einblicke in soziale Zu- und Mißstände, die ihn tief beeindruckten. Als er einmal einen seiner Schüler daheim aufgesucht hatte, erklärte er: »Hätte ich einen Hund, ich würde es nie zulassen, daß er in einem solch schmutzigen Loch schlafen müßte. Und Menschen mit unsterblichen Seelen sollen dazu verurteilt sein, darin ihr Leben zu fristen?«

Das alles tat er nicht aus einer Sucht nach religiöser Betriebsamkeit heraus, sondern im Verlangen, vorbehaltlos und mit all seinen Kräften Gott zu dienen. Kein Zweifel, dieser junge Mensch war von der Hand Gottes angerührt worden, damit er zum Erfüller einer ganz bestimmten Aufgabe heranreife. Welcher Art diese Aufgabe sein würde, das war ihm freilich noch nicht kundgetan.

Im Verlangen nach einer noch innigeren Gemeinschaft mit Gleichgesinnten entschloß sich dann der Zwanzigjährige, das von Henry Grattan Guinness geführte theologische Seminar zu besuchen. Als Hudson Taylor, der Begründer der China-Inlandmission, zu Beginn des Jahres 1866 nach England zurückkehrte und seinen Urlaub benützte, um Vorträge über seine, in dreizehnjähriger Arbeit gewonnenen Erfahrungen zu halten, wurde er von Guinness eingeladen, auch zu den Schülern seines Seminars zu sprechen.

Lange vor der festgesetzten Stunde waren die jungen Leute im Hause ihres Lehrers vollzählig versammelt. Ungeduldig und erwartungsvoll waren ihre

Blicke auf die Türe gerichtet. Wie mochte der Mann aussehen, von dem sie so viel schon gehört und dessen Schrift »Der Ruf Chinas« sie als Vorbereitung auf den Abend gemeinsam gelesen hatten?

Endlich waren im Korridor sich nähernde Stimmen zu vernehmen, und jetzt wurde die Tür geöffnet. Dr. Guinness trat ein. Neben seiner großen, breitschultrigen Gestalt wirkte sein Begleiter auffallend klein und jung in seiner Beweglichkeit.

Konnte das Hudson Taylor sein? Oder hatte er, selber am Erscheinen verhindert, einen andern Redner beauftragt, an seiner Stelle zu den jungen Leuten zu sprechen?

Nein, es war Taylor. Aufatmend wandte sich Barnardo an seinen Nachbarn: »Wenn dieser kleine Mann derart Großes zu vollbringen vermag, dann besteht auch für mich noch einige Hoffnung.«

Es war kein eigentlicher Vortrag, was die Seminaristen nun zu hören bekamen. Ganz ungezwungen nahm Taylor in ihrer Mitte Platz, um ihnen dann im Plauderton von China zu erzählen, von seinen politischen Verhältnissen, seinen besorgniserregenden sozialen Zuständen und vom brennenden Verlangen der Bevölkerung nach der Erlösungslehre des Christentums. Aber Taylors Schilderungen waren von solcher Eindrücklichkeit, daß ihm seine Zuhörer wie gebannt lauschten. Und sofort nach Schluß der Versammlung erklärten sich vier der jungen Männer bereit, sich nach dem Gebot des Herrn »Mein Sohn, gehe heute hin und arbeite in meinem Weinberg!« in den Dienst der Mission zu stellen. Unter den so rasch Entschlossenen befand sich auch Barnardo. Er war so fest davon überzeugt, daß Gott ihn durch Taylor berufen habe, daß er seiner Begeisterung in Versen Ausdruck gab, die er unter dem Titel »Gottes Ruf nach China« drucken ließ und verteilte. Die angehenden Missionare sollten in einem besonderen Bibelkurs auf ihre Aufgabe vorbereitet werden und dann ihre Reise so rasch als möglich antreten.

Am 19. Februar hatte Taylors Vortrag im Hause des Dr. Guinness stattgefunden, und im April fuhren Barnardo und seine Kameraden nach London, um hier unverzüglich ihre Bibelstudien zu beginnen. Bei einer freundlichen Witwe in der Coburn-Street mietete Barnardo zwei einfache Zimmer. Noch ehe er sich eingerichtet hatte, hielt er schon nach Möglichkeiten Ausschau, um die in Dublin abgebrochene Tätigkeit in London fortsetzen zu können. Er setzte sich mit einer Reihe von Leuten in Verbindung, an die er durch persönliche Empfehlungsschreiben der »Offenen Brüder« und des »Christlichen Vereins junger Männer« gewiesen worden war.

Im Mai wurde der Bibelkurs abgeschlossen, und die neuen Missionare traten ihre Fahrt nach China an. Aber es waren ihrer nur noch drei. Auf Anraten Hudson Taylors blieb Barnardo vorläufig noch in London zurück. Er sollte sich hier durch das Studium der Medizin noch gründlicher auf den Missionsdienst vorbereiten und seinen Gefährten erst in einigen Jahren nachfolgen.

Doch das war vermutlich nur ein Vorwand. In Wirklichkeit zweifelte Taylor ganz einfach an Barnardos Bestimmung für China. Um aber den jungen Feuerkopf nicht zu sehr zu enttäuschen und um ihm Zeit und Möglichkeiten zu verschaffen, sich nach einer andern Richtung hin entfalten und entwickeln zu können, hatte er diesen Ausweg gewählt. Seiner Meinung nach konnten die außergewöhnlichen organisatorischen Fähigkeiten, die er in Barnardo erkannt hatte, in London besser eingesetzt und ausgenützt werden als in China.

Sonderbarer Kerl, dieser Barnardo!

So ließ sich denn Thomas John Barnardo in dem in der Whitechapelstraße gelegenen London-Hospital in das Verzeichnis der Medizinstudenten eintragen. Allerdings ohne Begeisterung, die nach wie vor einzig seiner Evangelisationstätigkeit galt. Das Medizinstudium war ihm ja nur Mittel zum Zweck, in drei oder spätestens vier Jahren Gottes Ruf nach China Folge leisten zu können.

Da es ihm an Zeit und Interesse fehlte, beteiligte er sich höchst selten an den geselligen Anlässen und sportlichen Veranstaltungen seiner Kommilitonen und kam nur widerwillig den Pflichten nach, die ihm die Sitten des studentischen Lebens auferlegten. Immerhin kam es vor, daß er, wenn auch schweren Herzens, sich zu einer Partie Fußball herbeiließ.

Mit der Rolle des Außenseiters, die er spielte, warb er sich begreiflicherweise keine Freunde. Sonderbarer Kerl, dieser Barnardo! Das war das allgemein geltende Urteil über ihn. Seine Kameraden hatten bald heraus, daß das Medizinstudium für ihn von untergeordneter Bedeutung war und er seine besten Kräfte ganz woanders einsetzte. Aber womit er sich beschäftigte, welches sein Hobby war, das blieb ihnen durch

Wochen hindurch ein Rätsel. Dann aber machte einer von ihnen eine seltsame Entdeckung.

An einem trüben Sommermorgen standen ein paar Studenten im Korridor des London-Hospitals und warteten auf den Chefarzt Dr. Winch, der eine Obduktion angesagt hatte. An einem klassischen Beispiel sollte die Richtigkeit von Brights Theorien nachgewiesen und die Unterschiede zwischen parenchymatöser und interstitieller Nephritis festgestellt werden.

»Eine Stunde länger im Bett hätte mich offen gestanden mehr interessiert als diese Nierenentzündung«, gähnte einer. Aber da riß er sich auch schon zusammen und spähte aufmerksam in den Hof hinunter. »Da kommt ja auch noch der kleine Barnardo!«

Bei diesem Namen horchten die Umstehenden auf.

»Sonderbarer Kerl, dieser Barnardo!« gab ein rothaariges, geschniegeltes Bürschchen das Stichwort.

»Tatsächlich. Etwas scheint bei dem nicht richtig zu sein. Der Himmel mag wissen, was diesen Eigenbrötler veranlaßte, in die Fußstapfen Äskulaps zu treten.«

»Ich gäbe etwas darum, wenn ich erfahren könnte, was er heimlich treibt.«

»Mag er tun, was er will. Mir ist er gleichgültig.«

»Vielleicht treibt er Spezialstudien. Er hat einen guten Kopf.«

»Der und Spezialstudien, daß ich nicht lache! Hast du vergessen, wie jämmerlich er versagte, als er kürzlich Auskunft über das Geflecht der Armnerven geben sollte!«

»Möglicherweise wettet er und steckt in Geldnöten. Armselig genug kommt er daher!«

»Der und wetten! Nein, so sieht er nicht aus.«

»Am Ende sind es Weibergeschichten.«

Die jungen Herren brachen in kicherndes Gelächter aus. »Das bestimmt nicht. Der hat noch nicht einmal herausgefunden, weshalb es Männlein und Weiblein gibt. O nein, ich lasse mich ausstopfen, wenn einer mir nachweisen kann, daß er auf diesem Gebiet nicht mehr ein völlig unbeschriebenes Blatt ist. Barnardo auf Liebespfaden. Stellt euch den kleinen Brillenträger einmal in den Armen einer Liebesgöttin vor!«

»Ein Bild für den ‚Punch'.«

»Joseph und die Potiphar in zweiter Auflage«, spottete der Rothaarige.

»Dummes Zeug«, mischte sich nun ein Student ins Gespräch, der bisher, am Fenster stehend, den Kameraden den Rücken zugewandt hatte.

»Was denn sonst? Ist es dir vielleicht gelungen, den Schleier des Geheimnisses zu lüften?«

»Allerdings.«

»Nun?«

»Als ich gestern über die Mile End Waste kam, so heißt doch der dem Hospital gegenüberliegende Platz, wo immer Spaziergänger und heimkehrende Arbeiter versammelt sind, um der Rede irgendeines querköpfigen Weltverbesserers zuzuhören, da habe ich unseren Freund Barnardo gesehen.«

»Hat er sich am Ende für die Rede einer Frauenstimmrechtlerin begeistert?«

»Das nicht, er hat gepredigt.«

»Ge — predigt?« Und der Spott auf ihren Gesichtern wich ehrlichem Entsetzen. »Aber das ist doch nicht möglich!«

»Mit diesen, meinen eigenen Augen habe ich ihn gesehen. Barhäuptig stand er da, auf einer Tonne oder auf einer Kiste, gestikulierte wie ein Ertrinkender, der die Hände nach dem rettenden Strohhalm ausstreckt, und hatte das Gesicht dem Himmel zugewandt. Was er predigte, kann ich allerdings nicht sagen, weil ich mich nicht dazu entschließen konnte, mich unter das neugierige Volk zu mischen. Ich hörte nur, daß er etwas von Erbsünde schwatzte, aus der die Menschen nur durch das Blut Christi erlöst werden könnten.«

»Dann ist er ein Methodist.«

»Jedenfalls ein Heuchler. Kein Wunder, daß keiner von uns ihn leiden mag.«

»Paßt auf«, meinte der Rothaarige, »nächstens wird er hier im Hospital zu Gebetsversammlungen aufrufen.«

»Oho, das wird er hübsch bleiben lassen. Aber sagt einmal, ist so einer nicht eine Schande für die ganze Fakultät? Er macht uns ja lächerlich.«

»Ich schlage vor, unverzüglich den Vorstand zu benachrichtigen. Entweder stellt er sein skandalöses Benehmen ein oder —«

»Still, da kommt er.«

»Guten Morgen«, nickte Barnardo den Kameraden zu, die ihn halb spöttisch, halb feindselig musterten. »Hoffentlich habe ich euch nicht in eurem Gespräch gestört.«

»Im Gegenteil«, antwortete der Rothaarige schlagfertig. »Wir haben uns eben über die Erbsünde unterhalten. Was hältst du davon?«

»Was ich davon halte?« Um Barnardos Mund spielte ein eigentümliches Lächeln, das hinter den blauen Gläsern seiner Brille von einem lustigen Augenzwinkern begleitet war. »Vor allem freue ich mich über das in eurem Kreis so plötzlich erwachte Interesse für theologische Fragen. Hoffentlich ist es auch echt, denn Heuchler und Spötter sind Gott ein Greuel. Und was nun die Erbsünde anbetrifft, so braucht ihr euch über sie nicht lange die Köpfe zu zerbrechen. Ihre Last wird euch fraglos in den Abgrund des Verderbens reißen, wenn ihr euch nicht in dienlicher Frist zu einem lebendigen Glauben an Jesus Christus, den Sohn Gottes, bekehrt.«

In diesem Augenblick kam ein Krankenwärter mit der Meldung, daß Dr. Winch die Herren erwarte.

Einigen seiner Kommilitonen imponierte Barnardos unerschrockenes Auftreten, andere wandten sich mitleidig lächelnd von ihm ab; aber da er keinem etwas in den Weg legte, sondern im Gegenteil jederzeit zu kleinen Gefälligkeiten bereit war, ließen sie ihn in Ruhe und kümmerten sich nicht weiter um seine sonderbare Liebhaberei. Was einer glauben wollte, war schließlich seine Privatangelegenheit.

Und dann ereignete sich kurze Zeit darauf etwas anderes, was aller Sinnen und Denken in Anspruch nahm und sie mit Angst und Schrecken erfüllte. Eine Choleraepidemie brach aus, die letzte in einer fast ununterbrochenen Reihe seit 1831. In allen Gassen Londons, vor allem aber im Ostend, lauerte das hohläugige Gespenst auf seine Opfer. In der ersten Woche wurden vierzehn Todesfälle gemeldet; aber innerhalb eines Monats schnellte die wöchentliche Todesziffer auf 1253 hinauf. Das Hospital war mit Patienten überfüllt, obwohl natürlich nur ein geringer Teil der Kranken aufgenommen werden konnte. Es fehlte an Raum, es fehlte vor allem auch an Pflegepersonal. Mehrere Studenten stellten sich freiwillig zur Verfügung, und unter ihnen war Barnardo einer der eifrigsten. Eine

Welt unendlicher Not tat sich da vor ihm auf, was für ein erbärmlich hilfloses Wesen war doch der Mensch! Wie ein Gras, das nimmer da ist, wenn der Wind darüber weht. An einem einzigen Tag erlebte es Barnardo sechzehnmal mit, wie so ein abgezehrter Leib auslöschte. Die bleichen Gesichter mit ihren tiefliegenden Augen und den blaugewordenen Nasen und Ohren verfolgten ihn in seine Träume hinein. Bis zu dreißig Leichen lagen nebeneinander in der Totenkammer, weil es an Leuten fehlte, um sie rechtzeitig zu begraben.

Weit grauenvoller noch als im Spital sah es in den Elendswohnungen von Stepney aus, wo allein im Zeitraum der ersten drei Wochen 6521 Kranke zur Behandlung und Pflege angemeldet wurden. In verschiedenen Häusern überlebte nicht einer die Seuche. Scheinbar unermüdlich erfüllte Barnardo, was ihm Pflicht erschien. Bei Tag und in der Nacht übte er das Werk eines barmherzigen Samariters aus, und wo der Leib vom Tode gezeichnet war, bemühte er sich, wenigstens die Seele zu retten. Unter dem Übermaß an Arbeit und seelischer Beanspruchung wäre er ohne die Kraftquelle seines Glaubens wohl zusammengebrochen. So aber hielt er durch, und der Todeshauch, der ihn überall umgab, hatte keine Macht über ihn.

Und wiederum war auch dieses furchtbare Erlebnis für Barnardo von schicksalhafter Bedeutung. Denn ohne die Choleraepidemie hätte er das Elendsviertel von Stepney nie kennengelernt, in dem er bald darauf seiner eigentlichen Lebensaufgabe zugeführt werden sollte.

Der Weinberg im Sumpfe der Großstadt

Eines Abends, als Barnardo von einem Krankenbesuche kam, erregte vor einem billigen Vergnügungslokal der Lärm einer Schar ausgelassener Burschen und Mädchen seine Aufmerksamkeit. Er blieb stehen. Aus dem Gespräch der Herumstehenden vernahm er, daß in dem Kabarett eine Sängerin auftrat, deren gepfefferte Chansons die Zuhörer aus einem weiten Umkreis herbeilockten.

Welcher Art mochte das Vergnügen sein, für das sich die jungen Leute dermaßen begeisterten? Da Barnardo eben nichts anderes vorhatte, beschloß er kurzerhand, hineinzugehen und sich die Sache einmal anzusehen. Er setzte sich seitwärts in eine Nische, von der aus er nicht nur die Vorgänge auf der Bühne verfolgen, sondern unauffällig auch das Publikum beobachten konnte.

Zuerst traten ein paar Tänzerinnen auf, arme, schlecht geschminkte Dinger in Schleierröckchen und Flittergold, deren besondere Aufgabe darin bestand, lächelnd ihre nackten Beine zur Schau zu stellen. Die Burschen im Zuschauerraum machten Witze und ihre Mädchen kicherten. Beifall gab es keinen. Als dann aber nach längerer Pause endlich die berühmte Chansonette erschien und mit dem Funkeln ihrer schwarzen Augen das falsche Feuer ihres Similischmuckes überstrahlte, scholl ihr frenetischer Jubel entgegen, den sie durch das freigebige Verschenken von Kußhänden geschickt in die Länge zu ziehen wußte. Und dann setzte, fast unvermittelt, erwartungsvolle Stille ein. Der Mann am Klavier schlug ein paar Akkorde an, die Schöne im Rampenlicht blinzelte vielversprechend und begann dann zu singen. Sie hatte eine unangenehme, in der Höhe grelle Stimme; aber es schwang etwas darin, das die Hörer in Bann schlug. Und dann kam es ja auch gar nicht so sehr auf den Gesang an sich an, die Hauptsache war der Text, der sich eindeutig und ausschließlich um Zweideutigkeiten drehte.

Barnardo sah, wie die Augen der Zuschauer fasziniert an den kirschrot gefärbten Lippen der Chansonette hingen, er spürte förmlich, wie sie unruhig wurden, wie das aufreizende Gift in ihnen zu wirken begann.

Er hielt es nicht länger aus. Hier mußte etwas geschehen. Sobald sich der Vorhang vor der Sängerin senkte, stand er auf, zwängte sich zwischen den Tischreihen durch und verlangte vom Türhüter, zum Besitzer des Lokals geführt zu werden.

»Geben Sie mir bitte die Erlaubnis, in der Pause von der Bühne herab ein paar Worte zu sprechen.«

Der Wirt maß den vor Erregung bebenden jungen Mann von oben bis unten, wobei er fraglos zum Schlusse kam, es mit einem Narren zu tun zu haben. Mochte der seinen Willen haben. »Wenn Ihnen so viel daran liegt, warum nicht? Allerdings nur gegen Vorauszahlung von fünf Pfund.«

Ein unverschämtes Angebot. Fünf Pfund waren ein ansehnlicher Betrag, waren ein kleines Vermögen für Barnardo, der mit Glücksgütern wahrlich nicht gesegnet war. Und dennoch sagte er nach kurzem Zögern zu. Die Gelegenheit war zu einzigartig, als daß er sie sich hätte entgehen lassen dürfen. »Und Sie versprechen mir, mich gegen die Bezahlung von fünf Pfund ungestört eine kurze Ansprache halten zu lassen?«

Der Wirt nickte. »Soweit dies an mir liegt, jawohl. Was Ihre Zuhörer tun werden —«

»Dafür sind Sie selbstverständlich nicht verantwortlich. Ich habe jedoch nur die Hälfte der Summe bei mir, aber ich verspreche Ihnen, den Rest morgen zu bringen.«

Damit war der Mann einverstanden. Denn auch, wenn sich der Student nicht mehr zeigen sollte, war es ein ganz gutes Geschäft.

Als dann Barnardo vor den Vorhang trat, schauten sich die Leute im Saal erst verwundert an, um dann in einen fürchterlichen Radau auszubrechen. Einige hatten in ihm den kleinen Straßenprediger erkannt. Sie stampften, klatschten und brüllten ihm Scherzworte zu.

Barnardo bedeutete ihnen, sich zu beruhigen. Und als sich der tollste Lärm gelegt hatte, versprach er, ein Lied zu singen, sobald es völlig ruhig geworden sei.

Nach wenigen Augenblicken herrschte erwartungsvolles Schweigen im Saal. Barnardo löste sein Wort ein und sang. Und als er auf diese Weise die Aufmerksamkeit seiner Zuhörer gewonnen hatte, ging er in der ihm eigenen, temperamentvollen Art unverblümt auf sein Ziel los, geißelte die Verwerflichkeit und Sinnlosigkeit derartiger Schaustellungen, über die sich niemand mehr freuen könne als der Teufel selbst. »Was nützt es euch, eure Begierden aufstacheln zu lassen? Ihr würdet besser tun —«

Aber da stürzte der Wirt auf die Bühne, packte den Prediger am Arm und überschüttete ihn mit einer Flut von Schmähworten. »Schweigen Sie, schweigen Sie! Verlassen Sie unverzüglich die Bühne und das Lokal, sonst lasse ich Sie hinauswerfen. Glauben Sie vielleicht, ich lasse mir von Ihnen mein ganzes Geschäft verderben, Sie Heuchler und Bibelrekrut!«

Ziemlich sicher war noch nie eine Darbietung in diesem Lokal mit solchem Gebrüll quittiert worden wie die stürmische Auseinandersetzung zwischen Barnardo und dem Wirt.

Barnardo sah bald ein, daß er gegen den Zorn dieses Mannes nichts auszurichten vermochte und daß es besser war, nachzugeben, um es nicht noch zu Tätlichkeiten kommen zu lassen. »Gut, wenn Sie darauf bestehen, werde ich gehen. Vorerst aber müssen Sie mir mein Geld zurückerstatten.«

»Ihr Geld?« geiferte der Wirt, »das gehört mir, so war es ausgemacht.«

»Sie haben mir versprochen, mich ungestört eine kurze Ansprache halten zu lassen. Sie müssen doch zugeben, daß Sie sich nicht an diese Abmachung gehalten haben.«

»Versprochen, versprochen —«

»Jawohl, versprochen.«

»Daß Sie mir endlich aus den Augen kommen! Hier«, und fluchend händigte er Barnardo den Betrag aus. »Aber nun verziehen Sie sich schleunigst, wenn

Sie nicht mit meinen Händen Bekanntschaft machen wollen.«

Barnardo ließ sich nicht einschüchtern. »Jawohl, ich werde gehen, doch zuerst werde ich den Leuten im Saal noch erklären, weshalb ich nicht zu Ende gesprochen habe.«

Der Wirt knurrte einen Fluch, konnte es jedoch nicht verhindern, daß sich Barnardo noch einmal an das Publikum wandte. »Meine Freunde, Ihr habt Euch wohl schon selber überzeugt, daß es nicht meine Schuld ist, wenn ich hier nicht weiterrede. Wer hören will, was ich noch zu sagen habe, der kann vor diesem Lokal auf mich warten. In wenigen Augenblicken werde ich draußen sein und dort meine kurze Ansprache zu Ende führen.«

Unter lauten Hochrufen verschwand er zwischen dem Vorhang. Ein paar Burschen erhoben sich, andere folgten seinem Beispiel, und zu Barnardos eigener, großer Überraschung leerte sich der Saal in wenigen Minuten vollständig.

Vor dem Hause schwang sich Barnardo auf den Karren eines Gemüsehändlers und sprach dann zu den sich willig um ihn scharenden Zuhörern vom Willen Gottes, daß der Mensch seinen Leib, den Tempel seiner unsterblichen Seele, rein halte. Ohne Zwischenrufe hörten ihn die jungen Leute an, und als er zum Schluß in einem kurzen Gebet alle der Gnade Gottes anbefohlen hatte, meinte einer: »Kommen Sie wieder!«

»Gute Nacht und vielen Dank«, scholl es ihm von anderer Seite entgegen, und Barnardo spürte, daß seine Worte nicht auf einen steinigen Boden gefallen waren.

Freilich verstrickte sich Barnardo auch in Abenteuer, die einen weniger friedlichen Ausgang nahmen. Einmal betrat er mit einem Paket Bibeln unter dem Arm eine Kneipe, und dies, obwohl man ihn vor diesem Lokal ausdrücklich gewarnt hatte.

Der niedrige Raum, in den er über eine ausgetretene Treppe hinuntergelangte, war dermaßen mit Qualm und Rauch erfüllt, daß er zuerst gar nichts sehen konnte. Nach und nach aber erkannte er, daß auf den, den Wänden entlang aufgestellten Bänken Burschen und Mädchen saßen, von denen die jüngsten vierzehn, die ältesten nicht mehr als achtzehn Jahre zählen mochten.

Noch während Barnardo die Treppe hinunterstieg, versperrten zwei unheimlich aussehende Gesellen die Tür, so daß es Barnardo gar nicht mehr möglich gewesen wäre, umzukehren. Doch daran dachte er nicht. Unerschrocken zwängte er sich zwischen den Tischen und Bänken durch, bis er die Mitte des Raumes erreicht hatte. Dort blieb er stehen und bot seine Bücher an: »Die ganze Bibel für drei Pence, das Neue Testament allein für einen Penny.«

Doch in dem ohrenbetäubenden Lärm um ihn her konnte er seine eigene Stimme nicht vernehmen. So schwang er sich auf einen Tisch und begann zu singen, um sich auf diese Weise Gehör zu verschaffen. Allein, hier blieb auch dieses Mittel wirkungslos. Das Gekreisch und Gelächter wurde nur noch ausgelassener.

»Vorwärts!« brüllte ihn einer an, »gib deine Bücher her, Papier kann man immer brauchen. Aber bezahlt wird nichts, hast du verstanden! Bei uns werden keine Geschäfte gemacht, am allerwenigsten von Heiligen, wie du einer bist.«

»Ein schönes Geschäft, das kann man schon sagen«, versuchte sich Barnardo zu verteidigen. »Ich selbst bezahle für die Bücher genau den doppelten Preis.«

Doch derlei sachliche Erklärungen waren völlig unnütz. »Man kennt diese Sprüche. Vorwärts, zieht ihm die Hosen herunter und verbläut ihm den Hintern!«

»Schmeißt ihn hinaus!« schrie ein anderer.

Und ohne daß sich Barnardo dagegen wehren konnte, wurde er vom Tisch heruntergerissen, zu Boden geworfen und mit Schuhen und Fäusten traktiert, daß ihm Hören und Sehen verging. Unter frenetischem Gebrüll, das die Scheiben erzittern ließ, wurden die Bibeln im ganzen Lokal herumgeschmissen.

Einer der ärgsten Gröler warf den Tisch um, so daß das Möbel, mit den vier Beinen nach oben, auf Barnardo zu liegen kam. Und unter wildem Geheul sprangen ein paar Kerle auf die Tischplatte und führten auf ihr einen wahren Höllentanz auf.

Barnardo wurde dermaßen zugerichtet, daß er schließlich in bewußtlosem Zustand weggetragen werden mußte. Während sechs Wochen konnte er das Bett nicht verlassen. Immerhin, als die Schrammen und Quetschungen einmal verbunden waren, gab Barnardo dankbar zu, daß das Resultat leicht noch schlimmer hätte ausfallen können, war er doch, abgesehen von den äußern Verletzungen, mit zwei Rippenbrüchen davongekommen.

Als ihn die Polizei aufforderte, gegen die Übeltäter Anzeige zu erstatten, lehnte er das mit aller Entschiedenheit ab. »Ich habe mit dem Evangelium begonnen und will nicht mit dem Gesetz aufhören.«

Die Radaubrüder vernahmen davon. Sie versammelten sich andertags im gleichen Lokal; aber diesmal waren sie ganz nüchtern. Sie beschlossen, dem kleinen Straßenprediger von nun an kein Haar mehr zu krümmen. Ja, so lange Barnardo im Bett lag, schickten sie jeden Tag eine Abordnung, die sich bei seiner Zimmervermieterin nach dem Befinden des Blessierten zu erkundigen hatte.

Auf solche Weise begann Barnardo nach und nach auf die Bevölkerung Ostlondons einen Einfluß zu gewinnen, der ans Unglaubliche grenzte.

Als er einmal spät in der Nacht von einer Versammlung heimkehrte, wurde er in einem Winkelgäßchen von Unbekannten überfallen und vollständig ausgeraubt. Aber schon an einer der nächsten Straßenecken wartete einer der Strolche auf ihn, um ihm sein abgenommenes Eigentum zurückzuerstatten. Hut, Rock, Uhr, Kette und Geldbeutel, nichts fehlte. »Wenn wir gewußt hätten, daß Sie Barnardo sind, dann hätten wir Sie in Ruhe gelassen. Entschuldigen Sie das Versehen.«

So wurde die Liebe, mit der Barnardo auch den Verkommensten begegnete, seine beste Verteidigungswaffe. Denn mit ihr gewann er sich Vertrauen.

Eines Abends wollte Barnardo in einem der verrufensten Gäßchen von Stepney eine Bibelstunde abhalten. Mit Plakaten, die durch mehrere Quartiere der Stadt getragen wurden und sogar in einigen Kneipen aufgehängt worden waren, hatte er zum Besuch der Versammlung eingeladen.

Eine von einem Boxer angeführte Bande von Radaubrüdern beschloß, hinzugehen, um sich mit dem Prediger einen Spaß zu leisten. Auf ein Zeichen, das der Boxer geben sollte, wollten sie die Versammlung stören, sich des Studenten bemächtigen und ihn auf die

Straße schleppen, um ihm da eine gehörige Lektion zu erteilen und ihm das Predigen auszutreiben.

Zur vereinbarten Stunde fanden sie sich am Versammlungsort ein, lärmend die Hälfte der vorhandenen Plätze einnehmend. Barnardo begann mit der Erläuterung des von ihm ausgewählten Bibelwortes und hatte nach dem Geschmack der Burschen schon viel zu lange gesprochen. Sie wurden ungeduldig, murrten und scharrten mit den Schuhen. Warum zögerte ihr Anführer, das vereinbarte Zeichen zu geben? Hatte er plötzlich den Mut verloren, oder sollte es dem kleinen Prediger mit dem großen Kopf gar gelungen sein, ihn mit seinen Ausführungen und frommen Sprüchen zu beeindrucken? Endlich erhob sich einer und rief: »He, Boxer, und unser Vergnügen?«

Der Angerufene erhob sich, stieg auf einen Stuhl und wandte sich an die Kameraden: »Ich habe nicht vergessen, was wir ausgemacht haben. Aber das sage ich euch, wer diesen Mann auch nur anrührt, der wird es mit mir zu tun bekommen.«

Was war geschehen? Die Burschen sahen sich blöde an und schüttelten die Köpfe. Was in aller Welt hatte einen solchen Wandel in der Gesinnung des Boxers herbeizuführen vermocht?

Nun, sobald Barnardo zu sprechen angefangen hatte, hatte der Boxer in ihm den Studenten wiedererkannt, der ihn im Sommer, während der Choleraepidemie, mit ganzer Hingabe gepflegt und ihm zweifellos das Leben gerettet hatte. Und diesen Mann hätte er nun angreifen und verprügeln sollen, nur, um sich und seinen Kameraden einen billigen Spaß zu verschaffen? Nein, einer solchen Gemeinheit war er doch nicht fähig.

Als die Burschen einsahen, daß es ihrem Anführer mit seiner Drohung ernst war, verließen einige von ihnen schimpfend das Lokal; unter denen aber, die bis zum Schluß der Versammlung blieben, befand sich auch der Boxer. Er war dermaßen beeindruckt von dieser abermaligen Begegnung mit Barnardo, daß er darin Gottes Führung erblickte und den Studenten bat, ihn nach Hause begleiten zu dürfen. Er war fest entschlossen, mit Barnardos Hilfe noch in dieser Nacht ein neues Leben zu beginnen.

So verließ er den Boxring, in dem er so manchen Triumph gefeiert, und trat über in die Schar der Streiter für die Sache Gottes. In der Folge gewann Barnardo in ihm einen brauchbaren Mitarbeiter.

Gottes Wort im Eselstall

Schon in den ersten Tagen seines Londoner Aufenthaltes hatte Barnardo in der Ernest Street in Stepney eine jener, unter dem Namen »Ragged School« bekannt gewordenen, Schulen entdeckt, wo armen Kindern Gelegenheit geboten war, sich durch freiwillige Helfer an einigen Wochenabenden und am Sonntag in einigen Fächern unterrichten zu lassen.

Es war natürlich kein richtiger und geordneter Schulbetrieb. Die Schüler wechselten beständig, kamen, wenn es ihnen gerade paßte, und blieben weg, wenn ihnen etwas anderes wichtiger war. Am stärksten war der Andrang im Winter; aber auch dann kamen die Kinder nicht in erster Linie, um etwas zu lernen, sondern um wenigstens für ein paar Stunden einen warmen Unterschlupf zu haben.

Es gab damals noch keinen Schulzwang, und so war es etwas durchaus Alltägliches, Burschen im Alter von fünfzehn bis siebzehn Jahren zu begegnen, die keine Ahnung vom Alphabet besaßen.

Da Barnardo bereits in Dublin an derartigen Schulen für Zerlumpte mitgearbeitet hatte, stellte er sich dem Komitee der »Ernest Street Ragged School« als Lehrer zur Verfügung, und weil an Helfern immer

Mangel herrschte, wurde sein Angebot mit Freuden angenommen. Die Art und Weise, wie er sich bei den verwilderten Buben und Mädchen von allem Anfang an Respekt, ja, Achtung zu verschaffen wußte, und die Begeisterung, mit der er sich für seine Arbeit einsetzte, führten bald dazu, daß er zum Leiter der Schule ernannt wurde.

Es gelang ihm, ein paar Studenten zur Mitarbeit zu gewinnen und damit in den ganzen Schulbetrieb neuen Schwung zu bringen. Sobald nach außen hin alles klappte, entschloß er sich, auch den Unterricht auf eine neue Grundlage zu stellen. Und was hätte Barnardo mehr am Herzen liegen können, als diese Heidenkinder der Großstadt mit den Lehren des Evangeliums vertraut zu machen und sie zu Christen zu erziehen?

Mit einem solchen Kurswechsel war jedoch das der Schule vorstehende Komitee nicht einverstanden. Doch gab Barnardo nicht nach. Er wollte und konnte nicht auf das verzichten, was seiner Auffassung nach die vornehmste und dringlichste Aufgabe in der Erziehung war.

Es kam zu einer stürmischen Sitzung. Barnardo bebte vor Erregung, als er, klipp und klar, doch mit erhobener Stimme seinen Standpunkt vertrat und schließlich drohte, die Schule zu verlassen, wenn man ihm nicht gestatte, seine Pläne zu verwirklichen.

Bei dieser Drohung horchten die Herren auf. Sie sahen sich an, überrascht und peinlich berührt. Auf eine solche Wendung der Dinge waren sie nicht gefaßt gewesen. »Aber, lieber junger Freund«, versuchten sie zu vermitteln, »wir sind doch zusammengekommen, um die Angelegenheit miteinander zu besprechen, um nach Mittel und Wegen zu suchen, die zu einem, beide Teile befriedigenden Resultat führen werden. Wir sind durchaus nicht abgeneigt, Ihrer Liebhaberei gewisse Zugeständnisse zu machen, wenn auch Sie sich entschließen wollen, Ihre Forderungen zu revidieren.«

»Meine Herren, es freut mich, aus Ihren Worten schließen zu dürfen, daß ich Ihnen auch weiterhin als Leiter Ihrer Schule willkommen wäre. Allein, auf gewisse Zugeständnisse, wie Sie es nennen, lasse ich mich nicht ein. Ich habe mein Programm klar durchdacht und bin nicht in der Lage, auch nur in einem einzigen Punkte nachzugeben. Was Sie als Liebhaberei bezeichnen, ist für mich das A und das O. Sie kennen meine Pläne. Entweder werden sie angenommen oder verworfen. Alles oder nichts, ich bin noch nie für Halbheiten gewesen. Wenn ich auch fernerhin der Leiter der ‚Ernest Street Ragged School' sein soll, dann nur unter der Bedingung, daß ich allein den Kurs bestimme. Oder glauben Sie vielleicht«, fügte er etwas ruhiger hinzu, »daß es für ein Schiff von Vorteil wäre, wenn es von zwei Kapitänen kommandiert würde?«

»Herr Barnardo«, ergriff nach einigem Zögern der Vorsitzende das Wort, »ich glaube, sämtliche Herren des Vorstandes mit mir einig zu wissen, wenn ich Ihnen gestehe, daß mich — daß uns Ihre Hartnäckigkeit überrascht. Wir können darin nicht viel von christlicher Demut erblicken.« Einige der Herren nickten dem Sprecher ermunternd zu. »Darauf waren wir nicht gefaßt, und so werden Sie uns wohl verstehen, wenn wir den Wunsch aussprechen, die Verhandlungen für heute abzubrechen.«

Barnardo, der bisher vor sich hingeschaut hatte, sah

mit einer raschen Bewegung zum Vorsitzenden auf. »Und?«

»Sie sind jung, und Jugend hat das Vorrecht, temperamentvoll sein zu dürfen. Lassen Sie sich aber gesagt sein, daß auch wir unseren Standpunkt nicht aus bloßer Freude am Bestimmungsrecht, das der Behörde, die Ihnen vorgesetzt ist, wohl zusteht, aufrecht erhalten. Und so schlage ich Ihnen vor, die Sache zu überschlafen. Gehen Sie zu Hause Ihr Programm noch einmal in aller Ruhe durch. Es würde uns freuen, wenn Sie dabei einsehen sollten, daß es unter Umständen doch klüger ist, zu biegen, statt zu brechen.«

Sofort nach der Sitzung begab sich Barnardo nach Hause. Er wußte, daß daheim seine Helfer auf ihn und auf den Entscheid der Unterredung warteten. Er wußte aber auch, daß er nie nachgeben würde, daß er nicht nachgeben durfte, wenn er nicht gegen seine Überzeugung handeln wollte.

Ruhig setzte er das seinen Freunden auseinander. Und während er sprach, rittlings auf dem Stuhle sitzend und die Arme über der Rückenlehne verschränkt, erkannte er mit einemmal, daß die Herren des Komitees so hatten handeln müssen, damit er den einzigen Weg einschlug, der es ihm ermöglichte, seine Pläne in aller Freiheit zu verwirklichen. »Meine Freunde, mein Entschluß ist gefaßt. Ich werde die Leitung der ‚Ernest Street Ragged School' niederlegen —«

»Und die Kinder der Ernest Street im Stich lassen?«
»Vielleicht.«

Und nun zuckte wieder jenes Lächeln um Barnardos Mund, das immer ein Zeichen war, daß ihn die Begeisterung für etwas Neues erfaßt hatte. »Vielleicht;

aber dann nur, um mich anderer Kinder anzunehmen, die möglicherweise meiner Hilfe noch dringender bedürfen. Was bleibt mir, wenn ich von der Ernest Street School zurücktrete, anderes übrig, als eine eigene Schule zu gründen?«

»Tom, aber das kann doch nicht —«

»Doch, doch, es ist mir vollkommen ernst damit. Freilich, allein werde ich es nicht schaffen können. Aber wenn ihr mir helfen wolltet —«

Und ob sie wollten! Barnardos Begeisterung steckte sie alle an. Bis spät in die Nacht hinein saßen sie, beratend und Pläne schmiedend, beisammen. Östlich der Ernest Street, gegen die Docks hin, war Barnardo auf seinen Krankenbesuchen in ein wahres Elendsviertel geraten. Oh, ihm war es beim bloßen Gedanken an Stepney, als atme er jenen süßsäuerlichen Geruch, der ihm jeweils beim Betreten der düsteren Häuser entgegengeschlagen und der ihm auch in der Erinnerung noch ein beinahe körperliches Unbehagen verursachte. Und gerade dort hinein, wo die Kinder noch verwahrloster waren als in der Ernest Street, sollte die neue Schule zu stehen kommen. »Morgen machen wir uns auf die Suche nach einem geeigneten Lokal.«

Ein solches Lokal zu finden, war nun allerdings schwieriger, als sich Barnardo und seine Freunde in ihrer Begeisterung vorgestellt hatten. Wie einst zu Bethlehem das heilige Elternpaar auf seiner Suche nach einer Herberge, so wurden auch sie überall, wo sie anklopften, mißtrauisch abgewiesen. Sie waren schon arg enttäuscht und niedergeschlagen, als sie schließlich am Hope Place — wie verheißungsvoll war doch schon der Name: Hoffnungsplatz! — einen verlassenen Schuppen entdeckten, der bis vor kurzem als

Eselstall gedient hatte und der noch deutliche Spuren aus dieser Zeit aufwies.

Der Besitzer verlangte zweieinhalb Schilling für die Woche, für welchen Betrag Barnardo und seine Kameraden gemeinsam aufkamen.

Als sie dann aber den Schuppen eingehender besichtigten, entdeckten sie, daß der Boden nur aus festgestampfter Erde und Kieselsteinen bestand, was im Hinblick auf die neue Zweckbestimmung des Lokals ein Ding der Unmöglichkeit war.

Wohl oder übel mußten sie einen Taglöhner ausfindig machen, der es verstand, einen rohen Bretterboden zu legen. Zu ihrem Entsetzen verschlangen die Kosten beinahe ihre ganzen Ersparnisse, so daß sie beschlossen, auf fremde Arbeitskräfte zu verzichten und die übrigen, noch unbedingt notwendigen Ausbesserungsarbeiten selbst zu besorgen.

Frau Kelley, Barnardos Zimmervermieterin, belieferte die jungen Herren mit alten Küchenschürzen, stellte ihnen Eimer und Fegbürsten zur Verfügung, und dann ging's mit freudigem Eifer ans Werk. Die Bretterwände wurden gefegt und angestrichen, die Decke geweißelt, dann kauften sie bei einem Trödler ein paar alte Lampen, die sie mit Drähten an den Deckenbalken aufhängten. Endlich mußten noch Bänke und Bücher angeschafft werden.

Das Wichtigste in der Ausstattung dieser sonderbaren Schulstube waren aber außer einem Ofen die starken Riegel an den Fensterläden, die einigen Schutz gegen Überfälle versprachen, mit denen in dieser Gegend zweifellos gerechnet werden mußte.

Im Spätherbst des Jahres 1866 war es so weit, daß Barnardo seine eigene Schule am Hoffnungsplatz eröffnen konnte. Der Unterricht sollte vorerst an zwei Abenden in der Woche und am Sonntag stattfinden. In die Arbeit teilten sich die Studenten so, daß sich abwechslungsweise immer zwei von ihnen an den Wochenabenden zur Verfügung zu stellen hatten, während für den Sonntagsunterricht alle miteinander aufgeboten waren.

Als die Tür zum erstenmal geöffnet wurde, drängte, von Neugier getrieben, eine Schar ungewaschener, struppiger und fürchterlich zerlumpter Buben in den Raum. Aber aus ihren Augen, deren Blicke lauernd und erwartungsvoll auf den jungen Leiter und seine Mitarbeiter gerichtet waren, las Barnardo die Größe der ihm mit seiner neuen Aufgabe zugekommenen Verantwortung, und plötzlich fiel ihm das Wort ein: »Was ihr getan habt einem unter diesen, meinen geringsten Brüdern, das habt ihr mir getan.«

Was aber konnte er diesen, von einem unerforschlichen Schicksal erniedrigten jungen Menschen Besseres tun, als ihnen Gottes Wort zu verkünden? Hier, in diesem Eselstall!

Doch der, dessen Liebe es zu lehren galt, war ja auch in einem Stall auf diese Welt gekommen.

Niemandskinder

An einem kalten Novemberabend, als die Kinder bereits lärmend das Schullokal am Hoffnungsplatz verlassen hatten und Barnardo sich anschickte, die Lichter auszulöschen, gewahrte er vor dem Ofen einen kleinen Jungen, der sich wärmesuchend auf dem Boden ausgestreckt hatte. Barnardo konnte sich nicht erinnern, dieser zerlumpten Gestalt mit ihrem bleichen, abgehärmten Gesicht schon früher einmal begegnet zu sein. Offenbar war es ein Neuer.

Barnardo trat zu ihm hin, doch machte der Kleine nicht im geringsten Miene, seinen Platz zu verlassen. Lauernd verfolgte er jede Bewegung des jungen Mannes, von dem ihm Gutes erzählt worden war. »Nun, mein Kleiner, es ist höchste Zeit, daß du nach Hause gehst.«

Das Bürschchen zögerte mit der Antwort. Und erst, nachdem Barnardo ihm noch einmal ermunternd zugenickt hatte, bat der Kleine in flehendem Ton: »Bitte, Herr, lassen Sie mich doch hierbleiben.«

»Hierbleiben? Ja, wozu denn?« fragte der Student, nicht wenig überrascht von dieser sonderbaren Bitte. »Du mußt sofort heimgehen. Deine Mutter wird sich ängstigen, wenn du zu spät kommst.«

»Ich habe keine Mutter.«

»Dann hast du doch einen Vater. Wo wohnt er?«

»Auch einen Vater habe ich nicht.«

»Nun hör aber auf!« fuhr Barnardo das Bürschchen an. Schon mancher Gassenjunge hatte es versucht, mit solchen Behauptungen sein Mitleid zu erregen. Darauf fiel er nicht mehr herein. »Derartige Geschichten brauchst du mir nicht zu erzählen. Wer sind deine Angehörigen?«

»Ich habe keine Angehörigen.«

Diese Antwort versetzte Barnardo in Staunen. Was der Junge da sagte, glaubte er nicht. Und doch fühlte er, daß da etwas nicht in Ordnung sein konnte. Er rief den Kleinen zu sich, der sich ihm mit langsamen, schweren Schritten näherte, bis er dicht vor seinem Lehrer stand.

Barnardo betrachtete ihn scharf. Entweder war das ein verlogener Schlingel, der eine tüchtige Tracht Prügel verdiente, oder aber der ärmste Tropf, den man sich nur denken konnte. Er war noch ein Kind, eine dürftige, verkümmerte und in schmutzige Lumpen gehüllte Gestalt, die eine Armut verkörperte, welche weit über das hinausging, womit der Student im bisherigen Umgang mit den Kindern seiner Schule in Berührung gekommen war. Die Füße des Kleinen waren nackt, obwohl draußen Stein und Bein gefroren war, und seine ganze Bekleidung bestand aus einer Jacke, einer kurzen Hose und einer Schildmütze. Aber all das war steif vor Schmutz und zerfetzt.

»Wie heißest du?«

»Jim, Herr. Zuweilen nennt man mich Jim Jarvis. Aber Jim genügt vollkommen.«

»Wie alt bist du?«

»Zehn, Herr.«

War das möglich, erst zehn? Die Züge seines Gesichts waren sorgenvoll und müde wie die eines alten Mannes. Ihr unangenehmer Eindruck wurde nur durch den hellen, kühnen Glanz seiner lebhaft sich bewegenden Augen gemildert. Zudem war in seiner Stimme ein Klang von Aufrichtigkeit, der im Studenten die Vermutung nährte, vor dem Opfer eines ungewöhnlichen Schicksals zu stehen. Und schon brach das warme Mitleid durch und ließ ihn fragen: »Willst du wirklich behaupten, du habest weder ein Heim noch einen Vater, eine Mutter oder sonst irgendwelche Verwandte, die für dich sorgen?«

»Ich lüge Sie nicht an.«

»Wo hast du denn gestern nacht geschlafen?«

»In Whitechapel, auf dem Heumarkt. In einem der dort stehenden Heuwagen.«

»In Whitechapel? Wie bist du denn hierhergekommen?«

»Zu Fuß.«

»Schlingel! Das sieht man dir an, daß du nicht in einer Kutsche hergefahren bist. Ich meine, wie konntest du wissen, daß hier eine Zerlumptenschule ist?«

»Ich traf einen Knaben, mit dem ich früher zusammen war.«

»Wie heißt er?«

»Das weiß ich nicht. Wir alle haben zu ihm immer nur ‚Wanze' gesagt. Er führte mich her und meinte, Sie würden mich vielleicht über Nacht am Feuer liegen lassen. Ich werde gewiß nichts anstellen.«

Barnardo wußte, daß es unverantwortlich gewesen wäre, den Kleinen in seinem erbärmlichen Zustand einfach auf die Straße zu schicken. Sein Herz krampfte sich zusammen beim Gedanken an das, was der Knabe durchgemacht haben mußte, wenn seine Behauptungen wirklich der Wahrheit entsprachen. Sollte es am Ende in London noch andere Kinder geben, die, wie er, heimatlos und verlassen waren? Und noch einmal wandte er sich an den Buben, der ängstlich Barnardos Entscheid erwartete. »Weißt du, ob es in London noch andere Burschen gibt, die, wie du, keine Angehörigen und kein Heim haben?«

Jim war so verwundert über die Frage, daß er lächeln mußte. »Gewiß Herr, ganze Rudel, viel mehr, als ich zählen könnte.«

Barnardo schüttelte ärgerlich den Kopf. Es war ganz klar, daß der Bursche jetzt log, daß er sich solcher Übertreibungen bediente, weil er hoffte, damit sein Ziel zu erreichen.

Barnardo war entschlossen, sich sofort Klarheit zu verschaffen. Er wollte diesem Kleinen beibringen, daß er sich nicht hinters Licht führen ließ. »Paß auf, Jim. Wenn du mich noch in dieser Nacht an einen Ort hinführen kannst, wo deine Kameraden unter freiem Himmel schlafen, so wie du gestern auf dem Heumarkt geschlafen hast, dann erhältst du von mir heißen Kaffee und eine anständige Schlafgelegenheit. Nun, was sagst du dazu?«

Wilde Gier flammte in den Augen des Buben auf, als er von Kaffee und Unterschlupf sprechen hörte. Ohne Zögern erklärte er sich mit dem Vorschlag des Studenten einverstanden. Und unverzüglich brachen die beiden nach Barnardos Wohnung auf.

Emsig trottete der Bub neben dem Studenten her, der darauf brannte, die Wahrheit zu erfahren. Scheu sah sich dann der Kleine im einfachen, doch behaglich durchwärmten Zimmer um. Als dann aber Frau Kelley mit einem halb mitleidigen, halb mißtrauischen Blick auf den späten Gast die Kaffeekanne und einen Teller mit butterbestrichenen Brotscheiben auf den Tisch stellte, da taute er auf, und der heiße, würzige Trank löste vollends seine Zunge.

So erfuhr Barnardo, daß der kleine Jim seinen Vater nie gekannt und daß die Mutter, als er etwa fünf Jahre alt gewesen, gestorben war. Aus Furcht vor dem Armenbüttel, der ihn unweigerlich geschnappt und ins Armenhaus geschleppt hätte, war er dann zu Hause weggelaufen, um sich einem Rudel heimatloser, herumstreichender Buben anzuschließen.

»Soll ich Ihnen erzählen, wie ich zu Fluch-Richard gekommen bin? Aber es ist eine lange Geschichte.«

»Ich glaube nicht, daß heute die Zeit reicht. Aber morgen sollst du mir alles genau berichten. Wir werden ja sehen, was sich für dich tun läßt. Heute nacht darfst du in diesem Zimmer schlafen, wir werden einfach eine Matratze aus meinem Bett herübertragen und dir so auf dem Boden ein Lager herrichten. Was meinst du dazu?«

Dieser Vorschlag versetzte den kleinen Gassenjungen in helle Begeisterung. Und unverzüglich machten sie sich ans Werk. Immer wieder versicherte Jim, daß er in seinem ganzen Leben noch nie ein so herrliches Bett gehabt habe.

Als dann die Uhr auf dem Kaminsims Mitternacht schlug, erhob sich Barnardo, griff nach Hut und Mantel und forderte Jim auf, ihn nun zu einem Versteck obdachloser Buben zu führen.

Der Kleine zögerte keinen Augenblick, nun auch seinerseits das gegebene Versprechen einzulösen. Und als sie aus der warmen Wohnung in die Kälte der Nacht hinaustraten, schob Jim Jarvis vertrauensvoll die Hand in die seines Beschützers.

Der Weg führte sie in Richtung Houndsditch, bis dann der Knabe dem Studenten auf einmal und in geheimnisvoller Weise bedeutete, ihm durch einen schmalen Hof zu einem langen Schuppen zu folgen, der tagsüber von Kleidertrödlern benützt wurde. (Dieser alte Lumpenmarkt, der zu Barnardos Zeiten an die bekannte, von buntem Markttreiben erfüllte Petticoat Lane grenzte, ist im Jahre 1933 abgerissen worden.)

Barnardo schaute sich aufmerksam bei den verschlossenen Verkaufsständen um, spähte unter die Karren und hinter die in einer Ecke aufgestapelten Kisten, ohne jedoch die geringste Spur der gesuchten Schläfer entdecken zu können.

Jim ließ ihn lächelnd eine Weile gewähren, dann legte er ihm die Hand auf den Arm. »Da könnten Sie noch lange suchen, Herr. Hier sind sie nicht. Kommen Sie, wir werden nun aber bald bei ihnen sein.«

»Aber du sagtest doch vorhin, dieser Schuppen sei ihr Versteck?«

»Ist es auch«, grinste Jim, »aber da bei den Ständen wäre es viel zu gefährlich, weil die Polizei hier äußerst scharf aufpaßt. Als ich noch klein war und keine Erfahrung hatte«, fügte er wichtig bei, »da habe ich hier einmal unter einem Karren geschlafen, wäre aber beinahe erwischt worden. So etwas schreibt man sich hinter die Ohren und wird vorsichtig.«

Während der Junge diese Erklärung gab, hatten sie den Schuppen durchschritten und standen vor einer hohen, kahlen Mauer.

»Und jetzt?« fragte Barnardo ungeduldig.

Jim legte den Zeigefinger der rechten Hand auf den Mund. »Pst, wir sind an Ort und Stelle. Sie werden eine ganze Bande von ihnen zu sehen bekommen, wenn wir vorsichtig sind und sie nicht aufwecken.«

Barnardo traute der Sache nur halb. Wollte ihn der Kleine am Ende doch noch zum Narren halten? »Hier ist doch weit und breit kein Mensch«, sagte er mit gedämpfter Stimme.

»Doch, da oben liegen sie, auf dem Blechdach des Schuppens.« Und behende kletterte Jim an der Mauer empor, geschickt die durch beschädigte Backsteine gebildeten Vertiefungen benützend, in denen er für seine Finger und Zehen Halt fand.

Barnardo versuchte, dem Buben zu folgen, sah jedoch die Aussichtslosigkeit seines Beginnens bald ein. Hatte am Ende der Schlingel die Absicht, ihm auf solche Weise zu entwischen?

Doch schon tauchte Jim über ihm auf und reichte ihm eine Stange herunter, mit deren Hilfe es Barnardo dann auch gelang, die Höhe der Mauer zu erklimmen. Er atmete erleichtert auf, als er endlich auf dem steinernen Gesimse stand, das rund um das schräg gelegte Blechdach lief. Seine zerschundenen Hände schmerzten ihn, und sein Anzug war übel zugerichtet. Solch halsbrecherische Turnereien waren nie seine Sache gewesen.

Während er noch damit beschäftigt war, mit dem Taschentuch Hände und Anzug abzuwischen, erblickte er im Dunkel zu seinen Füßen, was er gesucht hatte. Jetzt aber, da er in Wirklichkeit vor sich sah, worauf Jim ihn doch vorbereitet hatte, tat ihm das Herz weh.

Welch jammervolles Bild!

Ein ganzes Rudel von Knaben lag da auf dem blechernen Dach, alle in tiefem Schlaf. Einige von ihnen hatten sich zusammengerollt, wie es Hunde und Katzen vor einem Herdfeuer zu tun pflegen, andere lagen in Knäueln, um sich gegenseitig zu erwärmen. Denn keiner von ihnen besaß eine Decke oder auch nur einen Mantel, und die Lumpen, in die sie gehüllt waren, entsprachen ungefähr jenen, die Jim Jarvis auf seinem mageren Körperchen trug.

Soviel Barnardo feststellen konnte, waren die meisten der unglücklichen Schläfer in Jims Alter, nur einer von ihnen mochte etwa achtzehn Jahre alt sein, offenbar war er der Anführer der Bande.

Und während Barnardo da stand, erschüttert und noch unfähig, mit klarem Bewußtsein dieses namenlose Elend zu erfassen, riß der Wind die schwere Wolkenwand auseinander, so daß das fahle Licht des Mondes auf die nach oben gerichteten Gesichter der schlafenden Knaben fiel und in unbarmherziger Deutlichkeit die Schrecknisse enthüllte, die zu erleiden ein unerforschliches Schicksal diese Kinder und Halbwüchsigen verdammt hatte.

Es war, als hätte Gott selbst den Vorhang beiseite geschoben, um dem, der gelobt hatte, Werkzeug in seiner Hand zu sein, einen Blick in unbeschreibliches und bisher unbekanntes Elend verlassener und verlorener Menschenkinder zu gewähren.

Jim, stolz darauf, den Wunsch seines Beschützers erfüllt und ihn damit so tief beeindruckt zu haben, fragte eifrig, ob er die Schläfer nun aufwecken solle.

Barnardo aber, aus seinen Gedanken gerissen, wehrte beinahe erschrocken ab. »Nein, nein, laß es gut sein, wir wollen sie nicht stören.« Er war ja machtlos, ihnen in dieser Stunde zu helfen. Was hätte es da für einen Sinn gehabt, sie ihres Schlafes zu berauben, der ihnen wenigstens für ein paar Stunden Vergessen brachte?

Noch einmal warf Barnardo einen Blick auf die vor Hunger und Kälte bleichen Gesichter, dann aber, als einer der Schläfer sich regte, zog er sich eilig in den Schatten eines Mauervorsprungs zurück. Mehr fallend als kletternd langte er unten im Schuppen an, und Jim folgte ihm, nachdem er die Stange hochgezogen und in ihr Versteck zurückgebracht hatte.

Eine Weile wanderten die beiden wortlos durch die stillen Gassen, in denen in dieser frühen Morgenstunde nichts zu hören war als das Pfeifen des Windes und das emsige Patschen von Jims nackten Füßen, bis der Knabe schließlich seinen Begleiter fragte, ob er ihn jetzt noch zu einem andern Nest führen solle. »Ich weiß deren noch viele«, fügte er eifrig hinzu.

Doch hatte Barnardo für diesmal genug gesehen. Er wußte nun, daß Jim Jarvis die Wahrheit gesagt hatte und daß es in London tatsächlich Kinder gab, deren Leben sich von dem verwilderter Hunde kaum unterschied. Er hatte eine neue Menschenklasse entdeckt: die Ärmsten der Armen, von deren Existenz die menschliche Gesellschaft bisher noch keine Notiz genommen.

War es ein Zufall gewesen, daß er, ausgerechnet er, durch Jim Jarvis auf ihre Spur geführt worden war? Nein, für Barnardo gab es keinen Zufall, er glaubte an einen tieferen Sinn und Zusammenhang in jedem Geschehen.

Ein freudiges Erschrecken ließ sein Herz schneller schlagen. Welch große Aufgabe müßte es sein, diesen

Niemandskindern helfen, sie erlösen zu können aus ihrer Not ewigen Gehetztseins! War es am Ende ihm bestimmt, diese Aufgabe zu lösen, ehe er nach China fuhr? War er deshalb in England zurückgehalten worden?

Solcher Art waren die Gedanken, die auf ihn einstürmten und ihn bis zum Anbruch des Morgens keinen Schlaf finden ließen.

Die Geschichte des kleinen Jim

Die Geschichte, die Barnardo am nächsten Tage aus dem Munde seines Schützlings vernahm, bestätigte seine Vermutung, auf eine bisher unbeachtet gebliebene Unterschicht der menschlichen Gesellschaft gestoßen sein. Denn die Natürlichkeit, mit der Jim von seinen Erlebnissen erzählte, ließ keinen Zweifel an der Richtigkeit seiner Schilderungen aufkommen. Die von Mutterwitz zeugenden Bemerkungen und der dem traurigen Gegenstand kaum entsprechende Vagabundenjargon des Kleinen hatten Barnardo mehr als einmal ein Lächeln abgenötigt, doch unterließ er es wohl, Jimmys Redefluß durch eine Bemerkung oder Zwischenfrage zu unterbrechen.

Den Vater hatte Jim Jarvis nie gesehen, und von seiner Mutter wußte er nur noch, daß sie ständig krank gewesen war. Sie war im Krankenhaus gestorben, als der Knabe noch nicht fünf Jahre zählte. Die wenigen Habseligkeiten der Verstorbenen waren von Unbekannten weggetragen worden, schon wenige Stunden, nachdem die Krankenschwester der von ihren Leiden Erlösten die Augen zugedrückt hatte. Wohin die paar Schüsseln, Kochgeräte, Lumpen und das neben der Feuerstelle liegende Häuflein Brennholz verschwunden waren, blieb ebenso ein Geheimnis wie der Weg, auf dem diesen Straßenpiraten die Meldung aus dem London-Hospital mit solcher Promptheit zugetragen worden war.

Alles schleppten die drei keifenden Weiber mit, bis auf den Buben, der, auf einem schmutzigen Strohbündel kauernd, aus entsetzt aufgerissenen Augen und zitternd vor Angst und Schrecken das unverständliche Treiben verfolgte. »Nicht fortnehmen, nicht fortnehmen«, schrie er in einem fort, »das gehört meiner Mutter.« — »Gehörte ihr einmal. Merk dir das, Kleiner. Denn deine Mutter ist tot und kümmert sich nicht länger um ihren alten Plunder«, versuchte eine der Frauen den Schreihals zu beruhigen. »Bleib nur hier sitzen, bis sie dich holen kommen!« Und damit machten sich die Weiber mit ihrer Beute davon.

Doch Jimmy gehorchte nicht. Wenn er auch noch nicht zu erfassen vermochte, was der Tod der Mutter für ihn bedeutete, so trieb ihn doch ein namenloses Grauen aus dem kahlen und dunklen Raum. Von wem hatten die drei Frauen gesprochen? Wer hätte ihn holen sollen? Vielleicht gar die Polizei, mit der ihm die Mutter immer gedroht hatte, wenn er unfolgsam gewesen war?

Nein, die Polizisten sollten ihn nicht erwischen, damit sie ihn einsperren konnten. Vor ihnen mußte er sich verbergen. Und Jim strich sich mit dem Handrücken die Tränen von den Wangen, schlich aus dem Hause und über den Hof und achtete zum erstenmal nicht auf die Zurufe der Kinder, mit denen er sonst gespielt. Er eilte durch Gassen und Gäßchen und hielt in seinem Lauf erst inne, als er längst in eine ihm völlig unbekannte Gegend geraten war.

Zwar gab es auch hier, wie in den Gassen und Höfen, in denen Jimmy sein bisheriges Leben zugebracht, kleine Pfützen stinkigen Abwassers zwischen den kugeligen Pflastersteinen, auch hier hockten überall halbnackte, schmutzige Kinder vor den niedrigen Häusern, starrten Armut und Elend aus zerbröckelndem Mauerwerk und Wäschefetzen, die an Schnüren unter den Fenstern hingen.

Ohne zu zögern setzte sich Jimmy zu den Kindern, entriß einem wild aufheulenden Buben eine Brotrinde, um seinen ärgsten Hunger zu stillen, und verkroch sich, als es dunkel wurde, in einen offen stehenden Schuppen, um da hinter Säcken und Fässern die Nacht zu verbringen. Er weinte still vor sich hin, weil die Kälte ihn nicht schlafen ließ und Regenwasser in sein Versteck tropfte, auch mußte er immerfort an seine Mutter denken, gegen die er einigen Groll empfand, weil sie ihn so allein gelassen hatte. Weiter aber reichten seine Gedanken nicht. Er war noch zu klein, als daß er sich um Zukünftiges gekümmert hätte. Er kannte nicht einmal Furcht vor dem Hunger, da er zu darben gewohnt war und noch immer mit fast tierischem Instinkt Eßbares aufgetrieben hatte.

Seine einzige wirkliche Sorge war, doch noch in die Hände der Polizei zu geraten. Zwar konnte er sich damals unter der Polizei nichts Bestimmtes vorstellen; aber aus den Gesprächen seiner älteren Kameraden und aus ständig wiederkehrenden Bemerkungen seiner Mutter und ihrer Nachbarinnen wußte er, daß die »Peelers« für die Armen und daher Rechtlosen die große Gefahr bedeuteten, da sie mit allen Machtmitteln ausgestattet waren und zupacken konnten, wann und wo immer es ihnen beliebte.

Gegen Morgen schlief Jim dann doch noch ein, wurde aber schon bald durch laute Stimmen aufgeschreckt. Zwei Männer waren gekommen, um die Säcke und Fässer auf einen Handkarren zu verladen. So konnte Jimmy nicht länger bleiben und stahl sich an den beiden Arbeitern vorbei ins Freie hinaus.

Wenig später traf er mit einem etwas größeren Buben zusammen, der sich »Wanze« nannte, sich seit Jahren wie ein herrenloser Hund in der Nähe der Hafenanlage herumtrieb und dort aus den Erträgnissen von Bettel und Diebereien ein erbärmliches Leben fristete. Wegen seiner Schlauheit stand er bei seinen Kameraden in Ansehen, so daß Jim, als er in Begleitung der Wanze auftauchte, von den jugendlichen Straßennomaden ohne weiteres als ihresgleichen betrachtet und behandelt wurde.

Damit vollzog sich ohne sein Wissen und Dazutun das wenig feierliche Zeremoniell seiner Aufnahme in jene Klasse von Heimatlosen, deren Existenz damals weder dem Bürgertum noch den Behörden bekannt war. Es waren Niemandskinder im wahrsten Sinn des Wortes. Außerhalb von Ordnung und Gesetz führten sie ein ebenso ungebundenes wie durch Not und Entbehrung verdüstertes Vagabundendasein, kein anderes Ziel kennend, als auf ehrliche oder unehrliche Weise ihren Hunger zu stillen und sich von der Polizei und den Armenbütteln nicht erwischen zu lassen.

Es klingt unglaublich, daß das Dasein dieses Heeres völlig verwilderter Kinder so lange verborgen bleiben konnte. Nur die für London geltenden besonderen Verhältnisse vermögen derartige Zustände einigermaßen zu erklären. Die Wucht der Gegensätze zwischen arm und reich, zwischen Luxus und Elend, überrascht ja auch heute noch jeden Besucher der Millionenstadt, wenn er aus dem glänzenden Westen in die Hafenviertel des Ostens gerät, wo Armut, Not und Laster in engen Behausungen zusammengepfercht sind.

Die stolzen Schiffe des im 18. Jahrhundert aufblühenden englischen Welthandels trugen eben nicht nur die Schätze und Reichtümer aller Erdteile herbei, sie brachten auch verelendete Existenzen und ein sich vor dem Zugriff der Gesetzesgewalt flüchtendes, verrohtes Gesindel aus aller Herren Ländern mit, das sich wie trüber Bodensatz in der Nähe der Docks ansammelte und niederließ. Dieser Abschaum verwandelte in kürzester Zeit die herrliche Heide- und Moorlandschaft von Stepney — einst für die großen Herren Jagdgrund und Ort der Lustbarkeit — in ein Elendsviertel und in eine Brutstätte des Lasters sondergleichen. Kein Wunder, daß hier Kinder geboren wurden, die man früher oder später aussetzte, um sie auf Tod und Verderben ihrem Schicksal zu überlassen. Wenn auch die im Jahre 1829 von Sir Robert Peel durchgesetzte Reorganisation des Londoner Polizeiwesens zu einem ersten Einbruch der gesitteten Welt in dieses Räubernest geführt und dem goldenen Zeitalter dieser Entwurzelten ein Ende bereitet hatte, so blieben doch die Zustände noch lange bedenklich genug.

Solcherart war also die Welt, in die Jim Jarvis nach seiner Mutter Tod hineingeriet, um sogleich vom grauen Wirbel erfaßt und in die Tiefe gerissen zu werden. Mit dem von der Wanze angeführten Rudel gelangte er zunächst nach Wapping an der Themse, wo er auf eine alte Frau stieß, die seine Mutter gekannt hatte. Sie ließ ihn in einem Schuppen hinter ihrem Hause schlafen und sorgte auch dafür, daß er nicht verhungerte.

Als die Frau starb, ließ er sich von einem, auf einer Barke hausenden Hafenarbeiter für allerlei Handlangerdienste anwerben. Nicht umsonst wurde dieser Mann »Swearing-Dick« genannt. Er sprach überhaupt nur in Flüchen, trank wie ein bodenloses Faß, ließ den kleinen Jim von früh bis spät schuften und gab ihm dafür statt Brot jeden Abend eine Tracht Prügel.

»Aber warum liefst du ihm denn nicht davon?« wunderte sich Barnardo.

»Warum? Weil er mir drohte, mich totzuschlagen, wenn ich es wagen sollte, ihm durchzubrennen. Und daß es ihm mit dieser Drohung ernst war, unterlag für mich keinem Zweifel. Dick hatte nämlich einen großen Hund, den er zuweilen auf mich hetzte. Nur so zum Spaß und besonders dann, wenn er betrunken war. Er erstickte fast vor Lachen und klatschte mit den Händen auf die Schenkel, wenn mich das scheußliche Tier packte und zu Boden riß. Da, schauen Sie her!« Und Jim schob einige seiner Lumpen beiseite und zeigte eine lange, schlecht verheilte Narbe an seinem rechten Bein.

»Wie bist du ihm denn schließlich doch entwischt?«

»Oho! Eines Tages kam ein Mann an Bord und teilte mir mit, daß sich Swearing-Dick im Rausch als Soldat habe anwerben lassen. ‚Ach', sagte ich zu ihm, ‚würden Sie nicht so freundlich sein und den Hund einen Augenblick halten?' Er hatte natürlich keine Ahnung, was ich damit bezweckte, brummte etwas vor sich hin, packte den Hund am Halsband und polterte mit ihm in den Schiffsraum hinunter, vermutlich, weil er hoffte, unten etwas Trinkbares zu finden. Aber kaum war er unten, so schmetterte ich auch schon den Lukendeckel zu, schrie aus Leibeskräften ‚Hurra!', rannte über den Brettersteg an Land, lief, so schnell ich nur laufen konnte, und hielt erst an, als ich den Fischmarkt erreicht hatte.«

»So warst du nun wieder allein und auf dich selber angewiesen?«

»Das schon, doch hatte ich es nun tausendmal besser als auf der Barke. Ich kriegte keine Schläge mehr, brauchte mich nicht mehr vor dem besoffenen Dick und seinem Hund zu fürchten, und manchmal erhielt ich von mitleidigen Leuten einen Penny. Was brauchte ich mehr? Übrigens trieb ich mich nicht lange herrenlos umher. Ich traf nämlich eine alte Frau, eine gutmütige Person, die alte Gladby, vielleicht etwas verdreht im Kopf; doch was schadete das weiter? Sie betrieb einen Straßenhandel mit Kutteln, Schweinsfüßen und ähnlichen Leckerbissen. Das waren fette Zeiten für mich. Denn da ich ihr abends half, ihre Habe auf den Karren zu laden und diesen nach Hause zu ziehen, steckte sie mir manches Stück zu. So hatte ich es ganz gut. Schlimm war nur die Polizei.«

»Hat sie dich denn einmal erwischt?«

»Was heißt einmal! O Herr, Sie haben ja keine Ahnung, wie diese Teufel hinter einem armen Kerl her sind! Meist kam ich zwar mit einer Ohrfeige oder einem tüchtigen Tritt davon. Doch einmal steckten sie mich für sechs Tage ins Armenhaus, wo ich in die Schule mußte. Man drohte mir mit dem Gefängnis für den Fall, daß man mich noch einmal erwische. Seitdem paßte ich auf und schlief meist im Freien. Da war ich noch am sichersten vor den Peelers. Einmal nahm mich einer in Whitechapel in die Sonntagsschule mit. Da war es ganz nett. Natürlich nicht so nett wie bei Ihnen«, fügte er mit einem schalkhaften Lächeln hinzu. »Der Lehrer gab uns nachher nur Brot. Ohne Butter darauf und auch ohne Kaffee.«

»Du bist ein Schlingel, Jim!«

»Mag sein. Das haben vor Ihnen andere auch schon herausgefunden.«

»Wahrhaftig, mein Kleiner, da hast du ja bereits allerhand erlebt. Aber weißt du auch, daß es noch eine andere Welt gibt, in der man weder Hunger noch Kälte kennt, und in der kleine Knaben wie du nicht mehr mißhandelt werden?«

»O ja«, antwortete der Junge rasch, und es leuchtete auf in seinen Augen. »Das ist der Himmel. Mit dem hat sich die alte Gladby immer zu trösten versucht, wenn es ihr wieder einmal so recht gemein gemacht wurde.«

»Gewiß. Und hast du auch schon einmal gehört, wer es gewesen ist, der den Menschen den Himmel aufgeschlossen hat?«

Verständnislos schaute der Bub seinen Lehrer an und schüttelte dann den Kopf. »Nein, das weiß ich nicht. War es am Ende der Papst?«

»Nein. Das war der Heiland, Gottes Sohn, der sein Leben und Blut zur Erlösung der sündigen Menschheit hingegeben hat.« Und mit Eifer begann Barnardo dem kleinen Heiden in knappen Zügen die Geschichte Jesu zu erzählen, von der Geburt im Stalle zu Bethlehem bis zum Kreuzestod auf Golgatha.

Jim hörte dem Studenten mit größter Aufmerksamkeit zu und bekundete seine Anteilnahme durch mancherlei Zwischenfrage. Doch als dann Barnardo schilderte, wie der Heiland am Kreuz gelitten, da brach das Bürschlein plötzlich in Tränen aus: »O Herr, das war ja noch viel schlimmer als alles, was ich unter Swearing-Dick durchmachen mußte!«

Islington

Barnardo behielt den kleinen Jim Jarvis so lange bei sich, bis er in einer Familie, die ihm von seinen Krankenbesuchen her bekannt war, ein ihm geeignet erscheinendes Plätzchen für ihn gefunden hatte. Für das Kostgeld kam er selber auf, obwohl die Summe, die ihm der Vater monatlich zur Bestreitung seines Lebensunterhaltes und zur Bezahlung der Studiengelder schickte, äußerst knapp berechnet war.

Nur ungern trennte sich Jim von seinem Wohltäter und Frau Kelleys herrlichen Butterbroten. Am liebsten wäre er für immer bei dem Studenten geblieben. Aber sosehr er auch schmeichelte, Barnardo gab nicht nach. Er konnte nicht nachgeben. Wie hätte er auch den Jungen betreuen sollen, da seine Zeit dermaßen ausgefüllt war! Und der alten Frau Kelley konnte er die Erziehung dieses von Tag zu Tag temperamentvoller werdenden Gassenbuben im Ernste nicht zumuten. Überdies war es für Jim bestimmt nur von Vorteil, wenn er mit andern Kindern in der Gemeinschaft einer Familie aufwuchs.

Was aber sollte mit Jims Unglücksgefährten geschehen? Das war die Frage, die Barnardo nicht los wurde. Jetzt, da er um ihre Existenz wußte, glaubte

er, mit jedem Tag, an dem er sie in ihrem Elend stecken ließ, neue Schuld auf sich zu laden. Doch was konnte ein kleiner Medizinstudent im ersten Semester für die Rettung dieses Heeres von ausgehungerten und verwilderten Kreaturen tun? Aus eigener Kraft nichts. Das wußte er, und das wollte er auch nicht. Er wollte ja nur Werkzeug sein, ein Werkzeug in Gottes Hand. »Besser, o Gott, ich sterbe, als daß ich dies Werk oder irgendein anderes gegen deinen Willen beginne und fortführe«, betete er.
Noch mehrmals ließ er sich zu nächtlicher Stunde von Jim zu den verborgenen Lagerstätten der Straßenzigeuner führen, bis die Erfahrungen seine letzten Hoffnungen zerstört hatten, es möchte sich bei Jim und seinen Kameraden doch nur um einige beklagenswerte Einzelfälle handeln.
Mit seinen Freunden und Mitarbeitern an der eigenen Schule kam er überein, nach Jim auch noch andere Burschen aus ihrem Elend zu erlösen und in Familien unterzubringen. Hätten die jungen Menschenfischer dabei einzig der Stimme ihrer Herzen gehorchen dürfen, sie hätten sich nicht immer wieder vor die schreckliche Notwendigkeit gestellt gesehen, nur die allererbärmlichsten Geschöpfe aus den aufgestöberten Rudeln herauszugreifen und die andern in das Dunkel und sichere Verderben zurückzustoßen. Aber bei ihren schmalen Einnahmen bedeutete schon das Kostgeld für einen einzigen Buben eine schwere, äußerste Einschränkung der persönlichen Ansprüche bedingende, Belastung.
Zu dieser Zeit hielt Dr. Thain Davidson, Pfarrer in Islington, einer Gegend im Norden Londons, im Ausstellungsraum der Agricultural-Hall religiöse Ver-

sammlungen ab, die sich beim Publikum großer Beliebtheit erfreuten. Zweck dieser Veranstaltungen war, den Gedanken der Heidenmission in noch weitere Kreise hineinzutragen. Daß so auch Barnardo als zukünftiger China-Missionar an diesen Versammlungen teilnahm, kann nicht weiter überraschen.

Nun geschah es eines Abends, daß die in Aussicht genommenen Redner, die versprochen hatten, über ihre Erlebnisse als Wortverkünder in verschiedenen Erdteilen zu berichten, aus unbekanntem Grunde und ohne Meldung einfach nicht erschienen. Die große Zuhörerschaft, die erwartungsvoll den Saal bis auf die hintersten Plätze besetzt hielt, begann unruhig zu werden.

Davidson befand sich in einer nicht geringen Verlegenheit. Die Wartenden auch noch ein viertes Kirchenlied anstimmen zu lassen, ging nicht wohl an. Ratlos sah er sich um. Da entdeckte er in einer der vordersten Reihen den kleinen und so betriebsamen Studenten, mit dem er sich erst vor wenigen Tagen lebhaft unterhalten hatte. Wie hieß er doch gleich? Barnardo, natürlich, Barnardo, ein Medizinstudent, der ihm eine schier unglaubliche Geschichte von heimatlosen Straßenjungen erzählt hatte. Halt, wäre das nicht etwas, wofür sich auch die hier Versammelten interessieren müßten? War es nicht auch Missionsarbeit, was dieser junge Feuerkopf in seiner selbstgegründeten Schule betrieb? Und kurz entschlossen wandte sich Davidson an den Studenten. »Sie müssen ein paar Worte zu uns sprechen. Erzählen Sie uns von Ihrer nächtlichen Entdeckung auf dem Schuppendach und von Ihrer Arbeit unter den verwahrlosten Kindern Ostlondons!«

»Ich? Hier sprechen?« Barnardo war völlig überrascht. »Aber ich bin doch in keiner Weise darauf vorbereitet!«

»Sie dürfen mich nicht im Stich lassen, ich kann doch all diese Leute nicht einfach wieder nach Hause schicken!«

Das sah Barnardo ein. Und, durchzuckte ihn der Gedanke, bot sich ihm hier nun nicht unerwartet eine Gelegenheit, zu Brüdern und Schwestern in Christo von dem zu reden, was ihm seit Wochen auf der Seele brannte? Langsam erhob er sich und folgte Davidson zum Rednerpult.

»Dieser junge Freund, ein Medizinstudent, wird uns nun von seiner Missionsarbeit unter den jungen Heiden Ostlondons berichten«, stellte Davidson ihn vor, nickte ihm aufmunternd zu und setzte sich selbst unter die Zuhörer.

Als Barnardo die vielen erwartungsvollen Blicke auf sich gerichtet fühlte, umfaßte er für einen Augenblick, mit krampfhaftem Griff Halt suchend, die Pultplatte. Doch dann kam mit einemmal eine große, eine wunderbare Ruhe über ihn, und schlicht und einfach erzählte er, unter welch seltsamen Umständen er Jim Jarvis und durch diesen die Niemandskinder kennengelernt hatte. Seine Stimme zitterte, als er den Zustand der aufgestöberten, elenden Kreaturen schilderte und von der Verpflichtung sprach, sie aus ihrem menschenunwürdigen Dasein herauszureißen. Seine ernst und überzeugend vorgetragenen Ausführungen hinterließen bei den Zuhörern einen tiefen Eindruck. Mehrmals, wenn er aufhören wollte, wurde er gebeten, fortzufahren. Und als er dann schließlich nach mehr als einer Stunde an seinen Platz zurückkehrte, nicht ohne die verlassenen Kinder noch der besonderen Fürbitte der Anwesenden empfohlen zu haben, brandete stürmischer Beifall auf.

Dr. Davidson reichte Barnardo die Hand. »Ich danke Ihnen«, sagte er ergriffen. »Nun weiß ich, daß die vorgesehenen Referenten nicht von ungefähr am Erscheinen verhindert wurden. Gott hatte eine andere Botschaft für uns.«

Der junge Mann wußte kaum, wie ihm geschah. Menschen umdrängten ihn, nickten ihm zu, richteten Fragen an ihn, und er grüßte zurück und gab Antwort wie durch eine dünne Nebelwand hindurch. Dankbarkeit durchwallte ihn und ließ sein Herz schneller schlagen; denn jetzt, in diesen Augenblicken, wurde es ihm zur unerschütterlichen Gewißheit, daß Gott ihn angenommen hatte als sein Werkzeug, daß er sich seiner bedient hatte, um den Samen heilbringender Unruhe in Hunderte von Gewissen zu streuen.

Nachdem die meisten Zuhörer den Saal bereits verlassen hatten, trat eine junge Frau, die bisher bescheiden abseits gestanden, auf Barnardo zu. Ihre Augen schimmerten feucht, und zögernd begann sie: »Herr, störe ich Sie auch nicht? Ich werde Sie nicht lange aufhalten. Schon seit Jahren bete und spare ich für die fernöstliche Mission. Es ist ja nicht viel, was ich auf die Seite legen kann. Nun aber, da ich heute durch Sie vernommen habe, daß es in unserer eigenen Stadt Heidenkinder gibt, sollen Sie meine Ersparnisse haben, um damit den kleinen Straßenvagabunden zu helfen.« Und mit diesen Worten drückte sie ihm ein paar in Papier eingewickelte Geldstücke in die Hand.

Das hatte Barnardo nicht erwartet. Er war unschlüssig, ob er die Gabe annehmen dürfe oder nicht.

Noch nie hatte er bisher aus der Hand ihm Unbekannter eine Spende entgegengenommen. Und doch fühlte er, daß er das Geld nicht zurückweisen durfte, wenn er die Frau nicht enttäuschen wollte.

»Vielen Dank«, stammelte er verlegen.

»O bitte, ich gebe es Ihnen gerne.« Sie errötete und schlug die Augen nieder, und noch ehe Barnardo sie nach ihrem Namen gefragt hatte, drehte sie sich um und eilte davon. Kopfschüttelnd sah Barnardo ihr nach, dann senkte er den Blick und starrte auf das Zeitungspapierpäckchen in seiner Hand. Wie sollte er nun der Geberin Rechenschaft über die Verwendung des ihm anvertrauten Geldes geben können? »So will ich mich Gott gegenüber dafür verantworten«, murmelte er.

Erst zu Hause öffnete er das Päckchen. Fast andächtig wickelte er das Papier auseinander. Er fand darin siebenundzwanzig Kupfermünzen. Ein bescheidener Beitrag angesichts der Größe der Not, die es zu lindern oder gar aus der Welt zu schaffen galt. Gewiß. Aber war es nicht das Scherflein einer Witwe? Konnte nicht diese geringe Gabe eines einfachen Menschenkindes ein Saatkörnlein sein, das durch den Segen des Herrn vielfältig Frucht trug? War dieser erste Beitrag aus der Öffentlichkeit nicht die Antwort Gottes auf Barnardos Bitte um Leitung und Hilfe? War es Gottes Wille, dann mußte ein Werk gelingen, auch wenn menschliche Vernunft dagegen sprach.

Ehrfürchtig wickelte Barnardo das Kupfergeld wieder ein und versorgte es vorläufig in der Schublade seines Tisches. Denn das war Geld, für das er vor Gott Rechenschaft ablegen mußte.

Einblick in ein dunkles Kapitel

Eine Woche nach seiner aus dem Stegreif gehaltenen Rede in der Agricultural-Hall erhielt Barnardo ein Schreiben, dessen Inhalt ihn nicht wenig überraschte. Es war eine Einladung Lord Shaftesburys, sich am übernächsten Tag zum Abendessen in seinem Hause am Grosvenor Square einzufinden, wo er Gelegenheit haben werde, einige Männer zu treffen, deren lebhaftes Interesse den von ihm entdeckten Niemandskindern gehöre.

Lord Shaftesbury? Diesen Namen hatte Barnardo noch nie gehört. Auf welchem Wege mochte die Geschichte von Jim Jarvis und dessen Gefährten einer so hochgestellten Persönlichkeit zu Ohren gekommen sein? Es war doch kaum anzunehmen, daß der Lord an der Versammlung in Islington teilgenommen hatte.

Barnardo zögerte keinen Augenblick, der Einladung Folge zu leisten. Er war überzeugt, durch die Freunde des Lords und vielleicht durch diesen selbst unterstützt zu werden. War es nicht wunderbar, wie bereits Glied um Glied sich zur Kette zu fügen begann?

Das Schreiben des Lords beschäftigte Barnardo dermaßen, daß er beschloß, am Abend Dr. Davidson aufzusuchen. Er hatte das Verlangen, sich mit einem ihn verstehenden Menschen auszusprechen. Möglicherweise konnte er durch ihn Näheres über Shaftesbury erfahren.

Pfarrer Davidson empfing den Studenten mit großer Herzlichkeit. »Hallo, Barnardo, Sie sind ja auf dem besten Weg, ein berühmter Mann zu werden!« Freundschaftlich klopfte er ihm auf die Achsel. »Aber so ist es recht. Nun ist der Stein ins Rollen gebracht.«

Barnardo staunte: »So wissen Sie —«

»Wie sollte ich nicht! Ich habe die Zeitungsberichte mit großer Freude gelesen. Zwar stimmt nicht alles, was da geschrieben wurde. Aber man darf das, was man in den Zeitungen liest, nie so genau nehmen.«

»Verzeihen Sie, aber ich weiß nicht, worauf Sie anspielen. Ich bin zu beschäftigt, um Zeitungen lesen zu können.«

»Sie wollen doch nicht — aber das ist ja köstlich! So wissen Sie am Ende nicht einmal, daß über Ihre Rede, die Sie in der Agricultural-Hall gehalten haben, in mehreren Zeitungen berichtet worden ist und daß diese Berichte Anlaß zu lebhaften Erörterungen gaben?«

»Keine Ahnung«, gestand Barnardo. In seinen Augen leuchtete es auf. »Sie scherzen nicht?«

»Fällt mir nicht ein«, sagte Davidson gutgelaunt und führte den jungen Mann ins Arbeitszimmer.

»Nun ist die Frage, die ich Ihnen vorlegen wollte, auch schon beantwortet. Da«, und Barnardo zog das Schreiben des Lords aus der Rocktasche. »So hat auch er diese Berichte gelesen.«

Mit größtem Interesse las Davidson den kurzen Brief. »Das ist ja wunderbar, Barnardo! Da kann man Ihnen wirklich gratulieren; denn einen besseren Helfer hätten Sie in ganz England nicht finden können.«

»So kennen Sie den Lord?«

»Wie sollte ich nicht! Nie hat ein anderer Mann in England so viel für die armen Kinder getan wie Shaftesbury.«

»Und ich habe noch nie von ihm gehört.«

»Sie werden ja nun morgen Gelegenheit haben, ihn kennen zu lernen. Er ist ein prachtvoller Mensch, ein Christ, wie er im Buche steht. Er ist es, dem wir die Kinderschutzgesetzgebung aus dem Jahre 46 zu verdanken haben. Wie ein Löwe hat er darum gekämpft.«

»Eine Kinderschutzgesetzgebung?« lächelte Barnardo verlegen. »Auch davon höre ich heute zum erstenmal.«

»Wenn es Ihnen recht ist, unterhalten wir uns ein wenig über ihn. Es ist ganz gut, wenn ich Sie einigermaßen ins Bild setze, damit Sie wissen, wem Sie morgen gegenübertreten.« Damit schob er zwei Sessel vor das Kaminfeuer, nahm den dampfenden Wasserkessel vom Feuerhaken und langte Kanne und Teebüchse vom Wandbrett. »Sie trinken doch eine Tasse Tee mit mir?«

»Wenn es Ihnen nicht zu viel Mühe macht —«

»Es ist jammerschade, daß nicht mehr Männer vom Schlage Shaftesburys im Parlament sitzen«, meinte Davidson, mit der Kanne klappernd. »Freilich war es nicht immer allen angenehm, was sie aus seinem Munde zu hören bekamen. Oft genug hat er im Unterhaus durch seine, alle Gegenargumente widerlegende Sachkenntnis Schrecken, aber auch Staunen und Bewunderung hervorgerufen, so daß seine Anträge schließlich trotz hartnäckigster Widerstände angenommen werden mußten. Ist der Tee so richtig in der Farbe?«

»O ja, vielen Dank.« Und Barnardo sah zu, wie der honigbraune Strahl in die auf dem Kaminsims stehenden Tassen floß.

»Shaftesbury ist es gewesen, der dem Volke die himmelschreienden Zustände ins Bewußtsein gebracht hat, unter denen Tausende von englischen Kindern zugrunde gegangen sind. Seiner Güte ist es ebenso wie seinem Mut und seiner Tatkraft zu verdanken, daß diese Eiterbeule endlich aufgeschnitten wurde. Es hat viel gebraucht, bis es so weit war; denn wenn es um Geld und persönliche Vorteile geht, können Menschenherzen härter sein als Stahl.«

Davidson reichte Barnardo eine der Tassen, nahm die zweite für sich und ließ sich damit auf seinem Sessel nieder. Er schlug die Beine übereinander, lehnte sich zurück und schlürfte mit Behagen das heiße Getränk. »Jahrzehnte seines Lebens hat Shaftesbury allein dem Kampfe gewidmet, der notwendig war, um die tägliche Arbeitszeit für Jugendliche unter 21 Jahren auf zehn Stunden herabzusetzen. Es wäre eine weniger beschwerliche Aufgabe gewesen, mit Streichhölzern einen Eisberg zum Schmelzen zu bringen. Ja, ja, Barnardo, die wahren Christen, die es nicht bei frommen Worten bewenden lassen, sondern bereit sind, eine christliche Gesinnung durch Taten und mit Opfern zu beweisen, sind dünn gesät. Auch unter den Herren Abgeordneten. Aber Sie sind noch jung und kennen die Verhältnisse nicht, die den Grafen veranlaßt haben, unerschrocken und unbarmherzig hineinzuzünden in die nach außen hin billig verdeckten

Schmutzwinkel, in denen auf schamlose Art aus dem Elend der Armen Kapital geschlagen wurde.«

Davidson stellte seine Tasse weg und stemmte nachsinnend die Finger beider Hände gegeneinander. »Die Erfindung der mechanischen Webstühle brachte in der Baumwollindustrie Englands eine völlige Umwälzung hervor. Während man früher das fertige Gewebe aus Indien eingeführt hatte, konnte es nun durch die Maschinenarbeit in England viel billiger hergestellt werden, besonders, seitdem man auf den Gedanken gekommen war, die mechanischen Webstühle durch Kinder bedienen zu lassen, die billigere Arbeitskräfte waren als die Erwachsenen. So entwickelte sich bald eine Art Sklavenhandel, die Kinder aus den Armenhäusern der Großstädte wurden den Fabriken überlassen, wo sie im Durchschnitt täglich vierzehn Stunden zu arbeiten hatten. Schon um vier Uhr morgens begann die Arbeit. In der Nacht wurden die Kleinen nicht entlassen, sie hatten auf den Fußböden der Webkeller zu schlafen. Schon Fünfjährige wurden zur Arbeit herangezogen. Waren sie zu klein, dann wurden sie einfach auf einen Stuhl oder auf eine Kiste gestellt, um hier stundenlang ihre ewig gleichen Handgriffe auszuführen. Die Sterblichkeit in den muffigen Kellerräumen war ungeheuer, Verwundungen und Verstümmelungen unter den übermüdeten Kindern eine alltägliche Erscheinung. Die Luft war derart schlecht, daß sich die erwachsenen Arbeiter Taschentücher vor den Mund banden, ehe sie die Keller betraten. Shaftesbury hat errechnet, daß ein Kind bei der Bedienung des Webstuhls täglich einen Weg von etwa fünfzig Kilometer zurücklegen und sich dabei noch fünftausendmal niederbeugen und wieder aufrichten mußte. Und obwohl Shaftesbury nicht einmal die Abschaffung dieser schändlichen Sklaverei forderte, sondern lediglich darauf drang, die Arbeitszeit für Kinder gesetzlich auf zehn Stunden herabzusetzen, begegnete er bei Fabrikbesitzern und Abgeordneten dem zähesten Widerstand, den er erst nach jahrzehntelang geführtem Kampf zu besiegen vermochte.«

»Und das sind alles Tatsachen?« fragte Barnardo, und seine Stimme bebte vor Erregung.

»Leider Gottes, ja. Noch fürchterlicher aber als in den Webkellern war das Kinderelend in den Kohlenbergwerken. Auch hier wurden schon vier- bis fünfjährige Kinder beschäftigt. Diese beklagenswerten Geschöpfe waren dazu verurteilt, den ganzen Tag in den unterirdischen Gängen und Stollen die Falltüren zu bedienen. Stur hockten sie in der Dunkelheit auf dem ihnen angewiesenen Platz. Hörten sie einen Wagen heranrollen, dann mußten sie durch einen Kettenzug die Türe öffnen. War der Wagen durch, dann hatten sie die Tür durch Loslassen der Kette sofort wieder zu schließen. Nur an Sonntagen bekamen diese Kinder das Tageslicht zu sehen. In vielen Gruben wimmelte es von Ratten, Mäusen und allerlei Ungeziefer. Es war keine Seltenheit, daß die kleinen Fallenöffner von Ratten angenagt wurden. Mit sechs bis sieben Jahren rückten die Kinder zum Ziehen der Kohlenkarren vor. Da die Gänge zu niedrig waren, als daß man in ihnen hätte aufrecht gehen können, wurde den Kindern ein Gürtel um den nackten Leib geschnallt. Und dieser Gürtel war durch eine Kette, die zwischen den Beinen durchgeführt wurde, mit dem Karren verbunden, den die Kleinen wie Zughunde durch die finstern und oft fußtief mit Wasser gefüllten Stollen ziehen mußten. Daß viele Kinder durch herunterfallende Kohlenstücke erschlagen wurden, ist klar. Andere standen bis zu sechsunddreißig Stunden ununterbrochen bei den Pumpen im kalten Wasser. Oh, das Herz krampft sich einem zusammen, wenn man sich das vorstellt. Die grauenvollen Bilder passen schlecht zum Wort des Heilandes: ‚Lasset die Kindlein zu mir kommen und wehret ihnen nicht, denn ihrer ist das Reich Gottes.' Ja, lieber, junger Freund, das sind Dinge, über die ich einfach nicht hinwegkomme. Da schicken wir Missionare zu den Heiden nach China, um sie zum Christentum zu bekehren, und dabei stecken wir selbst im dunkelsten, nur mit frommen Sprüchen leicht übertünchten Heidentum. Und wissen Sie, was Shaftesbury auf die Anklagen, die er im Parlament erhob, geantwortet wurde? Daß sich der junge Körper leicht an solche Arbeit gewöhne und daß schließlich der Zivilisation gewisse Opfer gebracht werden müßten.«

»Das waren ja mittelalterliche Zustände«, entrüstete sich Barnardo. »Ein Glück nur, daß Lord Shaftesbury —«

»Waren, waren!« unterbrach ihn Dr. Davidson eifrig und erhob sich. »Leider stecken wir heute noch mitten drin.«

»Ich denke doch, das Kinderschutzgesetz —«

»Ist wohl schon zwanzig Jahre alt, wird aber noch immer umgangen. Hat einer genügend Geld, dann findet sich immer eine Möglichkeit, die Gesetze für ihn zurechtzubiegen oder sie ganz einfach zu vergessen. Und die Kaminfegerbuben? Seit 1834 ist es auf dem Papier verboten, im Falle eines Kaminbrandes

Knaben zum Löschen hinaufzuschicken. Als aber vor ein paar Jahren Shaftesbury im Parlament darauf hinwies, daß das Gesetz völlig unwirksam sei und sich das Los der Kletterbüblein in keiner Weise gebessert habe, wurde er wegen falscher Humanität ausgespottet. Man könne doch nicht auf den Dienst einiger angeblich gefährdeter Kaminfegerbuben einfach verzichten, um dafür ganze Dörfer in Flammen aufgehen zu lassen. Es wird wohl noch Jahre dauern, bis die Bemühungen des Lords Erfolg haben werden, wenn Shaftesbury das überhaupt noch erlebt.«

»Wie alt ist er denn?«

»Ja, wie alt mag er sein«, dachte Davidson nach. »Wenn ich mich nicht irre, wurde er im ersten Jahr unseres Jahrhunderts geboren, ist also sechsundsechzig Jahre alt.«

»Es gibt doch bestimmt nichts, was die Heranziehung von Kindern zu dieser gefährlichen Beschäftigung rechtfertigen würde!«

»Da kann ich Ihnen nun doch nicht ohne weiteres beipflichten. Die Kaminschlote sind so eng, daß wirklich nur Kinder in ihnen emporsteigen können. Sogar nur solche von besonders schlankem Körperbau. Noch heute geschieht es, daß geeignete Kinder — es werden nämlich zur Not auch Mädchen verwendet — gekauft, gestohlen oder aus Armenhäusern weggelockt werden. Auch diese Kinder sind wie jene in den Kohlengruben bei ihrer Arbeit völlig nackt. Und um sie nicht jeden Abend waschen zu müssen, läßt man sie einfach auf einem Rußhaufen schlafen.«

»Man sollte solche Niedertracht nicht für möglich halten.«

»Während der Ausübung ihrer Arbeit werden die

Kleinen häufig durch die Wärme oder durch aufsteigende Gase ohnmächtig und stürzen herab. Dann zuckt man die Achseln und spricht von einem Opfer, das die städtische Kultur gefordert habe. Und wenn einmal ein Kind aus Furcht in halber Höhe im Kamin stecken bleibt, dann wird einfach unter ihm ein Feuer angezündet. Jawohl, Herr Barnardo, das gibt es immer noch, trotz des Kinderschutzgesetzes. Es heißt eben, Kaminfegerjungen seien eine unumgängliche Notwendigkeit, wenn die moderne Zivilisation nicht wieder in dunkle Barbarei zurückfallen solle. London wäre in kurzer Zeit durch Feuersbrünste zerstört, wenn die Kamine nicht mehr gereinigt würden.«

In seiner leidenschaftlichen Anteilnahme für die Unterdrückten war Barnardo richtig in Wut geraten. »Daß so etwas noch vorkommt, ist eine Schande für die ganze Nation. Jawohl.«

»Sie haben recht. Und die von Ihnen entdeckten Niemandskinder gehören mit in dieses dunkle Kapitel.«

»Nun verstehe ich den Sinn der Einladung, die mir Lord Shaftesbury zukommen ließ. Und ich kann Ihnen schon sagen, daß ich jetzt darauf brenne, diesen Wohltäter kennenzulernen.«

»Er ist ein prächtiger Mensch, ein wahrer Christ, deren es nicht zu viele gibt. Wie tröstlich ist es, zu wissen, daß nicht nur immer wieder Wunden geschlagen, sondern auch Wunden verbunden und geheilt werden, daß immer wieder nicht nur die Lehre vom Recht des Stärkeren, sondern auch jene von der Barmherzigkeit dem Schwachen und Elenden gegenüber Anhänger findet, ja, daß es Menschen gibt, die ihre ganze Kraft in den Dienst der Nächstenliebe stellen. Und nach allem, was ich von Ihnen gehört habe —«

Hier unterbrach sich Davidson und machte mit der Hand eine Bewegung, als wolle er den angefangenen Satz wieder zurückholen. »Auf jeden Fall, verschließen Sie sich nicht der Stimme Gottes in Ihrem Herzen, lieber Freund, und wenn Sie morgen den Lord sehen, dann — dann richten Sie ihm Grüße aus von mir.«

Auf dem Fischmarkt von Billingsgate

Obwohl unter den vierzehn Gästen, die sich außer Barnardo im Hause des Lord Shaftesbury am Grosvenor Square eingefunden hatten, mehrere Journalisten waren, wurde während des Essens das dem Studenten auf dem Herzen brennende Thema nicht berührt. Barnardo saß neben einem bekannten Arzt, doch drehte sich ihr Gespräch ausschließlich um das medizinische Studium des zukünftigen Chinamissionars.

Als sich dann aber nach Tisch die Herren zu kleinen Gruppen zusammenfanden, machten sich die Zeitungsleute sofort an den Redner von Islington heran, um ihn mit einem Schwall von Fragen zu überschütten. Und Barnardo gab willig Auskunft. Alles begehrten sie in Erfahrung zu bringen: wo er zur Welt gekommen, ob es stimme, daß sein Name spanischen Ursprungs sei, ob es den Tatsachen entspreche, daß es in Venedig einen Palazzo Barnardo gebe, seit wann er sich in London aufhalte, was ihn veranlaßt habe, sich für die Chinamission zu entscheiden, ob er auch heute noch entschlossen sei, zu den Gelben zu fahren, wie lange er schon als Lehrer in Schulen für zerlumpte Kinder wirke und wie er dazu gekommen sei, in der Agricultural-Hall das Wort zu ergreifen.

Ob die von ihm gegebenen Schilderungen der Zustände nicht ein wenig übertrieben gewesen seien, wollte einer, Joe Hopkins, wissen. »Selbstverständlich in der durchaus edlen Absicht, die trägen Herzen Ihrer Zuhörer zu schnellerem Schlagen zu bringen?«

»Leider nein.« Barnardos Augen funkelten hinter den Brillengläsern. »Ich kann Ihnen sogar versichern, daß die Wirklichkeit noch viel trostloser aussieht, so trostlos, daß es für sie gar keine Worte gibt.«

»Und Sie sind überzeugt, daß es sich bei Ihren sogenannten Entdeckungen nicht um krasse Einzelfälle handelte?« fuhr der Reporter beharrlich und mit einem etwas maliziösen Lächeln fort.

»Vollkommen überzeugt. Ich befürchte sogar, daß die Zahl der Niemandskinder erschreckend groß ist.«

»Und worauf stützen sich Ihre Vermutungen?«

»Auf das, was ich mit eigenen Augen gesehen habe.«

Nach einer kurzen Pause fuhr der Journalist mit etwas erhobener Stimme fort: »Halten Sie es für vollkommen ausgeschlossen, daß die kleinen Strolche Sie absichtlich täuschten, um Ihr Mitleid zu erregen?« Mit lauernder Aufmerksamkeit wurde diese Frage hingeworfen, wie eine Karte, die einem Spiel die entscheidende Wendung geben soll.

Und diesmal stutzte Barnardo. Der in der Frage schwingende Ton des Mißtrauens war ihm nicht entgangen. Da er sich angegriffen fühlte, veränderte sich sein Verhalten von einem Herzschlag zum andern. »Mein Herr, glauben Sie im Ernst an die Möglichkeit, daß sich ganze Rudel von Burschen systematisch aushungern lassen und in winterlicher Kälte auf einem

Blechdach nächtigen, nur so zum Spaß und um das Herz eines mittellosen Studenten zu rühren?«

Einem geheimen Zwang gehorchend, wandte Barnardo sich um. Und als er gewahr wurde, daß der gütig ernste Blick des ganz in seiner Nähe stehenden Lords Shaftesbury auf ihm ruhte, durchwallte ihn ein übermächtiges Glücksgefühl. Vom ersten Augenblick an, da er diesem Manne gegenübergetreten, hatte er sich durch ein bedingungsloses, auf Verehrung und Liebe gegründetes Vertrauen mit ihm verbunden gefühlt.

Nun trat der Lord auf den Studenten zu. »Ich habe von Ihrem Interesse für die Kinder der Straße gehört und freue mich, Sie kennengelernt zu haben. Wissen Sie übrigens«, fuhr er lächelnd fort, »daß Sie zu meinen Mitarbeitern gehören? Für die unerschrockene Art, in der Sie sich so erfolgreich für die Verbreitung der Bibel einsetzen, schulde ich Ihnen in meiner Eigenschaft als Präsident der Britischen Bibelgesellschaft herzlichen Dank.«

Barnardo errötete unter diesem völlig unerwarteten Lob wie ein Schuljunge. Shaftesbury legte ihm freundschaftlich die Hand auf den Arm. »Man hat mir erzählt — oder habe ich das gelesen? — daß Sie schon öfters und in verschiedenen Gegenden Londons ganze Gruppen von obdachlosen Kindern angetroffen haben. Stimmt das wirklich?« — »Gewiß.«

»Und Sie haben jeweils keinerlei Schwierigkeiten, von ihnen Auskunft über ihre Verhältnisse zu erhalten?«

»Nein. In der Regel sind sie sehr mitteilsam, sobald sie spüren, daß sie es nicht mit einem Polizisten oder einem Armenbüttel zu tun haben.«

»Besteht Ihrer Ansicht nach überhaupt eine Möglichkeit, diese Verwahrlosten aus ihrer traurigen Umgebung herauszuholen?«

»Unbedingt. In einigen Fällen ist es mir schon gelungen, Burschen zum sofortigen Verlassen der Straße zu veranlassen und sie in Familien unterzubringen. Leider sind meine Mittel sehr beschränkt, so daß ich bis jetzt nicht viel auszurichten vermochte.«

Die meisten Gäste hatten sich zu den beiden gefunden, um aufmerksam ihrem Gespräch zu folgen.

Shaftesbury war ernst und nachdenklich geworden. »Der Kampf, den ich selber führte, hat also wenig abgetragen. Wäre es Ihnen möglich, uns zu einem Schlupfwinkel zu führen, wo solche Niemandskinder nächtigen?«

»Dazu bin ich jederzeit bereit.«

»Nun«, meinte der Lord und sah sich unter seinen Gästen um, »da ich wohl annehmen darf, daß sich alle anwesenden Herren dafür interessieren würden, Ihre Niemandskinder kennenzulernen, schlage ich vor, die Gelegenheit beim Schopfe zu fassen und sogleich aufzubrechen.«

In gespannter Erwartung waren aller Blicke auf Barnardo gerichtet. Doch der schüttelte den Kopf. »Leider geht das nicht —«

»Und wieso nicht?« platzte Hopkins heraus, und sein Bulldoggengesicht verriet Enttäuschung und Triumph zugleich.

Barnardo schien diese Frage erwartet zu haben. Wenigstens spielte ein Lächeln um seinen Mund. »Wieso nicht? Nun, aus dem einfachen Grunde, weil es dazu noch zu früh ist. Doch wenn sich die Herren bis nach Mitternacht gedulden wollen, so sollen Sie sich davon überzeugen können, daß ich nicht übertrieben habe.«

»Ausgezeichnet«, nickte ihm Shaftesbury zu. »Meine Herren, Sie beteiligen sich doch alle an dieser mitternächtlichen Fahrt?«

Von allen Seiten her kamen bejahende Zurufe.

»Ich frage nur, damit ich die Droschken bestellen kann.«

Die Aussicht auf das unerwartete Abenteuer versetzte die Gemüter in Wallung. Neuerdings geriet Barnardo in ein Kreuzfeuer von Fragen, ob er denn seiner Sache so sicher sei, in welcher Richtung die Fahrt gehen werde, und wie man sich den kleinen Strolchen gegenüber zu verhalten habe.

Die Diener brachten den Kaffee.

Kurz nach Mitternacht kam die Meldung, daß die bestellten vier Droschken vorgefahren seien, so daß Shaftesbury das von allen mit Ungeduld erwartete Zeichen zum Aufbruch geben konnte. Von den späten Passanten, die stehen blieben und neugierig zusahen, wie die vornehmen Zylinderherren die Droschken bestiegen, vermutete wohl keiner, daß ihr Ziel die Elendsgassen Ostlondons waren.

Barnardo, der mit Shaftesbury und zwei anderen Herren im vordersten Wagen saß, nannte dem Kutscher den Fischmarkt von Billingsgate in Lower Thames Street. Dann ging es in scharfem Trab durch die nächtlich stillen Gassen davon. Laut klapperten die Hufe der Pferde auf dem Pflaster. Es war ein Uhr früh, als Barnardo den Wagen in den »Queen's Shades« anhalten ließ und die Herren aufforderte, auszusteigen. Ein eisiger Wind schlug ihnen entgegen, so daß sie sich fester in ihre Mäntel einhüllten.

»Eine fürchterliche Gegend«, brummte einer, »das riecht hier wie die Pest.«

»Es hat tatsächlich keinen Sinn«, pflichtete ihm Hopkins bei. »Fahren wir lieber sogleich zurück. In einer solchen Nacht schläft kein Hund draußen, geschweige denn ein Kind.«

Dennoch trottete er mit den übrigen hinter Barnardo her, der hier trotz der herrschenden Finsternis mit verblüffender Sicherheit vorwärts strebte. Er war ja auch erst vor ein paar Tagen hier gewesen und hatte dabei ein Rudel von mehr als zwanzig Burschen und Knaben aufgestöbert.

Bald gelangten sie in einen Hof. Zu sehen war rein nichts, bis Barnardo ein Streichholz aufflammen ließ. Nun bemerkten sie vor sich einen ganzen Berg aufeinandergetürmter Warenballen, die zum Schutz gegen Nässe mit mächtigen Segeltüchern zugedeckt waren. Ein zweites und drittes Hölzchen flammte auf; aber so eifrig die Herren auch umherspähten, sie konnten doch nirgends ein lebendes Wesen entdecken.

»Hab' ich es nicht gesagt?« grollte Hopkins. »Nicht einmal der Schwanz einer toten Katze ist hier zu finden.«

»Nur noch ein wenig Geduld«, antwortete Barnardo ruhig. »Ich glaube bestimmt, daß Sie noch auf Ihre Rechnung kommen werden. Da, nehmen Sie die Streichhölzer und sorgen Sie für Licht.« Dann kletterte er auf einen Stapel von Kisten und Fässern und machte sich an einer Stelle zu schaffen, wo zwei Segeltücher mit ihren Enden übereinanderlagen. Bis zur Schulter schob er den Arm hinein und bewegte ihn abtastend hin und her. Umsonst. Sollte das Nest ausgerechnet in dieser Nacht leer sein? Er versuchte es an einer zweiten Stelle, auch hier vergeblich. Vielleicht war in einer der letzten Nächte die Polizei hier gewesen und hatte die unglücklichen Schläfer für eine Weile aus diesem Schlupfwinkel vertrieben. Was war zu tun?

Barnardo ließ sich zu Boden gleiten und ging um den Haufen herum, immer wieder den Arm unter die Tücher steckend. Ah, endlich! Seine Hand hatte einen nackten Fuß erwischt. Er packte fest zu, fuhr mit der andern Hand nach, umspannte das Knie und zog dann mit ganzer Kraft. Schon stand Hopkins mit den Streichhölzern neben ihm, und hinter Hopkins drängten sich die andern Herren herzu. Mit einem letzten Ruck zerrte Barnardo einen kleinen Buben unter den Tüchern hervor. Noch halb im Schlaf glitt der Kerl zu Boden, blinzelte dann in dem ihn blendenden Licht, und, nichts anderes glaubend, als daß die Polizei ihn erwischt habe, begann er zu jammern und verzweifelt um sich zu schlagen.

Barnardo bemühte sich, ihn zu beruhigen. Er sprach ihm begütigend zu und versicherte ihm, daß er nichts zu befürchten habe. Doch dauerte es eine ganze Weile, bis der Kleine in seiner Aufregung überhaupt hinhörte. Als er dann merkte, daß die Herren tatsächlich nicht so gefährlich sein konnten, wie er im ersten Schreck befürchtet hatte, fragte er: »Wenn Sie kein Peeler sind, was wollen Sie denn von mir?«

»Du bist wohl nicht der einzige in diesem Versteck?«

»O nein, Hoheit, da oben hat es noch einen ganzen Haufen Burschen, die meisten von ihnen größer als ich.«

»Das habe ich mir gedacht«, nickte ihm Barnardo

zu. »Schau her, weißt du, was das ist?« Und damit reichte er ihm ein kleines Silberstück. »Das schenke ich dir.«

Gierig griff der Junge nach der Münze und steckte sie zwischen die Zähne, um darauf zu beißen. Dann grinste er. »Sie ist richtig. Herr, ich habe sogleich gewußt, daß Sie ein Prinz sind.«

»Nun denn, mein Kleiner, wenn du so gescheit bist, dann weißt du wahrscheinlich auch, wie man es anstellen muß, um deine Kameraden aus ihrem Versteck herauszuholen?«

»Natürlich weiß ich das. Nichts ist einfacher. Ich brauche ihnen ja nur aufs Dach zu steigen.« Und schon schickte er sich an, sich flink wie ein Wiesel zwischen den steifen Tuchfalten in die Höhe zu arbeiten. »Da oben liegen die meisten«, schrie er zurück.

»Ausgezeichnet«, grinste Hopkins und wandte sich an den Studenten. »Ich gebe mich geschlagen, Sie hatten doch recht.« Er schwamm in Begeisterung und rieb ein Streichholz nach dem andern an.

Inzwischen war der Kleine zu oberst auf dem Stapel angelangt, wo er unverzüglich einen Tanz aufzuführen begann. Dabei kam es ihm vor allem darauf an, die Füße so schwer als möglich auf das Segeltuch zu setzen. Dieses rabiate Mittel begann denn auch sofort zu wirken, an verschiedenen Stellen wurde es unter der Decke lebendig.

Zuerst hatten die Herren dem Beginnen des Jungen mit einer gewissen Belustigung zugeschaut, nun aber hob Shaftesbury abwehrend die Hand. »Das sind ja unmenschliche Methoden, die armen Kerle auf solche Weise aus dem Schlaf zu trommeln.«

Der Kleine setzte sich hin und rutschte über das Tuch herunter. Er landete gerade vor Barnardo und richtete sich stolz vor ihm auf. Mit dem Handrücken wischte er sich die Nase ab. »Nun, habe ich es nicht geschafft? Nur keine Angst, die wecken sich nun gegenseitig auf.« Kichernd schaute er zu, wie sich das Tuch über der lebendig gewordenen Menschenmasse aufbäumte. Und nun rutschte auch schon der erste Bursche unter dem Tuch hervor. Sobald er aber im flackernden Lichtschein die Männer gewahrte, versuchte er, sich zurückzuziehen, wurde aber vom nächsten Knaben, der ihm den Weg versperrte, daran gehindert. Barnardo griff nach ihm und hielt ihn fest. Auf solche Weise gelang es, noch ein paar weitere Burschen abzufangen. Die andern hatten sich jedoch unterdessen anders besonnen und verharrten weiter in ihrem Versteck.

»Eigentlich könnten wir es ja dabei bewenden lassen«, meinte der Lord. »Dieser junge Mann hat uns tatsächlich den Beweis für die Richtigkeit seiner Behauptungen erbracht. Offen gestanden, ich habe es kaum für möglich gehalten, obwohl ich selbst schon auf viel Elend gestoßen bin.«

»Gewiß haben wir nun den Beweis für die Richtigkeit dessen, was Herr Barnardo behauptet hat«, wandte einer der Herren ein. »Und dennoch schlage ich vor, den Versuch fortzusetzen, das ganze Nest auszunehmen, um ein möglichst zuverlässiges Bild von den tatsächlichen Zuständen zu bekommen.«

»Sie haben recht. Wie aber soll dabei vorgegangen werden?« — »Nun, mein Kleiner«, fragte Barnardo den Buben, dem er das Geldstück gegeben hatte, »weißt du uns keinen Rat?«

Wichtigtuerisch spuckte der Junge aus. »Hoheit, haben Sie noch mehr von dem da?« und pfiffig hielt er die Münze hoch.

»Der ist tatsächlich nicht auf den Kopf gefallen«, lachte Shaftesbury. »Ein Glück, daß ich für alle Eventualitäten den Geldbeutel zu mir gesteckt habe. Ich stelle ihn zur Verfügung.«

»Darf ich es ihnen mitteilen?« fragte Hopkins. Und schon trabte er nach der andern Seite des Stapels hin, wo die Fässer und Kisten lagen. Er kletterte daran empor, wie Barnardo es getan hatte. Dann versuchte er, das Segeltuch zurückzuschlagen. »Hallo boys!« schrie er, »wer von euch einen Penny will, soll schleunigst herunterkommen!« — »Versprechen Sie ihnen auch eine Tasse Kaffee!« rief ihm Shaftesbury zu.

»Und wer nicht zögert, erhält überdies heißen Kaffee!« brüllte Hopkins wie ein Ausrufer auf dem Jahrmarkt. »Herunter mit euch, wer nicht leer ausgehen will!«

Während ein paar Atemzügen blieb alles still, dann aber wirkte die frohe Kunde Wunder. Unter den Segeltüchern schien ein wahrer Aufruhr auszubrechen, Bursche um Bursche kroch hervor, und Barnardo stellte sie nebeneinander in eine Reihe.

»Grauenvoll«, murmelte der Lord, als der Zug immer noch länger wurde. Die Burschen, von denen die jüngsten zwölf, die ältesten siebzehn Jahre alt sein mochten, waren notdürftig mit übelriechenden Lumpen bekleidet, nur wenige von ihnen trugen Schuhe oder eine Kopfbedeckung. Endlich schien das Nest leer zu sein.

»Dreiundziebzig«, meldete Hopkins, »ich habe dreiundsiebzig Mann gezählt.«

Selbst Barnardo war überrascht von dieser hohen Zahl.

»Wo bleibt das versprochene Geld? Und der heiße Kaffee?« begannen die Burschen zu murren.

»Es ist mir hier in der Nähe ein Kaffeeausschank bekannt, der die ganze Nacht offen ist«, teilte Barnardo dem Lord mit.

»Dann vorwärts! Wir können die armen Burschen nicht länger in der Kälte stehen lassen. Und ich muß gestehen, daß auch ich froh bin, wenn ich bald an die Wärme komme.«

In Dick Fishers Kaffeehaus

So setzte sich denn unter Anführung Barnardos der ganze seltsame Trupp in Bewegung, voran die Burschen, lärmend und aufgeregt, und hinter ihnen Shaftesbury und seine Gäste, mit Ausnahme der Journalisten nachdenklich und schweigsam.

Als Barnardo vor Dick Fishers Lokal Halt machte und den Burschen zu verstehen gab, daß sie hier ihren Kaffee bekommen würden, ließ sich die ausgehungerte Schar nicht länger zurückhalten und stürmte die Bude mit wildem Geschrei.

Den Wirt, der in einer Ecke gedöst hatte, wollte schier der Schlag treffen. Als er aber hinter der aufgeregten Bande eine ganze Reihe von Zylinderherren erblickte, wich sein Entsetzen ehrlicher Verwunderung. Er zwängte sich zwischen den Burschen durch und erkundigte sich bei den Herren nach ihren Wünschen.

»Bringen Sie Kaffee und Butterbrote, soviel Sie nur auftreiben können«, ordnete Shaftesbury an.

»Für die ganze Gesellschaft?« Der Wirt verbeugte sich. »Soll geschehen, soll geschehen. Ich werde mein Möglichstes tun, um Sie zufriedenzustellen. Aber das sehen die Herren wohl selbst ein, daß ich bei diesem

Gedränge und in diesem Lärm nichts ausrichten kann. Wenn ich mir einen Vorschlag erlauben darf, dann teilen Sie die Gesellschaft in zwei Gruppen, die nacheinander bedient werden.«

»Das scheint mir richtig zu sein.«

Und wiederum war es Hopkins, der die nicht leichte Aufgabe übernahm, die Schar in zwei Hälften zu scheiden. »Seid doch vernünftig«, beschwichtigte er die Burschen. Vorerst kamen die jüngeren an die Reihe, und die andern mußten wohl oder übel das Lokal noch einmal verlassen. »Keiner kommt zu kurz«, tröstete Hopkins die Enttäuschten, »ihr könnt euch darauf verlassen.« Und dem Wirt raunte er ins Ohr: »Es ist kein Geringerer als Lord Shaftesbury, der Ihnen die Ehre gibt.«

Fisher zuckte in Ehrfurcht zusammen, warf Hopkins einen dankbaren Blick zu und stürzte daraufhin in die hinter der Schankstube liegenden Wohnräume, wo er schleunigst seine Frau aus dem Bett und in die Küche scheuchte. »Oh, warum habe ich gestern nicht mehr Brote eingekauft!« stöhnte er. »Mary, du mußt unbedingt noch zu Barker hinübergehen und sechs Laibe holen. Ich kann jetzt unmöglich weg. Aber so stell doch endlich Wasser auf, vorwärts, vorwärts! Ein Graf in Dick Fishers Kaffeehaus, ein richtiger Graf! Das hast du dir wohl auch nie träumen lassen, Mary!«

Und wie ein radschlagender Pfau stolzierte er vor der Feuerstelle hin und her, während seine Ehegefährtin Holz nachlegte und aus vollen Lungen in die Glut blies. Dann aber kam auch ihm zu Bewußtsein, daß er sich der gräflichen Gnadenbezeigung erst noch würdig zu erweisen habe. Da sich so die beiden Wirtsleute mit allen Kräften ins Zeug legten, dauerte es keine Viertelstunde, bis die ersten Butterbrote und der erste Kaffee aufgetragen werden konnten.

Als Fisher den Korb mit den Brotschnitten ins Schanklokal brachte, erzitterten die Scheiben unter dem Gebrüll der Jungen. Und nicht minder hoch brandete die Begeisterung, als Mary die Kanne mit dem Kaffee herbeischleppte und die auf den Tischen stehenden Gläser und Tassen mit dem dampfenden, würzig duftenden Getränk füllte.

Mit Genugtuung verfolgten die Herren das ungewohnte Schauspiel. Es fiel ihnen nicht auf, daß Shaftesbury etwas abseits stand. Eine Weile starrte auch er auf die schmatzende und schlürfende Schar, dann aber kehrte er sich der Wand zu und legte die Hand über seine tiefliegenden Augen.

Die armen Kerle, die draußen warten mußten, bis die Reihe endlich auch an sie kommen würde, drückten sich die Nasen an den Scheiben platt, um sich von den Vorgängen im Lokal ja nichts entgehen zu lassen. »Siehst du!« schrie da einer auf und puffte seinen Kameraden mit dem Ellbogen in die Seite, »nun gibt's auch noch Würste.«

»Wahrhaftig, jetzt wollen wir aber auch hinein!« Hopkins und Barnardo hatten die größte Mühe, die Burschen zurückzuhalten. Sie waren drauf und dran, die Tür einzudrücken. Und wer hätte ihnen ihre Ungeduld verargen können?

»Paßt einmal auf!« rief Barnardo in die Schar, »stellt euch in einer Reihe auf.«

Nur zögernd gehorchten die Jungen, besonders jene, die Fensterplätze innegehabt hatten. Aber schließlich hatte sie Barnardo doch so weit. Der Lichtschein, der durch das Fenster fiel, beleuchtete die jämmerlichen

Gestalten. »Hat es solche unter euch, die lieber ein geregeltes Leben führen und einen Beruf erlernen möchten, als sich weiterhin in den Gassen herumzutreiben?« fragte Barnardo.

Mißtrauisch sahen die Burschen sich an. Wo wollte der hinaus? War das Ganze am Ende nur eine Falle, um sie in eine Armenanstalt stecken zu können? Dann lieber noch auf Butterbrot, Kaffee und Wurst verzichten und Reißaus nehmen.

Barnardo erriet ihre Gedanken, er hatte ja schon seine Erfahrung im Umgang mit diesen Heimatlosen. »Ihr braucht euch wirklich nicht zu fürchten. Weder durch mich noch durch einen meiner Begleiter wird einer von euch in eine Anstalt gebracht. Wir meinen es ehrlich mit euch und haben nichts mit den Peelers zu tun. Ich will aber versuchen, zwei oder drei von euch in Familien unterzubringen, wo sie in einem warmen Bette schlafen können und regelmäßig zu essen bekommen.«

Nun flogen die Hände in die Höhe. »O Herr, nehmen Sie mich! Nein, mich! Erbarmen, Herr, Erbarmen!« So riefen die Burschen durcheinander und drängten sich um Barnardo, der sich dieses leidenschaftlichen Ansturms kaum zu erwehren vermochte. »Sehen Sie«, wandte er sich mit einem verzweifelten Lächeln an Hopkins. »So ist es immer. Aber meine Mittel erlauben es mir nicht, mich noch einmal für mehr als drei von ihnen zu verpflichten. Schon die bisherige Zahl meiner Kostgänger bedeutet für mich eine fast unverantwortliche Belastung.« Und dann zog er aus der ihn bedrängenden Schar wahllos drei Buben an sich, erbarmte sich schließlich noch eines vierten, der ihm durch seinen schrecklichen Husten auffiel, und als sich nun noch einer vor ihm zu Boden warf und jammernd seine Knie umschlang, da brachte er es nicht übers Herz, ihn abzuweisen. »Das bedeutet bei gleichbleibenden Einnahmen eine monatliche Mehrausgabe von fünf Pfund«, seufzte er Hopkins vor. »Doch glaube ich, daß in solchen Dingen ein Christ leichtsinnig sein darf.« Dann schrieb er die Namen der fünf Burschen auf und schärfte ihnen ein, am folgenden Abend, nach dem Dunkelwerden, an dieser Stelle, vor Fishers Kaffeehaus, auf ihn zu warten. Er hoffe, bis dahin fünf Plätze ausfindig gemacht zu haben. »Und nun, wenn ihr nichts dagegen habt, werde ich einmal nachsehen, ob eure Butterbrote schon gestrichen sind.«

Sobald er das Schanklokal betrat, winkte ihn Shaftesbury zu sich. Er drückte dem Studenten die Hand. »Ich habe Ihre Aussagen bezweifelt, das tut mir leid. Hier sehe ich mit eigenen Augen, daß die Wirklichkeit Ihre Schilderungen noch bei weitem übertrifft. Wenn ich auch fast mein ganzes Leben den Armen Londons gewidmet habe, derartige Zustände hätte ich doch nie für möglich gehalten. Aber nun soll ganz London von der Existenz dieser Niemandskinder erfahren. Darauf können Sie sich verlassen.«

Nie hatte Barnardo einen Menschen in tieferer Ergriffenheit gesehen, doch hatte sich Lord Shaftesbury bald wieder völlig in der Gewalt. »Hier, Barnardo, nehmen Sie diesen halben Sovereign und lassen Sie sich vom Wirt Kleingeld dafür geben. Wir schulden ja jedem der Jungen einen Penny.«

Da die erste Schicht nun abgefüttert war, richtete Shaftesbury ein paar freundliche Worte an die ihm schweigend zuhörende Schar. Sobald Barnardo das

Geld brachte, forderte er die Burschen auf, nunmehr das Lokal zu verlassen, um ihren noch hungrigen Kameraden Platz zu machen. In einer Reihe zogen sie an ihm vorüber, und jedem drückte er eine Münze in die Hand. Das Glück der Beschenkten hatte keine Grenzen, immer wieder stießen sie Freudenrufe aus, und schließlich mußten sie mit Gewalt hinausgeschoben werden, damit die draußen Harrenden endlich Einlaß fanden. — Während Dick und Mary Fisher eine zweite Auflage von Butterbroten und Würsten an den Mann brachten und die mächtige Kaffeekanne kreisen ließen, bedeutete Shaftesbury dem Studenten, ihm hinter den Schanktisch zu folgen, wo sie einigermaßen ungestört miteinander sprechen konnten. »Was ich in dieser Nacht erlebt habe«, sagte der Lord, »hat mich zutiefst erschüttert. Hier muß eingegriffen werden. Leider bin ich zu alt, um selber diesen Kampf noch führen zu können. Oh, widersprechen Sie mir nicht, ich weiß, was ich sage. Des Menschen Leben währet siebzig Jahr, das wissen Sie auch, und diese Frist ist für mich bald abgelaufen. Die Not der Niemandskinder zu lindern, ist jedoch ein Lebenswerk, die Aufgabe für einen jungen, noch in der Vollkraft stehenden Menschen. Warum nicht für Sie? Zwar kenne ich Sie noch kaum, doch glaube ich, daß Sie die erforderliche Hingabe und Begeisterung besitzen würden. Ich bin mir vollauf bewußt, daß es eine schwere Aufgabe sein wird, und nichts zermürbt so sehr wie der Kampf gegen die Trägheit der Herzen. Aber was tut's? Wenn es köstlich gewesen ist, so ist es Mühe und Arbeit gewesen. Ich habe es selber erleben dürfen, wie herrlich es ist, selbst auf verloren scheinendem Posten als Streiter Gottes für das Gute zu kämpfen.«

Eine Weile schaute er lächelnd dem Betrieb an den Tischen zu. »Ich weiß zwar, daß Sie sich ein anderes Ziel gesteckt haben«, fuhr er fort. »Es wird sich weisen, welches Ihr Weg sein wird. Unser Glaube lehrt uns, daß wir geführt werden, wir müssen uns nur führen lassen. Es ist jetzt gerade ein Jahr her, ich erinnere mich genau, es war am 14. Februar 1866, da lud ich hundertfünfzig Straßenjungen aus meinen Zerlumptenschulen in ein Versammlungslokal im Innern der Stadt zum Nachtessen ein. Schon eine Stunde vor der festgesetzten Zeit war der Saal zum Brechen voll. Die Burschen waren in einem erbarmungswürdigen Zustand, ihre Kleider zerrissen und zerfetzt, mehr an den Gliedern hängend als sie wirklich bedeckend, genau wie diese da. Für sie war natürlich das Essen die Hauptsache, mir aber ging es darum, sie zum Sprechen zu bringen, um die Verhältnisse kennen zu lernen, aus denen sie stammten. Obwohl ich annehme, daß die meisten von ihnen irgendwo daheim waren — wovon ich nach dem heutigen Erlebnis allerdings nicht mehr so fest überzeugt bin — gestanden dreißig meiner Gäste ohne Zögern, schon einmal im Gefängnis gewesen zu sein. Verschiedene unter ihnen sogar schon zwei- oder dreimal. Ist es nicht ein Unrecht, so viel junge Kraft brachliegen und verkommen zu lassen, anstatt sie dem Lande dienstbar zu machen? Ich habe daran gedacht, ein altes Kriegsschiff zu erwerben und als Schulschiff herrichten zu lassen, um solche Burschen für den Handel oder für die Marine auszubilden. Man könnte eine landwirtschaftliche Schule gründen, um diese Heimatlosen für den Kolonialdienst zu erziehen. Es würde den Staat bedeutend weniger kosten, ihnen Gelegenheit zu geben, nützliche Glieder der Gesellschaft zu werden, als sie im Sumpf stecken zu lassen und nachher in Anstalten und Zuchthäusern für sie sorgen zu müssen. Um aber dieser Idee zum Siege zu verhelfen, braucht es hier in England eines Menschen, der bereit ist, sich für sie zu opfern.«

Nachdem auch die zweite Hälfte der Jungen zu ihrem Recht gekommen, sich erwärmt, den Hunger gestillt und die Barbelohnung in Empfang genommen hatte, bedankten sich die Burschen bei ihrem Wohltäter, um sich dann für den Rest der Nacht in ihr Versteck zurückzuziehen.

Lord Shaftesbury beglich Dick Fishers Rechnung, dann begab er sich mit seinen Gästen zu den Droschken zurück. Barnardo begleitete ihn bis an den Wagen, dann verabschiedete er sich, da er ja hier in der Nähe wohnte.

Es ging schon stark gegen Morgen.

Shaftesbury ergriff des Studenten Hand. »Ich danke Gott für das, was Sie hier tun. Denken Sie darüber nach, ob es nicht Ihre Bestimmung sein könnte, statt unter dem Himmel Chinas unter den Niemandskindern dieser Weltstadt Missionar zu sein. Und nun, leben Sie wohl! Gott segne und leite Sie!« Damit wandte er sich rasch um und nahm in der Droschke Platz. Die andern Herren waren schon alle eingestiegen. Und wenige Augenblicke später rollten die Wagen westwärts davon.

Die gelbe Rübe

Am folgenden Abend machte sich Barnardo zeitig auf den Weg nach Dick Fishers Kaffeehaus, um die fünf Burschen abzuholen, denen er eine Heimstätte versprochen hatte. Obwohl er während des ganzen Nachmittags auf den Beinen gewesen war, hatte er nur drei ihm geeignet erscheinende Plätze ausfindig machen können. So war ihm nichts anderes übrig geblieben, als Frau Kelley darauf vorzubereiten, daß er ihr für ein paar Tage zwei Schützlinge ins Haus bringen werde. Sie hatte zwar nichts gesagt, doch war der vorwurfsvolle Blick, den sie ihm zugeworfen hatte, unmißverständlich gewesen. Und schließlich war es ihr, die so peinlich auf Sauberkeit hielt, nicht einmal zu verdenken, daß sie von dieser Nachricht alles eher als begeistert war. Zu lebhaft erinnerte sie sich noch an den schmutzstarrenden, durch und durch verlausten Jim Jarvis, der ja tagelang ihr Kostgänger gewesen war. Eine sonderbare Marotte dieses Studenten, sich mehr um Straßengelichter als um seine Studien zu kümmern.

Auch die finanzielle Seite der Angelegenheit hatte Barnardo noch nicht zu regeln vermocht. Er hatte noch keine Zeit gefunden, dieses stets unliebsamer werdende Kapitel mit seinen Kameraden zu besprechen. So ungern er es tat, sah er doch ein, daß es unumgänglich notwendig geworden war, nach Hause zu schreiben, um wieder einmal dringend um einen kräftigen Zuschuß zu bitten.

Die Jungen warteten schon auf ihn. Und als sie ihn daherkommen sahen, gaben sie ihrer Freude durch laute Zurufe Ausdruck. Eigentlich waren sie überrascht, daß er sein Wort wirklich einlöste. Aber es waren ja ihrer sechs, nicht nur fünf! Und der Wirt stand bei ihnen.

»Treten Sie bitte ein«, begrüßte Fisher den Studenten. »Die Burschen haben mir eben erzählt, was Sie mit ihnen vorhaben. Alle Achtung, mein Herr. Lassen Sie sich aber vorher noch von Dick Fisher ein Glas Kaffee spendieren.«

Barnardo sah es in den Augen seiner Schützlinge aufleuchten, und so nahm er das Anerbieten an. Als er dann mit den Buben um den Tisch herumsaß, musterte er sie aufmerksam. Einer von ihnen stach ihm sogleich in die Augen. Er konnte sich nicht erinnern, dieses rothaarige Kerlchen mit dem bleichen, über und über mit Sommersprossen gesprenkelten Gesicht je gesehen zu haben. Auf jeden Fall wußte er genau, daß er es nicht herbestellt hatte. »Wer bist du?« wandte er sich an den Buben.

»Herr, Sie dürfen mir nicht böse sein«, piepste der Kleine, und schon schwammen seine braunen Augen in Tränen.

»Warst du denn gestern abend auch dabei?«

»Aber natürlich«, beteuerte das Bürschchen eifrig. »Bitte, nehmen Sie mich auch mit. Ich heiße John Somers, meine Kameraden nennen mich freilich nur

die gelbe Rübe. Weshalb, können Sie sich ja denken.«
Und mit schmutziger Hand fuhr sich John durch seinen roten Haarschopf. Der Name war tatsächlich nicht schlecht gewählt.

»Hast du denn keine Eltern mehr?« forschte Barnardo.

John schüttelte den Kopf. »Den Vater hab' ich überhaupt nie gekannt. Die Mutter lebt freilich noch; aber als ich sieben war, hat sie mich davongejagt. Das war vor vier Jahren.«

»Wieso hat sie dich weggejagt?«

John zuckte mit den Schultern. »Wieso? Weil sie fand, ich sei nun alt genug, um mich selber durchschlagen zu können.«

»Ja, das ist wahr«, bestätigte einer der andern Burschen. »Ich kenne die Alte, wir kennen sie alle. Ein scheußliches Weibsbild, sage ich Ihnen.« Und verächtlich spuckte er auf den Fußboden.

»Aber so spricht man doch nicht von —«

»Oho, nehmen Sie sich nur vor ihr in acht. Wir tun es wenigstens und nehmen Reißaus, wenn wir sie kommen sehen. Sie werden noch etwas erleben mit ihr. Wenn sie erfährt, daß Sie die Rübe von der Straße geholt haben, kratzt sie Ihnen die Augen aus.«

»Aber ihr habt doch eben gesagt, sie kümmere sich gar nicht um John? So kann es ihr ja gleichgültig sein, was mit ihm geschieht!«

»Glauben Sie? So ganz hat sie John doch nicht aufgegeben.«

»Ja, das ist wahr«, nickte die gelbe Rübe verschüchtert und machte unwillkürlich einen Buckel, als müsse sie sich vor Prügel schützen. »Von Zeit zu Zeit paßt sie mich ab, und wenn sie mich irgendwo erspäht hat, gibt sie keine Ruhe, bis sie mich erwischt hat. Dann packt sie mich und wirft mich zu Boden. Wo es gerade ist, auch mitten auf der Straße. Wenn sie wütend ist, schert sie sich keinen Teufel um herannahende Fuhrwerke. Sie kniet mir auf die Brust und durchsucht meine Taschen nach Geld. Ist sie mit der Beute einigermaßen zufrieden, dann läßt sie mich laufen, findet sie aber zu wenig oder nichts, dann setzt es Püffe und Flüche ab, bis ihr der Atem ausgeht und ich mich ihrem Griff entwinden kann.«

»Stimmt«, pflichteten die andern ihm bei.

Barnardo seufzte. »Hast du, seitdem du nicht mehr daheim bist, immer draußen geschlafen?«

»Das nicht. Wenn ich genug verdiene, gehe ich in ein Logierhaus. Im Winter wenigstens. Meistens penne ich allerdings im Freien. Am liebsten auf dem Coventgarden-Markt, sonst in jenem Winkel in Billingsgate, wo Sie uns gestern aufgestöbert haben. Mit Rücksicht auf die Peelers müssen wir immer ein wenig wechseln. Auch hängt es davon ab, wo ich gerade arbeite.«

»Was arbeitest du denn?«

»Wozu sich gerade Gelegenheit bietet. Ich habe es schon als Zeitungsjunge, Schuhputzer und Zündholzverkäufer versucht. Auf einen grünen Zweig bin ich nie gekommen. Was wollen Sie, die Leute mögen mich nicht, ich bin ihnen zu häßlich.«

»Aber John, darauf kommt es doch nicht an.«

»Meinen Sie?« fragte der Kleine bitter. Und altklug fügte er hinzu: »Wer eine hübsche Visage hat, der hat immer noch einen Trumpf in seinem Kartenspiel. Da können Sie mir nichts vormachen, das gilt nicht nur für Mädchen.«

»Mein Lieber, ich würde dich ja gerne mit mir nehmen, am liebsten nähme ich die ganze Gesellschaft mit, die ich gestern ausgehoben habe. Aber es geht nicht, es geht mit dem besten Willen nicht.«

»O Herr, haben Sie doch Erbarmen!«

»Ich habe nicht einmal für deine Kameraden Plätze gefunden. Zwei von ihnen muß ich vorläufig zu mir nehmen. Sie werden bei mir daheim auf dem Fußboden schlafen müssen.«

»Es kann Ihnen doch nichts ausmachen, ob zwei oder drei auf dem Boden liegen! Und in den Logierhäusern? Ich werde mit allem zufrieden sein, nur nehmen Sie mich mit!«

»Heute nicht, ich habe es mir reiflich überlegt. Oder ist einer da, der freiwillig zu Gunsten John Somers zurücktritt? Nur für eine Woche. Bis dahin hoffe ich, euch alle unterbringen zu können.« Doch davon wollte keiner etwas wissen. »Dann mußt du dich eben gedulden, John«, entschied Barnardo. »Aber das verspreche ich dir, daß ich in einer Woche wiederkommen werde, um dich zu holen. Ganz bestimmt.« Und er streckte dem Buben die Hand entgegen.

»Schwören Sie?«

»Nein, ich schwöre nicht, ich schwöre überhaupt nie. Aber du kannst dich darauf verlassen. Heute ist Donnerstag. Am nächsten Donnerstag also, um diese Zeit, wartest du hier auf mich.«

»Gut. Ich werde todsicher hier sein.« Und getröstet wischte sich John Somers mit dem Handrücken die Nase. Im Grunde genommen war er mit dem, was er erreicht hatte, zufrieden. Er hätte ja ebensogut ganz abgewiesen werden können. Und schließlich war eine Woche nicht lang.

Natürlich hielt Barnardo Wort.

Aber als er sich eine Woche später in Dick Fishers Schankstube meldete, trat ihm die Wirtin mit bestürzter Miene entgegen. »Ach, lieber Herr, so ein Unglück!« jammerte sie. »Sie kommen zu spät. Aber ich will meinem Mann rufen, er kann Ihnen alles erzählen.«

»Zu spät? Was für ein Unglück?« fragte Barnardo und sah Mary Fisher verständnislos an. »Der Kleine soll es gut bekommen, ich habe einen ordentlichen Platz für ihn gefunden.«

»So ein Pech«, lamentierte sie weiter. »Aber so ist das nun mal auf der Welt. Das Glück ist ungleich verteilt. Den einen fällt alles in den Schoß, und die andern kommen immer zu spät und haben ewig leere Hände.« Sie horchte nach der Küche hin, wo eben mit Geschirr geklappert wurde. »He, Dick, willst du den Herrn noch lange warten lassen?«

Nun schlurfte Fisher daher. Er trocknete sich die Hände an der Schürze. »Ach, Sie sind es! Sie hätten früher kommen sollen.«

»Aber — was ist denn geschehen? Ich habe den Kleinen auf heute hierher bestellt, und jetzt bin ich gekommen, um ihn abzuholen.«

»Da werden Sie sich schon nach Ersatz umsehen müssen. Doch wollen wir uns setzen. Mary, bringe dem Herrn einen Kaffee.« Und mit dem Schürzenzipfel wischte er Stuhl und Tischplatte sauber. »Wir haben Donnerstag heute, also war es am Montag. Jawohl, es war am Montagvormittag. Da wurde plötzlich die Türe aufgestoßen und ein Schutzmann trug auf dem Arm einen kleinen Jungen herein. Ausgerechnet John, die gelbe Rübe. Mausetot, schon kalt und steif. Seine Kameraden drängten dem Polizisten nach, es dauerte nicht lange, bis die ganze Bude voll war. Das Geheul, das die Burschen anstimmten, ging mir durch Mark und Bein. Ich muß schon sagen, es war verdammt unangenehm.«

Barnardo war wie vor den Kopf geschlagen. Er konnte nicht fassen, was er da eben gehört hatte. »Ja, aber, wie ist es denn geschehen, ich meine, wo hat man ihn gefunden?«

»Sie kennen ja den Hof, wo die armen Teufel zu nächtigen pflegen, dort, wo Sie vergangene Woche die ganze Gesellschaft aufgefischt haben. Es werden dort immer Waren untergebracht, die entweder aus einem der Themseschiffe ausgeladen worden sind oder dort liegen, bis sie auf eine Barke verladen werden. Als sich am Montag ein paar Arbeiter an diesem Lager zu schaffen machten und eben ein großes Zuckerfaß beiseite rollten, da scheuchten sie einen Buben auf, der dahinter geschlafen hatte. Es waren ihrer zwei gewesen, aber der zweite blieb liegen. Sie stießen ihn an; doch rührte er sich nicht. Sie riefen ihm zu; aber er gab keine Antwort. Und als sich schließlich einer der Männer niederbeugte und den Kleinen aufhob, da merkte er gleich, daß er tot war. Ein Arzt wurde gerufen. Der stellte als Todesursache Hunger und Kälte fest. Der Polizist trug den Leichnam hierher, und der Kleine lag da, bis der Wagen kam. Er ist wenigstens von seinen Kameraden betrauert worden. Nicht jedem, der stirbt, werden so viele Tränen nachgeweint. Jawohl, Herr. Da kann mir einer kommen und sagen, was er will. Auch in diesen Gassenjungen steckt noch ein guter Kern.«

»Das ist wahr«, stimmte ihm Barnardo zu, und seine

Stimme war ohne Klang. »Tut mir leid, daß es so gegangen ist.« Und dann stand er auf und reichte dem Wirt die Hand. »Vielen Dank. So kann das nicht weitergehen, nein, wahrhaftig nicht —«

Dick Fisher schaute den Studenten verwundert an. »Wie meinen Sie das?« fragte er vorsichtig.

»Daß ich den Sinn dieses Opfers verstanden habe. Jawohl, nun muß etwas geschehen.« Damit wandte er sich um und verließ das Lokal.

Gehet hin in alle Welt

Ein paar Wochen später, in den Osterferien des Jahres 1867, fuhr Barnardo durch Vermittlung des Grafen Shaftesbury nach Paris, wo Leute aus aller Herren Ländern zum Besuch der eben eröffneten Weltausstellung zusammenströmten.

An der Ausstellung beteiligte sich nämlich auch die Britisch-Ausländische Bibelgesellschaft, deren Präsident in jenen Jahren Lord Shaftesbury war. Ihr achtseitiger Pavillon stand in der Nähe des Haupteingangs. Eine hellblaue Fahne mit der Aufschrift »Bibeln« wehte von der Spitze des Gebäudes, und die kleinen, als Schalter eingerichteten Fenster waren mit den Namen verschiedener Länder überschrieben. An jeden Besucher, der sich dafür interessierte, wurde hier unentgeltlich ein Exemplar des Neuen Testamentes abgegeben, und zwar in der von ihm gewünschten Sprache.

Mit zehn andern jungen Männern verschiedener Nationalität hatte sich Barnardo begeistert für diese Tätigkeit zur Verfügung gestellt. »Gehen Sie«, hatte ihm Shaftesbury geraten, »vielleicht wird die völlig neue Umgebung dazu beitragen, daß Sie von den Sie beschäftigenden Fragen Distanz gewinnen und sich so eher entscheiden können.« Und Barnardo bereute es nicht, den Vorschlag angenommen zu haben. Immer deutlicher durfte er erfahren, daß er in Shaftesbury einen väterlichen Freund gewonnen hatte.

Wieviel Anregung empfing er im Umgang mit all den Menschen, die sich da tagaus, tagein vor seinen Schalter drängten, und wenn er sich auch bewußt blieb, daß manchen, der sich meldete, nur die Neugierde hertrieb, so vermochte das seinen Eifer keineswegs zu lähmen. Kein Sämann konnte wissen, ob die ausgestreuten Körner dereinst auch keimen und Frucht bringen würden, seine Pflicht war es einfach, sie vertrauensvoll der Erde zu übergeben. Ganz in diesem Sinne, als eine Evangelisationstätigkeit, faßte Barnardo den Verkehr mit den Besuchern auf. Er gab kein Buch aus der Hand, ohne an den Empfänger ein Wort der Ermahnung oder einen Segenswunsch gerichtet zu haben. Und vom gleichen Geist waren auch seine Gefährten beseelt.

Immer wieder kam es vor, daß sich Besucher mit ihnen in ein Gespräch einließen, um aus dem Munde dieser überzeugten und zu ihrer Überzeugung stehenden Christen Antwort auf die sie beschäftigenden Fragen zu erhalten, und zuweilen wurden derartige, am Tag begonnene Unterhaltungen abends nach Schließung des Pavillons noch fortgesetzt, sei es in einem ruhigen Gastlokal, in einem Hotelzimmer, oder, da die Nächte schon so mild waren, auf einer Bank in einer der herrlichen Gartenanlagen.

Als Barnardo einmal nach beendigter Mittagspause das Ausstellungsgelände betrat, fiel ihm ein vornehm gekleideter Herr auf, der die Hände auf dem Rücken, aufmerksam die auf dem Giebel des Pavillons aufgezogene Fahne betrachtete und sich bemühte, die Aufschrift zu entziffern.

Barnardo blieb stehen und sah dem Fremden zu, der schließlich den Kopf schüttelte und sich zum Gehen umwandte. Da gewahrte er Barnardo, und als er aus dessen Haltung schließen mußte, daß er beobachtet worden war, trat er lächelnd auf ihn zu. »Können Sie mir vielleicht sagen, was dies alles zu bedeuten hat? Über einem dieser Fensterchen habe ich das Wort ‚Russie' entdeckt, und die Fahne da oben trägt, wenn ich mich nicht getäuscht habe, die Aufschrift ‚Bibeln'. Ich kann mir nicht erklären, in welchem Sinne der Name meines Heimatlandes mit der Bibel in Zusammenhang gebracht worden ist.«

»Das will ich Ihnen gerne erklären«, antwortete Barnardo, sympathisch berührt von der liebenswürdigen Art des Russen, der im gleichen Alter stehen mochte wie er. »Die Britisch-Ausländische Bibelgesellschaft gibt hier unentgeltlich Teile der Heiligen Schrift ab. An dem Fensterchen, das mit dem Namen Ihres Landes überschrieben ist, wird Ihnen kostenlos und selbstverständlich ohne jede Verpflichtung ein Exemplar der russischen Übersetzung des Neuen Testaments ausgehändigt.«

»Ach so«, meinte der Fremde lächelnd, »und ich dachte schon, es handle sich um irgendeine neue Erfindung.« — »Hoffentlich sind Sie nun nicht enttäuscht?«

»Enttäuscht?« erwiderte der Russe verbindlich, »ganz im Gegenteil. Ich habe nämlich bis heute gar nicht gewußt, daß die Bibel auch in die russische Sprache übersetzt worden ist.«

Barnardo horchte auf. »So haben Sie sie noch nie gelesen?«

»Nein. Ein paar Stellen aus dem Neuen Testament habe ich in unsern Kirchen gehört; aber gelesen wird bei uns in Rußland die Bibel nicht. Ich bin überzeugt, daß sie gar nicht gekauft werden kann.«

Barnardo wurde unruhig. »Mein Herr, was für eine freundliche Fügung, daß ich Ihnen begegnen durfte. Mein Name ist Barnardo, Thomas John Barnardo. Ich stehe im Dienst der englischen Bibelgesellschaft und werde mir ein Vergnügen daraus machen, Ihnen eine russische Ausgabe des Neuen Testamentes zu überreichen. Bitte, gedulden Sie sich ein paar Augenblicke, ich werde gleich wieder hier sein.«

»Nein, nein, lassen Sie nur«, wehrte der Russe ab, merklich kühler geworden. Barnardos Eifer schien ihm nicht angenehm zu sein. »Sie brauchen sich wirklich nicht zu bemühen.«

Aber schon war der Student im Gebäude verschwunden. Er war Feuer und Flamme, eine solche Gelegenheit durfte er sich nicht entgehen lassen. Als er kurz darauf mit dem Bücherpäckchen zurückkehrte, strahlend vor Begeisterung, sah ihm der Fremde mit kaum verhohlenem Spott entgegen. »Sie hätten sich Ihre Mühe wirklich ersparen können. Doch wenn Ihnen so viel daran liegt, nun, meinetwegen. Besten Dank.« Lässig schob er das Buch in die Manteltasche und lüftete den Hut. »Graf Modeste von Korff.« Er verbeugte sich leicht und wollte sich entfernen.

Aber wenn er erwartet hatte, daß der einfache Angestellte der englischen Bibelgesellschaft nun vor dem russischen Grafen in Ehrfurcht erstarren würde, so hatte er sich mächtig getäuscht. Barnardo war nicht der Mann, der sich von einem Titel imponieren ließ. Er war zu sehr Christ, als daß er Rangunterschiede im

Sinne eines Werturteils hätte gelten lassen. »Sehr erfreut, Herr Graf. Haben Sie nicht noch ein paar Minuten Zeit für mich?«

Der Russe runzelte die Stirn und zog die Uhr aus der Tasche. »Nun«, fragte er, »Sie haben mir noch etwas mitzuteilen? Dann fassen Sie sich bitte kurz, ich habe eine Verabredung, die ich nicht versäumen möchte.«

»Sie haben vorhin gesagt, daß in Rußland die Bibel nicht gekauft werden könne. Ich verstehe das nicht, ist sie denn verboten?«

»So viel ich weiß, ist wenigstens der Verkauf untersagt«, antwortete Korff kühl.

»Sind Ihnen die Gründe bekannt?«

»Das ist nicht meine Sache, sondern die Angelegenheit des Heiligen Synod.«

Barnardo nagte an seiner Unterlippe. »Es könnte Ihnen aber doch niemand, auch der Heilige Synod nicht, verbieten, an Ihre Freunde und Bekannten Bibeln zu verteilen, wenn ich veranlassen würde —«

»Die russische Zensur würde für Bibeln der Britischen Gesellschaft die Grenzen sperren.«

»Darauf möchte ich es ankommen lassen. Oder wäre Ihnen das unangenehm?«

Graf Korff überhörte wohl absichtlich die Frage und Barnardo fuhr eifrig fort: »Der Auftrag des Heilandes an seine Jünger: ‚Gehet hin in alle Welt und prediget das Evangelium aller Kreatur' ist auch an uns, an mich und an Sie gerichtet.«

»Mein Herr«, sagte der Russe und betrachtete den Studenten mit einem Lächeln, das halb spöttisch, halb mitleidig war, »ich überlasse das Predigen denen, die sich dazu berufen fühlen. Sowohl hier als auch in meiner Heimat. Im übrigen bewundere ich Ihren Eifer, mit dem Sie die Interessen Ihrer Gesellschaft vertreten. Tatsächlich. Offen gestanden, Sie haben mich ein wenig überrumpelt. Daß ich mich hier in Paris, in der Stadt des Lichtes und der schönen Frauen, mit religiösen Fragen würde auseinandersetzen müssen, damit habe ich nicht gerechnet. Aber wer weiß, vielleicht sind Ihre Worte nicht auf nur steinigen Boden gefallen.«

»Gott gebe es«, lächelte Barnardo den Fremden an.

»Wenn Sie es wirklich auf Ihre Gefahr hin versuchen wollen, mir ein paar Bibeln nach Rußland nachzusenden, so sei Ihnen das nicht verwehrt. Ich bin Kammerjunker und wohne mit meinem Vater am kaiserlichen Hof Zarskoje Sselo bei Petersburg.«

Neue Pläne

In solcher Weise versah Barnardo die ihm als Agent der Britischen Bibelgesellschaft übertragene Aufgabe. Manche verübelten ihm zwar seinen Eifer, doch ließ er sich weder durch spöttische Bemerkungen noch durch Grobheiten entmutigen. Im Gegenteil, auch hier spornte ihn Widerstand nur an. Andere zeigten sich dankbar für die bekundete Anteilnahme und schätzten es, sich mit einem Menschen auseinandersetzen zu können, der eine so überzeugte und überzeugende Haltung wie Barnardo bewies. Solche Gespräche fanden meist am Abend statt, wenn der Pavillon geschlossen war und Barnardo frei über seine Zeit verfügte. Er war glücklich, wenn er spüren durfte, daß seine Bemühungen nicht umsonst waren. Doch bei allem Eifer vergaß er auch in Paris die Arbeit nicht, die er in London zur Rettung der Niemandskinder begonnen hatte. Auf abendlichen Spaziergängen der Seine entlang oder durch die Cité, den ältesten Teil der Stadt, vor allem aber auf seinen nächtlichen Streifzügen durch die Armenviertel der Deux Moulins und der Cité Dorée, Zufluchtsorten der nach Tausenden zählenden Lumpensammler, begegnete er viel verwahrlostem jungem Volk, das ihn lebhaft genug an die Buben und Mädchen erinnerte, die sich in seiner Donkey Shed Ragged School in der Ernest Street zusammendrängten. Es gab also nicht nur in London, sondern auch hier viel Elend und Not. Das aber durfte ihn nicht entmutigen. Nur noch stärker fühlte er sich dazu verpflichtet, alles zu tun, was in seinen Kräften stand, helfend einzugreifen, um möglichst viele der Gefährdeten vor dem Versinken in völlige Verkommenheit zu bewahren. Niemals durfte er sich damit begnügen, das Wort Gottes zu verbreiten. Er mußte Christi Lehre in die Tat, in Taten der Liebe umsetzen. Immer wieder sah er vòr sich das von Leid gezeichnete Gesicht John Somers, glaubte er die verängstigten Augen der gelben Rübe anklagend auf sich gerichtet: »Warum hast du dich meiner nicht erbarmt, wie es deine Pflicht gewesen wäre?«

Ja, diese Pflicht an einem seiner geringsten Brüder hatte er versäumt, weil er nicht der Stimme seines Gewissens, sondern der Vernunft gehorcht hatte. Er war zu kleingläubig gewesen, und diesem mangelnden Vertrauen war John Somers geopfert worden. Warum das? Hatte am Ende der kleine Straßenjunge sein Leben lassen müssen, um ihm die Verantwortung, die ihm durch das Wissen um die Niemandskinder zugewachsen war, in ihrer ganzen Größe bewußt werden zu lassen?

Wie aber, so fragte sich Barnardo immer wieder, wie konnte diese Not der Ärmsten unter den Armen auch nur gelindert werden? Er müßte Geld haben, um in verschiedenen Familien Heimplätze sicherzustellen. So könnte manchem geholfen werden. Vor allem aber müßte er ein Heim haben, ein eigenes Heim, in dem die auf der Straße gefundenen Kinder nicht nur untergebracht und ernährt, sondern auch unterrichtet und zu brauchbaren Menschen erzogen werden könnten.

Doch die für ein Heim erforderlichen Mittel überstiegen bei weitem das, was er im besten Falle von Shaftesbury erhoffen durfte. War es nicht geradezu vermessen, daß er, ein armer Medizinstudent, im Ernst die Verwirklichung solcher Pläne auch nur erwog?

Barnardo schüttelte den Kopf, und um seinen Mund spielte ein überlegenes Lächeln. Daß ein Mensch aus eigener Kraft diesem Meer von Elend und Grauen gegenüber nie etwas würde ausrichten können, das wußte er. Er wußte aber auch um die Verheißung, daß Gott in den Schwachen mächtig ist. Gott konnte und würde auch ihm zu gegebener Zeit jene Mittel und Helfer zuführen, deren er bedurfte. Hatte er ihn nicht bereits dem Grafen Shaftesbury begegnen und damit der Sache der Niemandskinder einen einflußreichen Freund gewinnen lassen? Und dann waren da noch die siebenundzwanzig Kupfermünzen, die ihm für sein Werk anvertraut worden waren. Waren sie nicht ein Fingerzeig Gottes? Wenn viele auf solche Weise ihre Gabe beisteuerten, dann mußte es gelingen, wie das Werk Müllers in Bristol gelungen war. Durch einen Zeitungsbericht war Shaftesbury auf ihn aufmerksam geworden. Warum sollte er sich da nicht auch des Mittels der Presse bedienen, um weitere Freunde und Gönner zu gewinnen?

Und diesmal zündete der schon früher erwogene Gedanke. Ja, er wollte sich an die Öffentlichkeit wenden, um alle, die guten Willens waren, die ein waches Gewissen hatten, um sich zu scharen.

Noch in Paris begann er mit der Niederschrift eines Appells, der dann freilich in der Folge noch oft überarbeitet, verworfen und von neuem begonnen wurde. Und schon wenige Tage nach seiner Rückkehr nach London sprach er bei Lord Shaftesbury vor, einmal, um ihm, wie vereinbart, von seiner Tätigkeit in Paris zu berichten, vor allem aber, um ihn in seine Absichten und Hoffnungen einzuweihen, die in seinem Herzen brannten. Aufmerksam hörte Shaftesbury dem Studenten zu, der immer eifriger wurde. »Vielleicht klingt es unbescheiden, wenn ich Ihnen gestehe, daß mir noch viel mehr vorschwebt als nur ein Heim für obdachlose, verwahrloste Knaben. Mir scheint, das zu gründende Heim müßte zu einer eigentlichen Zelle christlicher Missionstätigkeit mitten im Herzen der Großstadt werden.«

»Unbescheiden? Stecken Sie in Ihrer Begeisterung Ihre Ziele nur weit genug. Bis zu ihrer Verwirklichung werden Ihre Pläne ohnehin noch gestutzt. Thomas, ich bin ja so glücklich, daß Sie mit Ihren jungen, noch unverbrauchten Kräften den Kampf weiterzuführen gewillt sind, in dem ich alt und an leidvollen Erfahrungen reich geworden bin.«

»Und Sie glauben, daß ein Artikel in der Presse zu verantworten wäre?«

»Ich wüßte keinen ernsthaften Grund dagegen anzuführen. Ich habe mich selbst seinerzeit durch einen in der ‚Times' erschienenen Aufruf für die von John Pounds gegründeten Schulen für Zerlumpte gewinnen lassen.«

»Ach?« Davon hatte Shaftesbury noch nie gesprochen.

»In jenem Aufruf bat der Leiter einer solchen Schule

um Unterstützung. Ich meldete mich, und als ich sah, worum es ging, stellte ich mich begeistert zur Verfügung. Wir gründeten eine Vereinigung aller Zerlumptenschulen, ich übernahm das Präsidium, und ich kann schon sagen, daß mir in der Folge von allen meinen Aufgaben keine so sehr ans Herz gewachsen ist wie diese, obwohl mich keine andere in grauenvolleres Elend blicken ließ. Daß es seither kaum besser geworden ist, das haben mich Ihre Entdeckungen einsehen gelehrt, davon habe ich mich auf dem Fischmarkt von Billingsgate mit eigenen Augen überzeugen müssen. Doch, doch, tun Sie alles, was Ihnen geeignet erscheint, die trägen Gewissen aufzurütteln, denn mögen es auch noch so viele verwahrloste Kinder sein, sie sind nicht zu zahlreich, um erzogen, wohl aber zu zahlreich, um in ein paar Jahren als kriminell gewordene Erwachsene verurteilt und in Zuchthäuser gesteckt zu werden.«

»Und mein Aufruf?«

»Mir scheint, Sie sollten einleitend noch ausführlicher über die Niemandskinder berichten. Vergessen Sie nicht, daß das Londoner Bürgertum, an das Sie sich wenden wollen, noch gar nichts von dieser Unterschicht weiß, die es zu retten gilt. Ist Ihr Artikel bereinigt, dann wollen wir ihn in der Zeitschrift ‚Revival‘ erscheinen lassen. Sie ist stark verbreitet, und dann habe ich dort die Möglichkeit, für Sie und Ihr Werk ein gutes Wort einzulegen.«

»Wunderbar!«

»Einen ersten Beitrag von 25 Pfund werde ich selber zur Verfügung stellen. Höher kann ich leider im Augenblick nicht gehen. Lassen Sie den Dank«, und er hob abwehrend die Hand. »Sie sollen daraus nur ersehen, daß ich in Sie und in Ihre Arbeit Vertrauen habe.«

Ermutigt durch das Verständnis und den Zuspruch seines Ratgebers, machte sich Barnardo mit neu angefachtem Eifer noch einmal ans Werk. Und am 25. Juli 1867 erschien dann der Artikel, mit dem er die Leser der »Revival« von der Notwendigkeit einer intensivierten Evangelisationstätigkeit unter den nächtlicherweile in den Gassen herumlungernden, an Leib und Seele gefährdeten Burschen und Mädchen zu überzeugen hoffte.

Er holte weit aus und begann, den Rat Shaftesburys befolgend, mit einer Schilderung der Erfahrungen, die er in den fünfzehn Monaten seines bisherigen Aufenthaltes in London als Arbeiter im Weinberg des Herrn gesammelt hatte. »Das Publikum, dem wir an den Sonntagen meist unter freiem Himmel das Wort Gottes verkündigten, bestand zur Hälfte aus Kindern beiderlei Geschlechts. Ihre Eltern machten ein weiteres Viertel der Zuhörer aus, während die übrigen entlassene Zuchthäusler und Dirnen waren. Burschen und Mädchen im Alter zwischen dreizehn und achtzehn Jahren, mit müden, schon vom Laster gezeichneten Gesichtern, befanden sich unter ihnen. Immer luden wir unsere Zuhörer ein, uns nach dem Hoffnungsplatz zu folgen, damit wir dort das an ihnen begonnene Werk fortführen könnten. Doch das uns zur Verfügung stehende Lokal, ein alter Eselstall, muß als in jeder Beziehung ungenügend bezeichnet werden. Weit über hundert Personen drängen sich auf die sechsundachtzig Plätze, und im Winter sind es doppelt so viel, die Einlaß begehren. Und sie, die abgewiesen werden müssen, sind noch nicht einmal die

Ärmsten. Mehr noch jammern mich jene, die, Kinder, Halbwüchsige und Erwachsene, noch nie den Weg zu einer Schule oder in eine Kirche gefunden haben, die ihre Zeit und ihre Gesundheit an wüsten Orten vertun und ihren Leib und ihre Seele zugrunde richten, jene, für die nichts geschieht, um die sich die menschliche Gesellschaft erst zu kümmern anfängt, wenn sie straffällig geworden sind. Sie kommen mir vor wie Schafe, die, ohne einen Hirten, in die Irre gehen. Sie will und muß ich erreichen, denn sie sind mir auf das Gewissen gelegt.« Und dann entwickelte er ausführlich seinen Plan, einen Raum zu mieten, der etwa sechshundert Personen Platz bieten würde, freiwillige Helfer und Helferinnen zu gewinnen und regelmäßig Gottesdienste für Kinder und junge Leute abzuhalten. Sobald als möglich sollte dann die Arbeit auf die ganze Woche ausgedehnt werden. Dazu bedürfe er jedoch eines Betrages von 200 Pfund. 25 Pfund seien ihm bereits in Aussicht gestellt, doch könne er erst beginnen, wenn er die ganze Summe beisammen habe. Rasche Hilfe tue not, da die Tätigkeit unbedingt noch vor Einbruch des Winters aufgenommen werden müsse. »Ich flehe die von Gott mit irdischen Gütern gesegneten Brüder und Schwestern an, sich im Gebet von der Notwendigkeit des Werkes überzeugen zu lassen, auf das ich sie hier hingewiesen habe, auf ein Werk, das einzig der Ehre Gottes dienen will. Oder sollen wir durch das Fehlen finanzieller Mittel, die uns von den Lesern dieses Artikels wohl zur Verfügung gestellt werden könnten, daran verhindert sein, das Wort vom ewigen Leben an Tausende weiterzugeben? Dürften wir es verantworten, Tausende von Seelen, die durch uns gerettet werden könnten, einfach verderben zu lassen? Jeder Leser möge diese Frage selber beantworten und dann nach seinem Gewissen handeln.«

Barnardo war von der Wichtigkeit des geplanten Evangelisationswerkes so sehr überzeugt, daß er keinen Augenblick am Erfolg seines Aufrufes zweifelte. So war es denn für ihn eine nicht geringe Enttäuschung, als ihm die Mittel doch nicht so reichlich zuflossen, wie er es erwartet hatte. Immerhin gingen auf den ersten Artikel ungefähr neunzig Pfund ein. Das war nicht ganz die Hälfte des Betrages, den er benötigte.

So blieb ihm wohl nichts anderes übrig, als sich noch ein zweites Mal, und diesmal noch eindringlicher, an die Leser der »Revival« zu wenden.

Und dann traf ein Ereignis ein, das die Ausführung seines Vorhabens noch beschleunigte.

Eines Abends, als er eben das London-Hospital verließ, wurde er von zwei jüngeren Leuten angesprochen, die ihm von der Zerlumptenschule in der Ernest Street her bekannt waren, wo sie, wie er, als Lehrer gewirkt hatten. Vermutlich waren sie gekommen, um ihn zu bitten, sich der Schule wiederum zur Verfügung zu stellen. Aber sie wollten mit der Sprache nicht so recht herausrücken und erkundigten sich vorerst nach dem Erfolg des in der »Revival« erschienenen Aufrufes.

»Leider ist er hinter meinen Erwartungen zurückgeblieben«, bekannte Barnardo, »doch hoffe ich, daß die Brünnlein weiterfließen werden und ich so meinen Plan schließlich doch noch verwirklichen kann.«

»Nun ja, darüber wollten wir einmal mit Ihnen reden.«

»Wir sind nämlich der Auffassung —«

»Nun?« Barnardo begann stutzig zu werden. So hatte doch eine andere Absicht die beiden hergeführt?

»Wir sind von der Leitung der Ernest Street Ragged School ausdrücklich ermächtigt —«

»Jawohl, das sind wir.«

»Nun also, was wollt ihr von mir?«

»Die Leitung der Ernest Street Ragged School ist der Auffassung —«

»Weiter, weiter!« drängte Barnardo.

»Daß Sie auch hier zu eigenmächtig vorgehen.«

»Jawohl, so ist es, Sie gehen zu eigenmächtig vor«, wurde der junge Mann von seinem Kollegen sekundiert.

»Zu eigenmächtig? Wo das und in welcher Weise? Ich bitte Sie, ohne Umschweife endlich zur Sache zu kommen.«

»Da die Ernest Street Ragged School selbstverständlich ein Mitbestimmungsrecht über die auf Ihren Aufruf hin eingegangenen Gelder hat, geht die Leitung unserer Schule wohl nicht zu weit —«

»Ein Mitbestimmungsrecht? Die Ernest Street Ragged School? Woher leiten Sie dieses Recht ab? Das müssen Sie mir erklären.«

»Herr Barnardo! Sie haben doch in Ihrem Artikel von der Ernest Street Ragged School gesprochen in einer Weise, daß jeder Leser annehmen muß, es handle sich bei dem von Ihnen geplanten Heim um eine Erweiterung unserer Schule. Da fraglos viele nur deshalb einen Beitrag geleistet haben, weil sie in unser Werk Vertrauen haben, beanspruchen wir wenigstens einen Teil der eingegangenen Gelder. Das ist unser gutes Recht und entspricht durchaus der Absicht der Spender.«

»Ach so, so ist das also?«

»Jawohl, das ist die einhellige Auffassung der Leitung unserer Schule.«

»Und dennoch ist es mir nicht möglich, mich ihr anzuschließen. Richten Sie das bitte den andern Herren aus. Und sagen Sie ihnen auch, daß ich fest und unwiderruflich entschlossen sei, nun endgültig aus der Ernest Street Ragged School auszutreten. Ganz ohne Groll und nur um der für beide Teile wünschenswerten Klarheit willen. Haben Sie mich verstanden?«

»Herr Barnardo —«

»Und was die Ansprüche der Ernest Street Ragged School an den eingegangenen Spenden anbetrifft, so soll ihr das, was ihr nach Willen und Absicht der Spender wirklich zukommt, selbstverständlich nicht vorenthalten werden.«

»Sehr gut. Nur wissen wir nicht recht, wie Sie einwandfrei feststellen wollen, welche Spenden Ihnen und welche der Ernest Street Ragged School gehören.«

»So schwierig ist das nun auch wieder nicht. Ich werde ganz einfach in einem neuen Aufruf in der ‚Revival' die Spender bitten, mir mitzuteilen, ob ihre Gabe für das zu gründende Heim und meine Missionsarbeit, oder aber für Ihre Schule bestimmt war.«

Eine Mutter schreibt ihrem Sohn

In den Tagen, die dem Erscheinen dieses zweiten Aufrufs vorangingen, erhielt Barnardo von seiner Mutter einen Brief: »Seit es dem Herrn gefallen hat«, schrieb sie ihm, »unser Haus in seinen besonderen Dienst zu rufen, habe ich es als meine heiligste Aufgabe betrachtet, fürbittend für meine Söhne einzustehen. Lieber Tom, Du hast wohl den Brief nicht vergessen, den ich Dir im Frühjahr nach Paris geschrieben habe, voller Sorge im Hinblick auf die Gefahren, denen ich Dich dort ausgesetzt wußte. Du hast mich damals zu beruhigen und meine Ängste zu zerstreuen versucht mit der Versicherung, daß Du nie vorher innerlich glücklicher gewesen seist. Deine Antwort hat jedoch meinen Kummer nicht zu verscheuchen vermocht, sie hat im Gegenteil meine Sorge um Dich vermehrt. Und seither ist sie immer noch größer und quälender geworden, so daß ich Dir heute einfach schreiben und Dich wissen lassen muß, was mich so sehr bedrückt. Ich lese und höre von allem, was Du tust, und doch vermag ich über Deinen Eifer nicht recht froh zu werden, weil ich mich dabei immer wieder fragen muß, ob es auch wirklich der Herr durch Dich tue. Ehe Du nach Paris fuhrest, tatest Du viel für ihn, ich freute mich herzlich darüber und dachte mit keinem Gedanken an die Möglichkeit, daß etwas Ungutes dabei sein könnte. Doch seither werde ich die Zweifel nicht mehr los, ob nicht am Ende doch weltliche Gelüste Dein Tun beeinflussen könnten. Verstehe mich recht, ich behaupte nicht, es sei so, ich schreibe mir nur die Angst, es könnte so sein, von meinem Herzen. Und so flehe ich Dich denn im Namen Jesu an, demütig und in allem Ernste Gott zu bitten, daß er Dir Dein Herz vor Dir aufdecke. Suchst Du Ehre vor den Menschen? Verlangt Dich nach ihrem Beifall, ihrer Anerkennung, ihrer Bewunderung? Bist Du hoffärtig geworden oder leichtsinnig, gibst Du dem Fleisch nach im Essen, Trinken und in üblen Leidenschaften? Stehst Du jeden Tag frühzeitig genug auf, damit Dir Zeit bleibt, eine oder zwei Stunden der heilig ernsten Gemeinschaft mit Gott zu widmen, ehe Du mit der Welt in Berührung kommst? Ohne diese tägliche Sammlung müßte Deine Seele verdorren, und wahrhaftig glücklich sind wir immer nur dann, wenn wir völlig allein sind mit Gott, wenn nichts zwischen ihm und uns steht. Studierst Du eifrig genug die Heilige Schrift, nicht, um zu sehen, was Du andern predigen könntest, sondern um selbst der Stimme Gottes zu gehorchen? Das Werk, das Du unter Deinen geringsten Brüdern begonnen hast, macht Dich zu einer Stadt auf dem Berge. O mein Sohn, sieh zu, daß das Licht, das von dieser Stadt ausgeht, kein falsches Licht sei! Gott hat Dich in seinen Dienst gerufen, damit Du für Jesus wirkest, tue es aufrichtig um seinetwillen, nicht um deinetwillen, um all der Seelen willen, die sich jeden Sonntag um dich versammeln. Tom, wenn Du Dein Gewissen auf solche Weise erforscht hast und

Dein Herz Dir sagt, daß meine Befürchtungen grundlos seien, daß wirklich nichts anderes Dich erfülle als das brennende Verlangen, in Demut ein brauchbares Werkzeug Gottes zu sein, dann danke diesem, Deinem Herrn für so viel erwiesene Gnade. Wenn Dir Dein Herz aber sagen sollte, daß meine Sorgen begründet sind, dann vertraue Dich reuig Deinem Herrn an und verschweige nichts, so schwer Dir das Bekenntnis auch werden sollte. Denn nur das, was Du bußfertig vor ihm ausbreitest, kann er Dir abnehmen und hinter sich werfen. Wohl weiß er zu jeder Stunde, wie es um Dich bestellt ist, er will es aber aus Deinem eigenen Munde vernehmen, weil zur Reue das Bekenntnis gehört.«

Wie war das nun? Erfüllte ihn wirklich nichts anderes als das brennende Verlangen, ein Werkzeug in Gottes Hand zu sein? Hatten ihm nicht die von Shaftesbury gezollte Anerkennung, sein Zuspruch, seine Unterstützung wohl getan? Und die stille Zeit der Bibellektüre und des Gebets in der Morgenfrühe, diese heilig ernste Gemeinschaft mit Gott, wie die Mutter es nannte? Er mußte ohne weiteres zugeben, daß er hierin nicht immer treu gewesen war. Zum mindesten hatte er diese morgendlichen Andachten mehr und mehr abgekürzt, um Zeit für die Arbeit zu gewinnen.

Aber war es denn nicht gerade diese, ihm auf dem Herzen brennende Arbeit unter seinen geringsten Brüdern, mit der er hoffte, Gott in besonderer Weise dienen zu können?

Und doch war es gut, daß die Mutter diesen Brief

geschrieben hatte, der ihn zwang, sich wieder einmal gründlich zu prüfen, sich erneut darüber klar zu werden, daß er sich auf einen Irrweg begab, sobald die Kompaßnadel seines Wollens nicht mehr auf Gott ausgerichtet war und durch irdische Kräfte sich beeinflussen zu lassen begann. Dieser Gefahr, er wußte es wohl, war er nicht ganz entgangen. War am Ende das der Grund, weshalb seinem Plan nicht volles Gelingen gegeben worden war? Hatte er es am Glauben fehlen lassen, der Berge zu versetzen vermag?

In diesen Tagen, in denen Zweifel ihn beunruhigten und Selbstvorwürfe ihn quälten, wurde er auf ein Lokal aufmerksam gemacht, das ihm gerade das zu sein schien, was er brauchte und schon so lange suchte. Neuer Mut und neue Zuversicht erfüllten ihn. Dürfte er diese Fügung nicht als ein Zeichen dafür nehmen, daß er sich auf dem richtigen Weg befand?

Es handelte sich um einen zur Schenke »King's Arms« gehörenden Saal in der Mile End Road, der gut tausend Personen zu fassen vermochte und den großen Vorzug hatte, durch einen eigenen Eingang erreichbar zu sein. Auch die Miete war so, daß Barnardo glaubte, sofort zugreifen zu müssen. Allerdings hatte er gehofft, in dem zu schaffenden Evangelisationszentrum nicht nur am Sonntag, sondern an allen Tagen der Woche arbeiten zu können, doch die ihm vorläufig zur Verfügung stehenden Geldmittel reichten nun einfach zur Durchführung eines solchen Programmes nicht aus.

Nun gut, so fing er eben in bescheidenerem Rahmen, vorerst nur mit der Sonntagsarbeit, an. Außer den Kameraden, die ihm in seiner Schule am Hoffnungsplatz zur Seite standen, warb er weitere Mitarbeiter unter den Leuten, mit denen er durch seine Evangelisationstätigkeit in Berührung stand. Und sein flammender Eifer übertrug sich auf alle, die er um sich versammelte. Dadurch, daß er sich auch die Mithilfe von Mitgliedern kirchlicher Behörden des betreffenden Distriktes sicherte, gewann er weitere Kreise der Bevölkerung für seine Sache.

Während das Lokal in der Mile End Road gereinigt und seiner neuen Zweckbestimmung entsprechend eingerichtet wurde, übte Barnardo mit den Schülern seiner Zerlumptenschule Lieder ein. Bis tief in die Nacht hinein wurden Fahnen und Spruchbänder angefertigt, die zum Besuch der »King's Arms Assembly Rooms« einluden, war doch geplant, die Arbeit am neuen Ort mit einem Teenachmittag zu beginnen, zu dem jedermann freien Eintritt haben sollte. Alles wurde mit der größten Sorgfalt vorbereitet, denn Barnardo war überzeugt, daß der Start des Unternehmens für dessen Zukunft entscheidend sei. Mit dem ihm eigenen Geschick, alle verfügbaren Kräfte zu mobilisieren und zur Verwirklichung seiner Absichten einzusetzen, wußte er für all das, was er zur Bewirtung der zu erwartenden Menge benötigte, die vorteilhaftesten Bezugsquellen ausfindig zu machen. Brot, Butter, Kuchen und Konfitüre, alles wurde ihm von Gesinnungsfreunden zu Gestehungspreisen oder gar umsonst geliefert. Jeder Penny, den Barnardo ausgab, bekam auf solche Weise doppelten Wert. Und das war auch notwendig, denn Barnardo durfte für den einzelnen Besucher nicht mehr als drei Pence auslegen.

»Zu des Königs Waffen«

Die Eröffnung sollte am 5. November 1867 stattfinden.

An diesem Tage fanden sich die Schüler mit ihren Mitläufern am frühen Nachmittag vor der Schenke »Zu des Königs Waffen« zusammen, wo sie von Barnardo und den ihm zur Seite stehenden Helfern in Empfang genommen wurden. Es kostete nicht geringe Mühe, die lärmende, immer wieder durcheinanderbrodelnde Schar zum geplanten Zug zu ordnen und die Banner- und Fahnenträger in einigermaßen regelmäßigen Abständen aufzustellen, da sich von überallher die Neugierigen herzudrängten und lachend und grölend Verwirrung stifteten.

Schließlich war es dann doch so weit, daß sich die sonderbare Prozession zerlumpter Burschen, Buben und Mädchen unter Anführung ihrer Betreuer samt Fahnen und Schriftplakaten in Bewegung setzen konnte. Barnardo stimmte eines der eingeübten Lieder an, und wie ihnen befohlen worden war, fielen die Sonntagsschüler ein, verschiedene wohl weniger aus Überzeugung, als um des ihnen in Aussicht gestellten Imbisses nicht verlustig zu gehen.

Allein, Barnardo und seine Getreuen ließen sich durch nichts aus der Fassung bringen. Es gab für sie nur eins: durchzuhalten und damit der Sache, der sie dienten, und die ja die Sache des Herrn war, zum Siege zu verhelfen. Ordnung schaffend drängten sie nach hinten und kämpften sich wieder nach vorn, und so zog die Schar, gewissermaßen die Keimzelle der geplanten Evangelisationsbewegung, durch Straßen und Gassen des Bezirks, gefolgt von einer stets größer werdenden Menge, die es an spöttischen Bemerkungen, unflätigen Redensarten und handgreiflichen Störungsversuchen nicht fehlen ließ. Nicht nur in den Gassen, auch an die Fenster drängten sich die Zuschauer, und wild brandete das Gelächter auf, wenn da und dort aus einem Fenster Spüleimer und Kehrichtkübel über den Daherziehenden ausgeleert wurden.

Aber dann sang Barnardo, für den derlei Belästigungen keinerlei Anfechtung mehr bedeuteten, sein Loblied nur um so feuriger, und sein Eifer und seine Unerschrockenheit blieben selbst auf die Gaffer und Gröler nicht ohne Eindruck. Als dann nach etwa einer Stunde die Prozession über die Beaumont Square in die Mile End Road einbog, wo die mit Tüchern und Fahnen geschmückten Fenster der »Assembly Rooms« festlich durch das Grau des Novembertages leuchteten, da wußte Barnardo, daß er fürs erste gesiegt hatte. Daß das Publikum mobilisiert, daß ein Interesse für die erste Veranstaltung in den Assembly Rooms geweckt worden war, unterlag keinem Zweifel. Die Masse derer, die der Einladung folgend, nach dem Versammlungslokal drängte, war beängstigend groß.

»Tee und Gebäck und alles frei? Magy, da halten wir mit, meinst du nicht auch?«

»Wird wohl irgendein Schwindel dahinter stecken. Wir werden ja sehen, komm.«

»Schwindel? Glaub' ich nicht. Den kleinen Studenten kenn' ich, der ist schon recht.«

»Also los! Nur feste mit den Ellbogen, dann geht's schon!«

»Au! Hände weg! So ein Schwein!« schrie Magy einen an. »Na, Bob, so wart doch.«

»Willst du dir von den andern alles wegfressen lassen?«

Ein Ding der Unmöglichkeit, diese ganze Gesellschaft auf einmal zu bewirten. Doch damit hatten sie gerechnet, das hatten sie ja erhofft. »Freunde!« schrie Barnardo. Aber es war ganz ausgeschlossen, sich in diesem Tumult Gehör zu verschaffen. Ja, wenn er sich an einem der Fenster zeigen, wenn er von dort oben zu ihnen sprechen könnte! Doch ließen sie ihn nicht durch. In raschem Entschluß wandte er sich an zwei vor ihm stehende Burschen. »Hallo, ihr beiden, nehmt mich auf eure Schultern. Ich muß mit den Leuten reden. Nachher begleitet ihr mich!«

Einen Augenblick schauten die beiden blöde drein. Dann aber begriffen sie. »Ja, wenn es so gemeint ist, dann immer hinauf!« Und sie hielten ihm ihre Hände wie Steigbügel hin. »Ho hopp!«

Schon war Barnardo oben. »Ruhe, Freunde, einen Augenblick Ruhe!«

»Haltet die Schnauzen, er möchte uns etwas sagen. Ruhe! Man versteht ja kein Wort.« Und tatsächlich, die Leute verstummten, wenigstens in einem kleinen Umkreis.

»Es freut mich, daß ihr zu uns kommen wollt. Alle seid ihr uns willkommen. Keiner wird leer ausgehen, es ist für jeden gesorgt.«

»Na also, dann laßt uns nicht länger warten.«

»Alles ist vorbereitet. Aber das seht ihr doch ein, daß es so nicht geht. Je mehr ihr drängt, um so länger dauert es, bis ihr an die Reihe kommt. Denn alle miteinander haben nicht Platz. Das ist doch klar. Zu allererst müßt ihr mich durchlassen. Dann füllen wir den Saal, und nachher kommt eine zweite Schicht dran. Ist das verstanden?«

»Da kann einer ja grau werden.«

»Alles ein Schwindel, ich hab' es ja gleich gesagt.«

»Da geh' ich lieber in die Bar und spül' mir die Gurgel mit was Richtigem aus.«

»Das kann uns nur recht sein, wenn viele abhauen. Dann brauchen wir andern weniger lang zu stehen«, grinste einer.

Es waren genau 2347 Gäste, die an jenem Sonntagnachmittag in den Assembly Rooms bewirtet wurden. Die Kosten beliefen sich auf siebenundzwanzig Pfund, drei Schillinge und elf Pence. Der Voranschlag, drei Pence für jede Person, war also nicht überschritten worden.

Der Nachmittag konnte zweifellos als Erfolg verbucht werden, obwohl Barnardo selber gestand, daß Lärm und Tumult entsetzlich gewesen seien und er vorher Ähnliches nie erlebt habe. Das wollte immerhin etwas heißen. So war es Barnardo nicht möglich, so zu den Leuten zu sprechen, wie er es sich vorgenommen hatte. Erst, als der große Haufe sich grölend verzogen hatte und nur jene zurückgeblieben waren, die mehr begehrten als eine Tasse Tee und ein Stück Kuchen, trat der kleine, unermüdlich scheinende Medizinstudent vor sie hin, um in seiner einfachen, überzeugenden Art zu ihnen über Christi Verheißung zu sprechen: »Wer zu mir kommt, den will ich nicht hinausstoßen.«

Und damit nahm die Missionsarbeit in der Schenke »Zu des Königs Waffen« ihren Anfang. Am nächsten Sonntag zogen Barnardo und seine Mitarbeiter eine Stunde vor Beginn der Versammlung wiederum mit ihren Fahnen und Spruchbändern durch die Gassen der Umgebung. Wenn das neuerliche Auftauchen der sonderbaren Prozession auch nicht mehr in gleicher Weise Aufsehen erregte wie vor acht Tagen, so stellten sich ihr natürlich auch diesmal Störenfriede und Maulhelden in den Weg. Gegen Barnardo und die Seinen vermochten sie freilich nichts auszurichten. Die sangen ihre Lieder und schwenkten ihre Fahnen, und wenn eine der nach ihnen geschleuderten Kotkugeln sie ins Gesicht traf, dann wischten sie die Spuren des Geschosses mit ruhiger Gelassenheit weg, dem Schützen noch freundlich zunickend, sofern er sich nicht hinter andern verbarg. Und als sie dann zurückkehrten, fanden sie das Versammlungslokal bis auf den hintersten Platz besetzt von einer verwahrlosten, erwartungsvoll raunenden Menge.

Unter den Freudenmädchen

Auf einem seiner nächtlichen Streifzüge, zu denen ihn sein glühender Eifer auch nach dem arbeitsreichen Tag trieb, stieß Barnardo in einem Hof von Drury Lane auf ein Logierhaus, das bestimmt nicht zu jenen gehörte, die seit 1851 auf Betreiben Shaftesburys durch Gesetz einer ständigen Kontrolle unterstellt waren. Eingeschriebene, also kontrollierte Lodging-houses gab es damals in London 1241, die an die 27 000 Personen zu fassen vermochten. Dazu kamen noch 4219 unkontrollierte Betriebe, so daß sich allnächtlich wohl über hunderttausend Personen jeden Alters und beiderlei Geschlechts in diesen Häusern zusammenfanden, eine unvorstellbar zusammengewürfelte Gesellschaft, die jedoch nicht Nacht für Nacht wechselte, sondern in vielen Fällen hier für kürzere oder längere Zeit ihren Unterschlupf hatte. Je nach dem Haus mußten drei bis fünf Pennies, also fünfzehn bis dreißig Pfennig pro Nacht und Bett bezahlt werden, doch gab es auch Häuserbesitzer, die einem Gast ein ganzes Zimmer vermieteten und ihm erlaubten, nach Belieben Untermieter bei sich aufzunehmen, denen gegen Bezahlung eine Zimmerecke oder auch nur eine Liegegelegenheit auf dem Boden abgetreten wurde. Man kann sich leicht vorstellen, was da etwa Kinder und Jugendliche an solchen Brutstätten des Lasters zu sehen und zu hören, oder gar am eigenen Leib zu spüren bekamen.

Barnardo wurde auf das Haus in Drury Lane aufmerksam, weil die Haustür offen stand und aus dem Innern Lärm zu vernehmen war. Zögernd trat er näher, und da niemand da war, der es ihm verwehrte, ging er vorsichtig hinein. Wie in den meisten dieser Häuser befand sich auch hier zu ebener Erde eine Küche, in der sich die Logiergäste ihre Mahlzeit zubereiten konnten, die aber zugleich auch als Aufenthaltsraum diente.

Es mochten an die zwanzig Burschen im Alter von vierzehn bis achtzehn Jahren sein, die da den Wänden entlang auf Kisten und Schemeln oder auch nur auf dem Boden hockten und offenbar über eine Meinungsverschiedenheit heiße Köpfe bekommen hatten.

»Ich bin dagegen. Sobald Weiber dabei sind, ist der Teufel los«, hörte Barnardo eben noch, als er eintrat.

Der Lärm verstummte, aller Gesichter wandten sich dem Eindringling zu.

»Guten Abend«, grüßte Barnardo und sah sich um. Mit raschem Blick erfaßte er, daß er es hier nicht mit Tagedieben zu tun hatte. Dem Aussehen nach, vor allem auch nach der einigermaßen ordentlichen Bekleidung zu schließen, waren das Burschen, die tagsüber Botendienste besorgten.

»Bei uns gibt's nichts zu spionieren«, scholl ihm aus einer Ecke eine tiefe Stimme entgegen. »Also, rechtsum kehrt!«

»Um zu spionieren, bin ich ja auch nicht hergekommen«, antwortete Barnardo seelenruhig. »Die Tür stand offen, und da ich Stimmen hörte, trat ich ein. Darf ich mich für ein paar Augenblicke zu euch setzen?«

Keiner sagte etwas, und es machte auch keiner Miene, aufzustehen und ihm seinen Platz zu überlassen.

Barnardo wandte sich an den ihm zunächst stehenden Jungen, der ein offenes Gesicht und dunkle Augen hatte. »Streng gehabt, heute?« fragte er ihn.

»Wieso?«

»Nun, vermutlich seid ihr Laufburschen, und da gibt es doch allerhand zu tun!«

Überrascht sahen sie sich an. »Tatsächlich. Also doch einer von den Peelers.«

»Irrtum. Ich bin ein Medizinstudent. Und wenn alles gut geht und ich im Examen nicht durchfalle, werde ich heute übers Jahr in China sein.«

»In China? Wo die Männer Schlitzaugen und Zöpfe haben? Donnerwetter, dann schicken Sie uns aber eine Ansichtskarte.«

»Warum auch nicht?«

»Wieso wollen Sie nun gerade nach China?«

»Um dort den Leuten als Arzt und Missionar zu helfen.«

Einer, der sich inzwischen erhoben hatte, wies mit der Hand auf die Kiste. »Wenn Sie sitzen möchten.«

»Danke.«

»Also Arzt und Missionar wollen Sie werden?« fragte ein Bürschchen mit krächzender Stimme, faltete die Hände, drehte den Daumen um den andern und schlug die Augen auf. Einige lachten, einer aber herrschte ihn an, solchen Unsinn gefälligst zu lassen.

Da kam wieder die dunkle Stimme aus der Ecke.

»Wie sind Sie daraufgekommen, daß wir Laufburschen sind? Das möchte ich wissen.«

»Könnt ihr euch das nicht denken? Ist doch ganz einfach. Erstens sieht man es euch an, und dann lag doch bei einem Rudel Burschen in eurem Alter die Vermutung nahe. Ihr habt mich bestimmt auch nicht für einen Laufburschen gehalten. Na also. Wozu hat man Augen im Kopf? Wohnt ihr schon lange beisammen?«

»Die meisten von hier schon«, antwortete der aus der Ecke, ein sympathischer Kerl, der nicht zu den andern paßte. Er war auch breiter und kräftiger gebaut und sah eher wie ein Bursche vom Land aus.

»Du wenigstens nicht, John«, krähte der kleine Spötter, »der ist nämlich erst vor etwa einer Woche zu uns gestoßen.«

Barnardo schaute sich ihn aufmerksam an. Das ernste Gesicht gefiel ihm. Gerne hätte er gewußt, wie er in diese Gesellschaft geraten war. Er spürte, daß der Bursche bereits Zutrauen zu ihm gefaßt hatte. »Da Sie nun schon hier sind, können wir vielleicht auch Ihre Meinung hören.«

Einige brummten etwas, doch Einspruch erhob keiner.

»Die Sache ist so. Ganz in der Nähe gibt es ein anderes Logierhaus, eines, in dem Mädchen wohnen. Junge Weiber, na, Sie wissen ja schon. Nun hat ihnen der Verwalter unseres Hauses die Erlaubnis erteilt, uns hier zu besuchen. An drei Abenden in der Woche. Dann wird da in der Küche getanzt. Einige bringen Bier und Branntwein mit, und dann bleiben sie bis in den Morgen. Nicht jedem von uns paßt ein solcher Betrieb —«

»Es kann ja jeder gehen, dem es bei uns nicht gefällt!«

»Schweig, John hat recht. Es ist ihnen ja nur um unser Geld zu tun, und so gibt es allemal Streit.«

»Aber ihr habt doch die Wahl, ob ihr mitmachen wollt oder nicht«, wandte Barnardo ein.

»Das schon. Aber die Mädchen haben mit dem Verwalter ein Abkommen getroffen, und so unterstützt er die Sache.«

»Warum auch nicht? Die meisten von uns haben doch ihr Vergnügen dabei. Also. Und wer keine Courage hat, der kann sich ja verziehen.«

»Ich kenne weder euch noch die Mädchen. Aber ich kann mir denken, daß dieser ganze Tanzbetrieb für keinen von euch von Gutem ist.«

»Hört ihr? Aber natürlich, er will ja Missionar werden, und da gehört es zu seinem Beruf, den andern die Hölle heiß zu machen.«

»Stimmt, ich will Missionar werden. Und weil ich das will, kenne ich Gottes Wort und weiß, was dem Herrn wohlgefällig ist und was nicht. Gott will nicht, daß wir unseren gesunden Leib beschmutzen und gleichzeitig Schaden nehmen an unserer Seele. Um seinen Trieben nachzugeben, dazu braucht es weder Mut noch Klugheit. Das kann jeder Tölpel. Da ist es schon ein Stück schwerer, der Versuchung zu widerstehen.«

»Das ist auch meine Meinung«, sagte der Breitschultrige und nickte Barnardo dankbar zu. »Auch meine Mutter hat es mich so gelehrt.«

»So geh doch zu ihr und verkriech dich unter ihren Röcken.«

Der Bursche wollte aufbrausen, doch bezwang er sich. »Also, was können wir tun?«

»Ausziehen. Es gibt noch andere Logierhäuser. Ich wüßte eines, in dem nicht getanzt wird, in dem eine saubere Gesinnung, ein christlicher Geist herrscht. Ein Haus für junge Arbeiter, das von Quintin Hogg geleitet wird. Überlegt es euch. Ich will mich unterdessen erkundigen, wieviel von euch aufgenommen werden könnten. Abgemacht?«

Einige der Burschen brummten zustimmend.

»In ein paar Tagen komme ich wieder. Dann werden wir sehen, was sich machen läßt. Und nun muß ich wohl nach Hause. Aber wenn es euch recht ist, lese ich vorher noch ein kurzes Wort aus der Bibel.« Er zog sein Testament aus der Tasche. Und schweigend hörten sie ihm zu: »Welcher Mensch ist unter euch, der hundert Schafe hat und, so er eines verliert, nicht lasse die neunundneunzig in der Wüste und hingehe nach dem verlorenen, bis daß er's finde? Und wenn er's gefunden hat, so legt er's auf seine Achsel mit Freuden. Und wenn er heimkommt, ruft er seine Freunde und Nachbarn und spricht zu ihnen: Freuet euch mit mir, denn ich habe mein Schaf gefunden, das verloren war. Ich sage euch: Also wird auch Freude im Himmel sein über einen Sünder, der Buße tut, vor neunundneunzig Gerechten, die der Buße nicht bedürfen.« Er klappte das Büchlein zu und erhob sich. »Gute Nacht und vielen Dank, daß ihr mich bei euch aufgenommen habt. Überlegt euch die Sache, damit ihr mir Bescheid geben könnt, wenn ich wiederkomme.« Als er eine kurze Strecke gegangen war, hörte er, daß einer ihm nachfolgte. Er blieb stehen, um ihn herankommen zu lassen. Es war John.

»Herr, lassen Sie mich ein paar Schritte mit Ihnen gehen. Wie gut, daß Sie heute gekommen sind.«

»Nun, John?«

»Bitte, helfen Sie mir, bringen Sie mich in jenes Haus, von dem Sie gesprochen haben. Ich mag nicht länger in Drury Lane bleiben.«

»Willst du mir nicht erzählen?«

»Wenn ich Ihnen damit nicht lästig falle, es ist ja alles so schwer.«

Und so erfuhr Barnardo, daß John, wie er vermutet, nicht in London, sondern in Plymouth aufgewachsen war. Seine Mutter war vor drei Jahren gestorben. Vor ihrem Tod hatte sie ihm ihre ganzen Ersparnisse, eine Fünfpfundnote, übergeben und ihm eingeschärft, daß er das Geld sorgfältig aufbewahren müsse und es nur im Falle äußerster Not verwenden dürfe. Und John hatte es ihr versprochen. Von Plymouth war er nach Woolwich gewandert und von dort mit einem Schiff nach Sherness gefahren, wo er während drei Jahren bei Fischern Unterkunft gefunden hatte. Sechzehn Jahre alt geworden, hatte er sich entschlossen, nach London zu gehen, um bei der Marine oder im Handel einen Posten zu suchen. Aber er hatte es sich zu leicht vorgestellt. Vierzehn Tage hatte er sich in den Docks umhergetrieben, hatte überall gefragt, doch waren alle seine Bemühungen erfolglos geblieben. Um seine Unterkunft zu bezahlen und nicht hungern zu müssen, war er schließlich genötigt gewesen, die bisher ängstlich behütete Banknote der Mutter umzuwechseln. Das war ihm schwer geworden, und er hatte sich gelobt, nicht zu ruhen, bis er das Geld für eine Fünfpfundnote wieder beisammen hatte. Aber dann war ihm im Logierhaus das ganze Geld bis auf zwei Schillinge gestohlen worden. »Was sollte ich tun? Als Träger und Laufbursche versuchte ich, mich durchzuschlagen. Dabei traf ich einen Burschen, der mich mit nach Drury Lane nahm, in das Haus, in dem Sie heute gewesen sind. Wären die Mädchen nicht gekommen, dann wäre es dort gar nicht so übel gewesen. Aber so — Sie können sich ja denken, wie das mit ihnen zu und her geht.«

»Ich will sehen, was sich für euch tun läßt. Sag das deinen Kameraden, John.«

»Sie kommen zurück?«

»Sobald ich euch guten Bericht bringen kann. Du kannst dich darauf verlassen, John.«

Und Barnardo hielt Wort. Gleich am nächsten Morgen wandte er sich an Quintin Hogg und gab nicht nach, bis ihm dieser versprochen hatte, in sein Arbeiterhotel John und dessen Kameraden aus dem Logierhaus in Drury Lane aufzunehmen, um sie dem verderblichen Einfluß der Straßenmädchen zu entziehen. Und die meisten der Burschen, mit denen John inzwischen noch einmal gesprochen hatte, nahmen das Angebot an, packten ihre wenigen Habseligkeiten zusammen und bezogen sogleich das neue Quartier. Doch wollte Barnardo auch die wenigen, die vorläufig noch in Drury Lane blieben, nicht verloren geben. Etwa eine Woche später machte er sich nach Einbruch der Dunkelheit auf den Weg, um sie aufzusuchen und noch einmal zu ermuntern, zu ihren Kameraden zu ziehen.

Diesmal stand die Haustür nicht offen. Aber sie war nicht verschlossen, so daß Barnardo ohne weiteres ins Haus gelangen konnte. Die Küche war leer, doch brannte Feuer im Herd, und eine Gasflamme verbreitete ein spärliches Licht. Also war wohl jemand im Haus oder doch in der Nähe.

Barnardo setzte sich auf eine neben der Feuerstelle stehende Kiste. Er hatte noch nicht lange gewartet, als er Schritte hörte und gleich darauf die Tür ein wenig aufgestoßen wurde.

Ein Mädchen mit einem roten Haarschopf streckte den Kopf herein, um aber, sobald es Barnardo erblickt hatte, schleunigst wieder zu verschwinden. Und nun hörte er von der Haustür her eine kreischende Stimme: »Molly, Molly, der Kerl ist hier, der uns unsere Freunde weggelotst hat!«

Aha, das ging auf ihn.

Vorsichtigerweise erhob sich Barnardo. Offenbar bekam er es nun noch mit den verschmähten Liebhaberinnen zu tun. Und wirklich, schon wurde die Türe aufgerissen und eine Meute von zwanzig bis dreißig Mädchen stürmte herein, schreiend und keifend, mit vor Zorn funkelnden Augen und wild gestikulierenden Händen. Sie drängten sich in die Küche, umringten den Studenten, und wenn dieser in all dem Lärm und Getöse auch kaum ein Wort von dem verstand, was ihm da entgegengeschrien wurde, so war doch die Gebärdensprache der Erbosten unmißverständlich. Daß dieser entfesselten Wut gegenüber nichts auszurichten war, sah Barnardo ein, weshalb er sich einen Weg zur Tür zu bahnen versuchte. Aber schon war seine Absicht erkannt worden. Die Mädchen reichten sich die Hände, bildeten eine Kette und tanzten um den Studenten herum, wobei er immer wieder angestoßen und von einer Seite des Ringes auf die andere geschleudert wurde. Den Hut, den er auf dem Kopfe trug, hatten sie ihm längst über das Gesicht heruntergezogen, so daß er nichts mehr sah und hin und her taumelte, bis eines der

Mädchen ihm das Bein stellte, so daß er unter dem lauten Gegröle und Gelächter der Megären zu Boden stürzte. Und nun warfen sie sich auf ihn, zerkratzten ihn und bearbeiteten ihn mit Füßen und Fäusten, hinschlagend, wohin es gerade traf. Die Brille fiel ihm zu Boden. Sie wurde zerstampft und Barnardo spürte, wie ihm das warme Blut an mehreren Stellen über das Gesicht rann. Eine der Kreaturen riß den Schuh vom Fuß, und, auf solche Weise bewaffnet, schlug sie unter den anfeuernden Zurufen ihrer Gefährtinnen erneut auf den am Boden Liegenden ein. »Wir wollen dich lehren, uns um unser Vergnügen zu bringen, du Vieh, du abscheuliches —«

»So ein scheinheiliges Schwein, pfui Teufel!« spuckte ihm eine andere ins Gesicht, und eine dritte hob ihre Röcke auf und streckte ihm ihren nackten Hintern entgegen.

In diesem Augenblick stürzte der durch den infernalischen Lärm aus der nahen Schnapsbude herbeigerufene Verwalter herein, und sein Erscheinen genügte, um die Mädchen, aufheulend und kreischend, die Flucht ergreifen zu lassen. Sie hatten sich ja nun gerächt.

»Diese verfluchten Biester«, grinste der rülpsende Kerl, als er sich über den übel zugerichteten Studenten beugte, um ihm auf die Beine zu helfen. Das war nicht einfach, Barnardo sackte ein paarmal zusammen. »Ob so oder so, man zieht immer den kürzeren bei den Weibern«, schwatzte er, packte den jungen Mann schließlich unter dem Arm und führte ihn hinaus. »Was haben Sie eigentlich mit ihnen gehabt? Sonst sind sie nicht so wählerisch.«

»Ach, lassen Sie«, wehrte Barnardo mit einer müden

Handbewegung ab. Dann suchte er in seinen Taschen nach einem Geldstück. »Da, bitte, besorgen Sie mir eine Droschke. Zu Fuß komme ich diesmal nicht nach Hause.«

»Das ist auch meine Ansicht. Ja, die Molly, die hat's in sich, ein Teufelsweib ist sie, potz verflucht. Wie ein Faß ohne Boden, das nie genug bekommt.« Und kichernd entfernte er sich, um eine Droschke aufzutreiben, während Barnardo mit dem Rücken gegen die Hausmauer lehnte und sich bemühte, mit dem Taschentuch das Blut aus dem Gesicht zu wischen.

Der Zusammenbruch

»Lieber Barnardo, ich bewundere Sie. Zwei Dutzend Frauenzimmer solcher Art — da war die Mutprobe, die Daniel in der Löwengrube zu bestehen hatte, ein Kinderspiel dagegen.« Und Shaftesbury nickte dem Studenten anerkennend zu. »Daß Sie dabei so übel zugerichtet wurden, tut mir leid. Ich habe mir gedacht, daß etwas nicht in Ordnung sein könne, ich habe mich ernstlich um Sie gesorgt, als Sie so lange nichts mehr von sich hören ließen.«

»Ich war so schlimm dran, daß ich länger als einen Monat im Bett liegen mußte. Es gibt bestimmt nur wenige Situationen, die demütigender und zugleich furchterregend sein können, als von Frauen, die jede Beherrschung über sich verloren haben, traktiert zu werden. Doch ist das ja nun vorüber, und ich gestehe dankbar, daß die Geschichte leicht noch schlimmer hätte ausgehen können.«

»Davon bin ich überzeugt.«

»Die Hauptsache ist, daß sich die Prügel, die ich einstecken mußte, gelohnt haben. Einer der Burschen, John, hat mir gesagt, daß er und seine Kameraden sich im neuen Logierhaus wohlfühlen und daß sie dort zu bleiben gedenken. Daß es gelang, sie dem zersetzenden Einfluß dieser fürchterlichen Geschöpfe zu entziehen, ist wohl ein Opfer wert.«

»Und dennoch haben Sie Ihren Plan noch nicht aufgegeben?«

»Meinen Plan?«

»Nun ja, nach China zu reisen.«

»Natürlich nicht. Deshalb bin ich doch nach London gekommen.«

»Schade. Jawohl, mein lieber Barnardo, das ist schade. Ist Ihnen das Betätigungsfeld, das Ihnen hier gegeben wurde, nicht weit und wichtig genug? Wer soll denn diese Arbeit tun, wenn nicht Sie?«

»Sie kennen meinen Entschluß«, antwortete Barnardo nach einigem Nachdenken.

»Den kenne ich, ja. Mir scheint aber, Gott habe etwas anderes mit Ihnen vor. Ich habe es Ihnen schon früher gesagt. Lassen Sie sich führen, lieber Freund, und tun Sie das, was Ihnen Ihr Gewissen gebietet. Was für ein Echo hat übrigens Ihr zweiter Aufruf ausgelöst, den Sie in der ‚Revival‘ erscheinen ließen?«

»Das denkbar günstigste. Fast alle Spender haben mir geschrieben. Und nur einer, eine Dame, hat mich gebeten, über die Hälfte ihrer Spende von fünf Pfund nach Gutdünken zu verfügen, die andere Hälfte jedoch der Ernest Street Ragged School zugehen zu lassen. Alle übrigen sind damit einverstanden, daß das Geld für die von uns betriebene Missionsarbeit verwendet wird.«

»Sehen Sie! Und für diese Arbeit setzen Sie sich mit all Ihren herrlichen Kräften ein, um sie — um sie eines Tages im Stich zu lassen?«

»Wenn das, was ich ins Leben gerufen habe, ein Gott wohlgefälliges Werk ist, dann wird es auch ohne mich weiterbestehen. Und so bald, wie ich ursprünglich hoffte, werde ich gar nicht ausreisen können.« Barnardo seufzte und blickte nachdenklich vor sich zu Boden. »Es geht mit meinem Studium nicht so vorwärts, wie es gehen müßte. Das andere nimmt mich zu sehr in Anspruch. Wer es mit seinen Studien zu etwas bringen will, der sollte um die dafür bestimmten Jahre einen unüberbrückbaren Graben ziehen und seine Einbildungskraft so lange in Ketten legen. Das habe ich nicht getan —«

»Nein, das haben Sie nicht getan. Dafür aber haben Sie Menschen, lebendige Menschen, haben Sie Seelen gerettet.«

»Und in den ersten drei Monaten meines Londoner Aufenthaltes noch nebenbei dreißigtausend Bibeln abgesetzt.«

»Wunderbar, Barnardo! Zwei Herren kann keiner dienen. Ich bin überzeugt, daß Sie sich für den richtigen entschieden haben. Übrigens ruft mir Ihre Bemerkung etwas in Erinnerung, was ich Ihnen schon früher mitteilen wollte. Als Sie im Frühjahr für die Britisch-Ausländische Bibelgesellschaft in Paris waren, da haben Sie uns in einem Bericht von Ihrer Begegnung mit einem russischen Kammerjunker geschrieben.«

»Graf Korff? Natürlich erinnere ich mich.« Barnardo wurde lebhaft. »Haben Sie Nachrichten von ihm?«

»Daß wir unverzüglich dreitausend Exemplare des Johannes-Evangeliums an seine Petersburger Adresse abgehen ließen, das habe ich Ihnen wohl noch gesagt?«

»Ich habe es nicht vergessen.«

»Und nun ist vor einiger Zeit ein Brief von ihm eingetroffen. Schade, daß ich ihn nicht zur Hand habe, er liegt im Büro unserer Gesellschaft. Aber ich erinnere mich genau, was Korff geschrieben hat. Als er nach Petersburg zurückkehrte und die für ihn eingetroffenen Postsachen öffnete, da fand er auch unsere Meldung, daß die dreitausend Exemplare des Johannes-Evangeliums an ihn abgesandt worden seien. Erst war er von dieser Mitteilung peinlich berührt, denn einmal hatte er die Sache bereits vergessen gehabt, und dann versprach er sich nur Unannehmlichkeiten von ihr. Sein Vater riet ihm, sich an den Heiligen Synod zu wenden und von ihm die Erlaubnis zur Verteilung der Schriften einzuholen. Im Stillen hoffte er auf eine Absage, doch zu seiner Überraschung gestattete der Synod die Einfuhr und ermächtigte ihn, die Schriften nach Gutdünken zu verteilen. Da er als Kammerjunker innerhalb der Petersburger Gesellschaft über sehr viele Beziehungen verfügte, war er die Evangelien bald los. Manche seiner Bekannten bekundeten eine große Bereitschaft, das Wort Gottes anzunehmen. Nun, was sagen Sie zu der Frucht, die Ihr ausgestreutes Samenkorn bereits getragen hat?«

»Ich freue mich herzlich darüber.«

»Unsere Beziehungen zum Grafen Korff sollen nicht abgebrochen werden. Wir haben uns entschlossen, ihm größere Summen zur Verfügung zu stellen, damit er vom Heiligen Synod Bibelteile kaufen und sie verbreiten kann.«

Als Barnardo so weit hergestellt war, daß er die Leitung der sonntäglichen Veranstaltungen im Versammlungslokal wieder aufnehmen konnte, erreichte ihn völlig unerwartet die Hiobsbotschaft, daß das

Wirtshaus »Zu des Königs Waffen« seinen Besitzer gewechselt habe und daß der neue Wirt sich weigere, ihm den großen Saal im ersten Stock weiterhin zur Verfügung zu stellen.

Barnardo eilte hin, um zu verhandeln. »Haben wir den geforderten Mietzins nicht pünktlich bezahlt?«

Doch der neue Besitzer ließ sich von seinem Entschluß nicht abbringen. »Glauben Sie, ich sehe zu, wie Sie mir auch die unserem Hause bis heute noch treu gebliebenen Kunden abspenstig machen mit Ihrer Beterei? Sie haben schon genug Leuten, die früher regelmäßig hier verkehrten, den Kopf verdreht mit Ihren Sprüchen. Schauen Sie, wo Sie einen andern Unterschlupf finden«!

»Sehen Sie denn nicht ein —«

»Daß Sie mich schon viel zu lange aufgehalten haben? Doch, das sehe ich ein. Und deshalb rate ich Ihnen, mich nun in Ruhe zu lassen. Das war mein letztes Wort.«

»So lassen Sie uns doch wenigstens Zeit, bis wir ein anderes Lokal gefunden haben.«

»Dort ist die Türe!« Er hob die Hand und trat auf Barnardo zu. »Bis morgen abend muß der Plunder, den Sie oben liegen haben, weggeräumt sein. Was ich nachher noch finde, fliegt zum Fenster hinaus. Unbarmherzig und rücksichtslos.«

Barnardo sah ein, daß es keinen Sinn hatte, noch länger anzuhalten. Geschlagen, mit hängenden Schultern, trat er den Heimweg an. Was nun? Jetzt war alles aus. Wieder einmal waren seine schönen Pläne wie ein Kartenhaus zusammengestürzt. Hätte er sich in den vergangenen Monaten mehr um seine Studien gekümmert, dann hätte er vermutlich sein Ziel jetzt erreicht. Dann hätte er den Kameraden, die mit ihm von Dublin nach London gekommen waren, nach China folgen können.

War das nun die Strafe, daß er seinem ursprünglichen Entschluß so wenig treu geblieben war? Alles zerschlagen, alles zertrümmert. Wie sollte er sich je vor seinen Geldgebern rechtfertigen können, die seinen Plänen und Versprechungen Glauben geschenkt? »So habe ich doch meine eigene Ehre gesucht«, klagte er sich an. »O mein Gott, warum hast du mich in die Irre gehen, warum hast du mich nicht vorher sterben lassen!« Und immer mehr steigerte er sich in Zweifel und Anklagen hinein, die ihn dermaßen niederdrückten, daß er sich von allem zurückzog, daß er die Arbeit im Hospital nun völlig vernachlässigte und selbst den Kameraden auswich, die ihm bisher in seiner Missionsarbeit treu und begeistert Gefolgschaft geleistet hatten. Er sperrte sich in seine Zimmer ein, und Frau Kelley schüttelte in ernster Sorge den Kopf. »Sie sind krank, Herr Barnardo, Sie haben sich zu viel zugemutet. Ich habe es kommen sehen. Den ganzen Tag und die halbe Nacht unterwegs, das hält auf die Dauer keiner aus.«

»Es ist nicht die Arbeit«, knurrte Barnardo. »Aber wenn man einsehen muß, daß man alles verkehrt angefangen hat —«

»Versündigen Sie sich nicht! Denken Sie nur an jene, denen Sie während der Seuche das Leben gerettet haben. Ich verstehe nicht, was Sie auf einmal bedrückt. Einer, der einen solchen Glauben hat wie Sie!«

Barnardo stöhnte auf und schlug die Hände vor das Gesicht. »Ach, Frau Kelley, Sie wissen nicht, wie es in mir aussieht. Ich kann nicht mehr, nun kann ich einfach nicht mehr.«

»So legen Sie sich endlich zu Bett, Sie sind krank, ernstlich krank. Ich kann das nicht länger mit ansehen.«

Als sie am nächsten Morgen bei ihm nachschaute, war er wirklich nicht aufgestanden. »Ich habe es ja gewußt«, jammerte sie, als sie sein vom Fieber gerötetes Gesicht sah. »Sagen Sie mir, was ich für Sie tun kann!«

»Lassen Sie mich in Ruhe. Vielleicht bringen Sie mir etwas zu trinken, ein wenig Tee, meine Lippen sind trocken wie Papier.«

Sie brachte ihm Tee und kühlte ihm das Gesicht, und aus fieberdunklen Augen sah er sie dankbar an. Er mochte an die Mutter denken. Wie wohl tat es, ein wenig Liebe zu verspüren.

Und dann eilte sie zu einer Nachbarin, die, eine Wittfrau wie sie, auch eines ihrer Zimmer an einen Medizinstudenten vermietet hatte. Der sollte Barnardos Kameraden benachrichtigen. Schon am Nachmittag erschien einer von ihnen, Oliver Losberne, ein hochgewachsener, knochiger Bursche mit bleichem Gesicht und dunkelbraunen, treuen Hundeaugen, einer der eifrigsten Helfer Barnardos und voller Bewunderung für diesen. Er sprach nicht viel. Nachdem er den Kranken mit ängstlicher Gründlichkeit untersucht hatte, traf er seine Anordnungen, die Frau Kelley nickend entgegennahm. Als er sich von ihr verabschiedete, zog sie ihn zu sich in die Küche. »Und?«

Losberne zuckte die Achseln. »Wir müssen zuwarten. Wie ich es anschaue, ist seine Krankheit vor allem seelischer Art. Ein Zusammenbruch. Er hat sich vorher völlig ausgegeben, und nun die Enttäuschung wegen des Versammlungslokals. Er hat ja alles auf diese Karte gesetzt gehabt.«

»Herr, tun Sie alles, er ist ein so guter Mensch —«

»Das weiß ich selbst«, nickte Losberne. »Was in meinen Kräften steht, das werde ich tun, ich verspreche es Ihnen. Er muß unserem Werk, an das ich nach wie vor glaube, erhalten bleiben. Die Ärmsten Londons bedürfen seiner.«

Auch die andern, die sich ihm für seine Missionsarbeit als Lehrer und Helfer zur Verfügung gestellt hatten, erschienen mit rührendem Eifer, um sich nach Barnardos Befinden zu erkundigen. Sie taten alles, um wenigstens den Betrieb in der Zerlumptenschule aufrecht zu erhalten. Und nach wie vor legten sie ihre bescheidenen Beträge zusammen, um das Kostgeld für die verschiedenen Schützlinge zu bezahlen, die sie aus der Gosse geholt und in Familien untergebracht hatten. Achtzehn Buben waren es.

Trotz der eifrigsten Pflege und treuesten Fürsorge blieb der Zustand des Kranken ernst. Das Fieber wollte nicht weichen. Teilnahmslos lag er da, wenn Losberne und die andern ihm erzählten, als ginge ihn all das nichts mehr an, was noch vor wenig Wochen Inhalt seines ganzen Sinnens und Trachtens gewesen war.

Bis dann eines Tages Oliver auf seinem Weg zum Kranken dem kleinen Jim Jarvis begegnete. Beinahe hätte er ihn nicht wiedererkannt, herausgefüttert und sauber gekleidet, wie er jetzt war. Doch das Bürschchen zwinkerte dem Freund seines Beschützers vertraulich zu.

»Hallo, das ist ja unser Jim. Wie geht es?«

»Ausgezeichnet. Und wie geht es Ihnen?«

»Ich sorge mich. Weißt du nicht, daß Herr Barnardo krank ist?«

»Oh!«

»Vielleicht würde es ihn freuen, wenn du mit mir kommen und ihn grüßen wolltest«, gehorchte der Student einer plötzlichen Eingebung.

»Krank? Das tut mir leid.« Und dem Klang seiner Stimme war es anzuhören, daß er es aufrichtig meinte.

Jim wagte kaum, das Krankenzimmer zu betreten. »Hallo«, sagte er unter der Türe und versuchte zu lächeln.

»Schau, Tom, wen ich dir mitgebracht habe!« Losberne schob den Buben ans Bett. »Kennst du ihn noch?«

Müde wandte Barnardo den Kopf. Eine Weile noch blieb sein Blick dumpf und teilnahmslos, doch plötzlich glomm ein Funke in seinen Augen auf. »Jim, natürlich, das ist ja Jim Jarvis.«

Eifrig nickte der Bub. »Wir haben uns lange nicht mehr gesehen.«

»Du hast recht, es ist schon lange her. Lieb, daß du mich einmal besuchen kommst. Geht es dir gut?«

»Ja, Herr. Und das haben Sie für mich getan.«

Unausgesetzt sah Barnardo das Bürschchen an. Ein mattes Lächeln spielte um seinen Mund. »Mir scheint, du habest dich verändert, Jim.«

»Das ist schon möglich. Wissen Sie noch, wie ich Sie damals zu den Nestern führte?«

»Natürlich erinnere ich mich.«

»Und wie Sie mich hier schlafen ließen, als wir spät in der Nacht zurückkamen?«

»Auch das weiß ich noch.«

»Würde es Sie wohl interessieren, noch einen weiteren Unterschlupf kennen zu lernen? In Covent Garden Market, da sind Sie bestimmt noch nie gewesen. Sobald Sie gesund sind, werden wir miteinander hingehen. Auch nach den Queen's Shades. Wollen Sie?«

Barnardo zögerte mit der Antwort. Er schloß die Augen, und eine tiefe Furche erschien auf seiner Stirn. Langsam strichen seine schmalen Hände über die Bettdecke.

»Werden Sie kommen?« fragte Jim noch einmal. »Die Burschen werden froh sein, wenn Sie auch ihnen helfen.«

»Natürlich. Du wirst mir die Stelle zeigen —«

Losberne preßte die Lippen aufeinander.

»Abgemacht. Ich hole Sie ab nach Covent Garden Market, sobald Sie gesund sind. Beeilen Sie sich nur, damit die Jungen nicht zu lange warten müssen.«

Auf der Treppe zog Losberne den Jungen an sich. »Jim, nun glaube ich tatsächlich, daß wir gewonnen haben.«

Verständnislos schaute der Kleine zu dem Studenten auf. Der versetzte ihm einen Schlag auf den Rücken und lachte dabei, daß man seine langen Zähne sah.

Jim Jarvis wußte nicht, was er davon halten sollte. Noch nie vorher hatte er den bleichen Oliver Losberne lachen gehört; der war doch nicht am Ende gar blöde geworden?

Als Losberne anderntags zu Barnardo kam, war dieser völlig verändert. Er hatte sich die Kissen hinter den Rücken gestopft, um besser lesen zu können. »Gut, daß du kommst, Oliver, ich habe mit dir zu reden«, rief er dem Studenten entgegen. Und etwas von der alten, so sehr bewunderten Lebhaftigkeit schwang in seiner Stimme.

»Fühlst du dich besser?«

»Ausgezeichnet.«

»Kein Fieber mehr?«

»Nicht mehr der Rede wert. Ich habe eine wunderbare Stelle gefunden. Endlich ist mir die Antwort gegeben worden, um die ich so lange gerungen habe.«

»Die Antwort auf was?«

»Da hör selber! Psalm 32, Vers 8: ‚Ich will dich unterweisen und dir den Weg zeigen, den du wandeln sollst; ich will dich mit meinen Augen leiten!' Ist das nicht wunderbar? ‚Ich will dich mit meinen Augen leiten.' Immer in den zurückliegenden Tagen sehnte ich mich danach, Klarheit zu erhalten, ob alles, was ich getan, auch wirklich Gottes Wille gewesen sei, oder ob ich einer persönlichen Liebhaberei nachgegeben habe. Als gestern Jim Jarvis weggegangen war, da flehte ich um Erlösung aus meinen Zweifeln, um ein Zeichen, um ein wegweisendes Wort. Und als ich dann die Bibel aufschlug, da fiel mein Blick auf diesen einen Vers: ‚Ich will dich mit meinen Augen leiten.' Sag, Oliver, hätte Gott mir eine klarere Antwort geben können? Er will mich mit seinen Augen leiten, ich brauche mich nur seiner Führung anzuvertrauen. Welche Verheißung!«

»Ja, Tom, es ist ein wunderbares Wort!«

»Nun muß ich gesund werden, Oliver, ich darf mich meiner Aufgabe nicht länger entziehen. Und wenn ich an all die Jungen denke, an ihr Elend, an die Gefahren, denen sie ausgesetzt sind — ich muß ihnen helfen!«

»Wie werden sich alle freuen —«

»Gott hat gesprochen. Ich spüre es deutlich, Gott hat gesprochen. Die dunklen Wände, die sich um mich aufgetürmt haben, die mich zu ersticken drohten, sie sind zusammengestürzt. Es ist hell geworden.«

Ohne daß sie es bemerkt hatten, war Frau Kelley unter die Zimmertür getreten. Tränen schimmerten in ihren Augen. »Nun, Herr Losberne, was sagen Sie heute zu unserem Patienten?«

»Ein Glück für uns alle!«

Die Assembly-Rooms waren ihm gekündigt worden. Da er den Kampf nicht aufgab, nicht aufgeben durfte, mußte er sich für seine Versammlungen nach einem andern Lokal umsehen. Die Verwirklichung des Traumes, ein eigenes Heim zu besitzen, war aus finanziellen Gründen in weite Ferne gerückt. Es mußte wieder von vorne angefangen werden. Aber was tat das?

Nachdem er die Krankheit überstanden, fühlte sich Barnardo wieder frisch, voller Spannkraft und zu allem Tun entflammt.

Allerdings, einen geeigneten Raum zu finden, der groß genug und günstig gelegen war und der zudem nicht zu viel kostete, war keine leicht zu lösende Aufgabe. Das hatte er schon früher erfahren. Und so stellte er von allem Anfang an keine allzu hohen Ansprüche. Es würde, so hoffte er, ja doch nur ein Provisorium sein, um zu ermöglichen, die während zwei Monaten unterbrochen gewesene Missonstätigkeit in Stepney endlich wieder aufzunehmen.

Ende Januar des Jahres 1868 mietete er in der Bale Street ein Lokal, das zwar eng und schmutzig war. Doch vorläufig war nichts Besseres zu finden gewesen.

Mit Begeisterung machten er und seine Freunde sich neuerdings ans Werk, zogen wiederum mit ihren aus den Assembly-Rooms geretteten Spruchbändern und Fahnen durch die Elendsgassen und ließen sich weder durch die Unzulänglichkeiten des Lokals noch durch die Schwierigkeiten entmutigen, die ihnen von den völlig verwilderten und verwahrlosten Besuchern ihrer Versammlungen bereitet wurden.

Hier in Bale Street wurde nicht nur Unterricht erteilt, Barnardo organisierte auch Nähkurse und veranstaltete Bibelstunden, so daß der Raum Abend für Abend benutzt wurde. Daneben hatten Barnardo und seine Helfer noch immer ihre Zerlumptenschule im Eselstall am Hoffnungsplatz zu bedienen. Das Gedränge, das jeweils in der Bale Street herrschte, war unbeschreiblich und der Erfolg der Bemühungen kaum sichtbar. Täglich mußte man mit Überraschungen rechnen und auf alles gefaßt sein. Einmal erstickten sie beinahe in dem penetranten Gestank, der plötzlich den Raum erfüllte, ihnen das Wasser in die Augen trieb und ihnen den Atem verschlug. Es stellte sich dann heraus, daß ein paar Schlingel Schoten von rotem Pfeffer angezündet hatten. Ein andermal, als Barnardo einige Gröler zur Ruhe wies, wurde vereinbarungsgemäß von andern das Fenster aufgerissen, worauf ihn die Burschen unter Gebrüll durch diese Öffnung auf die Straße hinausbeförderten.

Doch weder Barnardo noch seine Helfer gaben auf. Und die Saat fiel auch hier nicht nur auf steinigen Boden. Irgendwie hingen diese Straßenbriganten doch an ihrem kleinen, eifrigen Lehrer, der sich so sehr um sie bemühte.

Als er sich einst durch die nachtdunklen Gassen nach Hause begab, bemerkte er, daß er von einem Rudel Burschen verfolgt wurde. Lieber den Stier bei den Hörnern packen, als ihn im Rücken haben, dachte er, blieb stehen und ließ sie herankommen. Ganz ruhig fragte er sie, was sie im Schilde führten. Da erzählten sie ihm, daß Bully Wright, ein in Stepney berüchtigter Raufbold, gedroht habe, er werde Barnardo auflauern, um ihn zu verbläuen und ihm so seine frommen Sprüche auszutreiben. Da sie damit nicht einverstanden seien, hätten sie beschlossen, ihn zu begleiten, um ihn beschützen zu können.

Barnardo dankte ihnen und ließ sich von der nicht alltäglichen Schutztruppe heimbegleiten. Er nahm sie in sein Zimmer hinauf, hängte den Wasserkessel über die Kaminglut und ließ sie erst wieder in die Nacht hinaus, als sich jeder mit einer Tasse heißen Tees erwärmt hatte.

Die Entscheidung fällt

Und dann, viel rascher, als Barnardo zu hoffen gewagt hatte, erfüllte sich sein Wunsch, eine Zerlumptenschule im eigenen Haus unterbringen und ihr verschiedene Räumlichkeiten, wie Lesezimmer und Wohnstube, angliedern zu können. Wiederum am Hoffnungsplatz, dem Schuppen gegenüber, in dem ihm in Jim Jarvis das erste der Niemandskinder zugeführt worden war, wurden ihm schon einen Monat später, Ende Februar, zwei kleine Häuser angeboten. Jedes von ihnen besaß zwar nur vier Räume. Aber zwei Häuser, eines für Buben, das andere für Mädchen, konnte er sich Besseres wünschen, um mit dem Aufbau des geplanten Missionswerkes im Herzen des Elendsquartiers von Stepney zu beginnen? »Ich will dich mit meinen Augen leiten.« Wie wunderbar war die Verheißung wiederum in Erfüllung gegangen!

Natürlich packte die Begeisterung auch Barnardos Helfer. In Eile wurde alles vorbereitet, und am 2. März war es so weit, daß die Arbeit in den Häuschen am Hoffnungsplatz aufgenommen werden konnte. »The East End Juvenile Mission«, »Die Ostend-Jugendmission«, nannte Barnardo das Unternehmen und bekannte damit, wie sehr die Rettung der Jugend das eigentliche Anliegen war, das ihm auf der Seele brannte. Und bei den Lesern der »Revival«, die über alles, was unternommen wurde, eingehend und laufend unterrichtet wurden, fand er die erhoffte Unterstützung. Ja, sie wurde ihm, dem jungen, unbekannten Medizinstudenten, in einer geradezu überraschenden Weise zuteil, so daß er schon nach wenigen Wochen die beiden angrenzenden Häuser erwerben und damit die Tätigkeit der Mission weiter ausbauen konnte.

Ein Vierteljahr nach Eröffnung der Jugendmission legte Barnardo den Freunden und Gönnern seines Werkes einen ausführlichen Rechenschaftsbericht vor, der nicht nur über die Verwendung der ihm anvertrauten Gelder erschöpfend Auskunft gab — es waren in der Zeit vom 15. Juli 1867 bis zum 15. Juli 1868 215 Pfund und 15 Schillinge eingegangen — sondern vor allem und in anschaulicher Weise berichtete, was getan worden war, um jedes arme Kind, von welcher Herkunft es auch war, zur Ehre Gottes und des Vaterlandes zu erziehen, wobei als oberster Grundsatz das Wort galt: »Es ist der Wille des Vaters im Himmel, daß nicht ein einziges dieser Kleinen verlorengehe.«

Barnardos besonderes Anliegen war es, den jungen Großstadtheiden Religionsunterricht zu erteilen. Dreißig von ihnen waren in diesen ersten Monaten seit Bestehen des Werkes von ihm getauft worden. In der Sonntagsschule wurden in den verschiedenen Klassen durchschnittlich dreihundert Kinder unterrichtet. Stets waren die Räume überfüllt. »Sind wohl Kinder vorher oder nachher irgendwo einmal so zusammengepfercht gewesen?« hieß es da im Bericht. »Ich bezweifle es. Ich selbst konnte mich im Gedränge kaum rühren. ‚Herr Barnardo, Sie zerdrücken mich, lassen Sie mich durch, ich kann nicht mehr atmen!' So jammerten die Schüler, und sie hatten allen Grund dazu."

Für jeden Tag der Woche wurde ein besonderes Programm aufgestellt. Neben Predigt und Sonntagsschule wurden Bibelstunden abgehalten, abteilungsweise für Kinder, junge Leute und Erwachsene. Am Sonntagvormittag fanden Bittgottesdienste statt, an vier Abenden der Woche wurden die Knaben in Lesen, Schreiben und Rechnen unterrichtet, eine Leihbibliothek und ein Leseraum waren eingerichtet worden. Die Mädchen hatten Gelegenheit, Näh- und Strickkurse zu besuchen, und für die Erwachsenen gab es Mütterabende und Gebetsversammlungen.

All diese Arbeit wurde von Barnardo und seinen freiwilligen Helfern völlig unentgeltlich und vor allem in den Abendstunden und an den Sonntagen geleistet, da wie Barnardo auch die meisten seiner Mitarbeiter untertags durch ihre Studien und ihre Tätigkeit im London-Hospital in Anspruch genommen waren, und immer noch fanden diese von Gott ergriffenen Menschen Zeit zu Hausbesuchen, zur Verteilung von Traktaten, zu Gottesdiensten im Freien. Was für ein Eifer muß diese zum größten Teil unbenannt und unbekannt gebliebenen Arbeiter im Weinberg des Herrn beseelt haben, daß sie bei einer derartigen Beanspruchung in einer einzigen Woche noch bis zu 1200 Hausbesuche ausführen konnten!

Der eigentlichen Gemeinde, die sich um Barnardo scharte, gehörten bei der Eröffnung der Mission achtzehn Gläubige an, von denen sechzehn unter dem Einfluß Barnardos den Weg zu einem lebendigen Christentum gefunden hatten. Aber ihre Zahl nahm von Monat zu Monat zu, und bald genügte das kleine, hohe Zimmer nicht mehr, in dem sich die Gemeinde zu Beginn versammelt hatte. Nach vier Monaten mußten die Versammlungen der bereits auf siebzig Personen angewachsenen Schar in den größten der zur Verfügung stehenden Räume verlegt werden.

Wohl wurden dem rasch sich vergrößernden Werk auch immer wieder neue Helfer zugeführt, die sich uneigennützig und meist mit einer bewunderungswürdigen Hingabe zur Verfügung stellten. Einer der ersten, die den Ruf vernahmen und ihm folgten, war der Schuhmacher William Notmann. Als Schwerkranker war er im Spital von einer christlichen Frau besucht worden. Sie hatte sich mit ihm unterhalten, und, als sie seine Bereitschaft verspürt hatte, mit ihm gebetet und ihm aus der Bibel vorgelesen. Sie hatte in ihm den Wunsch geweckt, sich gleich ihr christlicher Liebestätigkeit zu widmen. Kurze Zeit, nachdem er geheilt aus dem Krankenhaus entlassen worden war, hatte er von der »Juvenile Mission« am Hoffnungsplatz gehört.

Er ging dorthin und nahm an einer Gebetsversammlung teil. Dabei lernte er den jungen Barnardo kennen, der einen so starken Eindruck auf ihn machte, daß er beschloß, sich diesem Werk zur Verfügung zu stellen. Barnardo empfing ihn freundlich und hörte sich seine Bitte an. »Sind Sie ein Christ?« fragte er ihn.

»Ich möchte es gerne sein«, war Notmanns bescheidene Antwort. Und dann erzählte der Schuster von seiner Begegnung im Spital.

Barnardo nickte. »Sehr gut«, sagte er und öffnete die Tür zu einem mit lärmenden Kindern überfüllten

Raum. »Wenn Sie das Bedürfnis haben, etwas für unseren Herrn zu tun, dann gehen Sie hier hinein und erzählen den Kindern, was der Herr für Sie getan hat.«

In der Folge wurde Notmann einer der treuesten Helfer Barnardos.

Aber noch immer rechnete Barnardo fest damit, nach Abschluß der Studien als Missionsarzt nach China zu fahren. So flocht er in seinem Bericht die Bemerkung ein, daß es ihm richtig erscheine, seinen Aufenthalt in London noch einmal zu verlängern, um dann als gründlich ausgebildeter Arzt an seine Aufgabe herantreten zu können.

Ob ihm wohl noch viel an seinen Studien lag, da doch sein Herz längst den Niemandskindern gehörte?

Obwohl nun seine Mission bereits über vier eigene Häuschen verfügte, vermochte der Raum schon nach kurzer Zeit den ständig sich mehrenden Ansprüchen nicht mehr zu genügen. Die Behausung glich einem zu kurz und zu eng gewordenen Anzug eines gesunden, kräftig sich entwickelten Burschen, und Barnardo erkannte mit Besorgnis, daß das Ansetzen und Verlängern bald nicht mehr genügen würde. Je mehr das Werk sich ausbreitete und zu einem Begriff wurde, nicht nur für den rasch größer werdenden Kreis der ihm in Treue verbundenen Freunde und Gönner, sondern auch für die Bevölkerung von Stepney, desto dringender empfand Barnardo das Bedürfnis nach einem Heim, in dem die Heimatlosen nicht nur unterrichtet, sondern auch aufgenommen werden konnten. Wohl wurden nach wie vor die allererbärmlichsten Kreaturen in Familien untergebracht. Aber je größer die Zahl wurde, um so schwieriger war es, sie nicht aus den Augen zu verlieren, mit ihnen in Kontakt zu bleiben. Und sie sollten doch wissen und spüren, daß sie Angehörige der »East End Juvenile Mission« waren und so zu Barnardos großer Familie gehörten. Nun, der Herr, der ihm verheißen hatte, ihn mit seinen Augen zu leiten, würde ihn wohl auch hierfür Mittel und Wege finden lassen, wenn es sein Wille und die Stunde dafür gekommen war.

Eines Tages, im Frühling des Jahres 1869, erhielt er einen Brief, der ihn in nicht geringes Erstaunen versetzte. Als er ihn gelesen hatte, zitterte die Hand, die das Blatt hielt.

Nun war es so weit. Jetzt mußte er sich entscheiden. China oder London. Ob da wohl Lord Shaftesbury dahintersteckte? Längst schon und immer wieder hatte der ihn zu überreden versucht, den Plan, nach China zu fahren, aufzugeben und sich ganz, nicht nur neben seinen Studien, sondern ganz und für immer dem unter den Niemandskindern begonnenen Werk zur Verfügung zu stellen. Und nun kam dieser Brief, der ihn in die Entscheidung drängte. Unterzeichnet war er mit Samuel Smith. Erst später erfuhr Barnardo, daß Smith ein bekanntes und einflußreiches Mitglied des Parlamentes war. »Ich will dich mit meinen Augen leiten.« Durfte es da für ihn überhaupt ein Zögern geben? Mußte er da nicht einfach gehorchen, sich führen, sich leiten lassen?

Noch einmal las er den Brief. Smith war bereit, ihm zur Förderung des begonnenen Werkes einen Betrag von 1000 Pfund zur Verfügung zu stellen, sofern Barnardo zum Entschluß bereit war, wenigstens vorläufig den Gedanken an China aufzugeben und in England zu bleiben, um hier eine Heimstätte für verwahrloste und heimatlose Kinder zu errichten. Andere Bedingungen wurden nicht gestellt. Er brauchte nur anzunehmen und sein sehnlichster Wunsch ging in Erfüllung, ein Heim, ein eigenes Heim für seine Straßenjungen zu bekommen. Und er sah im Geist all die Winkel, die er nächtlicherweile durchforscht, er dachte an die ausgehungerten, zitternden, halb erfrorenen Gestalten, die sich ängstlich um ihn geschart, und wieder war es ihm, als höre er den Ruf der gelben Rübe: »O Herr, haben Sie doch Erbarmen!« Er fühlte den Blick der großen Augen auf sich gerichtet, voller Vorwurf und Anklage. Ja, hätte er damals über ein Heim verfügt, wie es ihm nun angeboten wurde, dann wäre der arme Kerl nicht hinter einem Faß erfroren.

Er mußte auf China verzichten. Er hatte gar keine Wahl. Daß es ein Verzicht für immer sein würde, das war ihm klar. Und damit mochte auch der Briefschreiber rechnen.

Aber war das überhaupt von Bedeutung? Mußte ihn nicht das aus diesem Brief sprechende Vertrauen mit Dankbarkeit und Freude erfüllen?

Der Schreiber war ihm völlig unbekannt, und es war anzunehmen, daß auch Smith Barnardo nicht kannte. Zuerst wollte er sich unverzüglich zu Lord Shaftesbury begeben, um mehr zu erfahren. Aber dann beschloß er, nichts zu überstürzen, zuzuwarten, um etwas Abstand und Ruhe zu gewinnen, ehe er die endgültige Entscheidung traf, ob China oder London.

Nicht einmal zu seinen engsten Mitarbeitern sprach er von diesem Brief, dessen Inhalt er während mindestens zehn Tagen als ein köstliches und erregendes Geheimnis in seiner Brust verwahrte. Und in diesen Tagen erkannte er mit zunehmender Klarheit, daß in Wirklichkeit die Würfel bereits gefallen waren, lange schon vor Erhalt des wunderbaren Angebotes. Er spürte, daß nicht er diesen Weg wählte, daß der Herr es war, der ihn zu dieser Aufgabe rief. Schon sein Entschluß, sich in London für China ausbilden zu lassen, hatte diesem Ziel gedient. Denn niemals wäre er ohne den Ruf nach China nach Ostlondon gekommen, wo er dann durch Jim Jarvis auf die Niemandskinder gestoßen war. »Ich will dich mit meinen Augen leiten.« Diese Verheißung, durch die er aus dem Chaos seiner Grübeleien und Zweifel hinausgeführt worden war, aus der er die Zuversicht geschöpft hatte, um am Hoffnungsplatz mit dem Aufbau des geplanten Missionswerkes zu beginnen, würde ihm auch zur Kraftquelle werden, wenn er daran ging, ein Heim für die Buben ins Leben zu rufen, für die ihm Gott die Verantwortung übertragen hatte. Wohl schmerzte es ihn, endgültig auf seine Missionstätigkeit in China verzichten zu müssen. Wie hatte er sich auf diese Arbeit gefreut! Und doch. Hätte er sich je von seinen Straßennomaden trennen können, hätte er es je über sich gebracht, sie in ihrem Elend verkommen zu lassen? Er sah es ja selbst, daß er im Begriffe stand, auf sie einen ungewöhnlichen Einfluß zu gewinnen, und daß er nie glücklicher war, als wenn er ihre Blicke auf sich gerichtet und ihr Verlangen verspürte, sich ihm anvertrauen zu dürfen.

Und dann wußte er sich verpflichtet, gutzumachen, was er an der gelben Rübe gefehlt.

Sobald er den Brief an Samuel Smith geschrieben und abgeschickt hatte, in dem er sich bereit erklärte, das hochherzige Angebot anzunehmen und in London zu bleiben, um da ein Knabenheim zu gründen und zu führen, fühlte er sich von einem Drucke befreit.

Ja, durch seine Zusage, durch die übernommene Verpflichtung, war er frei geworden, um mit ungeteilter Kraft seinen geringsten Brüdern dienen zu können. Und sogleich machte er sich daran, Richtlinien aufzustellen, nach denen sein Heim gestaltet und entwickelt werden sollte. Und wenn ihm dabei Zweifel aufsteigen wollten, wenn er bedachte, daß ihm ja jede Erfahrung als Heimleiter fehlte, daß er einmal ein wenig begabter kaufmännischer Angestellter und später ein oft zu wenig eifriger Medizinstudent, nie aber ein Erzieher gewesen, dann verscheuchte er alle diese Bedenken, indem er ihnen sein blindes Vertrauen auf Gott entgegenstellte. In seiner Schule würde er schon lernen, wessen er zur Erfüllung seiner Aufgabe bedurfte.

Die Kotkugel

Aber auch die Gedanken an das zu gründende Heim vermochten seinen Eifer nicht zu dämpfen, mit dem er den Betrieb der »East End Juvenile Mission« aufrecht erhielt und seiner übrigen Evangelisationsarbeit oblag. Die nun in die Nähe gerückte Erfüllung seines sehnlichen Wunsches war im Gegenteil ein neuer Ansporn für ihn, auch andere der göttlichen Gnade teilhaftig werden zu lassen, in Christo zur neuen Kreatur zu werden.

Jetzt, in den schönen Sommertagen des Jahres 1869, hielt er seine Versammlungen in vermehrtem Maße im Freien ab, einmal, um der drückenden Enge in den überfüllten Räumen zu entgehen, vor allem aber, um auch Leute zu erreichen, die noch nie den Weg zur Ostend-Jugendmission gefunden hatten.

Es war an einem heißen Julisonntag. Barnardo hatte sich mit einer kleinen Gruppe von Helfern aufgemacht, um in den armseligen Straßen und schmutzigen Gassen von Limehouse-Fields zu predigen. Gerade in dieser Gegend hatte er noch kaum Fuß zu fassen vermocht.

Singend, um die Aufmerksamkeit der Leute auf sich zu ziehen, zogen die Evangelisten daher. Schon bei ihrem ersten Halt vor einem trostlos schmutzigen Haus ereilte sie das Unheil. Eine ältere Frauensperson, die ihnen eine Weile vom Fenster im ersten Stockwerk zugehört hatte, verschwand für ein paar Augenblicke, um dann mit einer Kanne voll Abwasser zurückzukehren, die sie flink und unter widerlichem Gelächter über die Versammelten ausleerte. Die Zuhörer, von denen sich die meisten mehr aus Neugierde denn aus Interesse eingefunden hatten, brüllten auf vor Vergnügen beim Anblick der triefenden, sich schüttelnden Studenten, die sich bemühten, mit ihren Taschentüchern die stinkige Brühe aus den Gesichtern und von den Kleidern zu wischen.

»Sehr gut, Mary, das hast du gut gemacht«, rief einer der Zuhörer zu ihr hinauf, die, die Fäuste in die Hüften gestemmt, mit Stolz und Genugtuung die Wirkung ihres überraschenden Wassergusses beobachtete.

»Ich lasse mich in meiner Sonntagsruhe nicht stören«, gab sie geschmeichelt zurück. »He da, ihr Straßenheiligen, ist vielleicht noch eine zweite Kanne gefällig?«

»Verflucht nochmal, das war ein Spaß! Habt ihr den Kleinen gesehen, den mit der Brille? Vorwärts, Mary, noch einen Guß!«

»Na und, was zahlst du für das Vergnügen?«

Inzwischen hatten sich Barnardo und seine Helfer wieder aufgestellt, Barnardo sprach weiter, wie wenn nichts geschehen wäre.

Und seltsam, nach und nach verstummte das Gelächter, die grölenden Zwischenrufe hörten auf und die Leute kamen zögernd näher, um besser hören zu können.

Unter den Herumstehenden befand sich auch ein

Junge, den die Pfützen, die das Wasser im Staub der Straße gebildet hatte, mehr interessierten als das von Barnardo mit Eifer und Nachdruck verkündigte Wort Gottes. Er schlich sich an den Straßenrand, grub erst mit den Zehen, dann auch mit den Fingern kleine Flußbette und Kanäle und hatte sein Vergnügen daran, das Wasser nach seinem Willen im Zickzack abzuleiten. Dabei mußte er entdeckt haben, daß der durchnäßte Straßenstaub eine knetbare Masse bildete, denn nach einem kurzen Aufleuchten in seinen Augen begann er mit plötzlichem Feuereifer zwischen den Händen Kotkugeln zu formen.

Inzwischen war Barnardo mit seiner Wortauslegung zu Ende gekommen. Eben forderte er seine Gefährten auf, mit ihm zu beten und den Herrn zu bitten, in manchem der Zuhörer das Verlangen nach Erlösung von allem Übel zu wecken. Die jungen Männer standen da, die entblößten Köpfe geneigt und die Augen geschlossen.

Dies schien dem Gassenschlingel der geeignete Augenblick zu sein, um mit Blitzesschnelle seine Absicht in die Tat umzusetzen. Er raffte die Kotkugeln auf und begann, sie nach den Gesichtern der Betenden zu schleudern. Offensichtlich besaß er im Werfen nicht wenig Übung, kaum eines der Geschosse verfehlte sein Ziel. Hier schlug eine Kugel klatschend auf die Stirn eines Studenten, dort traf eine andere das Opfer mitten ins Gesicht, und das alles spielte sich mit solcher Geschwindigkeit ab, daß das Bombardement schon fast beendet war, als den Getroffenen und den Zuschauern zu Bewußtsein kam, was sich da überhaupt abspielte.

Aber noch stand der kleine Frechdachs auf gespreizten Beinen kampflustig da und holte eben zu seinem letzten Wurf aus. Und wahrhaftig, das scharf geschleuderte Geschoß fuhr genau in Barnardos Mund, diesen wie mit einem Pfropfen verschließend. Wohl oder übel verstummte der Getroffene auf einen Schlag, fuhr mit den Händen nach dem Gesicht und bemühte sich verzweifelt, die wenig appetitliche Ladung aus dem Munde zu entfernen.

Die Zuhörer brüllten und schüttelten sich vor Lachen, und ihr Lärm lockte rasch weitere Schaulustige herbei, die einen lärmenden Kreis um die Studenten bildeten. Zu allen Fenstern streckten Leute die Köpfe hinaus, ganz Limehouse-Fields schien in Aufregung geraten zu sein. So ein Spaß! Wer hätte das gedacht!

»Vorwärts, Mary, gib ihnen eine zweite Kanne, damit sie den Pudding ordentlich begießen können!«

»Das war ein Volltreffer, das kann man schon sagen!«

»Wo steckt er übrigens, der Teufelskerl?«

»Mitten ins Maul. Der hat gesessen.«

Ja, wo war der Kleine? Man schaute sich um; doch hatte sich der Schütze bereits davongemacht.

»Wer war es? Weiß keiner, wer es war?«

»Charlie Jackson.«

Barnardo schnappte den Namen auf. Charlie Jackson? Oh, wenn er das Bürschchen jetzt in einer verschwiegenen Ecke vor sich gehabt hätte, der Lümmel hätte etwas zu hören bekommen. Des kleinen Studenten Augen funkelten. So eine Frechheit! Er hätte den Schlingel in die Finger genommen und nicht eben sorgfältig angefaßt. Mitten im Gebet. Aber als er dann seine Gefährten ansah, von denen jeder in seinem Gesicht Spuren von Charlie Jacksons erfolgreich durchgeführtem Bombardement aufwies, da verflog sein Groll.

Ein junges Mädchen, das vermutlich von einem Fenster aus den Vorfall beobachtet hatte, kam mit einem Glas Wasser auf Barnardo zu, so daß er endlich den Mund ausspülen konnte. Was für eine Wohltat war das! Und er spuckte den Rest des Sandes auf die Straße. So konnte er endlich auch wieder sprechen. »Charlie Jackson, habt ihr gesagt? Weiß niemand, wo er wohnt? Ich möchte doch noch ein Wörtchen mit ihm reden.«

Aber es wollte niemand wissen, wo Charlie Jackson daheim war, ja, die meisten behaupteten, ihn vorher überhaupt noch nie gesehen zu haben. Nur der Mann, der den Namen des Bürschchens genannt hatte, schien etwas über den Kleinen zu wissen. »Wo er wohnt, kann ich nicht sagen; aber ich verspreche Ihnen, ihn heute abend in die Mission zu bringen.«

Am Abend leitete Barnardo in der Mission programmgemäß eine Bubenklasse. Nach dem, was er am Nachmittag erlebt hatte, war ihm das eine nicht leichte Pflicht. Doch als er dann die Burschen vor sich sah, wie sie ihm mit Ernst zuhörten, gespannt an seinen Lippen hingen und spürbar begierig waren, noch mehr über die Möglichkeit der Umgestaltung ihres Lebens zu hören, da wurde sein Herz wieder warm und er erzählte ihnen, was sich an diesem Tage in einer der Gassen vom Limehouse-Fields zugetragen, wie eine Frau sie mit schmutzigem Wasser begossen und wie zum Gaudium der Menge ein Bengel sie während des Gebets mit Kot beworfen habe.

Einige kicherten; aber ein paar der älteren Burschen gaben laut ihrer Entrüstung Ausdruck. »Schade, Herr, daß wir nicht dabei waren. Wir hätten Ihnen geholfen. Der Lausekerl hätte bestimmt keine zweite Kugel geschleudert. Wo war es? Zeigen Sie uns das Haus, damit wir diesem Weibsbild die Scheiben einwerfen oder mit Dreck die Türe verschmieren können.«

»Nein, Buben, das tut ihr nicht. Ihr würdet unserer Sache einen schlechten Dienst erweisen. Ich habe euch vorhin von Christus erzählt. Er ist gekommen, um das Gesetz aufzuheben ‚Auge um Auge, Zahn um Zahn'. Er hat uns gelehrt, daß wir unsere Feinde lieben und denen wohltun müssen, die uns hassen. Diese Lehre zu befolgen, ist nicht leicht; aber wenn wir für uns selber von Gott Barmherzigkeit erhoffen, dann müssen wir zuerst unseren Mitmenschen gegenüber Barmherzigkeit üben.«

Und das sahen die Buben denn auch ein. »Aber am nächsten Sonntag werden wir Sie begleiten.«

Nach Schluß der Versammlung, als die meisten schon gegangen waren, trat ein bleiches Bürschchen, das noch verwahrloster gekleidet war als die andern, ängstlich zögernd auf Barnardo zu, senkte den Kopf und platzte dann heraus: »Ich würde es nicht getan haben, wenn ich gewußt hätte, daß Sie es waren. Sie sind wenigstens nicht verletzt worden.«

Der Student trat einen Schritt zurück und musterte den Kleinen. Wovon sprach er, was meinte er? Sollte er am Ende — »Was?« fragte er überrascht, »bist du vielleicht Charlie Jackson?«

Der Junge wich zurück und hielt schützend die Arme über den Kopf. »Ja«, stotterte er, »wie aber konnten Sie wissen, daß ich es war?«

»Du kannst mich nach Hause begleiten und mir unterwegs erzählen. Willst du?«

Und als dann Barnardo Charlies traurige Lebensgeschichte vernommen hatte und wußte, daß er bei seiner alten Großmutter hauste und kaum besser als ein Hund gehalten war, da hatte er den armen Kerl auch schon in sein Herz geschlossen. Er weihte ihn in seinen Plan ein, ein Heim für heimatlose Buben zu gründen. »Was meinst du, Charlie, wenn es einmal so weit ist, würdest du dann zu mir kommen, um bei mir zu wohnen und mir zu helfen?«

»O Herr, das sagen Sie mir, und ich — ich habe Ihnen heute nachmittag den Dreck in den Mund geschmissen? Ist es wirklich Ihr Ernst?«

»Mein völliger Ernst, Charlie. Aber bis es so weit ist, kommst du einfach in unsere Versammlungen. So sehen wir uns immer wieder. Paß auf, am Ende werden wir noch Freunde.«

Hätte er doch die Möglichkeit gehabt, solche Burschen schon jetzt zu sammeln und, bis das geplante Heim bestand, in einem anständigen Logierhaus unterzubringen, um sie so den verderblichen Einflüssen der Straße zu entziehen! Doch woher hätte er die Mittel dafür nehmen sollen? Die eingehenden Spenden genügten ja kaum, um den bereits so vielseitigen Betrieb der »East End Juvenile Mission« aufrecht zu erhalten, so daß er, der Not gehorchend, immer wieder von den tausend Pfund Samuel Smith's nehmen mußte, obwohl dies Geld doch eigentlich für die Einrichtung eines Heims bestimmt war. Ach, wann würde es endlich so weit sein! Man hätte für die Burschen eine geeignete Beschäftigung finden müssen, um es ihnen zu ermöglichen, ihren Lebensunterhalt selber zu verdienen, ganz ähnlich, wie John und dessen Kameraden es taten, die nun bei Quintin Hogg untergebracht waren und als Laufburschen ihr Auskommen hatten. Aber Charlie wäre noch nicht kräftig genug gewesen, um die, einem Laufburschen zugemutete, oft anstrengende Arbeit verrichten zu können. Und von Streichholzverkäufern wimmelte es so schon in allen Straßen.

Als dann Barnardo wieder einmal bei Lord Shaftesbury war, brachte er sein Anliegen zur Sprache. Dabei glaubte er, es in seines väterlichen Freundes gütigen Augen aufleuchten zu sehen. »Haben Sie noch nie an die Gründung einer Schuhputzerbrigade gedacht?« fragte Shaftesbury lächelnd. »Daß damit etwas zu verdienen ist, kann ich Ihnen aus eigener Erfahrung bestätigen.«

»Aus eigener —« Barnardo stockte.

»Freilich. Oder glauben Sie, Ihre Nöte seien mir so völlig fremd? Ich habe mich ja während meines ganzen Lebens für die Armen Londons eingesetzt.«

»Oh, ich weiß, aber daß Sie es je mit Stiefelputzern zu tun hatten, das habe ich bisher nicht gewußt.«

»Nun, da gibt es weiter auch nicht viel zu erzählen. Sehen Sie, Barnardo, ich habe Zeit meines Lebens nur beschränkte Geldmittel zur Verfügung gehabt. Wie viel mehr hätte ich wirken können, wenn ich hunderttausend Pfund Vermögen statt Schulden gehabt hätte! Haben Sie noch nie gehört, daß ich etwa der arme Earl genannt werde? Nun, das ist wohl eine kleine Übertreibung, denn Not habe ich nie gekannt, was mich selber betrifft, wohl aber Sorgen, und irgendwie ist jeder Schilling, den ich ausgebe, geborgt. Aber auch das hatte sein Gutes. Und das war ja auch der

Grund, weshalb ich darauf verfiel, die Jungen einer meiner Zerlumptenschulen als Schuhputzer Geld verdienen zu lassen, um sie dafür anständig kleiden und verköstigen zu können.«

»Eine Schuhputzerbrigade? Das ist eine ausgezeichnete Idee.« Barnardo schlug die flache Hand gegen die Stirn. »Daß mir das nicht selber schon in den Sinn gekommen ist!«

»So ist eben jeder auf den andern angewiesen. Es war im Jahr 1851, anläßlich einer Ausstellung im Hyde-Park, übrigens im Todesjahr meines Vaters. Deshalb erinnere ich mich des Datums. Gleich am Eröffnungstag fiel mir das schmutzige Schuhwerk der Besucher auf, es war ein regnerischer Tag, das Ausstellungsgelände aufgeweicht und bald in einen Morast verwandelt. Das hat mich gleich auf den Gedanken gebracht. Ich habe in aller Eile fünfundzwanzig meiner Schützlinge mit dem notwendigen Putzzeug ausgerüstet. Und, was glauben Sie, daß diese Idee eingebracht hat? An die 400 Pfund. Jawohl. Meine braven Buben haben während der Ausstellung ungefähr 101 000 Paar Schuhe und Stiefel gereinigt.«

»Wundervoll.«

»Es ist selbstverständlich, daß ich es nicht bei diesem ermutigenden Anfang bewenden ließ. Bis vor wenigen Jahren habe ich eine ständige Schuhputzertruppe unterhalten. Greifen Sie den Gedanken auf, führen Sie weiter, was ich begonnen habe.«

Barnardo war begeistert und ging sofort daran, seiner Ostend-Jugendmission eine Schuhputzerbrigade anzugliedern. Sobald er ein für diesen Zweck geeignetes Logierhaus in der Nähe des Hoffnungsplatzes ausfindig gemacht hatte, das von einem christlich gesinnten Mann geleitet wurde, gründete er mit zwanzig seiner Schützlinge, unter denen sich auch Jim Jarvis und Charlie Jackson befanden, einen Trupp. Die Buben wurden von Notmann gründlich in ihre Arbeit eingeführt und mit einer prächtigen Schildmütze und einem Kästchen ausgerüstet, das alle erforderlichen Utensilien enthielt. Und dann zogen sie jeweils um sieben Uhr, wohl ausgeruht und nach einem kräftigen Frühstück, zur Arbeit aus. Jedem war ein bestimmter Platz in den großen Straßen, vor den Bahnhöfen und auf den Plätzen des East-Ends oder im Gebiete der Docks zugewiesen, und abends um sechs Uhr kehrten sie nach Hause zurück, zufrieden und glücklich über ihren Verdienst, von dem sie einen kleinen Teil als Taschengeld behalten durften.

Barnardo freute sich jedesmal, wenn er auf seinen Gängen bei einem von ihnen vorüberkam. »Nun, wie läuft das Geschäft?«

»Hallo, Sie sind es? Ausgezeichnet! Schuhe putzen mein Herr? Bitte schön, stellen Sie den Fuß auf dieses Kistchen.«

Nach der englischen Flagge gab Barnardo seiner Schuhputzerbrigade, deren fröhliche Burschen bald bekannt und beliebt waren, den Namen »Union Jack Shoe Blacks«. Nach dem Abendessen im Logierhaus kamen sie dann in die Mission, hielten sich im Lesezimmer auf oder nahmen an einem der Kurse teil, und unter ihnen war keiner, der sich nicht bewährte und aus seinem neuen, geordneten Leben in den Sumpf zurückkehrte, aus dem er gekommen war.

Lebewohl, Jim Jarvis

»Das sind, kurz skizziert, die Überlegungen, die dazu geführt haben, daß ich die mir in meiner Arbeitsschule anvertrauten Burschen systematisch auf die Auswanderung nach Kanada — vor allem nach Kanada — vorbereite.«

»Ich finde es wundervoll, was Sie hier leisten«, sagte Barnardo zu Annie Macpherson, deren Tätigkeit unter der Arbeiterbevölkerung von Bethnal Green er mit lebhaftem Interesse verfolgte. »Sie haben hier bereits in die Tat umgesetzt, was mich in Gedanken seit langem beschäftigt. Jeder See muß einen Abfluß haben, wenn er nicht eines Tages überlaufen soll, und da unsere Arbeit ja nur Mittel zum Zweck ist, junge Menschen, die über kurz oder lang auf die schiefe Ebene geraten würden, zu brauchbaren Gliedern der Gesellschaft zu erziehen, müssen wir ihnen auch zur Möglichkeit verhelfen, sich in den Arbeitsprozeß einzugliedern. Und das ist hier in England, vor allem in den Städten, ein schwierig zu lösendes —«

»Ein unlösbares Problem«, fiel ihm Annie Macpherson temperamentvoll ins Wort. »Und die seit der Erfindung der Dampfmaschine rasch zunehmende Mechanisierung der Industrie wird die Situation auf dem

Arbeitsmarkt, wird den Mangel an Arbeitsplätzen noch von Tag zu Tag verschärfen. Ich bin überzeugt, daß hier die Auswanderung nach Übersee das einzige, wirklich geeignete Mittel ist, um der Not einigermaßen zu steuern.«

»Und Ihre bisherigen Erfahrungen —«

»Geben mir vollkommen recht. Bedenken Sie, daß die schwach bevölkerten Dominions — Kanada, seiner Fläche nach so groß wie Europa, hat nicht mehr Einwohner als London — an der Einwanderung geeigneter Arbeitskräfte ein Interesse haben, das ebenso vital ist wie das unsrige, unsere überschüssigen Arbeiter abstoßen zu können.«

Barnardo nickte. »Das ist auch meine Auffassung.«

»Daß ich vor allem mit Kanada Beziehungen unterhalte, ist einfach zu begründen. Natürlich würde zum Beispiel auch Australien Leute aufnehmen; aber Kanada ist unter den Dominions das am nächsten gelegene, die Reise dorthin ist relativ kurz, was sich natürlich auch auf die Spesen günstig auswirkt. Das sind Faktoren, die entscheidend ins Gewicht fallen, solange mich der Staat in meinen Bestrebungen nicht wirksamer unterstützt.«

»Sonderbar, daß die Regierung hier nicht mehr Einsicht zeigt.«

»Lieber Herr Barnardo, es ist noch manch anderes sonderbar. Übrigens ist es Shaftesbury durch einen Vorstoß im Parlament einmal gelungen, einen Trupp junger Burschen auf Staatskosten nach Australien auswandern zu lassen.«

»Shaftesbury? Ja, hat sich denn der Lord auch schon mit dem Problem der Auswanderung befaßt?«

»Das haben Sie nicht gewußt? Es ist ja wohl schon lange her. Irrtum vorbehalten im Jahre 1848.«

»Als ich drei Jahre alt war. Nein, davon hat er mir nie etwas erzählt. Was hat dieser Mann nicht alles geleistet!«

»Und alles für die Ärmsten. Von dieser Sorte sollten wir mehr haben. So wissen Sie vermutlich auch nicht, daß er, Anthony Ashley Cooper, der Siebente Earl of Shaftesbury — den Lordtitel ist er erst seit dem Tod seines Vaters zu führen berechtigt — von den wandernden Obsthändlern, unter denen er für eine liebevollere Behandlung ihrer Zugtiere warb, zum Ehrenmitglied ihrer Zunft ernannt worden ist? Oder daß er nach dem Tode seiner Frau zu deren Andenken einen »Emily-Leihfonds« für arme Blumenverkäuferinnen stiftete, um den Bedrängten durch die Gewährung kleiner Darlehen von ein bis zwei Pfund notwendige Anschaffungen zu ermöglichen?«

»Nein, auch das war mir nicht bekannt.«

»Sehen Sie. Aber solche Propheten haben es schwer, sich in ihrem Vaterlande Gehör zu verschaffen. Obwohl der Versuch mit der Entsendung eines ersten Kontingents von Auswanderern glückte, wurden ihm die erforderlichen Mittel kein zweites Mal bewilligt. Warum nicht? Das wird Ihnen niemand sagen können. Vermutlich scheiterte auch dieser Plan wie so mancher andere an der Trägheit der Herzen. Shaftesbury hat sich übrigens nicht entmutigen lassen. Als der Staat ihm die Mittel versagte, wandte er sich an seine Freunde und erbettelte sich von diesen den Betrag, der erforderlich war, um vierhundert entlassenen Sträflingen, deren er sich angenommen hatte, die Überfahrt nach Kanada zu bezahlen und es ihnen auf solche Weise zu ermöglichen, in einer neuen Umgebung ein neues Leben zu beginnen. Sie müssen sich das einmal von ihm selber erzählen lassen. Ich gestehe Ihnen gerne, daß es Shaftesburys Versuche waren, die mich auf den Gedanken gebracht haben, meinen Burschen durch das Mittel der Auswanderung zu einer anständigen Existenz zu verhelfen.«

»Ich bin Ihnen ja so dankbar, daß ich mich in diesen Fragen an Sie wenden darf. Denn über kurz oder lang werden wir unsere ältesten Schützlinge, die wir in Familien untergebracht haben, für sich selber sorgen lassen müssen. Und da scheint mir die Auswanderung in vielen Fällen eine willkommene, ja, die einzige Lösung zu sein.«

»Das glaube ich auch. Allerdings halte ich daran fest, daß nur Leute geschickt werden, die sich dazu wirklich eignen, die sowohl körperlich als auch geistig gesund sind. Nie darf eine Auswanderung zur Deportation mißliebiger Elemente werden, die man auf solche Weise abschieben, auf immer los sein möchte. Ich gehe so weit, daß ich im Falle eines gänzlichen Mißerfolges die Versager auf unsere Kosten nach England zurückkehren lasse, um die Kolonien vor unwillkommenen Elementen zu sichern und das Ansehen unseres Werkes nicht zu schädigen. Was macht übrigens Jim, den Sie das letzemal bei sich hatten?«

»Ich weiß noch nicht, was aus ihm werden soll.«

»Haben Sie nie daran gedacht, auch ihn über das große Wasser zu schicken?«

»Jim Jarvis? Aber der ist doch noch zu jung.«

»Als Arbeiter, ja. Aber ich bekomme immer wieder Anfragen von Leuten, die gerne ein Kind an Kindes Statt annehmen möchten.«

»Nein, daran habe ich noch nicht gedacht.«

»Ich fragte Sie, weil ich unter Umständen einen guten Platz für ihn hätte. Auf eine große Farm und zu wirklich netten Leuten, die ich persönlich kenne. Vielleicht könnte er sein Glück machen. Überlegen Sie es sich. Ich werde im Mai wiederum mit hundert Burschen nach Kanada fahren und wäre gerne bereit, ihn mitzunehmen. Und wenn Sie noch ein paar andere Buben haben —«

»Vielen Dank. Aber Jim Jarvis?«

»Den scheinen Sie ja besonders in Ihr Herz geschlossen zu haben. Habe ich recht?«

»Ja, es ist so. In ihm bin ich den Niemandskindern zum erstenmal begegnet. Doch solche Gefühle werden mich nicht daran hindern, das zu tun, was mir für ihn das Beste zu sein scheint. Auf eine Farm? Aus dem Grau der Großstadt hinein in Sonne und Weite? Ich will mit ihm reden.«

Sonne und Weite, Licht und Wärme, hätte er das nicht jedem der heimatlosen Kinder Ostlondons gegönnt? Die Möglichkeit, vorläufig wenigstens einem von ihnen dies Glück zu verschaffen, ließ ihm keine Ruhe mehr. Natürlich würde es ihm schwer fallen, sich von ihm zu trennen, der ihm bald nach ihrem Bekanntwerden lieb geworden war wie ein jüngerer Bruder. Wie oft waren sie nächtlicherweile miteinander ausgezogen, um die Schlupfwinkel aufzusuchen und zu durchstöbern, die Jim von früher her kannte, wo er vor seiner Begegnung mit Barnardo die Nächte verbracht, hungernd und frierend! Und seit seiner Krankheit war Jim noch anhänglicher geworden. Damit sollte es nun zu Ende sein? Wahrhaftig, er würde ihn vermissen. Und doch, mußte er sich nicht über die glückliche Wendung freuen, die sich in Jims Leben vollziehen würde?

Schon wenige Tage später tauchte Jim in der Wohnung Frau Kelleys auf. Er setzte sich auf einen Stuhl und verhielt sich mäuschenstill, solange Barnardo mit seiner schriftlichen Arbeit beschäftigt war.

»So, Jim«, drehte sich dann der Student nach ihm um. »Nun bin ich fertig. Häng den Wasserkessel über das Feuer, wir wollen eine Tasse Tee trinken, und nachher kannst du mich noch nach Saffron Hill begleiten. Wenn du magst.«

»Und ob! Wissen Sie«, fuhr Jimmy fort, als er mit dem gefüllten Kocher zurückkam und ihn geschäftig an den Haken in den Kamin hängte, »in der Familie Lockwood habe ich es ja gut. Aber so richtig daheim bin ich doch nur bei Ihnen.«

»Wirklich?«

»Bestimmt. Ich werde nie in meinem Leben vergessen, wie freundlich Sie stets zu mir waren, von jenem ersten Abend an, als Sie glaubten, ich hätte Sie angeschwindelt.«

»Nun, Jimmy, auch ich werde mich stets jener Nacht erinnern, da mich durch dich Gottes Finger auf die Not der Niemandskinder wies. Aber das ist nun vier Jahre her.«

»Schon vier Jahre?«

»Jawohl, und du bist unterdessen ein großer Junge geworden. Da ist es wohl an der Zeit, daß wir uns einmal darüber unterhalten, was eigentlich aus dir werden soll.«

»Aber ich arbeite nun doch untertags bei Mr. Notmann in Stepney Causeway.«

»Hättest du Lust, Schuhmacher zu werden?«

»Warum nicht? Ob ich es gerne möchte oder nicht, darüber habe ich nie nachgedacht. Sie haben das so bestimmt, also muß es so sein. Alles, was Sie je für mich taten, ist gut gewesen.«

»Das Wasser beginnt zu kochen. Bring die Kanne. Auch das Teekraut. Du weißt, wo es ist. Dort in der blauen Büchse. Möchtest du nicht lieber ein Bauer werden, Jimmy?«

Mit offenem Mund blieb der Junge mit der Teebüchse in der Hand vor Barnardo stehen und sah ihn aus seinen großen Augen verständnislos an. »Ein Bauer?«

»Nun ja. Dann könntest du Tiere hüten wie der junge David. Du hast doch die Geschichte gehört.«

»Und ich müßte wie er mit Löwen und Bären kämpfen?«

»Das glaube ich weniger. Bären und Löwen sind selten geworden. Aber dafür könntest du reiten, hättest vielleicht ein eigenes Pferd.«

»Ich hätte ein — eigenes Pferd? Und wir könnten miteinander über die Felder dahinjagen? Freilich möchte ich das. Es wäre wundervoll.« Berauscht von Freude schlang er die Arme um des Studenten Hals.

Barnardo schob ihn sachte von sich. Was für ein hübscher Bengel war aus Jim Jarvis geworden! Das hatte er bisher gar nicht bemerkt. Bis zur Stunde war er für ihn stets der kleine Jim gewesen, der an einem kalten Novemberabend gebettelt hatte, vor dem warmen Ofen in der kleinen Schule am Hoffnungsplatz schlafen zu dürfen. Ja, die Leute in Kanada könnten Freude haben an einem solchen Sohn. »Lieber Bauer als Schuster?«

»Tausendmal lieber!«

»Erinnerst du dich an Frau Macpherson, die in Bethnal Green eine Schule führt?«

»Ach ja, die immer so laut spricht und dabei mit den Händen deutet. Eigentlich mag ich sie nicht.«

»Und dabei tut sie unter armen Arbeiterburschen so viel Gutes. Sie ist eine famose Frau, die du nicht nur achten, sondern auch lieben solltest. Sie ist es nämlich gewesen, die mich auf den Gedanken gebracht hat, dich Farmer werden zu lassen.« Und er erzählte ihm von Annie Macphersons Vorschlag, Jim Jarvis im Mai nach Kanada mitzunehmen und ihn dort in einer kinderlosen Farmersfamilie unterzubringen.

Jim hörte sich das alles ruhig an, doch konnte man ihm vom Gesicht ablesen, wie rasch seine Begeisterung schwand und schließlich einer argen Enttäuschung wich. »Nach Kanada? Und Sie bleiben hier in London zurück? Nein, was denken Sie eigentlich von mir? Wenn Sie nicht reiten können, reite ich auch nicht. Sprechen wir nicht mehr davon. Glauben Sie nicht, daß der Tee nun stark genug geworden ist?«

»So hol noch die beiden Tassen und den Zucker.«

»Und nachher gehen wir nach Saffron Hill. Wer sollte Sie begleiten, wenn ich nicht mehr da wäre?«

»Du kannst es mir glauben, Jimmy, daß ich daran auch gedacht habe. Du wirst mir sehr, sehr fehlen. Doch solche Gefühle dürfen uns nicht daran hindern, das zu tun, was für dich richtig ist, den Weg zu gehen, den der liebe Gott uns weist. Daß es dich überraschen würde, habe ich mir gedacht, und wir müssen uns ja auch noch nicht heute entscheiden. Du mußt auch daran denken, daß ich glücklich wäre, wenn ich wüßte, daß aus dir ein Farmer geworden ist, ein tüchtiger junger Mann, der seinen alternden Pflegeeltern Freude bereitet und für mich Ehre einlegt. Jimmy!« Und er klopfte dem Jungen ermunternd auf den Rücken, weil er gesehen hatte, daß Tränen in seinen Augen glänzten. »Und wie ich mir die Sache vorstelle, werden wir bald, vielleicht noch auf dem gleichen Schiff, andere Jungen, die du von der Mission her kennst, nach Amerika reisen lassen. So wärest du nicht allein. Und einmal würde ich dich besuchen kommen. Hei, Jimmy, was wäre das für ein fröhliches Wiedersehen, wenn du mir mit Stiefeln und Sporen und von der Sonne gebräunt entgegenreiten könntest, auf deinem eigenen Pferd.«

»Sporen hätte ich auch?« fragte Jim unter Tränen.

»Aber natürlich, sonst wärest du ja kein rechter Reiter. Und nun trink deinen Tee. In der Dose gibt es vielleicht noch ein Stück Cake. Sieh mal nach.«

»Und Sie würden mich bestimmt besuchen kommen?«

»Du kannst dich darauf verlassen.«

»So will ich darüber nachdenken. Doch vorerst gehen wir noch nach Saffron Hill.«

»Jawohl, Jimmy, ich bin bereit.«

Unter den hundert Burschen, mit denen sich Annie Macpherson im Mai des Jahres 1870 nach Kanada einschiffte, befand sich dann wirklich auch Jim Jarvis.

»Alles Gute«, sagte Barnardo, »der Herr behüte dich, er sei dir Sonne und Schild!«

Der Junge nickte nur. Er war bleich vor innerer Erregung und seine Lippen zitterten.

»Jim Jarvis!« war da auch die etwas rauhe Stimme Annie Macphersons durch das Lärmen der Menge und das Kettengerassel zu hören. Nun mußte er gehen.

»Ich danke Ihnen. Für alles, für alles. Auch für Frau Kelleys Butterbrote, die Sie mir vorhin noch zugesteckt haben.«

»Lebewohl, Jim Jarvis!«

»Leben Sie wohl, Herr Barnardo.«

Und dann, als der Strom der Menge ihn bereits erfaßt hatte und wegtrieb, wandte er sich noch einmal um. »Kommen Sie bald, vergessen Sie es nicht.«

Barnardo nickte und winkte ihm mit der Hand. Dem ersten, den er hinüberschickte.

Die offene Tür

Um für die immer ausgedehntere Tätigkeit der Ostend-Jugendmission noch mehr Raum zu gewinnen, ließ Barnardo die vier aneinanderstoßenden Höfe seiner Häuschen am Hoffnungsplatz überdachen, wodurch er zusätzlich ein Versammlungslokal gewann, das dreihundert Personen aufnehmen konnte.

Diese Vergrößerung ermöglichte es ihm, an neue Aufgaben heranzutreten und von nun an alle Sonntage richtige Gottesdienste durchzuführen. Immer mehr Leute strömten zu den Versammlungen herbei. Doch wenn Barnardo gehofft hatte, durch den Saalbau der drückenden Raumnot wenigstens für die nächste Zeit enthoben zu sein, so mußte er bald einsehen, daß er das Gegenteil erreicht hatte, daß bei dem vermehrten Zustrom des Publikums die Lokalitäten der Mission noch überfüllter waren als vor zwei Jahren, da er die Arbeit am Hoffnungsplatz begonnen hatte.

Im Frühling 1870 war der Zustand völlig unhaltbar geworden. Die sonst dem Werk Barnardos wohlgesinnten Nachbarn wurden bei ihm vorstellig und führten Klage, weil sie nicht mehr in ihre Häuser gelangen konnten, ohne über Tische und Bänke zu klettern und über Schemel und Stühle zu turnen, mit denen der Platz vor ihren Haustüren verstellt war. Barnardo wußte, daß nun der Augenblick gekommen war, um entscheidende Schritte zu unternehmen. Er hielt Rat mit seinen Freunden, besprach sich mit Gönnern seines Werks und hielt daneben fieberhaft Umschau und Ausschau nach einem weiteren Haus, daß sich den Baulichkeiten der Mission am Hoffnungsplatz hätte angliedern lassen. Doch blieben alle seine Bemühungen erfolglos. So mußte er sich entschließen, anderwärts nach neuen Lokalitäten zu suchen, um den Betrieb am Hoffnungsplatz entlasten zu können.

All diese Sorgen und Umtriebe waren für Barnardo, dessen Zeit sonst schon reichlich genug ausgefüllt war, eine schwere Belastung. Auch ohne sein Studium, das ihn ja tagsüber immer noch in Anspruch nahm, hätte er ein vollgerüttelt Maß an Arbeit und Verantwortung gehabt.

Da entdeckte er auf dem Weg zu einem Krankenbesuch am Stepney Causeway Nr. 18, in einer armseligen Gasse, ein ziemlich großes Haus, das zum Preis von 45 Pfund im Jahr zu mieten war. Dazu kamen noch zwölf Pfund an Steuern. Das war, am Objekt gemessen, ein nicht geringer Betrag. Dennoch ließ sich Barnardo vom Besitzer hineinführen.

Und seltsam, sobald er es betreten hatte, spürte er etwas, das ihn sofort mit diesem Haus verband, und er erkannte, daß er dieses Hauses bedurfte, um seinen langgehegten Wunsch, die Erweiterung der Mission durch die Eingliederung eines Heims, erfüllen zu können. Mit fast fiebrigem Interesse schritt er durch die Räume, und schneller schlug sein Herz, als er ausrechnete, daß es Platz bot, um mindestens fünfundzwanzig, vielleicht sogar vierzig Jungen aufnehmen zu können. Hier würde nun endlich sein Wunsch nach einem Heim für obdachlose Knaben verwirklicht, hier würde er die erste Familie gründen können. Das war der ihm vorbestimmte Ort, hier war heiliges Land.

Auf der Stelle sagte er dem Besitzer zu. Er mußte es tun. Es stand ihm ja noch der ansehnliche Rest der ihm hochherzig anvertrauten tausend Pfund zur Verfügung. Was aber, wenn einmal auch dieses Haus nicht mehr genügen sollte? Barnardo dachte an die vielen, die er auf seinen nächtlichen Streifzügen schon entdeckt hatte. Es sollten doch möglichst viele von ihnen von der Straße weg in sein Heim aufgenommen werden. »Ich weiß zwar nicht, ob der hier vorhandene Raum auf die Länge ausreichen wird«, gab er dem Besitzer zu bedenken.

»Nun«, antwortete dieser langsam und sah den Studenten forschend an, »wenn es einmal so weit kommen sollte, dann haben Sie ja immer noch die Möglichkeit, das angrenzende Haus Nr. 20 ebenfalls zu übernehmen.«

»Und Sie sichern mir das Mietrecht vor jedem andern eventuell auftauchenden Interessenten zu?«

»Das tu ich. Und dies nicht nur für das Haus Nr. 20, sondern auch für die Nummern 22, 24 und 26 am Stepney Causeway.«

Barnardo mußte sich zusammenreißen, um die Ruhe nicht zu verlieren. »Das — das nenne ich ein großmütiges Entgegenkommen«, lachte er auf. »Bitte, nehmen Sie auch diese Vereinbarung in unseren Mietvertrag auf.«

Einen Augenblick lang blickte er vor sich zu Boden nieder und ein Lächeln spielte um seinen Mund. Der ganze Komplex der Häuser 18 bis 26 sein Heim? Er würde Raum genug bieten, um nicht nur sechzig, sondern drei- bis vierhundert Niemandskinder aufnehmen zu können. Welch wunderbares Ziel!

Oliver Losberne und zwei andere Medizinstudenten, die ihm schon bei der Einrichtung der Zerlumptenschule im ehemaligen Eselstall geholfen hatten, waren begeistert, als er ihnen seine neuen Pläne entwickelte. »Bald wird es soweit sein, daß wir die Jungen nicht nur unterrichten, sondern auch für ihr leibliches Wohl sorgen können. Welch entscheidender Schritt ist damit in der Entwicklung unseres Werkes getan!«

»Und die erforderlichen Mittel?«

»O ihr kleingläubigen Thomasse! Nun werden wir eben erst recht auf unsere Freunde und Gönner angewiesen sein. Und der Herr wird uns nicht vorenthalten, wessen wir bedürfen. Wir müssen glauben, liebe Freunde, immer wieder glauben. Und mit der Kraft solchen Glaubens, die Berge zu versetzen vermag, werden wir auch dies viel geringere Werk vollbringen. Sofern es sein Wille ist.«

Pläne wurden ausgearbeitet, besprochen, abgeändert und ergänzt, es sollte, es durfte hier nicht am falschen Ort gespart werden. Das Heim würde, wenn die erforderlichen Arbeiten einmal ausgeführt waren, fünfundzwanzig Schlafzimmer mit sechzig Betten enthalten. Sechzig Jungen, die jetzt noch wie verwilderte Hunde in ihren Verstecken und Schlupfwinkeln sich aufhielten, sollten hier nicht nur ein Obdach, sondern ein Heim finden! Außer den Räumlichkeiten für Hausvater und Hausmutter wurden auch eine praktische Küche, Badezimmer und Räume mit Waschgelegenheiten für die Knaben eingerichtet und nach wenigen Tagen schon begannen die Schreiner, Maler und Spengler mit ihrer Arbeit.

Wann immer es ihm die Zeit erlaubte, hielt sich Barnardo am Stepney-Causeway auf, und jeder Hammerschlag, der das Werk dem Ziel näherbrachte, erfüllte ihn mit Stolz und Freude.

Nach seiner Berechnung hätte das Haus im September bezugsbereit sein sollen, aber dann trat ein, was von allem Anfang an wie ein Schreckgespenst gedroht hatte: die Mittel reichten nicht aus, die Arbeit mußte unterbrochen werden. Denn Schuldenmachen vertrug sich nicht mit der Einstellung der »Freien Brüder«, zu denen er sich bekannte.

Hätte Barnardo unter diesen Umständen nicht bescheidener planen, zum Beispiel auf die Anlage eines Spielplatzes verzichten sollen? Immer wieder drängten sich Fragen solcher Art auf, doch jedesmal wies Barnardo sie von sich. Er war überzeugt, daß er recht gehandelt hatte, als er alles auf weite Sicht berechnet hatte. Und so wandte er sich im »Christian«, wie die Zeitschrift »Revival« nun hieß, an den großen Kreis seiner Gönner, um sie über den Stand der Erneuerungsarbeiten zu unterrichten und um weitere Gaben zu bitten, damit das Heim doch wenigstens auf den Winter hin eröffnet werden könne.

Wiederum weckte sein Ruf ein lebhaftes Echo, die Spenden flossen so reichlich, daß die noch erforderlichen Einrichtungen in Angriff genommen werden konnten. Und um das Werk zu fördern und zugleich Geld zu sparen, griffen Barnardo und seine Freunde selber zu Wasserkübeln, Bürsten und Besen, und es waren für sie glückliche Stunden, in denen sie Wände und Decken herunterwuschen, Fußböden fegten und Fenster reinigten, um auch mit ihrer Hände Arbeit dazu beizutragen, ihre erste Familie möglichst bald empfangen zu können.

Was aber, wenn das Heim endlich bezugsfertig, wenn es besetzt war und jeden Tag so und so viele hungrige Mäuler gestopft werden mußten? War es nicht leichtsinnig, ein Werk ins Leben zu rufen, zu dessen Unterhalt keine, aber auch gar keine Mittel vorhanden waren? Nur nicht denken. Vom Verstande her wäre es nicht zu verantworten, wäre es Leichtsinn gewesen, was Barnardo da vorhatte. Klugerweise hätte er erst weitere Mittel sammeln, ein Betriebskapital anlegen und Reserven schaffen müssen.

Doch solchen Bedenken stand die Verheißung entgegen: »Ich will dich mit meinen Augen leiten.« Ohne diesen Glauben, ohne das blinde Vertrauen in Gottes Führung, hätte Barnardo den Schritt, den er zu tun im Begriffe stand, nie wagen dürfen. Da er aber diesen Glauben und dieses Vertrauen besaß, tat er den Schritt. Zu den Gliedern der Gemeinschaft, die sich um Barnardo geschart hatte, gehörte ein jüngeres Ehepaar, Henry und Klara Betsey, die sich beide mit Freude bereit erklärten, das Amt der Hauseltern im neuen Heim zu übernehmen. Und ein Lehrer, der bisher eine der Abendklassen der Mission geführt hatte, Charles Blunderstone, wurde von Barnardo als Heimlehrer angestellt. Das waren nun beileibe keine einträglichen Posten. Jeder stellte uneigennützig seine Kräfte dem Werk zur Verfügung, für dessen Gelingen er sich mitverantwortlich fühlte. Auch die übrige Arbeit im Heim wurde fast ausschließlich von Freiwilligen geleistet.

Und dann kam das, worauf sich Barnardo seit jener ersten, von Jim Jarvis geführten, nächtlichen Entdeckungsfahrt gefreut hatte, die Suche nach Schutzbedürftigen, die er nun mit sich nehmen, die er in sein Heim führen durfte, um ihnen fortan ein Dach, einen warmen Raum, ein Bett und Nahrung für Leib und Seele zu geben. Ach, wenn er an die Nacht von Billingsgate, an die Speisung in Dick Fishers Kaffeehaus und an die gelbe Rübe dachte! Jetzt hätte er sie alle ihrem Elend entreißen können, jetzt war es so weit, daß er das dem toten John Somers gegebene Versprechen einlösen konnte. Was war das für ein wunderbares Gefühl, endlich helfen, richtig helfen zu dürfen! Alles andere überließ Barnardo seinen Freunden. Er zog alte Kleider an, stülpte einen zerdrückten Hut auf den Kopf, um in den Elendsquartieren, die sein Ziel waren, nicht aufzufallen. Und dann, als es gegen Mitternacht ging, nahm er seine Laterne zur Hand und machte sich auf den Weg.

Mit fünfundzwanzig Buben wollten sie beginnen. Einer hatte bereits seinen Einzug gehalten, Charlie Jackson, der seit jenem Sonntag, an dem er die Kotkugeln geworfen hatte, mit fast kindischer Anhänglichkeit Barnardo ergeben war. Aber es konnten auch zwei, ja auch sechs mehr sein, keinen brauchte er abzuweisen und zurückzustoßen, wie er damals die gelbe Rübe abgewiesen und zurückgestoßen hatte.

Schade, daß Jim Jarvis nicht mehr da war, sonst hätte er ihn jetzt begleiten und bei der Eröffnung des Heims, das Barnardo ganz einfach »Knabenheim« nannte, zugegen sein müssen. Aber der war nun in seiner neuen Heimat, und wie er kürzlich in seiner steifen ungelenken Schrift geschrieben hatte, ging es ihm gut. Sein Los war auf das Liebliche gefallen. Ihm hatte er helfen können. Welch herrliches Gefühl, auch andern, noch vielen, vielen andern helfen, das ganze Leben in den Dienst dieser Arbeit an den Geringsten stellen zu dürfen!

Zwei Nächte lang trieb sich Barnardo in den ihm bekannten Schlupfwinkeln herum, auf den Marktplätzen von Spitalfields, Covent Garden und Billingsgate, unter Torbögen und in Eselställen suchte er, leuchtete in Fässer und Kisten, in finstere Ecken und Winkel, überallhin, wo ein Kind, das nirgends zu Hause war, sich verkriechen und verbergen konnte. Sie waren ja so unglaublich erfahren darin, zu gegebener Zeit zu verschwinden.

In der ersten Nacht, es war schon gegen drei Uhr früh — den ersten Trupp von elf Burschen hatte er bereits in das Heim gebracht und der Obhut der beiden Betseys übergeben, kam er auf seiner Suche nach weiteren Unglücklichen, die zu erlösen er nun die Vollmacht besaß, durch die King William Street. Es hatte schon vor einer Weile zu regnen begonnen, sein Mantel war schwer von Nässe und der Hut ganz durchweicht, so daß er beschloß, es für diesmal aufzugeben und an den Stepney Causeway zurückzukehren. Er mußte doch sehen, wie seine ersten Schützlinge untergebracht waren, ehe er sich selber noch für ein paar Stunden schlafen legte. Denn er bedurfte der Ruhe, da er am Vormittag bei einer Operation assistieren sollte. Au, da war er eben in eine Pfütze getreten, das Wasser rann ihm in die Schuhe. Nur noch rasch unter der steinernen Treppe nachsehen, die von der King William Street nach Billingsgate führte, dann wollte er heimgehen.

Das Licht der Laterne glitt über den Boden hin. Halt, lag dort nicht etwas, in der hintersten Ecke? Richtig, ein Bündel übelriechender, feuchter Lumpen. Er stellte die Laterne nieder, kroch zum Bündel hin und betastete es. Da rollte ein Packen daraus hervor und kollerte über die Stufen in den Regen hinaus.

Barnardo, eifrig geworden, ging ihm nach, trug die Beute ans Trockene zurück und entdeckte, daß er ein kleines, buckliges Kind im Arme hielt, ein Bürschchen mit schmalem, eingefallenem Gesicht, eingewickelt in zerlumpte, schmierige Kleider. Und er erkannte sogleich, daß der Knabe krank war. Die magere Hand war heiß vom Fieber. Er trug den Kleinen durch die King William Street. Aber wie sollte er so und bei diesem Regen nach Stepney Causeway gelangen? Verschnaufend setzte er sich unter einen Türbogen.

Nach einer Weile ratterte eine späte Droschke vorüber. Gott sei Dank! Er rief den Kutscher an, der jedoch nur zögernd anhielt, da er wohl vermutete, es mit einem Betrunkenen zu tun zu haben. Die Betseys waren noch nicht zur Ruhe gegangen, als Barnardo im Knabenheim anlangte. Sie hatten ja alle Hände voll zu tun gehabt, bis die elf Burschen geschrubbt und zu Bett gebracht worden waren.

»Du liebe Zeit, was für ein armes Wurm!« entsetzte sich Frau Betsey. »Und Sie selber, wie sehen Sie selber aus!«

Barnardo übergab ihr den Kleinen, der sofort ausgekleidet, gewaschen und dann, in einem sauberen Hemdchen, im eigens eingerichteten Krankenzimmer ins Bett gesteckt wurde. Inzwischen hatte Barnardo Mantel und Hut abgelegt und Gesicht und Hände abgetrocknet. Er brauchte den Buben nicht lange zu untersuchen, um festzustellen, daß seine Lunge entzündet war. Alles wurde getan, was zu tun in menschlicher Macht stand. Erst dann begab sich Barnardo nach Hause. Er hatte versprochen, in der Frühe des nächsten Tages, ehe er ins Hospital ging, nach dem Kranken zu sehen.

Er war wirklich müde, als er sich endlich niederlegte. Die Uhr auf dem Kaminsims zeigte schon halb fünf. Und doch floh ihn der Schlaf. Zu sehr beschäftigte ihn, was er in dieser Nacht erlebt, zu sehr erfüllte ihn der Gedanke, ein erstes Ziel erreicht, ein Heim für die ärmsten der Armen zu haben.

Ein Heim! In der kommenden Nacht würde er auf die Suche nach weiteren Schützlingen gehen, und dann, am Sonntag, sollte das Haus eingeweiht, ihm übergeben werden, zu dessen Ehre die Insassen des Knabenheims erzogen werden sollten.

Diese Feier fand im einfachsten Rahmen statt. Weder Freunde noch Spender waren dazu eingeladen worden. Nur die engsten Mitarbeiter, unter ihnen der Schuhmacher William Notmann, dann die Heimeltern Henry und Klara Betsey und der Heimlehrer Blunderstone nahmen daran teil. Im größten Raum des Hauses, in dem die täglichen Andachten stattfanden, vereinigten sie sich mit den Knaben, deren Zahl inzwischen auf sechsundzwanzig angestiegen war. Nur einer der Hausgemeinde war nicht dabei, der kleine Ted, der im Krankenzimmer in seinem Bette lag, mit fiebernden Augen und brandheißen Wangen. Es war ein harter Kampf gewesen, den Barnardo und seine Helfer in den letzten Tagen um das Leben dieses Knaben geführt hatten. Immer wieder hatte Ted in seinen Fiebern aufgeschrien, weil er geglaubt hatte, draußen zu sein und Streichhölzer verkaufen zu müssen. Nun aber schien der Sieg doch endlich errungen zu sein.

Während der ganzen Feier hatte Frau Betsey an ihn denken müssen, hatte sie ihn doch in seiner Hilflosigkeit von der ersten Stunde an in besonderer Weise in ihr Herz geschlossen. Sobald das Schlußgebet gesprochen war, eilte sie hinauf, um nach dem Buben zu sehen. Als sie eintrat, lächelte er ihr dankbar entgegen.

»Nun, mein kleiner Ted, geht es dir besser?« Sie strich ihm über das Haar.

Da schloß er die Augen.

Sie beugte sich über ihn und küßte ihn auf die Stirn. Da spürte sie, wie ein Zittern durch den kleinen, abgezehrten Körper ging.

»Oh«, flüsterte er und griff nach ihrer Hand. Und sein Gesicht begann zu leuchten. »Noch nie hat mich bisher jemand geküßt«, sagte er zögernd mit dünner, ein wenig piepsender Stimme. Dann schlummerte er friedlich ein, die Hand Frau Betseys nicht loslassend.

Ein paar Tage später schloß er die Augen für immer.

Der Tod des kleinen Ted ließ mit erschreckender Eindrücklichkeit die jämmerliche Gestalt der gelben Rübe vor Barnardo erstehen. Ja, John Somers. Ihm hatte er nicht geholfen. Ihn hatte er zurückgestoßen in das Elend. Doch wenigstens hatte er den Sinn dieses Opfers begriffen. Es war die Verpflichtung, alles zu tun, damit nicht noch einmal durch Kleingläubigkeit einer dieser geringsten Brüder verloren ging.

Er besprach sich mit dem Hausvater und kam mit ihm überein, eine große Tafel anfertigen und über dem Eingang des Hauses Nr. 18 am Stepney Causeway anbringen zu lassen. Diese Tafel verkündete in großen Lettern allen Vorübergehenden: »No destitute child ever refused admission«, keinem verlassenen Kind wird je die Aufnahme verweigert. Alle Kinder, die kein Zuhause hatten, sollten bei ihm eines finden, für sie sollte die Tür seines Heims zu jeder Zeit, am Tag und in der Nacht, offen stehen. Nichts kennzeichnet den Charakter des Werkes, das Barnardo aufzubauen begann, trefflicher, als diese allezeit offene Tür.

Dieses Heim, das ja nicht für sich allein bestand, sondern Teil der »East End Juvenile Mission« war, ermöglichte es Barnardo, sein Tätigkeitsprogramm noch weiter auszubauen. John, den er im Logierhaus von Drury Lane getroffen hatte, brachte ihn auf den Gedanken, sich der Laufburschen, deren es damals in London viele gab, in besonderer Weise anzunehmen. Er wußte von John und dessen Kameraden, die er ab und zu besuchte und von denen sich verschiedene regelmäßig zu den sonntäglichen Versammlungen seiner Mission einfanden, daß die Erlangung eines anständigen Platzes oft genug daran scheiterte, weil die Burschen zu verwahrlost gekleidet waren. So beschloß er, eine Laufburschenkolonne zu organisieren. »The City Messenger Brigade.« Sie wurde von einem älteren Manne geleitet, der sich, ähnlich wie Notmann, dem Werke Barnardos zur Verfügung gestellt hatte. Jeder, der zu dieser Kolonne gehörte, erhielt eine schmucke Uniform mit Mütze, für deren Kosten er selber aufzukommen hatte. Den zwölf- bis siebzehnjährigen Burschen wurden vom Inspektor Stellen besorgt, durch ihn erhielten sie auch ihren Lohn ausbezahlt. Sie mußten sich verpflichten, während achtzehn Monaten in der Kolonne zu bleiben. In diesen Zeiten wurden ihnen die Kosten für die Uniform in kleinen Beträgen vom Wochenlohn abgezogen.

Diese Einrichtung sprach sich unter den Laufburschen rasch herum, und es dauerte nicht lange, bis der Kolonne mehr als hundert Mitglieder angehörten. Im Gegensatz zu den jüngeren Schuhputzern wohnten sie nicht beisammen in einem Heim, sondern zu Hause. An den Sonntagen aber nahmen viele von ihnen an den Veranstaltungen der Mission teil. Immer wieder konnte Barnardo mit Freude feststellen, was für ein Glaubenseifer in diesen jungen Leuten steckte, sobald ihnen der Weg gezeigt war. Ohne irgendwelche Aufforderung oder gar Verpflichtung, meist sogar ohne das Wissen der Erwachsenen, kamen viele schon in den frühen Morgenstunden zusammen, um miteinander zu beten, sich gegenseitig ihre Nöte anzuvertrauen, sie gemeinsam zu besprechen und so einander zu helfen. Die Arbeit der Laufburschen war mannigfaltig. Die meisten von ihnen waren einzeln in Geschäften angestellt, andere führten gemeinsam einen vom Inspektor vermittelten Auftrag aus, wie etwa das Löschen einer Schiffsladung von Kaffee in den Docks.

Aber auch die eigentlichen Barnardo-Jungen, die Zöglinge des Knabenheims, wurden tagsüber beschäftigt. Faulheit und Herumlungern gab es nicht. Jede Stunde des Tages, vom Aufstehn um sechs Uhr bis zum Lichterlöschen um zehn Uhr, war ausgefüllt.

Am Morgen und am Abend hielten der Hausvater, der Lehrer oder Barnardo selbst eine kurze Andacht. Und zwischen den Mahlzeiten gab es handwerklichen Unterricht, praktische Arbeit in der Seilerei, in der von Notmann geleiteten Schuhmacherwerkstatt, in der Korbflechterei oder bei der Bürstenfabrikation.

Andere waren mit dem Spalten und Bündeln von Brennholz beschäftigt, besondere Aufmerksamkeit wurde dem Turnen und Spielen in freier Luft geschenkt, und am Abend hatte jeder Zeit zur Erledigung der Aufgaben oder zum Lesen eines Buches.

Selbstverständlich hatten die Jungen auch im Haushalt ihre kleinen Ämter, sie mußten ihre Betten besorgen, die Böden wischen und fegen, die Kleider bürsten und abwechslungsweise in der Küche helfen. Kein Wunder, daß sich das Knabenheim am Stepney Causeway, das unter der Leitung von Hausvater und Hausmutter während vierundzwanzig Stunden des Tages offen stand, bald zum Zentrum des Missionswerkes entwickelte, obwohl die Tätigkeit der »East End Juvenile Mission« am Hoffnungsplatz nicht die geringste Einschränkung erfuhr.

Eine Nacht des Schreckens

Unter den Buben, die Barnardo in sein Heim aufgenommen hatte, befand sich auch der dreizehnjährige Irländer Mick Farrel, ein kecker Junge mit rotem Haar und fröhlicher, mit Sommersprossen übersäter Stupsnase. Und dieser Mick Farrel rühmte sich, sich wie kein anderer in den Logierhäusern des East-Ends auszukennen. »Es gibt feine und weniger feine«, behauptete er. »Wenn Sie einmal hingehen wollen, dann lassen Sie sich von mir begleiten.«

Erst lächelte Barnardo über dieses Angebot, dann aber fragte er sich allen Ernstes, ob er nicht doch einmal in Begleitung Micks eines der Logierhäuser aufsuchen sollte, um zu einem eigenen Urteil zu gelangen. Nicht als Student, sondern verkleidet als Landstreicher, wie ein richtiger Kunde. Dieser Gedanke ließ ihn nicht mehr los. Denn nur so würde er in die Schlafräume gelangen. »Abgemacht, Mick, ich komme mit. Aber nur unter der Bedingung, daß du mich nicht in das allerschlechteste Loch hineinführst. Ich möchte lebend herauskommen.«

»Oh, nur keine Angst. Sie werden eines der besten Häuser kennenlernen und sollen mit mir zufrieden sein.«

Während mehreren Tagen wusch und rasierte sich Barnardo nicht mehr. Das kostete ihn keine geringe Überwindung. Aber das ihm bevorstehende Abenteuer schien ihm dies Opfer wohl wert zu sein. Und dann war es ja auch möglich, daß ihm dort unter den Schläfern ein Fischzug gelingen würde.

Schließlich half er noch mit Staub und Ruß ein wenig nach, um seinem Gesicht und den Händen die verräterische Blässe zu nehmen. Hosen, die unten ausgefranst waren und oben mit einem Strick zusammengehalten wurden, ein zerlumpter Kittel, ein tief über die Stirn herabgezogener, alter, zerdrückter Hut, ein um den Hals geschlungenes Taschentuch, das vor Jahren einmal rot gewesen sein mochte, das war seine Ausrüstung, als die Nacht des großen Tages endlich angebrochen war.

Mick hatte ein Haus im Auge, das er auf dem ganzen Hinweg nicht genug rühmen konnte. »Sie werden sehen, daß dort nur bessergestellte Leute verkehren«, schwatzte er drauflos, während er neben Barnardo dahintrabte, der sich in seiner Verkleidung nicht recht behaglich fühlte und hinsichtlich des geplanten Unternehmens mehr und mehr von Bedenken geplagt wurde.

»Wenn Sie bereit sind, vier Pence zu bezahlen, können Sie lilienweiße Leintücher bekommen, wirklich und wahrhaftig, in der besten Klasse werden Sie sich nicht zu beklagen haben.«

Barnardo hörte ihm zu, war jedoch nicht restlos überzeugt.

Endlich standen sie vor dem vielgerühmten Etablissement. Ganz so königlich sah die Fassade nun nicht gerade aus, aber immerhin. Es war ein ziemlich großes

Backsteingebäude mit mehreren Stockwerken. Über der Haustür prangte eine Tafel »Betten für Männer 4 Pence«.

Barnardo nahm den Zwicker von der Nase und verbarg ihn sorgfältig in der Innentasche seines Kittels. Dann zog er den um den Leib geschlungenen Strick an, tat einen heimlichen Seufzer und folgte seinem unerschrockenen Führer, der hier tatsächlich bestens bekannt zu sein schien.

Als der Patron ihn erblickte, streckte er die Arme aus: »Guten Abend, mein Lieber, wo stecktest du denn die ganze Zeit? Du hast dich lange nicht mehr sehen lassen. Aber natürlich, du hieltest dich wohl in deinem Landhaus auf, das überrascht mich nicht weiter.«

»Klar«, ging Mick ernsthaft auf diesen Ton ein. »Aber so gut wie hier hat es mir doch nicht gefallen.«

Mit unverhohlenem Mißtrauen musterte der Wirt nun den Studenten, den er ja noch nie gesehen hatte. »Und einen Freund hast du dir auch angeschafft? Wollen die Herren so freundlich sein? Die Betten 17 und 18, die komfortabelsten, die man in London findet. In einem von ihnen pflegt Gladstone zu schlafen, wenn er sich mal etwas Besonderes leisten will!«

Sie wurden ins zweite Stockwerk hinaufgeführt, Barnardo und Mick bezahlten je vier Pennies, worauf der Patron sich zurückzog und die beiden ihrem weiteren Schicksal überließ.

Sobald sie allein waren, holte Barnardo den Zwicker hervor, um sich aufmerksam in der neuen Umgebung umzusehen. Mit der vielgerühmten Sauberkeit war es nicht weit her, der Raum war muffig, und es stank nach Rauch, Schmutz und Schweiß. Im schwachen

Schein der Gaslampen waren vierunddreißig Betten wahrzunehmen, von denen bereits die meisten durch Knaben im Alter von zehn bis siebzehn Jahren besetzt waren. Es schien hier üblich zu sein, sich vor dem Sprung ins Bett auch des allerletzten Kleidungsstückes zu entledigen, überall waren nackte Arme zu sehen, und wenn einer das Leintuch zurückschlug, kam sein nackter Körper zum Vorschein.

Barnardos Überraschung wurde noch größer, als er nirgends neben den Betten irgendwelche Kleidungsstücke entdecken konnte.

Mick, der sich in seiner Führerrolle wichtig genug vorkam, klärte ihn lächelnd auf. »Das ist doch ganz einfach. Wir sind es gewohnt, die Schuhe mit ins Bett zu nehmen und die Kleider zusammengerollt unter das Kopfkissen zu stecken, damit man uns, während wir schlafen, nicht so leicht bestehlen kann.«

Und das Lilienweiß der Bettücher! Es war in Wirklichkeit ein gelbliches Grau mit blutigen Tupfen und schmierigen Strichen, die wohl als Spuren nächtlicher Kämpfe gedeutet werden mußten, die von früheren Schläfern mit allerhand Ungeziefer geführt worden waren. Während Barnardo nur zögernd Stück um Stück seiner Bekleidung auf das Bett legte, ließ Mick ohne die geringsten Hemmungen die letzten Hüllen fallen.

»Mit dem Hemd machen wir es so«, erklärte er stolz, indem er es vorerst wie eine Fahne um den Kopf schwang, um es nachher auf dem Bett zusammenzurollen, »das wird nun unter die Matratze gestopft, wo es am sichersten geschützt ist vor den kleinen Dingsda. Jeder, der sich in Logierhäusern auskennt, trifft diese Vorsichtsmaßnahme. Und nun, zu Bett!«

Er schwang sich hinein und kuschelte sich behaglich in die Tücher. »Nun, wie gefällt es Ihnen? Habe ich Ihnen zu viel versprochen?«

Trotz dieses Zuspruchs konnte sich Barnardo nicht entschließen, dem Beispiel Micks und der andern Burschen zu folgen. Kittel, Hose und Schuhe zog er aus, ließ es dann aber dabei bewenden, nahm alle Kraft zusammen, schloß die Augen und tat den unvermeidlichen Schritt.

Der Geruch, der den Leintüchern und dem Kopfkissen entströmte, war niederschmetternd, doch biß Barnardo auf die Lippen, entschlossen, das nun einmal angetretene Abenteuer auch durchzustehen. Und da es inzwischen spät geworden war, schlief er in der betäubend schweren, von Rauch und menschlicher Ausdünstung geschwängerten Luft bald ein.

Wie lange er geschlafen hatte, wußte er nicht. Ein fürchterlicher Traum war es, der ihn aufwachen ließ. Er hatte geträumt, er sei von seinen Zimmergenossen als Spion denunziert und von ihnen am ganzen Körper mit Stecknadeln zerstochen und nachher noch mit Pfeffer eingerieben worden. Er hatte sie angefleht, von ihrer grausamen Quälerei zu lassen, er hatte sich gewehrt und wie ein Rasender um sich geschlagen, doch war alles umsonst gewesen. Schließlich waren die entsetzlichen Nadelstiche seinem Gesicht immer näher gekommen, der Pfeffer war ihm, brennend wie höllisches Feuer, in Augen und Nase gedrungen, so daß er geglaubt hatte, vor rasendem Schmerz wahnsinnig zu werden. Indem er versucht hatte, einem seiner Peiniger einen Fußtritt zu versetzen, war er aus dem Bett gerollt und aufgewacht.

Er fand sich sofort zurecht, kroch ins Bett zurück

und erkannte mit Grauen, daß die in seinem Traum ausgestandenen Schrecken keineswegs Gebilde seiner überreizten Phantasie gewesen, sondern eine sehr reale Ursache gehabt hatten. Noch immer brannte die Gaslampe mit heruntergeschraubter Flamme, doch genügte ihr schwacher Schein, um Barnardo erkennen zu lassen, daß seine Arme, die ihn ganz entsetzlich brannten, über und über mit Stichen und Anschwellungen bedeckt waren. Und nun sah er auch, daß es auf den Leintüchern von Ungeziefer wimmelte, daß die Insekten offensichtlich in diesem Augenblick den Generalangriff auf ihn ausgelöst hatten.

Er rief nach Mick, doch der hörte ihn nicht.

Da sprang Barnardo aus dem Bett, stürzte zur Lampe, riß an der Kette und ließ das Licht voll aufflammen. Und nun gewahrte er, daß die Farbe des Fußbodens, der Wände und der Decke sich verändert hatte, daß alles dicht mit Insekten bedeckt war.

Barnardo hätte aufheulen mögen vor Entsetzen und Schmerz. Er hatte schon zuviel gesehen, um sich leicht aus der Fassung bringen zu lassen, hier aber drehte sich ihm vor Ekel der Magen um. Er packte Mick an den Schultern, schüttelte ihn und schrie: »Vorwärts, steh auf, so steh doch endlich auf, sofort, hörst du denn nicht? Ich muß hier sofort heraus, wenn ich nicht verrückt werden soll.«

Mick war kaum wach zu kriegen. Als er endlich doch begriff, worum es ging, versuchte er, Barnardo zu beschwichtigen. »Aber da ist doch nichts dabei! Bei mir war es noch viel schlimmer, ich hatte mindestens doppelt so viele Wanzen im Bett.« — »Darüber wollen wir uns jetzt nicht unterhalten, steh auf und zieh dich an. Hier halte ich es nicht länger aus.«

Vom Lärm waren auch verschiedene der andern Schläfer aufgewacht. »Ruhe, macht doch nicht solchen Radau! Licht aus und in die Klappe!«

Barnardo ließ sich nicht beirren und schlug Micks Decke zurück. Brummend zog der Junge Kleider und Schuhe aus dem Bett. »Da, schauen Sie mein Hemd, keine einzige Wanze darin. Ich habe es ja gesagt, es ist eine bewährte Methode.«

»Schwatz nicht und komm!« Barnardo schlang den Strick um den Leib. Als auch Mick fertig war, stiegen sie die Treppe hinunter. Die Haustüre war versperrt, so daß sie den Patron herausklopfen mußten.

Der zeigte sich wenig erbaut über die Störung und überschüttete die beiden mit Vorwürfen.

»Ersparen Sie sich Ihre Aufregung, Sie ändern an unserem Entschluß doch nichts.«

»Aber warum in Dreiteufels Namen —«

»Mein Gefährte ist plötzlich krank geworden und kann unmöglich länger hier bleiben. Oder wäre es Ihnen angenehm, einen Kranken im Hause zu haben? Na also. Und schließlich haben wir ja bezahlt.«

Fluchend schloß der Wirt die Tür auf und ließ sie ziehen.

In gierigen Zügen sog Barnardo die frische Nachtluft ein. Die Straße, in der sie sich befanden, war schmal und schmutzig; aber sie schien ihm, verglichen mit dem Logierhaus, dem sie entronnen waren, ein Paradies zu sein. »Einmal und nie wieder«, beteuerte er.

Mick hatte kein Verständnis für Barnardos Zorn und Abscheu. »War es denn so schlimm? Das sind doch ganz intelligente Tierchen, die schließlich auch gelebt haben müssen. Im Ernst, ich habe einmal einigen Wanzen zugeschaut, wie sie an der Mauer zur Decke emporkrochen, um sich von dort auf das Bett niederfallen zu lassen. Und warum? Weil ihnen die eiserne Bettstelle zu glatt gewesen war, um daran hinaufzuklettern. Sie müssen doch zugeben, daß ihnen das nicht in den Sinn gekommen wäre, wenn sie nicht Grütze in ihrem kleinen Hirn hätten.«

»Meinetwegen. Ah, diese herrliche Luft nach all dem Gestank und Schweißgeruch.« Und er schüttelte sich noch einmal in Gedanken an das Erlebte.

Trotz der frühen Morgenstunde ließ sich Barnardo sogleich nach ihrer Ankunft am Stepney Causeway ein heißes Bad richten. Er erschrak, als er sich im Spiegel betrachtete, und war überzeugt, daß keiner seiner Freunde ihn in diesem Zustand erkannt hätte. Aufgedunsen, geschwollen, fahl und mit roten Pickeln übersät, erinnerte sein Gesicht an dasjenige eines Berufsboxers nach erfolgter Niederlage. Drei Wochen dauerte es, bis die letzten Spuren dieser Schreckensnacht getilgt waren.

Der Mann mit der Laterne

Die Erinnerung an die Nacht, die er in Begleitung Mick Farrels im Logierhaus verbracht hatte, erfüllte ihn auch in späteren Jahren noch mit Grauen, und der Gedanke, daß es in den meisten Häusern noch weit schlimmer war und vielerorts zum Schmutz noch die Lasterhaftigkeit der oft auf engstem Raum zusammengepferchten Schlafgäste kam, bereitete ihm eine seelische Qual, die ihn in die Träume hinein verfolgte. Mit noch vermehrtem Eifer bemühte er sich, in all das verborgene Elend und in die grenzenlose Not der Verkommenden und schon Verkommenen einzudringen, um wenigstens da und dort mit einem Lichtstrahl das Dunkel zu erhellen und in den dumpfen Herzen ein Verlangen nach Erlösung zu wecken. In aller Arbeit, die er zu bewältigen hatte, nahm er sich immer wieder Zeit zu seinen nächtlichen Streifzügen, die ihm nie eine Pflicht, sondern stets ein Bedürfnis waren.

Um Mitternacht pflegte er aufzubrechen, manchmal in Begleitung eines Helfers, meist jedoch allein, eingehüllt in einen alten Mantel und einen zerbeulten Filz auf dem Kopf, in der Hand eine Laterne, um die Gassen der schmutzigsten Viertel zu durchwandern und selbst in jene berüchtigten Sackgäßchen einzudringen, an deren Einmündung ein Polizist zu stehen und vor dem Betreten dieser verrufensten Winkel zu warnen pflegte.

Mit der Zeit lernten sie Barnardo kennen, sie wußten, was ihn hertrieb, und folgten ihm manchmal nach, um ihn im Auge zu behalten und ihm beistehen zu können, wenn er, was immer wieder vorkam, der Hilfe bedurfte.

Mit einem Glaubenseifer sondergleichen betrat Barnardo die Wohnküchen im Erdgeschoß der Logierhäuser, wo Diebe, Säufer und Huren beisammenhockten. Auf die Gefahr hin, mit Speiseabfällen, faulen Früchten und Eiern beworfen, mit Spülwasser begossen oder gar verprügelt zu werden, begann er von Christus und dessen Erlösungstod zu sprechen, und immer wieder durfte er erfahren, wie da ein Gröler und Spötter verstummte, sich beugte und das Wort Gottes annahm.

Aber seine bevorzugtesten Jagdgründe waren doch die Verstecke jener selbst von diesen Stätten des Lasters Ausgeschlossenen, die im Freien, unter dem Verkaufsstand eines Händlers, unter Kisten und Wagendecken, nächtigen mußten. So wurde er der Mann mit der Laterne genannt.

Eines Nachts drang er in ein stockfinsteres, blindes Gäßchen vor, das an Schutthaufen vorüber zwischen Eselställe und Wagenschuppen hineinführte. Es war in einer der schrecklichsten Gegenden Londons. Ein freundlicher Polizist machte ihn darauf aufmerksam, daß hier ein Gesindel hause, das vor nichts zurückschrecke. Ein feiner Regen rieselte vom Himmel. Vorsichtig schritt Barnardo um die Schutthaufen herum, als er plötzlich ein leises Flüstern hörte und dann die rufende Stimme eines kleinen Mädchens vernahm: »Mutter, komm näher, lieg näher zu mir, Mutter!«

Und das Licht seiner Laterne fiel auf ein winziges, bleiches Gesichtchen und auf ein dünnes, unbedecktes Körperchen. Das klägliche Schreien des Kindes schien ihm eine Stimme vom Himmel zu sein, die ihn bat, sich dieses verlassenen, auf einem Müllhaufen ausgesetzten Geschöpfchens anzunehmen.

Ein andermal, als er zwischen Mitternacht und ein Uhr früh in der Gegend von Bethnal Green die Küche eines Logierhauses betrat, wurde sein Blick sofort von einem furchtbar verwahrlosten weiblichen Wesen gefangen genommen. Eisgraue Haarsträhnen umstanden ihr Gesicht, aus dem ihn zwei blöde Augen anstarrten. Auch die übrigen Kostgänger, die um den Herd herumsaßen, sahen sich nach dem Eintretenden um. »Ja, schauen Sie nur her, das ist die Olle Magg, ja, diese hier«, so riefen ein paar Stimmen durcheinander. »Wer weiß, was aus dem armseligen Wurm geworden wäre, hätte sich die Olle Magg seiner nicht angenommen.«

»Haltet gefälligst eure Fressen«, brach es mit tiefer, scheppernder Stimme aus der Alten hervor.

Nun erst gewahrte Barnardo abseits von den andern ein zerbrechlich zartes Kind, das auf einem Hocker saß und dessen Blick mit sonderbar abwesendem Ausdruck auf das Feuer gerichtet war. Es war ein Mädchen, dessen mageres Körperchen man nur mit ein paar umgehängten Fetzen notdürftig bedeckt hatte. In dem von dunklem Haar umrahmten Gesicht hatten die glänzenden Augen eine fast unnatürliche Größe. Niemand wußte, wer das Kind war und wo es herkam. Keiner hatte eine Ahnung, ob es überhaupt noch Angehörige besaß. Vor einiger Zeit war die Kleine einer Frau entwichen, die sie mit sich herumgeschleppt hatte und möglicherweise ihre Mutter gewesen war. Ohne diese verkommenen Gestalten, zu denen das Mädchen Zuflucht genommen, wäre es längst verhungert. Der Kopf eines getrockneten Herings, den ihm einer ins Mäulchen gestopft, die Brotbissen, die ihm die Olle Magg zugeschoben, und der kalte Tee, den ihm eine andere Frau zu trinken gegeben, hatten das armselige Leben erhalten.

Der Verwalter des Logierhauses hatte es erst auf die Straße werfen wollen, doch hatte die Olle Magg für das Mädchen gekämpft und es unter ihre Obhut genommen, so daß es schließlich auch ohne Bezahlung eines Schlafgeldes im Logierhaus geduldet worden war. »Auf meine Gefahr«, hatte der Verwalter geknurrt, »denn wenn die Geschichte auskommt, läßt mich der Besitzer des Hauses fliegen.«

Und dennoch witterte die Olle Magg in Barnardo einen willkommenen Helfer. »Nehmen Sie den Balg mit, bei Ihnen wird die Kleine sicherer aufgehoben sein als hier unter all diesen verfluchten Schweinen.«

»Oho, wir müssen dir wohl das Loch stopfen, du Luder!«

»Schweig still!« herrschte die Alte die andern an und humpelte auf das Mädchen zu. Mit einer liebevollen Gebärde, die man ihr nie zugetraut hätte, nahm sie die Kleine auf und führte sie zu Barnardo hin. »Da, nehmen Sie sie mit, sie ist ein kleiner Engel.«

Die Not und die Entbehrungen, denen diese kleinen Geschöpfe der Finsternis schuld- und machtlos ausgeliefert waren, bedrückten Barnardos Herz schwer.

»Man könnte rasend werden«, äußerte er sich Frau Betsey gegenüber, als er ihr die Kleine zu vorübergehender Betreuung übergab, da sein Heim vorderhand nur zur Aufnahme von Knaben eingerichtet war, »man könnte rasend werden bei dem Gedanken, daß Tausende von unglücklichen Knaben und Mädchen in solchen Höhlen ihr Leben beginnen und aufwachsen müssen, preisgegeben allen, die Seele und den Leib schädigenden Einflüssen, daß nichts sie davor bewahrt, ihre Unschuld in solch widerwärtigem Schmutz unweigerlich zu verlieren. Nichts ist in unserem angesehenen Land so Mitleid erregend, so zum Himmel schreiend wie die Not der hier obdachlos herumstreunenden Kinder.«

Aufgeregt, die Hände auf dem Rücken, schritt er im Zimmer auf und ab, um sich dann plötzlich noch einmal vor Frau Betsey aufzustellen: »Und es gibt keine Arbeit auf Gottes Erde, die jener gleichkäme, die der Errettung armer Knaben und Mädchen aus den Versuchungen der Straße und den Gefahren völliger Verlassenheit dient. Hätte ich tausend Leben und könnte ich sie alle zu leben beginnen mit den Erfahrungen, die ich bis heute gesammelt habe, ich würde sie alle bedenkenlos dieser einen Aufgabe weihen, die Kinder der Straße um mich zu sammeln und sie im Glauben und im Gebet unserem Herrn Jesus Christus zuzuführen.«

Die Tafel, die Barnardo über der Tür seines Heims hatte anbringen lassen und die, des Nachts beleuchtet, jedes Kind einlud, einzutreten, gab eines Tages auch dem kleinen Irländer Pat den Mut, um Aufnahme nachzusuchen.

Nun war es natürlich nicht so, daß jeder unbesehen

eintreten konnte, um sich da einkleiden und, so lange es ihm behagte, verköstigen zu lassen. Von allem Anfang an hielt Barnardo darauf, daß jeder einzelne Fall genau geprüft und untersucht wurde, wobei allerdings der Grundsatz galt, zuerst aufzunehmen und dann erst zu untersuchen. Bis sein Fall geklärt, und zwar genauestens geklärt war, wurde jedes Kind, das durch die offene Tür trat, angenommen und betreut.

Im Falle Pats stellte sich heraus, daß die Mutter des Buben einen liederlichen Lebenswandel führte und im Bezirk der »Tiger Bay« in Ratcliffe Highway hauste, einer Gegend, die sich in jenen Tagen eines zweifelhaften Ansehens erfreute. Pat hatte zwei ältere Schwestern, die ihrer Mutter mit Erfolg an Liederlichkeit nacheiferten und sich wie sie in diesem berüchtigten Quartier niedergelassen hatten, um da ihrem lichtscheuen Gewerbe nachzugehen. Im Alter von neun Jahren hatte Pat beschlossen, aus dieser Umgebung auszurücken und sich selbständig zu machen.

Barnardo beschloß ohne Zögern, ihn endgültig aufzunehmen. Er wurde gewaschen, erhielt neue Kleider, bekam Essen und Unterricht, und er zeigte sich überaus dankbar für die ihm erwiesenen Wohltaten. Im warmen Schein der ihn umgebenden Liebe taute er auf, wurde den Heimeltern und Barnardo anhänglich, und auch sie mochten den fröhlichen und allezeit dienstbereiten Jungen gern, der sichtlich darauf brannte, sich irgendwie erkenntlich zeigen zu können. So schien alles in bester Ordnung zu sein, als Pat zu Barnardos großer Bestürzung eines Tages verschwand.

Nicht ganz spurlos. Man hatte in den frühen Morgenstunden des betreffenden Tages eine verdächtig aussehende Frauensperson ums Haus herumstreichen sehen. Mit dem Knaben waren natürlich auch die Schuhe und Kleider verschwunden, mit denen Pat ausstaffiert worden war.

Doch schon zwei Tage später glückte es einem von Barnardos Helfern, die Straße, in der sich Pat vermutlich aufhielt, ausfindig zu machen. Barnardo ließ sich genauestens unterrichten, und spät in der Nacht machte er sich mit seiner Laterne auf den Weg, um den Kleinen, wenn immer möglich, zurückzuholen.

Er begab sich in die ihm bezeichnete Gasse, untersuchte dort jeden Winkel und jedes Versteck, in dem sich ein Junge hätte verbergen können, doch waren alle seine Bemühungen umsonst, bis er — es war schon zwei Uhr früh — auf eine halbbetrunkene Frauensperson stieß und diese fragte, ob sie nichts von einem Knaben wisse, der Pat heiße, früher hier herum bei der Mutter und zwei älteren Schwestern gewohnt habe und erst kürzlich wieder zurückgekommen sei.

Die Frau sah den Studenten lauernd an. »Pat? Der kleine Pat? Vielleicht kann ich Ihnen behilflich sein. Wieviel?« und sie streckte ihm mit unmißverständlicher Gebärde die Hand entgegen.

»Geht's nicht ohne?«

»Leider nicht. Hab' heute kein Glück gehabt, keinen Penny erhalten. Will der Herr vielleicht —«

»Einen Schilling?«

»Her damit.«

Barnardo reichte ihr das Geldstück, das sie aufmerksam untersuchte. »Na also. Kommen Sie mit.« Und sie ging neben ihm her und führte ihn ganz in der Nähe in ein schmales Sträßchen. Dort spuckte sie gegen ein schmutziges Haus. »Da drin ist er.«

»In diesem Haus?«

Sie nickte und machte sich davon.

Barnardo musterte das Gebäude und stellte fest, daß durch eines der Fenster im ersten Stockwerk schwaches Licht glomm. Er trat zur Haustür und drückte auf die Klinke — die Tür war verschlossen. Was war unter diesen Umständen zu tun? Daß er allein nichts ausrichten konnte, sah er ein, und so begab er sich zum nächsten Polizeiposten, brachte den Fall vor und bat, ihm zwei Polizisten mitzugeben.

»Auch wenn wir Ihnen helfen möchten, es geht nicht, da wir keinen Haftbefehl haben. Ohne einen solchen dürfen wir nicht in das verschlossene Haus eindringen, vor allem, da Sie nicht sicher sind, daß sich der Junge wirklich darin aufhält.«

»Und wenn ich Ihnen diese Gewißheit verschaffen könnte?«

»Dann können Sie ihn anzeigen auf Grund der Schuhe und Kleider, die er Ihnen durch sein Verschwinden praktisch gestohlen hat.«

Das leuchtete ihm ein. »Gut, dann werde ich versuchen, festzustellen, ob sich Pat in diesem Augenblick tatsächlich in jenem Hause aufhält. Wenn zwei der Herren so freundlich sein möchten, mich zu begleiten —«

Dazu waren sie ohne weiteres bereit. Als sie im Sträßchen angelangt waren, bat Barnardo einen der Polizisten, das schwach erleuchtete Fenster im Auge zu behalten. Er selbst schlug mit der Faust gegen die Haustür.

Nach einer Weile wurde das Fenster, hinter dem das Licht war, in die Höhe geschoben und eine Frau streckte den Kopf heraus. »Was soll dieser verfluchte Lärm mitten in der Nacht? Hallo, wer ist da?«

»Wir suchen einen Jungen, der aus dem Boys Home in Stepney Causeway entwichen ist. Ist er hier?«

»Geh zum Teufel!« Heftig wurde das Fenster heruntergelassen und fast im gleichen Augenblick verschwand der Schimmer, der es vorher schwach erhellt hatte.

»Nun?« Die Polizisten näherten sich Barnardo. »Da ist wohl nicht viel auszurichten.«

»Ich gebe noch nicht auf. Ich glaube, diese Frau schon gesehen zu haben. Möglicherweise ist sie eine von Pats Schwestern. Vermutlich war sie einmal im Heim.«

Barnardo fand heraus, daß die Tür des anstoßenden Hauses nicht verschlossen war. Er trat ein und tastete sich durch den Gang, durch den er in einen kleinen Hinterhof gelangte, auf den auch die rückwärtige Tür des Nachbarhauses führte, in das er einzudringen versuchte. Sollte es ihm auf diesem Weg gelingen? Sein Herz schlug schneller, als er diese hintere Türe offen fand.

Sofort war sein Plan gefaßt. Er kehrte noch einmal zu den beiden Schutzleuten zurück. »Kommen Sie mit, wir können durch den Hof ins andere Haus gelangen.«

Aber die Polizisten ließen sich nicht darauf ein. »Tut uns leid, aber wir haben Ihnen schon gesagt, daß wir keinen Haftbefehl haben und somit auch keinerlei Berechtigung, das Haus zu durchsuchen.«

»Gehen Sie allein«, schlug der andere vor, »und wenn Sie irgendwie in die Klemme geraten sollten, dann rufen Sie um Hilfe und wir werden Ihnen beistehen.«

»Das will ich tun.«

Barnardo zündete seine Laterne an und gelangte durch das unverschlossene Haus in den Hinterhof. »Nun wird es sich ja zeigen«, sprach er vor sich hin, als er durch die Hintertür das andere Haus betrat.

War es nicht doch zu gewagt, was er zu unternehmen im Begriffe stand? Im schwankenden Schein der Laterne stieg er über die Treppe empor und klopfte an die Tür. Da sich auf sein wiederholtes Klopfen hin nichts regte, stieß er die Tür auf. Mit zwei Schritten stand er auch schon in der Küche. Zwei Frauengestalten hockten vor dem verglimmenden Feuer. In einer Ecke gewahrte Barnardo einen Haufen Lumpen, der als Lagerstätte diente. Hastig ging er darauf zu und riß die Decke weg. Er hatte richtig vermutet, das Licht der Laterne fiel auf den Buben, den er suchte.

Schuhe und Kleider waren nirgends zu erblicken, doch das Hemd, in dem Pat dalag, war noch dasselbe, das ihm im Heim gegeben worden war.

Doch schon stürzten sich die beiden Frauen, deren Atem Schnapsgeruch verbreitete, auf den Studenten. »Was unterstehen Sie sich? Was wollen Sie eigentlich hier? Wie kommen Sie hier herein um diese Zeit?«

Barnardo wies auf den Jungen, der aufgewacht war und sich aufgesetzt hatte. »Dieser Knabe gehört mir, komm, Pat, steh auf, du kommst mit mir zurück.«

»Hast du gehört? Er will Pat stehlen. Ein Kinderschänder! Warte, du Scheusal!« Und die beiden warfen sich auf Barnardo, packten ihn und versuchten, ihm den Buben zu entreißen, der sich mit ganzer Kraft an Barnardo anklammerte. Sie schlugen dem Studenten ins Gesicht, spien ihn an, versetzten ihm Fußtritte, heulten und fluchten und überschütteten den Eindringling mit einer Flut von Schimpfwörtern.

Barnardo erkannte sogleich, daß er verloren war, wenn er sich mit diesen beiden Rasenden in einen Kampf einließ. So entwich er denn zur Türe hin, stemmte sich mit dem Rücken dagegen, bemüht, den Jungen hinter sich in Sicherheit zu bringen. Aber schon bedrängten ihn die beiden Schwestern von neuem, und eine von ihnen schwor, ihm mit einem Feuerhaken den Schädel einzuschlagen. Wenn er keine Hilfe bekam, mußte dies Abenteuer ein schlimmes Ende nehmen. Hätte er sich nur den Polizisten bemerkbar machen können! Da gewahrte er vor sich auf dem Boden einen Schuh. Rasch bückte er sich, hob ihn auf und schleuderte ihn mit aller Macht gegen das Fenster. Der Schuh durchschlug die Scheibe und fiel auf die Straße hinunter. Barnardo hörte, wie er unten aufschlug. Und nun schrie er aus Leibeskräften um Hilfe.

Es dauerte ein paar Augenblicke, bis die Schutzleute, die mit einer solchen Wendung gerechnet hatten, heraufgestürmt kamen und die Küchentür aufrissen. Ein Blick genügte ihnen, um sie erkennen zu lassen, wie dringend Barnardo ihres Eingreifens bedurfte. Die Frauenspersonen warfen sich nun wie Bestien auf die Polizisten, völlig von Sinnen, schrien und stampften und keiften. Es war ein aufregendes Stück Arbeit, sie zu überwältigen.

»Wo sind deine Kleider?« fragte Barnardo den Jungen, nachdem er sich einigermaßen beruhigt hatte.

Pat heulte. »Sie haben sie weggenommen und verkauft.«

»Jawohl, genau so ist es zugegangen«, plärrte eines der Weiber, das mit seinem geröteten Gesicht, den herunterhängenden Haarsträhnen und den aufgerissenen Kleidern einen widerlichen Anblick bot. »Verkauft und das Geld versoffen. Ihr Scheißkerle, ihr dreimal verfluch —«

»Ruhig!« herrschte einer der Polizisten sie an. »Das nützt euch alles nichts. Ihr kommt nun für eine Weile ins Kittchen.«

»Ich kratz' dir die Augen aus dem Kopf, wenn du mich nicht augenblicklich losläßt, du Schwein! Hast du gehört?«

Aber der Schutzmann hatte sie nun völlig in seiner Gewalt. »Das werden wir ja sehen«, grinste er.

Die andere war unterdessen zusammengesackt und hatte zu heulen begonnen. »So schlagt uns doch tot, vorwärts, schlagt uns doch auf der Stelle tot!«

»Brauchen Sie mich noch?« erkundigte sich Barnardo.

»Wir werden schon fertig mit ihnen. Gehen Sie nur. Vorläufig kommen die beiden auf die Wache.«

»Vielen Dank für Ihre Hilfe. Ich wäre verloren gewesen.«

»Oh, schon gut.«

Barnardo durchwühlte Pats Lager nach irgendwie brauchbaren Lumpen. Schließlich zog er dem Buben einen Rock und eine Frauenbluse über das Hemd an. Noch immer heulten und schrien die Schwestern im Treppenhaus, dazwischen hörte man die tiefen Stimmen der Polizisten.

»Waren das wirklich deine Schwestern, Pat?«

Der Junge nickte. »Nie wäre ich von mir aus durchgebrannt, um hierher zurückzukehren. Nie, nie. Das können Sie mir glauben. Wie viel besser hatte ich es bei Ihnen! Aber die Mutter ist ins Heim gekommen und hat mir gedroht, mich umzubringen, wenn ich nicht mit ihr gehe. Ich habe mich so vor ihr gefürchtet. Sie hätte mich totgeschlagen, bestimmt hätte sie es getan. Ich mußte mit ihr gehen.«

»Wo ist sie denn jetzt, deine Mutter?«

»Das weiß der Teufel, sie war schon gestern nicht da. Als die Schwestern das Geld heimbrachten, das sie für meine Kleider erhalten hatten, da hat sie furchtbar mit ihnen gestritten, weil sie ihr nicht so viel geben wollten, wie sie verlangte. Schließlich hat sie dann doch ihren Teil bekommen und ist damit weggegangen. Sobald sie alles versoffen hat, wird sie zurückkehren. So war es immer, als ich noch daheim war.«

»Nun aber wirst du dich nicht mehr einschüchtern lassen, Pat, weder von deiner Mutter noch von den Schwestern.«

»Bestimmt nicht.«

»Du wirst jetzt immer bei mir bleiben. Verstehst du?«

»Ja, Herr.« Und in seinem sonderbaren Aufzug, der lächerlich anmutete wie eine Maskerade, trabte Pat neben Barnardo her nach dem Boys Home am Stepney Causeway.

»Furchtbar, einfach furchtbar«, entsetzte sich Lord Shaftesbury, als ihm Barnardo Pats Geschichte erzählt hatte. »Haben Sie auch schon einmal darüber nachgedacht, wieviel Elend auf das Konto des Alkohols zu buchen ist?«

»Das ist wohl möglich, obschon —«

»Ich weiß. Sie sind weder Abstinenzler noch haben Sie für die Entwöhnungsbewegung, die doch eine der wichtigsten Waffen in der Bekämpfung der sozialen Not ist, viel Sympathie. Wenigstens vorläufig.«

»Wir haben uns schon früher darüber unterhalten —«

»Und wir werden es wohl noch öfters tun, lieber Barnardo. Wer in der Rettungsarbeit steht wie Sie, tut gut, sich einmal mit diesem Volksfeind Nummer eins gründlichst auseinanderzusetzen. Wenn niemand mehr trinken würde als Sie und ich früher getrunken haben, gäbe es wohl keine Entwöhnungsbewegung. Wir müssen aber nicht an uns, sondern an die gefährdeten Brüder denken und uns um ihretwillen für eine vollständige Abstinenz einsetzen. Denn wer Wasser predigt, solange er selber noch Wein trinkt, ist ein Heuchler. Darf ich Ihnen etwas vorschlagen? Sie betreuen in ihrem Heim bereits an die vierzig Knaben, Ihrer Mission unterstehen in den verschiedenen Klassen Ihrer Zerlumptenschule ungefähr dreihundert Kinder. Untersuchen Sie einmal das Verhältnis Ihrer Zöglinge zum Alkohol, stellen Sie einmal fest, in wie vielen Fällen das Elend, aus dem Ihre Schutzbefohlenen kommen, auf Alkoholmißbrauch zurückzuführen ist.«

Barnardo tat es.

Das Ergebnis seiner mit steigendem Eifer betriebenen Nachforschungen erschütterte ihn. Fünfundachtzig Prozent der erfaßten Kinder, also mehr als vier Fünftel von ihnen, entstammten Verhältnissen, die durch Trunksucht der Eltern, der Geschwister, der Großeltern oder anderer Verwandter zerrüttet waren. Er erkannte, daß das weitverbreitete Laster der Trunksucht wie eine dunkle, drohende Wolke über all den jungen Menschen hing, deren Los es war, in den Winkeln und Gassen der großen Städte aufzuwachsen, und daß, wie Lord Shaftesbury gesagt hatte, keine Rettungsarbeit jemals Aussicht auf Erfolg haben konnte, wenn sie nicht die unauslöschliche Todfeindschaft gegen den Alkohol auf ihre Fahne schrieb. Und bei seiner Ehrlichkeit sich selber gegenüber war es für Barnardo selbstverständlich, der Abstinenzbewegung beizutreten und sich hinfort überzeugt und mit wahrer Leidenschaft für ihre Ziele einzusetzen.

Der König der Diebe

Schon mehrmals hatte sich Barnardo bemüht, in der Gegend von Drury Lane in ein Logierhaus hineinzukommen, das ganz allgemein die Diebesküche genannt wurde. Aber immer, wenn er sich dem Eingang genähert hatte, war er vom Türhüter, einem wahren Riesen, mit unmißverständlicher Gebärde aufgefordert worden, zu verschwinden und sich um seine eigenen Angelegenheiten zu kümmern, sofern ihm seine gesunden Glieder lieb seien.

Auch jetzt wieder stand der Riese mit dem Rücken gegen einen der Haustürpfosten gelehnt, und es unterlag keinem Zweifel, daß er den aufdringlichen Medizinstudenten bereits erkannt hatte. Doch seltsam, diesmal war seine Miene nicht abweisend, vielmehr befleißigte er sich eines Benehmens, das seiner bisherigen Haltung widersprach. Nun hob er gar die Hand und winkte Barnardo, näher zu treten.

»Wollen mal sehen, was er im Schilde führt«, schmunzelte Barnardo, gespannt, wie die Sache ausgehen würde. Also trat er zum Türhüter hin.

»Sie sind doch Arzt?« erkundigte sich dieser.

»Noch nicht, ich möchte es jedoch werden.«

»Also Medizinstudent? Hören Sie, die Sache ist so:

einer unserer Burschen ist krank geworden. Sehr krank. Er hat hohes Fieber und wir sind in Sorge um ihn. Würden Sie ihn nicht einmal untersuchen, Herr Doktor? Bewahren Sie uns um des Himmels willen vor der Quarantäne. Die Folgen wären nicht auszudenken?«

Aha, da hatte er auch schon die Erklärung, weshalb dieser Nußknacker plötzlich so weich geworden war. Offenbar bereitete ihm der Kranke weniger Sorge als die Möglichkeit, es mit der Polizei zu tun zu bekommen.

»Ich will mir den Jungen einmal ansehen. Führen Sie mich zu ihm.«

»Ach, Herr Doktor«, seufzte sich der Mann eine Zentnerlast vom Herzen, »ich habe immer gewußt, daß Sie ein Gentleman sind.« Und dienststeifig, stets wieder sich verneigend, komplimentierte er den Studenten über die Treppe ins erste Stockwerk hinauf. Oben öffnete er, nach kurzem Zögern und einem nochmaligen Seufzer, eine Tür. »Der Arzt kommt!«

Rasch überschaute Barnardo den Raum. Den Wänden entlang standen achtzehn Betten, die alle von Burschen besetzt waren, von denen noch keiner zwanzig Jahre alt war. Bei seinem Eintritt richteten sich fünf von ihnen neugierig auf. Der Anblick ihrer nackten Arme und Körper erinnerte den Studenten lebhaft an das nächtliche Abenteuer, das er, vor noch nicht langer Zeit, an Mick Farrels Seite hatte bestehen müssen.

»Hier, dieser ist es, Herr Doktor«, und der Türhüter wies auf das in einer Ecke stehende Bett. Der Kranke mochte etwas jünger sein als die meisten seiner Kameraden. Er war ein hübscher Kerl mit klugem Gesicht.

Barnardo schlug die Decke zurück und griff nach des Jungen Handgelenk, um den Puls zu fühlen.

»Ist es schlimm?« fragte der Türhüter ungeduldig, und die Angst flackerte in seinen Augen.

Nein, schlimm war es nicht, das erkannte Barnardo sogleich. Ein gutartiges Fieber, dem vermutlich leicht beizukommen war. Von der Notwendigkeit einer Quarantäne keine Spur.

»Nun, Herr Doktor?«

Der mußte vor der Polizei einen gewaltigen Respekt haben. »Ist es am Ende doch etwas Ansteckendes?«

»Nein, ansteckend ist es nicht, wenigstens soweit ich das heute schon beurteilen kann. Ich muß morgen unbedingt wiederkommen. Auf jeden Fall hat der Kranke im Bett zu bleiben, bis das Fieber verschwunden ist und wir die Gewißheit haben, daß keinerlei Komplikationen eintreten, wie sie in solchen Fällen leicht möglich sind.«

»Sehr gut. Selbstverständlich bleibt Tom im Bett, solange Sie es für gut halten. Dafür werde ich sorgen, und auf mich können Sie sich verlassen. Und Sie versprechen mir, morgen wieder zu kommen?«

»Jawohl, ich werde auch etwas gegen das Fieber mitbringen.« Er mußte sich zusammennehmen, um seine Freude nicht zu verraten. Ganz unerwartet bot sich ihm da die Gelegenheit, sich in der Diebesküche und unter ihren Bewohnern näher umzusehen!

Schon am Mittag des folgenden Tages begab er sich wieder nach Drury Lane, wo er bereits sehnlichst erwartet wurde. »Wie geht es unserem Kranken?« erkundigte er sich, als er vor dem Türhüter die Treppe hinaufstieg.

»Eher besser. Ich bin ja so froh, daß Sie sich um ihn kümmern!«

Barnardo gab dem Jungen ein leicht purgierendes Mittel, verordnete kalte Fußwickel und versprach, ihn am Abend noch einmal zu besuchen. Beim Hinuntergehen nahm er mit raschem Blick wahr, daß sich in der Küche einige der Burschen mit Leuten unterhielten, die bestimmt nicht in dieses Haus gehörten. Was sie sprachen, verstand er nicht, da sie sofort verstummten, als er vorbeiging. Sofort schöpfte er Verdacht, doch gab er sich den Anschein, als hätte er nichts Besonderes bemerkt. Er würde aber die Augen offen behalten.

Am Abend fiel ihm auf, daß die Burschen vermutlich vollzählig im Hause waren. Was das zu bedeuten hatte, konnte er sich vorläufig nicht erklären. Die meisten hielten sich unten in der Küche auf, doch strichen ständig ein paar im Zimmer umher, während er Tom untersuchte.

Das Mittel hatte bereits gewirkt und dem Kranken Erleichterung verschafft. Barnardo wollte andertags ein Buch mitbringen, um ihm ein wenig vorzulesen. Auf diese Weise hoffte er, des Jungen Vertrauen zu gewinnen.

Und so hielt er es. Nachdem er ein paar Worte mit Tom geplaudert, fragte er ihn, ob er gerne eine Geschichte hören möchte. O ja, dafür sei er immer zu haben.

Also setzte sich der Student an sein Bett, zog »Onkel Toms Hütte« aus der Tasche und begann zu lesen: »Ein rauher Februartag neigte sich bereits dem Abend zu, als in der Stadt P. in Kentucky zwei Männer in einem hübsch möblierten Zimmer beim Weine saßen.

Sie waren völlig allein, hatten ihre Stühle aneinandergerückt und schienen sich mit großem Eifer über irgend einen Gegenstand zu besprechen.«

Vermutlich hatte einer der herumschleichenden Burschen seinen Kameraden gemeldet, der Doktor lese dem Kranken vor, denn zu Barnardos freudiger Überraschung drängten sie sich nun, einer hinter dem andern und auf den Fußspitzen, um nicht zu stören, ins Zimmer. »Dürfen wir?« flüsterten sie.

Und als ihnen Barnardo zustimmend zunickte, ließen sie sich, wohl zwanzig an der Zahl, auf den Betten nieder und lauschten mit angehaltenem Atem der Geschichte.

So las Barnardo länger vor, als er sich vorgenommen hatte. Schließlich aber klappte er das Buch zu und machte sich noch einmal mit dem Kranken zu schaffen. Nachdem er ihn gewaschen und den Wickel erneuert hatte, wollte er gehen. Aber da baten ihn die Burschen, doch zu bleiben und noch weiter zu lesen. Er entsprach ihrem Wunsch, überrascht, mit welcher Aufmerksamkeit ihm alle zuhörten. Und als er dann schließlich doch abbrach und sich verabschiedete, da spürte er, daß der Anfang gemacht war, ihr Vertrauen zu gewinnen.

Tag für Tag begab er sich in die Diebesküche, oft ging er im Tag sogar zweimal hin, und jedesmal wurde er nicht nur von den Burschen, sondern auch vom Türhüter freudig begrüßt.

Eines Abends, als er später denn üblich ins Logierhaus kam, gewahrte er in der Küche einen Burschen, dem er bisher noch nie begegnet war. Dieses feingeschnittene Gesicht, die kräftig gebaute Gestalt und die feingliedrigen Hände hätten sich ihm bestimmt eingeprägt. Unwillkürlich verzögerte Barnardo während ein paar Herzschlägen den Schritt. Der lebhafte Blick und das stolze Lächeln, das um den schön geschnittenen Mund des vielleicht siebzehnjährigen Jungen spielte, mußten in dieser Umgebung überraschen. Wer war der Junge, was tat er hier, weshalb hatte er ihn bisher nie zu Gesicht bekommen?

Der Bursche, damit beschäftigt, über dem Feuer einen Hering zu braten, warf dem Studenten wohl einen raschen Blick zu, ließ sich jedoch in seiner Beschäftigung nicht stören. Schon erschienen ein paar Burschen, die offenbar Barnardos Kommen durchs Fenster beobachtet hatten: »Da sind Sie endlich, Herr Doktor. Wir dachten schon, Sie würden uns heute im Stich lassen.«

»Wie geht es Tom?«

»Er ist wie wir mächtig auf den Fortgang der Geschichte gespannt. Kommen Sie!«

Und in ihrer Gesellschaft betrat Barnardo den Schlafraum, wo die übrigen längst versammelt waren und auf ihn warteten. Nachdem er den Patienten untersucht und gute Fortschritte festgestellt hatte, setzte er sich hin, um mit dem Vorlesen zu beginnen. Doch war er mit seinen Gedanken immer noch in der Küche. »Wer ist der Junge, der sich unten sein Abendbrot zubereitet?« fragte er unvermittelt.

»Ach so, er meint wohl Punch«, rief einer.

»Ja, ja, das ist Punch«, bestätigten die andern.

Doch dieser Name sagte Barnardo nicht viel. »Punch? Wer ist Punch?«

»Der ist doch unser Anführer. Jawohl. In ganz London gibt es keinen Jungen, der sein Handwerk so gut versteht wie Punch.«

»So ist es.«

»Er stiehlt so viel wie zwölf andere zusammen. Und noch nie hat er sich erwischen lassen. Das ist wohl allerhand.«

»Ach so, solcher Art also ist euer Gewerbe? Nun verstehe ich auch, weshalb man das Haus die Diebesküche nennt.«

»Nun werden Sie wohl gehen und uns verpetzen?«

»Nein, das werde ich nicht tun, obwohl es mich gar nicht freut, es mit Dieben zu tun zu haben.«

»Wieso? Wir arbeiten doch auch!« sagte einer verwundert.

»Und was tut ihr denn mit dem gestohlenen Gut?«

»Verkaufen. Davon leben wir doch.«

Das also war das Geheimnis: um Diebesgut zu kaufen, kamen die Leute ins Haus. »Und wer ist es, der euch alles abnimmt?«

»Wir haben so unsere Beziehungen«, grinste einer. »Das wandert alles auf Umwegen in die Trödlerläden. Oh, die Nachfrage ist groß, denn wir geben die Ware zum siebenten oder zehnten Teil des Wertes weiter.«

»Aber nun wollen wir endlich die Geschichte weiter hören, schwatzt jetzt nicht länger«, begehrte Tom auf.

»Er hat recht, lesen Sie endlich, Herr Doktor.«

Und Barnardo las, wenn er auch diesmal nicht recht bei der Sache war. Das Bewußtsein, daß all diese Burschen, die sich ihm gegenüber so anständig benahmen, Diebe waren, schmerzte ihn. Er wollte alles versuchen, um sie auf andere Wege zu bringen.

Nicht lange, und die Tür wurde geöffnet.

Punch kam herein.

Ehrerbietig machten ihm die Kameraden auf ihren

Betten Platz. Barnardo nickte ihm aufmunternd zu und stellte mit Genugtuung fest, daß auch Punch sofort ganz Auge und Ohr war und sich kein Wort entgehen ließ.

Auch an den folgenden Abenden war er immer dabei und folgte der Geschichte mit größtem Interesse. Als Barnardo Beecher-Stowes Buch über das Negerleben in den Sklavenstaaten Nordamerikas zu Ende gelesen hatte, baten ihn die Burschen, ihnen noch eine andere Geschichte vorzulesen.

»Wenn ich doch auch lesen könnte«, meinte Tom und seine Augen leuchteten.

»Kann es keiner von euch?« fragte Barnardo.

Da war tatsächlich nicht einer, der lesen oder schreiben konnte. Nicht einmal Punch, der »König der Diebe«!

»Ihr könntet es lernen. Ihr müßtet nur in eine meiner Abendschulen am Hoffnungsplatz kommen. Und wenn einer unter euch gewillt ist, das Stehlen zu lassen und ein ehrlicher Kerl zu werden, der sich auf anständige Weise durchs Leben bringt, dann nehme ich ihn in mein Heim auf. Habt ihr das Haus am Stepney Causeway noch nie gesehen, an dem groß angeschrieben steht – aber eben, ihr könnt ja nicht lesen. Schade!« Vielleicht würden auch hier vom ausgestreuten Samen ein paar Körnlein aufgehen. Er mußte nur Geduld haben. Erzwingen ließ sich das nicht.

Da Tom noch immer nicht ganz hergestellt war, setzte Barnardo seine Besuche in der Diebesküche fort und las seinen willigen Zuhörern Bunyans »Pilgerreise« vor, die auf sie einen noch tieferen Eindruck ausübte als »Onkel Toms Hütte«. Nach vierzehn

Tagen war Tom gesund und damit Barnardos Aufgabe als Arzt zu Ende. Noch nicht aber seine Mission unter diesem jugendlichen Diebsgesindel. Als er den Burschen eröffnet hatte, daß er nun nicht mehr kommen werde, und er sich von ihnen verabschiedete, da traten fünf von ihnen vor ihn hin. »Sie haben uns einmal versprochen, daß wir zu Ihnen ziehen könnten —«

»Stimmt, und es gilt noch immer.«

»Wir haben uns dazu entschlossen.«

»Ihr kennt meine Bedingung?«

Sie nickten.

»Diebe kann ich in meinem Heim keine brauchen. Wenn ihr bereit seid zu arbeiten, dann wird sich Platz für euch finden.«

»Und wir werden bestimmt lesen lernen?«

»Ganz bestimmt. Und du, Punch?« wandte sich Barnardo an den etwas abseits stehenden Jungen.

»Nein«, schüttelte der entschieden den Kopf.

»Nein?«

»Lesen möchte ich schon können. Es muß wunderbar sein, selber Geschichten aus einem Buch herauslesen zu können. Aber in Ihr Heim komme ich nicht. Da ist mir meine Freiheit lieber.«

»Wie leicht kann dich diese Freiheit schon morgen ins Gefängnis führen, Punch.«

Der Junge lachte. »Sie schätzen mein Können nicht sehr hoch ein, sonst würden Sie das nicht sagen. Mich erwischt keiner.«

»Wer weiß«, antwortete Barnardo und zwinkerte ihm zu. »Hast du das Haus am Stepney Causeway schon gesehen?«

»Hab' ich«, nickte der Junge. »Mit einer Tafel über der Haustür.«

»Jawohl. Also, wenn du dich einmal anders besinnen solltest, auch für dich steht die Tür meines Hauses jederzeit offen.«

»Freuen Sie sich nicht umsonst.«

»Das tu ich nicht. Aber ich warte auf dich.«

Und tatsächlich, eine oder zwei Wochen später erschien Punch im Boys Home. Vielleicht war es doch noch etwas anderes als das brennende Verlangen, lesen zu lernen, das ihn hergetrieben hatte.

»Punch!« rief Barnardo und bemühte sich gar nicht, seine freudige Überraschung zu verbergen.

»Ich möchte mit Ihnen reden.«

»Ich stehe dir zur Verfügung.« Und er führte den Jungen in sein kleines Arbeitszimmer, das er seit einiger Zeit im Hause eingerichtet hatte. Sogar ein Bett hatte er darin aufstellen lassen, um notfalls, wenn es zu spät geworden war, hier im Heim schlafen zu können. Zuerst wollte Punch von jedem seiner Kameraden wissen, wie es ihm gefalle, ob noch keiner es bereue, die Diebesküche auf dem Weg zur Tugend verlassen zu haben.

»Ich glaube, daß sie bei mir glücklicher sind, als sie es in Drury Lane waren. Aber selbstverständlich sollst du nachher selber mit ihnen reden. Und nicht in meiner Gegenwart.«

Hierauf ließ sich Punch bis in alle Einzelheiten einen Tageslauf im Heim schildern. Er habe gehört, daß es da nicht viel anders zugehe als in einem Zuchthaus.

»Da bringst du mich nun tatsächlich in Verlegenheit. Da ich noch nie in einem Zuchthaus war, weiß ich nicht, wo es ein Junge besser hat, ob dort oder hier. Ich habe zwar noch nie gehört, daß in einem

Zuchthaus wie bei uns gesungen, Cricket und Fußball gespielt wird.«

»Fußball?«

»Ei freilich, da, schau nur durchs Fenster.« Und er winkte Punch zu sich ans Fenster heran, von dem aus der hinter dem Haus gelegene Spielplatz zu überblicken war, auf dem die Jungen lachend und lärmend herumtollten.

»Und mit dem Lesen?«

»Einem so gescheiten Jungen wie dir würde das Lesen keinerlei Schwierigkeiten bereiten.«

»Ja, lesen, das möchte ich schon können.«

Schließlich kamen sie überein, daß Punch vorläufig für ein Jahr ins Knabenheim eintreten sollte. »Wenn du bis dahin nicht lesen gelernt hast, oder wenn dir irgend etwas bei uns nicht gefällt, wenn du dich nicht wohlfühlst, dann kannst du ohne weiteres wieder gehen. Abgemacht?«

Nur zögernd legte Punch die Hand in die Rechte, die ihm Barnardo entgegenstreckte. So hielt denn der König der Diebe seinen Einzug am Stepney Causeway.

Und Barnardo nahm sich seiner in besonderer Weise an. Mit Vorliebe beschäftigte er ihn in seinem Arbeitszimmer, und die kleinen Handreichungen, die er von Punch verlangte, erledigte dieser eifrig und mit großer Gewissenhaftigkeit. Im Umgang mit ihm erfuhr er auch seine Lebensgeschichte, die nicht weniger traurig war als die der meisten von Barnardos Schützlingen.

Punch hatte weder Vater noch Mutter je gekannt. Die frühesten Eindrücke, die in ihm haften geblieben, waren die Mißhandlungen, denen er in einem Armenhause ausgesetzt gewesen war. Ein wahres Scheusal von einem Wärter hatte ihm dort das Leben zur Hölle gemacht. Schließlich, im Alter von neun Jahren, war es ihm geglückt, auszureißen. Nun hatte er versuchen müssen, sich selber durchzuschlagen. Wie Tausende seiner Schicksalsgenossen hatte er es als Streichholzverkäufer versucht. Doch hatte dabei so wenig herausgeschaut, daß er täglich nicht mehr als einmal hatte essen können. Geld zum Übernachten war ihm noch seltener geblieben, so daß er fast immer draußen hatte schlafen müssen. Als es dann kälter geworden, hatte er oftmals auf das Essen verzichtet, um am Abend in einem Logierhaus unterkriechen zu können. Einmal war er mit einem etwas älteren Jungen, mit dem er das Bett teilte, ins Gespräch gekommen. Ob er ihm keine einträgliche Beschäftigung wisse, hatte Punch gefragt. Da hatte der Junge gelacht: »Ich will dir schon zeigen, wie du es anstellen mußt. Für Buben von unserer Sorte ist das Stehlen erfunden worden. Warum soll es solche geben, die reich sind, und andere, die nichts haben? Verstanden? Also. Mit diesem Geschäft kannst du, wenn du Glück hast, im Handumdrehen zu ein paar Schillingen gelangen, während mit Streichhölzern höchstens ein paar Pennies zu verdienen sind. Das ist nichts.«

So erzählte Punch. »Und dann hat mich Fred in seine Schule genommen. Ich habe mir alle Mühe gegeben und glaube, daß er sich meiner nicht hat schämen müssen. Bald war ich so weit, daß er mich mitnehmen und arbeiten lassen konnte. In den ersten Wochen blieben wir beisammen, und ich habe ihm alles abgegeben, was ich da im Gedränge mit raschem Griff aus fremder Leute Taschen und Beutel in meinen Besitz brachte. Dafür hat Fred für Essen und

Unterkunft gesorgt. Ich hatte es nicht schlecht, schließlich aber rechnete ich aus, daß ich weiter kommen würde, wenn ich mich selbständig machte. Und so war es auch. In den drei Jahren, die seither vergangen sind, bin ich nie, nicht ein einzigesmal, erwischt worden.« Stolz flammte in seinen Augen. »Nicht umsonst nennen mich meine Kameraden den ‚König der Diebe'.«

»Und es ist dir nie eingefallen, wie schlecht das war, was du tatest?«

»Schlecht? Wieso schlecht? Wäre ich reich gewesen, dann hätte ich nicht gestohlen. Und schließlich verdiene ich alles mit Geschicklichkeit. Das kann nicht jeder.« Punch sah die Verwerflichkeit seiner Handlungsweise gar nicht ein. Für ihn war das Stehlen nicht nur Mittel zum Zweck, sondern gleichzeitig erregendes Spiel.

»So sollst du nicht reden, Punch. Unter anständigen Menschen ist es keine Auszeichnung, ‚der König der Diebe' genannt zu werden.«

Punch verstummte, doch spielte ein sonderbares Lächeln um seinen Mund, als er sich nun auf Barnardos Geheiß anschickte, die Briefe und Bücher, mit denen der Schreibtisch überhäuft war, ein wenig zu ordnen.

Barnardo ließ ihn gewähren und vertiefte sich in eine Arbeit. Nach vielleicht einer Viertelstunde trat Punch vor Barnardo hin und fragte, wie spät es wohl sei.

Barnardo griff in die Westentasche, schrak zusammen, blickte suchend umher: die Uhr war verschwunden. Er hatte sie doch nicht herausgenommen! Auch die Kette war nicht mehr da. Aber das war doch nicht möglich! Verständnislos schaute er den grinsenden Jungen an.

»Und Ihr Taschenkalender, Ihr Taschenmesser und Ihr Taschentuch?«

»Punch!«

»Bitte schön!« Und wie ein Taschenspieler hob er ein Löschblatt auf, das auf einem Tischchen beim Fenster gelegen hatte, und darunter kamen Uhr, Kette, Kalender, Messer und Taschentuch zum Vorschein.

Barnardo war sprachlos. Nichts, rein nichts hatte er gemerkt.

»So muß es einer können, wenn er es zum ‚König der Diebe' bringen will.« Punch strahlte vor Glück über des Studenten verblüfftes Gesicht.

Es war nicht zu bestreiten, diesmal hatte Punch seinen Triumph. Den mußte ihm Barnardo lassen. Was Barnardo am meisten plagte, war das, daß der Junge einfach nicht einsah, warum das Gewerbe, in dem er es zu wahrer Meisterschaft gebracht hatte, verabscheuungswürdig sein sollte, daß Punch Moralbegriffen verständnislos gegenüberstand. Wie sollte er Böses überwinden können, da er dieses Böse gar nicht als böse erkannte?

Barnardo überlegte, wie er der Amoralität des Burschen auf andere Weise beikommen könnte. Und schon hatte er seinen Plan. Es war ihm nicht entgangen, daß sich Punch in letzter Zeit in besonderem Maße um die Freundschaft eines andern Zöglings bemühte. James war ein auffallend stiller Junge, der es mit seinem scheuen Wesen nicht leicht hatte, mit seinen Kameraden in Kontakt zu kommen. Beim Spielen hielt er sich stets abseits, da er wußte, daß er den andern nicht gewachsen war. Da hatte Punch sich seiner angenommen, und ganz bestimmt erblickte James in ihm einen Beschützer, dem er aus Dankbarkeit und ganz unverhohlen seine ganze Liebe und Verehrung entgegenbrachte.

Barnardo hatte die beiden verschiedentlich beobachtet und mit Verwunderung festgestellt, wie ganz anders Punch wurde, sobald er mit James zusammen war, wie sehr er sich bemühte, daß die hohe Meinung, die James von ihm hatte, durch nichts erschüttert wurde. »Nun, Punch, glaubst du nicht, daß James enttäuscht wäre, wenn er vernähme, daß du ein Dieb bist?« stellte Barnardo den Burschen.

Es war deutlich zu sehen, wie Punch zusammenzuckte. »Glauben Sie wirklich?«

»Ich bin überzeugt, daß er nichts mehr mit dir zu tun haben möchte. James gibt sich alle Mühe, ein anständiger Kerl zu sein.« Und mit Genugtuung stellte er fest, daß diese Bemerkung auf Punch sichtlich Eindruck machte. Wortlos, mit seinen Gedanken beschäftigt, verrichtete der Bursche seine Arbeit.

Ein paar Tage später klopfte es an die Tür von Barnardos Arbeitszimmer. Es war Punch. Mit hängenden Schultern trat er an den Schreibtisch, nur mit Mühe seine Erregung meisternd. »Ich — ich werde das Heim verlassen, auf der Stelle.«

»Nun, was ist denn geschehen? Ist dir ein Unrecht widerfahren?«

»Das kann man schon sagen. Es war nicht nett von Ihnen, was Sie da getan haben. Wirklich nicht, das hätte ich Ihnen nicht zugetraut.«

»Was ist denn los? So sprich doch! Ich verstehe dich nicht.«

»Sie haben mich bei ihm schlecht gemacht, und das, das hätte ich nicht von Ihnen gedacht.«

»Von wem und von was sprichst du eigentlich? Ich weiß mit dem besten Willen nicht, was du meinst.«

»Nun — James hat mich einen Dieb genannt.«

»Ah — hat er? Das tut mir leid. Doch von mir hat er das nicht. Du irrst dich, Punch, wenn du mich beschuldigst. Ich habe mit James kein Wort über dich gesprochen.«

Nur langsam beruhigte sich Punch. »Wer kann es ihm denn sonst gesagt haben?«

»Nun, Punch, warum regt dich das eigentlich auf? Du hast dir doch immer viel auf deine Fertigkeiten, auf deinen Ruhm als ‚König der Diebe' eingebildet. Hat also James, als er dich einen Dieb nannte, etwas anderes als die Wahrheit gesagt? Siehst du! Du bist ja bis heute stolz darauf gewesen, ein Dieb zu sein.«

Punch ließ den Kopf hängen. »Ja, das ist wahr. Aber bei James, bei ihm ist das etwas anderes. Glauben Sie, daß sich daran nichts mehr ändern läßt?«

»O doch.«

»Wirklich?«

»Immer ist uns die Möglichkeit gegeben, neu zu beginnen. Möchtest du das im Ernst?«

»Ja, das möchte ich. Ich möchte ein anständiger Kerl werden. Wie James. Helfen Sie mir dazu.«

»Nun, Punch, was in meiner Macht steht, will ich gerne tun. Vor allem aber wollen wir Gott bitten, dir ein reines Herz und einen neuen, gewissen Geist zu schenken. Denn ehe nicht das Alte überwunden ist, kann das Neue nicht begonnen werden. Verstehst du mich?«

»Ich glaube schon. Ich möchte wirklich kein Dieb

mehr sein, ich möchte hier bleiben. Bei Ihnen, bei James — und bei den andern. Bis das Jahr um ist und ich richtig lesen kann.«

»Dem steht nichts entgegen, Punch. Übrigens habe ich erst kürzlich mit Herrn Blunderstone über dich gesprochen. Er ist mit deinen Leistungen im Lesen zufrieden.«

Punch reckte sich hoch und in seinen Augen leuchtete es auf. »Oh, ist das wahr?«

»Bestimmt.«

Es waren ihrer drei

Sobald Barnardo die Tür seines Zimmers öffnete, schlug ihm ein süßer Duft entgegen. Ein Lächeln entspannte die Züge seines Gesichtes, als er auf dem Tisch den großen Fliederstrauß gewahrte. »Frau Kelley!« Schon stand die gute Alte hinter ihm, ungeduldig hatte sie in der Küche auf diesen Ruf gewartet. »Sind sie nicht wunderbar?«

»Prächtig«, nickte er. »Wo haben Sie sie her?«

»Und das fragen Sie? Natürlich hat einer Ihrer Jungen den Strauß gebracht.«

»Und Sie wissen nicht, wer es war?«

»Wie sollte ich alle Ihre Schützlinge kennen!«

»Dann sind sie vermutlich nicht im eigenen Garten gepflückt worden«, meinte Barnardo nachdenklich und hielt das Gesicht zwischen die lilafarbenen Dolden. »Dieser Duft! Er erinnert mich an unseren Garten daheim in Dublin. Dort stehen auch ein paar Fliederbüsche. Mutter freut sich immer so, wenn sie blühen. Na ja, eigentlich sollte ich sie gar nicht behalten, da sie doch gestohlen sind.«

»Herr Barnardo! Sie dürfen nicht allzu streng sein.. Sie hätten des Kleinen Gesicht sehen sollen. Wie sieben Sonnen hat es gestrahlt.«

»Das ist ja ganz nett, aber —«

»Und am Ende hat er sie gar nicht gestohlen. Er kann auch darum gebettelt, sie sogar verdient haben.«

»Auch das ist möglich, liebe Frau Kelley. Ich habe ja bis heute noch gar nicht gewußt, daß es Frühling geworden ist.«

»So war es höchste Zeit, daß Ihnen der Schlingel den Strauß brachte. Über Ihrer Arbeit vergessen Sie auch alles.«

»Das sollen Sie mir nicht nachsagen können. Gleich nach dem Abendessen werde ich ein wenig spazieren gehen. Wirklich, Frau Kelley, ganz zu meinem Vergnügen. Ich möchte doch mal sehn, was sonst in den Gärten schon alles blüht.«

»Da haben Sie recht, das sind Sie auch Ihrer Gesundheit schuldig. Immer nur arbeiten, das ist doch nicht richtig. Sie haben ja auch keinen Sonntag. Und wer weiß, Herr Barnardo, wer weiß —«

»Was soll er wissen?« Barnardo war völlig ahnungslos.

»Nun, gehn Sie schon.« Sie legte den Kopf auf die Seite und sah ihn geheimnisvoll lächelnd an. »Sie sind doch jung und haben ein so weiches Herz. Herr Barnardo!«

»Und?«

»Und draußen ist es Frühling und der Flieder blüht. Da möchte man doch —«

»Ach, Frau Kelley, nun weiß ich auch, was Sie meinen. Aber da irren Sie sich, da irren Sie sich gewaltig. Für derartige Dinge fehlt mir die Zeit, es fehlt mir dazu auch das Interesse. Ich darf nicht an mich, ich habe an meine Jungen zu denken.«

»Wenn schon! Ich meine, Sie könnten ihnen auch eine gute Mutter geben.«

»Nun aber hören Sie auf! So bald werden Sie mich nicht los. Da müßte ich erst die richtige kennen lernen.« Und er ließ Frau Kelley stehen, die, glücklich darüber, ihrem Mieter wieder einmal zugesprochen zu haben, in die Küche hinüber verschwand, um das Abendbrot herzurichten.

Das würde ihr so passen, ihn unter die Haube zu bringen, lachte Barnardo vor sich hin, als er ziellos, in selten heiterer Stimmung durch Straßen und Gassen wanderte. Aber war der Gedanke wirklich so abwegig? Hätte er an der Seite einer von gleichen Idealen beseelten Lebensgefährtin sein Werk nicht in noch ganz anderer Weise ausbauen können? Grübelte er nicht schon lange darüber nach, wie er es anstellen könnte, um auch die verwahrlosten Mädchen von der Gasse wegzuziehen, da sie ja noch mehr als die Knaben gefährdet waren? Wie manches Problem, er mußte das zugeben, hätte sich so ganz einfach lösen lassen. Aber eben, wie hätte er das, was aus praktischen Erwägungen wünschbar erschien, plötzlich verwirklichen können? Er kannte kein Mädchen, das in Betracht gekommen wäre. Er hatte auch nie nach einem Umschau gehalten. Er war von seiner Tätigkeit als Leiter der Ostend-Jugendmission derart in Anspruch genommen, daß ihm gar keine Zeit blieb, wie andere junge Leute mit Mädchen auszugehen.

Und das war eigentlich gar nicht so selbstverständlich. Wie sehr hatten ihm, in seinen Reifejahren, noch in Dublin, diese Dinge zu schaffen gemacht. Nun führte ihn seine Arbeit immer wieder mit Mädchen zusammen, die die Befriedigung solchen Verlangens zu ihrem Gewerbe gemacht hatten. Aber noch kein einziges Mal war durch sie in ihm die Versuchung geweckt worden, noch nie hatte er in ihnen etwas anderes als arme, in die Irre gegangene Geschöpfe gesehen, für die er nichts anderes als liebevolles Erbarmen empfunden hatte. Das war auch damals in Paris nicht anders gewesen.

Aufschauend erkannte Barnardo, daß er mittlerweile in die Flower and Dean Street gelangt war. Die Gegend war ihm bekannt, da er sich hier schon mehrmals in Burts Logierhaus mit dem, seinem Werk verbundenen Verwalter oder mit einigen Logiergästen unterhalten hatte. So trat er denn auch diesmal ein und wunderte sich über die vielen Burschen, die sich in der Wohnküche aufhielten. Sie drehten die Köpfe nach ihm um. Verschiedene von ihnen erkannten und grüßten ihn.

Mittelpunkt der Versammlung schien Old Peter zu sein, den Barnardo, wie er sich sofort erinnerte, hier schon mehrmals angetroffen hatte. Der Alte hatte seinen Stuhl ganz nahe ans prasselnde Feuer herangerückt und war damit beschäftigt, mit einer Zange von einer Rolle Kupferdraht Stücke von bestimmter Länge abzuwickeln. Die andern sahen ihm bei dieser Arbeit aufmerksam zu, keiner aber folgte seinen Bewegungen mit mehr Interesse als ein junger Bursche, der sich ihm gegenüber vor der Feuerstelle niedergelassen hatte. Ihn sah Barnardo zum erstenmal.

Sobald der Alte über einen gewissen Vorrat an Drahtstücken verfügte, legte er Rolle und Zange neben sich auf den Boden und begann dann, die Stücke zurechtzubiegen, bis daraus eine jener ganz einfachen Rattenfallen entstanden war, wie sie damals auf den

Straßen von fliegenden Händlern verkauft wurden. »Hast du nun gesehen, wie das geht, Tim? Ist ja ganz einfach«, wandte er sich an den Burschen und reichte ihm die Falle. »Nun kannst du es selber versuchen.« Dann blickte er zu Barnardo auf und fügte erklärend hinzu: »Ich habe mir da einen Lehrjungen angeschafft.«

»Sieht einfach aus, aber bis man's heraus hat —«

»Das solltest du nicht können, Tim?« rief einer der Burschen.

»So schau mir noch einmal zu«, vermittelte der Alte, stolz darauf, auch Barnardo unter den Zuschauern zu wissen. »Einmal umgebogen, ein zweites Mal, na, willst du wohl? So, jetzt den Draht durchgeschoben, eins, zwei, nun, hast du gesehen?« So schwatzte er vor sich hin, während unter seinen geschickten Händen im Nu eine zweite Falle entstand. Die Burschen um ihn her äußerten sich anerkennend. Old Peter verstand sich wirklich auf sein Gewerbe. Jetzt erst ließ Barnardo den Blick von des Alten arbeitenden Händen und schaute sich in der Küche um. Es hielten sich da zur Hauptsache Knaben und Burschen im Alter von zwölf bis siebzehn Jahren auf. Einige von ihnen, stämmige Kerle, mochten sich als Gelegenheitsarbeiter betätigen, während anderen nur zu deutlich Liederlichkeit und ausschweifendes Leben die Gesichtszüge geprägt hatten. Was mochten diese Bürschlein schon alles mitangesehen und erlebt haben! Dann waren da noch zwei Weiber, deren eines offensichtlich betrunken war. Zu ihm gehörten die beiden ärmlich gekleideten Kinder, die der Frauensperson entweder am Rock hingen oder kreischend in der Küche herumliefen. In besonderer Weise aber zog der von den andern Tim oder Swell Tim genannte Bursche Barnardos Aufmerksamkeit auf sich. Er unterschied sich von seinen Kameraden in vorteilhafter Weise. Schon sein Eifer, mit dem er den Anweisungen des Alten folgte, nahm für ihn ein. Er war größer als die meisten andern, aber bleich und mager. Dunkle Schatten lagen unter seinen Augen und ließen deren Größe und warmen Glanz noch deutlicher in Erscheinung treten.

Gerne hätte Barnardo gewußt, wie Tim in dieses Haus geraten war. Vermutlich wohnte er nicht hier und war nur gekommen, um sich von Old Peter über die Herstellung von Mäusefallen unterrichten zu lassen. Möglicherweise konnte ihm der Verwalter die gewünschte Auskunft geben.

Nachdem Barnardo noch eine Weile zugeschaut hatte, wie geschickt sich Tim die verschiedenen Handgriffe aneignete, verließ er die Küche, um bei Vater Smith anzuklopfen, der sich in einem kleinen Raum neben dem Hauseingang aufzuhalten pflegte. Er war erfreut, als er Barnardo erkannte. Ohne Umschweife kam der Student auf Tim zu sprechen.

»Timotheus Regan? Der ist schon recht«, erklärte Smith. »Der ist — Sie ausgenommen — der anständigste junge Mensch, der je dieses Haus betreten hat. Jawohl. Wenn alle so wären wie der! Eine eigentliche Hochachtung habe ich vor ihm, seitdem ich weiß, wie er für seine beiden jüngeren Geschwister sorgt. Das ist ja das Tröstliche, daß es immer wieder auch anständige Menschen in all dem Sumpf und Dreck gibt.«

»Aber er wohnt nicht hier?«

»Nein, das nicht. Und es ist wohl auch besser so, wenn ich an die jungen Galgenvögel denke, die wir zur Zeit hier haben. Richtige Strichbuben, die für jede Schandtat zu haben sind, wenn dabei etwas herausschaut. Unter die paßt er nicht. Und erst recht würde er es nicht zugeben, daß Jack und Lieschen in einer solchen Umgebung aufwachsen.«

»Was tut er?«

»Bisher ist er den Marktplätzen nachgegangen, um da beim Auf- und Abladen der Wagen behilflich zu sein. Sie können es mir glauben, die Fuhrleute kennen ihn und halten große Stücke auf ihn. Oft hat er schon vor morgens acht Uhr seinen Schilling verdient gehabt. Nun hat ihn vor ein paar Wochen das Pech erwischt. Da ist ihm eine Kiste auf den Fuß gefallen. Auf den linken Fuß. Die Zehen waren arg zerquetscht, so daß Tim eine Zeitlang im Spital liegen mußte.«

»In welchem?«

»Im St. Bartholomäus Hospital. Aber schon nach ein paar Tagen ist er ausgerückt. Er hätte noch länger bleiben sollen, doch war er nicht mehr zu halten. Er müsse nach seinen Geschwistern sehen, die auf ihn angewiesen seien. Für seinen Fuß war das nicht gut, Tim humpelt arg und kann so seiner gewohnten Arbeit nicht mehr nachgehen. Er hat mir sein Leid geklagt, und da habe ich mit Old Peter gesprochen. Der will ihn nun in der Drahtarbeit unterrichten und ihm beibringen, wie er Rattenfallen anfertigen kann. Eben heute haben sie damit begonnen. So hofft Tim, wieder zu einem Verdienst zu kommen.«

»Wohnt er weit von hier?«

»Nur ein paar Häuser.«

»Er interessiert mich. Gerne möchte ich ihm helfen. Ich werde versuchen, mit ihm ins Gespräch zu kommen. Ich kann mir ja seinen Fuß ansehen. Vielen Dank, Vater Smith.«

»Ich wüßte nicht, wofür.« Der Alte erhob sich und humpelte zur Kommode, wo er in der obersten Schublade zu rumoren begann. Dann reichte er Barnardo ein kleines, in Zeitungspapier gewickeltes Päcklein. »Das habe ich für Ihre Arbeit auf die Seite gelegt. Es ist nicht viel, hoffentlich kann ich Ihnen das nächstemal mehr geben.«

»Vater Smith, Gott segne Sie. Und vielen, vielen Dank!«

»Wenn Sie nur auch für Tims Geschwister etwas tun könnten.«

»Ich werde sehen, was sich machen läßt.« Barnardo wollte unter allen Umständen versuchen, in Tims Haushaltung Einblick zu erhalten. Er kehrte in die Küche zurück und war überrascht, daß viele der Neugierigen, die eben noch dem Unterricht Old Peters beigewohnt hatten, verschwunden waren. Die meisten mochten sich in die Schlafräume hinauf begeben haben, andere aber waren noch auf die Straße hinausgegangen, um noch was zu sehen oder gar einem lichtscheuen Gewerbe nachzugehen.

Tim war ganz hingegeben an seine Arbeit, und man sah es ihm an, wie sehr er sich freute, die anfänglichen Schwierigkeiten bereits überwunden zu haben. Barnardo setzte sich zu den beiden, und als der Alte erklärte, jetzt werde Schluß gemacht, begann er, sich mit Tim zu unterhalten. Er war angenehm berührt von der Natürlichkeit, mit welcher der Bursche die an ihn gerichteten Fragen beantwortete. »So lange ich kann, werde ich alles tun, um meine Schwester und meinen jüngeren Bruder von den Logierhäusern fernzuhalten. Das hab' ich meiner Mutter versprochen, und das werde ich halten. Das war ja auch nicht schwer, solange ich auf den Marktplätzen meinen Verdienst hatte. Aber seit meinem Unfall hatten wir böse Zeiten.«

»Ist der Fuß nun wieder richtig?«

Tims Gesicht verfinsterte sich. »Eine langweilige Geschichte ist es. Sie wollten mich in St. Bartholomäus auch noch nicht gehen lassen. Aber was wäre aus Jack und Lieschen geworden? Hierher kommen sie mir nie, niemals, so lange ich für sie verantwortlich bin.« Fast drohend sagte er das und seine Augen blitzten, als hätte er die Geschwister verteidigen müssen.

»Wenn es dir recht ist, Tim, komme ich nachher mit dir, um mir mal deinen Fuß anzusehen. Ich bin Medizinstudent. Vielleicht kann ich dir helfen.«

»Das wäre mir schon recht.«

»Wie willst du nun aber deine Geschwister von all den bösen Einflüssen der Straße fernhalten?«

Tim schob nachdenklich die Stirn in Falten.

»Du kannst sie doch nicht den ganzen Tag einsperren?«

»Das kann ich freilich nicht«, gab Tim zögernd zu. »Lieschen muß ja auch schon der Arbeit nachgehen, damit etwas Geld hereinkommt. Aber das kann ich Ihnen sagen, es gibt hier weit herum keinen Burschen, der es wagen würde, sich an sie heranzumachen oder sie auch nur mit einem bösen Wort zu belästigen.«

Barnardo sah ihn fragend an.

»Sie glauben mir wohl nicht? Und doch ist es so, weil jeder weiß, daß er es mit mir zu tun bekäme und daß es ihm Prügel eintragen würde, wie er noch keine bekommen hat. Ist es etwa nicht so?« fragte er den Alten, der sich erhoben und Draht und Werkzeug zusammengepackt hatte.

»So ist es«, nickte Old Peter, »Tim hat sich Respekt zu verschaffen gewußt.«

»Sehen Sie«, fuhr Tim eifrig fort, »als die Mutter starb, da habe ich ihr versprochen, auf Lieschen aufzupassen, selber anständig zu bleiben und den kleinen Jack zur Schule zu schicken. Und wenn ich mit der Drahtarbeit zurechtkomme, wird es schon wieder gehen.«

»Auf nächsten Dienstag«, verabschiedete sich Old Peter. »Morgen kann ich nicht; aber am Dienstag, zur gleichen Zeit wie heute.« Damit schwang er das Bündel unter den Arm und verließ schweren Schrittes die Küche.

»Du hast gesagt, auch deine Schwester müsse der Arbeit nachgehen. Was tut sie denn?« fragte Barnardo weiter.

»Was sie eben tun kann in ihrem Alter. Sie ist wohl schon dreizehn, aber noch ein gutes Stück kleiner als ich. Sie hat da in der Gegend ein paar jüdische Familien, für die sie Botengänge besorgen und auch etwa die Treppen reinigen kann. Und am Montag und Dienstag hilft sie beim Waschen. Dafür bekommt sie im Tag einen halben Schilling und ihr Essen. Und manchmal darf sie das, was von den Mahlzeiten übrig bleibt, für Jack und mich mitnehmen.«

»Das ist schon eine ordentliche Hilfe.«

»Das ist es, Herr, und wir haben ja auch nie geklagt. Wäre das mit dem Fuß nicht geschehen, es wäre uns ganz leidlich gegangen.«

»Und Jack, was ist mit dem?«

»Nun, den schicke ich zur Schule. Aus dem soll mal was Richtiges werden. Das haben Lieschen und ich uns in den Kopf gesetzt. Er ist auch ein gescheites Bürschchen, und Herr Holland ist zufrieden mit ihm. Herr Holland ist auch sonst nett und hat ihm schon zu Schuhen und Kleidungsstücken verholfen. O ja, Jack kommt vorwärts, er liest ausgezeichnet, nur mit dem Schreiben ist noch nicht viel los. Aber das wird sich bestimmt noch geben. Ich kann es noch weniger als er. Jetzt ist es wohl Zeit, daß ich gehe. Lieschen wartet auf mich, und es ist spät geworden.«

»So begleite ich dich.«

Es war eine milde Nacht, in die sie hinaustraten. Und bis in die Ankergasse hatten sie nicht weit zu gehen. Schon nach wenigen Minuten führte Timotheus Regan den Studenten in einen von Häusern umstandenen Hof. Der Gestank, der ihnen entgegenschlug, ließ Barnardo unwillkürlich zögern, weiterzugehen. Das war einer von jenen Höfen, in welche die Anwohner jahraus, jahrein Abfälle durch Fenster und Türen hinunterwarfen, wo der Unrat liegen blieb, um, besonders während der heißen Jahreszeit, unter Entwicklung infernalischer Gerüche nach und nach zu verwesen. Noch nie schien es jemandem eingefallen zu sein, dieses Pestloch auszuräumen. Man fand sich damit als mit einer unabänderlichen Gegebenheit ab.

»Gleich sind wir da«, erklärte Tim, öffnete eine Tür und stieg dem Studenten voran die Treppe hinauf. »Schön ist es hier nicht«, entschuldigte er sich und wartete, bis ihm Barnardo über die krachenden Stufen nachgestolpert war. Dann betraten sie den von einer fast heruntergebrannten Kerze schwach erhellten

Raum, der den drei Geschwistern als Behausung diente.

Obwohl Mitternacht längst vorüber war, saß Lieschen noch auf und wartete auf den Bruder. Sie war tatsächlich bedeutend kleiner als Tim, und Barnardo hätte sie auf nicht mehr als elf Jahre geschätzt. Ihre Kleidung war sauber, aber sehr ärmlich; ihr aschblondes Haar hatte sie am Hinterkopf mit einem farbigen Tuchstreifen zu einem Roßschwanz zusammengebunden. Ihr bleiches, fast durchscheinend zartes Gesichtchen sah erbärmlich müde aus. Ängstlich blickte sie auf den späten, unbekannten Besucher.

»Du brauchst dich vor diesem Herrn nicht zu fürchten«, sagte Tim beruhigend, und Barnardo nahm mit Rührung wahr, wie der Bursche liebevoll und fürsorglich den Arm um die kleine Schwester legte. »Er ist ein Arzt und will sich meinen Fuß ansehen. Aber wollen Sie sich nicht setzen?« fragte er Barnardo und wies auf einen der beiden dreibeinigen Schemel, zwischen denen eine als Tisch dienende, alte Fischkiste stand. Eine weitere Kiste, die als Geschirrschrank benützt wurde, sowie zwei Haufen von Lumpen, die vor den beiden Längswänden auf dem Fußboden aufgeschüttet waren, vervollständigten die Einrichtung.

Auf einem der Lumpenhaufen lag ein sechs- bis siebenjähriger Knabe und schlief. Drei von den Fensterscheiben über ihm waren zerbrochen, zwei davon hatte man mit Lumpen verstopft, die dritte war mit farbigem Papier überklebt worden.

»Du kannst dich ruhig schlafen legen«, sagte Barnardo zum Mädchen. »Ich werde mir Tims Fuß bald angeschaut haben.«

»Oh, ich bin selber noch nicht lange da. Den ganzen Tag habe ich in einem Judenhaus zu tun gehabt. Nun hab' ich eben dem Kleinen zu essen gegeben und ihn dann zu Bett gebracht.«

In der Kiste entdeckte Barnardo ein paar zerschlagene Porzellanteller und zwei Krüge, jedoch keine Spur von etwas Eßbarem. Die Kleine, die seinem Blick ängstlich folgte, erklärte, daß ihr Arbeitgeber sie heute nicht entlöhnt habe und sie erst morgen ihr Geld bekommen werde. So sei es ihr leider nicht möglich gewesen, etwas einzukaufen. »Tim und ich werden uns eben bis morgen gedulden«, lächelte sie müde. »Nun, Tim, hat dir Old Peter gezeigt, wie es gemacht wird?«

»Das hat er, und übermorgen kommt er noch einmal. Ich glaube schon, daß ich es mit der Zeit kapieren werde.«

»Wie gut, Tim, wenn du wieder deine Arbeit hast!«

»Und zur Schule gehst du nicht?« fragte Barnardo das Mädchen.

»Dafür habe ich jetzt keine Zeit. Ich muß doch für Jack sorgen, unsere Wohnung in Ordnung halten, und dann vor allem verdienen, seitdem Tim das Unglück gehabt hat.«

»Das ist schön«, lobte Barnardo. Lieschen schlug die Augen nieder und preßte die Lippen aufeinander. Wie wohl tat ihr das anerkennende Wort.

»Am Sonntagabend gehe ich gewöhnlich zu Herrn Holland nach dem Georgshof oder zu einer Missionarin, die zuweilen in Harvey-Haus eine Versammlung hält. Sie ist auch schon zu uns gekommen und hat Jack und mir schöne Geschichten erzählt und Lieder gesungen.«

Unterdessen hatte Tim den gequetschten Fuß entblößt. Barnardo untersuchte ihn aufmerksam. Gebrochen war wohl nichts; aber daß der arme Kerl mit seinem schwarz verfärbten und zerschundenen Fuß arge Qualen hatte ausstehen müssen, das war Barnardo klar. Er versprach, anderntags noch einmal vorbeizukommen und eine kühlende Salbe zu bringen.

»Sie sind so gütig«, meinte Tim verlegen, »ich weiß nicht, womit ich Ihnen danken soll.«

»Damit, daß du der anständige Kerl bleibst, der du heute bist.«

»Ich habe das meiner Mutter versprochen.«

Barnardo verabschiedete sich, und Tom erbot sich, ihn durchs Haus hinab und durch den Hof zu begleiten. In der Nähe der Ankergasse wußte Barnardo einige kleine Läden und Garküchen, von denen verschiedene auch in diesen späten Nachtstunden noch in Betrieb waren. Es gab da sogar Lokale, die sich ganz auf nächtliche Besucher eingestellt hatten und tagsüber geschlossen waren. Barnardo nötigte Tim, mit ihm eines dieser Geschäfte zu betreten. Gier flammte in den Augen des ausgehungerten Burschen auf, als Barnardo für ihn und seine Geschwister eine Schüssel voll dampfenden Kohlgemüses mit Rindfleisch erstand.

»Wunderbar«, leckte sich Tim die Lippen, »so was Herrliches haben wir schon lange nicht mehr gehabt.«

Barnardo kaufte ihm noch zwei Laibe Brot, einige Kerzen, ein Stück Seife und vier Bündel Brennholz.

»Und das alles —«

»Das alles«, nickte Barnardo, gerührt von dem ihm entgegenstrahlenden Glück. Nun aber mußte er endlich gehen.

Wie herrlich ist es, zuweilen nicht gar zu ängstlich

rechnen zu müssen, überlegte er, als er beschwingten Schrittes heim ging. Daß er über mehr Mittel verfügte, hatte er vorab seinem Vater zu verdanken, der ihm in eben diesen Tagen für sein Werk den ihm zukommenden Erbanteil von 1500 Pfund hatte auszahlen lassen. Hätte Barnardo das Geld besser anlegen können, als daß er es nach dem Gebot seines Herzens unter die Ärmsten der Armen verteilte?

Die Geschichte der drei Geschwister Regan beschäftigte Barnardo auch während des folgenden Tages. So sehr ihn die Fürsorge des älteren Bruders beeindruckte, so mußte er sich bei ruhigem Überlegen doch sagen, daß ihr Zusammenbleiben durchaus keiner Notwendigkeit entsprach. Tim und Jack hätte er in sein Heim aufnehmen können. Schwieriger wäre die Versorgung Lieschens gewesen, aber auch hier hätte sich ein Ausweg finden lassen, hatte Barnardo doch auch schon andere gefährdete Mädchen gegen Bezahlung eines Kostgeldes in geeigneten Familien untergebracht.

Wie er es versprochen hatte, begab er sich am Abend wieder in die Ankergasse, um Tim die Salbe zu bringen. Auch wollte er ihm vorschlagen, sich doch mit seinen Geschwistern der Fürsorge der East End Juvenile Mission anzuvertrauen.

Doch so sehr er sich auch bemühte, es gelang ihm nicht, Tim zu überreden. Das hätte ja eine Trennung von Lieschen bedeutet, und das wollte der Bursche unter keinen Umständen zugeben. »Nein, Herr, Sie brauchen sich gar keine weitere Mühe zu geben. Was ich meiner Mutter versprochen habe, das werde ich auch halten.«

»Mir scheint, du fassest dein Versprechen falsch

auf. Deine Mutter wollte von dir doch nur die Zusicherung, daß du Lieschen vor Leid schützen würdest, und das geschieht doch auch, wenn ich mich ihrer annehme. Glaubst du nicht, daß deine Mutter glücklich gewesen wäre, wenn sie gewußt hätte, daß Lieschen Gelegenheit haben wird, all das zu erlernen, was für ein junges Mädchen wertvoll und nützlich ist?«

Aber da klammerte sich Lieschen an den Arm des Bruders.

»Nicht wahr, Tim, du verlässest mich nicht? Du wirst es nie zugeben, daß wir uns trennen müssen?«

»Nie, darauf kannst du dich verlassen. Und wenn ich auf den Händen zur Arbeit kriechen müßte, es würde mich nicht davon abhalten, weiterhin für euch zu sorgen. Da kannst du ruhig sein.«

Unter diesen Umständen gab es Barnardo vorläufig auf. Die Zeit war noch nicht da. Aber wenigstens veranlaßte er, daß die drei Geschwister fortan am Sonntagabend in eine seiner Zerlumptenschulen kamen. Die drei Regans pflegten den ganzen Weg von Spitalfields bis Stepney immer zu Fuß zurückzulegen. Sie holten Barnardo in dessen Wohnung bei Frau Kelley ab, und wenn sie sich mit Butterbroten und einem guten Tee gestärkt hatten, gingen sie miteinander zur Schule, wo Timotheus sich bald als Türhüter betätigte und die Aufsicht über die jüngeren Knaben übernahm. Er und Lieschen wetteiferten miteinander, sich durch Fleiß und Eifer auszuzeichnen, um wenigstens so ihrer Dankbarkeit Ausdruck zu geben.

Eine gewisse Miß Elmslie

Im Herbst des Jahres 1871 erhielt Barnardo von einer gewissen Miß Syrie Louise Elmslie einen Brief. Sie schrieb ihm, daß sie schon viel und Rühmenswertes von seiner Missionstätigkeit unter den Ärmsten Ostlondons gehört habe. Sie selbst widme sich seit einigen Jahren in Richmond einer ähnlichen Aufgabe und plane nun die Durchführung einer großen Erweckungsversammlung in Form eines Teenachmittages, zu dem alle armen Knaben ihres Bezirkes eingeladen seien. »Um dieser Veranstaltung ein besonderes Gewicht zu geben, wäre ich Ihnen dankbar, wenn Sie sich entschließen könnten, am nächsten Sonntagnachmittag zu uns zu kommen und den Knaben von Ihrer Begegnung mit den Niemandskindern zu erzählen. Ich glaube, daß einzig von Ihrer Zusage das Gelingen des Nachmittags abhängt.«

Barnardo ließ lächelnd das Blatt sinken und dachte nach. Elmslie? Miß Elmslie? Den Namen hatte er noch nie gehört. Aber da er die Hoffnung der Unbekannten nicht enttäuschen wollte und er auch für den genannten Sonntag nichts anderes vorhatte, beschloß er, den Wunsch der Briefschreiberin zu erfüllen. Vermutlich war sie eine ältere Dame, deren

Einsatzbereitschaft er nicht lähmen durfte. Und dann erinnerte ihn jede derartige Anfrage, wie hart und ernüchternd für ihn selber vor Jahren der abschlägige Bescheid Georg Müllers gewesen war.

Der Tag hatte die Milde eines Spätsommertages.

Auf der Brücke blieb Barnardo stehen und atmete tief die herrliche Luft. Wie wohltuend empfand er die Weite der Landschaft nach der Enge der grauen Gassen, aus der er kam. Ein silberner Dunst stand über den Wassern der Themse, und die Kronen der Bäume in den terrassenförmig am Berg sich aufbauenden Gartenanlagen des so reizvoll gelegenen Städtchens hatten sich bereits kräftig verfärbt. Langsam weiterschreitend, erwog Barnardo die Möglichkeit, einmal, so lange dies milde Wetter noch anhielt, mit seinen Buben hier hinauszufahren, um mit ihnen den großen Park mit seinen Hirschen, Rehen und Vögeln zu besuchen und sie einen Nachmittag lang herumtollen zu lassen in diesem grünen, lichterfüllten Reich, das ihnen wie ein Paradies erscheinen mußte.

Jetzt erst bemerkte er, daß ihm zwei Knaben folgten. Er ließ sie herankommen. Es stellte sich heraus, daß sie ihn hätten abholen sollen und ihn verpaßt hatten. »Wir wußten ja nicht, wie Sie aussehen«, entschuldigten sie sich.

»Und daß Sie so klein und noch so jung sind, hat wohl auch Miß Elmslie nicht gedacht«, meinte der andere.

»So kann man sich irren«, lachte Barnardo. »Hoffentlich seid ihr nun nicht enttäuscht, daß ich nicht größer und älter bin?«

»Nicht die Spur. Im Gegenteil, mir gefallen Sie, weil Sie —«

»Nun?«

»Weil Sie nicht so — so feierlich aussehen wie die Pfarrer, die sonst in die Schule kommen, um zu uns zu reden.«

»So führt Miß Elmslie eine Zerlumptenschule?«

»Das wußten Sie nicht? Aber heute haben wir einen Teenachmittag, zu dem alle armen Knaben eingeladen wurden. Da sind wir nicht in der Schule, die zu klein wäre, sondern in einem Saal. Sie werden sehen, wie schön wir alles hergerichtet haben.«

Und wirklich staunte Barnardo, als er den zum Brechen vollen Saal betrat und das bunte Laub und die Papierrosen gewahrte, womit die Wände geschmückt waren. Sonnenlicht fiel durch die Fenster und ließ die Girlanden in ihrer ganzen Farbigkeit aufleuchten.

Ein junger Mann, wohl ein Student wie Barnardo, der als Lehrer an der Zerlumptenschule wirkte, empfing den Gast und entschuldigte Miß Elmslie, die leider in der Küche zurückgehalten sei, ihm aber vorläufig durch ihn herzlich danken lasse für seine Bereitwilligkeit. Er mußte mit erhobener Stimme sprechen, um in dem Tosen und Lärmen brodelnder Ungeduld überhaupt verstanden zu werden.

Immer wieder dasselbe. Wie oft schon war Barnardo wie hier vom Lärmen einer aufgeregten Schar empfangen worden!

Der junge Mann, dem der Schweiß in großen Tropfen auf der Stirn stand, hob beschwichtigend die Hände, und als der Lärm endlich ein wenig abebbte, nannte er den Buben den Namen des Gastes und forderte sie auf, sich für einen Augenblick von ihren Sitzen zu erheben und ihn im Chor zu begrüßen. Sowohl er als auch Miß Elmslie mochten sich den

Empfang in etwas würdigerer Form vorgestellt haben. »Es sind eben viele dabei, die heute zum erstenmal gekommen sind«, entschuldigte sich der Lehrer und sah ängstlich wie ein geprügelter Hund zu Barnardo auf.

»Da seien Sie nur ruhig. Glauben Sie mir, die Buben von Stepney und Limehouse sind um kein Jota besser als die Gassenjungen von Richmond. Das habe ich nicht anders erwartet. Im Gegenteil, eigentlich überrascht es mich, daß sie so brav an ihren Plätzen bleiben.«

»Oh, zu freundlich von Ihnen«, stammelte der junge Mann, »aber in solch einem Durcheinander werden Sie doch gar nicht erzählen können. Ich werde Miß Elmslie verständigen und ihr vorschlagen, lieber gleich mit dem Tee zu beginnen.«

»Wir wollen es doch nicht unversucht lassen«, meinte Barnardo zuversichtlich und stellte sich auf einen Stuhl, womit er allerdings vorerst ein tosendes Gelächter entfesselte. Aber er ließ sich nicht aus der Fassung bringen, lachte mit und hob dann plötzlich, Ruhe gebietend, die Hand.

Und siehe da, das Wunder geschah! Fast auf einen Schlag verstummte die Schar.

»Liebe Buben von Richmond«, begann Barnardo, »wir sind heute zusammengekommen, um miteinander einen gemütlichen Nachmittag zu verbringen. Ich habe ja gar nicht gewußt, wie schön es hier bei euch in Richmond ist. Und die Blumen und das Laub an den Wänden, das habt ihr großartig gemacht.«

Ein Murmeln brandete durch die Menge.

»Nun muß ich aber gestehen, daß ich nicht nur gekommen bin, um mir diesen prächtigen Schmuck anzusehen. Ich möchte euch heute ein paar Geschichten erzählen. Geschichten hört ihr doch wohl alle gern? Oder ist einer da, der Geschichten nicht mag? Der soll die Hand hochhalten. Keiner? Keiner im ganzen Saal? Nun, ich hab' es mir eigentlich gar nicht anders gedacht. Also, paßt gut auf. Und denkt euch, alle Geschichten, die ihr nun hören werdet, haben sich in Wirklichkeit so zugetragen, und ich war selber dabei.«

Wiederum wogte ihm anerkennendes Gemurmel entgegen.

Und dann begann er zu erzählen. Von jenem Novemberabend vor fünf Jahren, da ihn Jim Jarvis zum Schuppen hingeführt, auf dessen Blechdach ein ganzes Rudel von Burschen geschlafen hatte, von seinem nächtlichen Erlebnis auf dem Fischmarkt von Billingsgate, von der gelben Rübe, von Punch, der früher der »König der Diebe« gewesen war, und so lange er auch erzählte, die Knaben und Burschen hörten ihm hingerissen, in atemloser Spannung zu. Nie hatte Barnardo eine aufmerksamere Zuhörerschar gehabt.

Er sprach, bis er unter der in die Küche hinüberführenden Tür ein paar Frauen erscheinen sah, die sich als Helferinnen zur Verfügung gestellt hatten. Nun wußte er, daß seine Zeit abgelaufen war und daß das Interesse der Buben bald andern Dingen gehören würde.

Ihr Beifall schwoll denn auch wirklich orkanartig an, als nun die Teekannen und die Körbe mit dem Gebäck hereingetragen wurden. Einige Burschen forderten Barnardo auf, in ihrer Mitte zu tafeln, und er ließ es sich nicht nehmen, sich zu ihnen an einen der Tische zu setzen. Einige der ihm zunächst Sitzenden schoben ihm, wenn auch zögernd und blutenden Herzens, ihre Kringel zu. »Nehmen Sie nur!«

»O nein, dazu bin ich nun wahrhaftig nicht hergekommen, um euch eurer Herrlichkeiten zu berauben.«

Da legte sich von hinten zaghaft eine Hand auf seine Schulter. Er wandte sich um. Es war der junge Mann, der ihn begrüßt hatte und der dann zu Beginn des Essens im allgemein losbrechenden Aufruhr verschwunden war. »Herr Barnardo, darf ich Sie nun Miß Elmslie vorstellen?«

»Ach!« Barnardo schnellte hoch und sah sich zu seiner Überraschung einer noch ganz jungen Dame gegenüber, die ihm lächelnd die Hand entgegenstreckte.

»Ich bin Ihnen ja so dankbar, daß Sie uns Ihre so kostbare Zeit geopfert haben und gekommen sind. Ohne Sie wären wir verloren gewesen, doch, doch, ich habe es gewußt, und deshalb habe ich mir auch erlaubt, Ihnen zu schreiben.«

»Fräulein Elmslie —« Die Kehle schnürte sich ihm zusammen. Er errötete bis unter die Haarwurzeln und senkte den Blick. »Fräulein Elmslie, ich bin wirklich gerne gekommen, es bedeutete für mich nicht das geringste Opfer. Wirklich, Sie können es mir glauben.«

Was war es, das ihn so verwirrte? Es hatte ihm doch schon oft ein Mädchen oder eine junge Dame die Hand gereicht. Nun also! Er sah auf. Noch immer war der Blick Miß Elmslies halb lächelnd, halb bewundernd auf ihn gerichtet, doch diesmal hielt er ihn aus.

»Es war wunderbar«, nickte sie ihm zu, »es war auch für uns Erwachsene ein Erlebnis, Sie erzählen zu hören. Doch, doch, wenn ich auch nicht alles verstanden habe, ich habe Ihnen zwischendurch doch immer wieder unter der Türe zugehört. Wie reich hat der Herr Ihre Arbeit unter den Ärmsten gesegnet, wie wunderbar muß es sein, sein Leben wie Sie ganz in den Dienst einer solchen Aufgabe stellen zu dürfen!«

»Ja, das ist schön«, bestätigte Barnardo und betrachtete seltsam angerührt, wie in einem Traum, die ebenmäßigen Züge ihres zarten, jetzt von der Erregung geröteten Gesichtes, den kleinen Mund mit den roten, leise bebenden Lippen, die schön geschwungenen, dunklen Brauenbögen, das glänzende, leicht gewellte Haar, den schlanken weißen Hals, den ein schmaler Spitzenkragen auf taubengrauem Kleid umschloß. Und die Augen waren strahlende Sterne.

Miß Elmslie! Während der ganzen Heimfahrt beschäftigten sich Barnardos Gedanken mit ihr. Wer mochte sie sein? Vermutlich stammte sie aus gutem Hause, ihr ganzes Wesen ließ darauf schließen, ihr gepflegtes Aussehen, ihre Bewegungen. Doch was bedeutete das alles gegen die Güte, die wie eine Aureole sie umgab?

Daheim in Stepney Green nahm er ihren Brief hervor. Die ernsten, steilen Schriftzüge hatten ihn auf eine ältere Dame schließen lassen. Wie man sich täuschen konnte! Syrie Louise Elmslie eine ältere Dame!

Er schloß die Augen und lächelte vor sich hin. Dann war es ihm mit einemmal, als atme er Fliederduft. Und er erinnerte sich jenes Abends im Mai, da ihm Kinder den Fliederstrauß ins Zimmer gestellt und er mit Frau Kelley gesprochen hatte.

Syrie Louise Elmslie. Ganz deutlich sah er nun wieder vor sich ihren kleinen Mund und ihre Augen, die wie strahlende Sterne waren. Sie verscheuchten seinen Schlaf und weckten in ihm ein ganz neues Gefühl, von dem noch nicht zu sagen war, ob es ihn beunruhigte oder beglückte. Ach, er Tor! Es war ja schon alles vorbei. Morgen würde ihn wiederum die gewohnte Arbeit gefangen nehmen, und alles würde sein, wie es bisher gewesen. Wie hätte es auch anders werden sollen? Miß Elmslie war in Richmond und er hier in Stepney.

Doch nein, wenigstens morgen würde er nicht in Stepney sein. Er würde auch nicht ins London Hospital gehen können. Einer der Gönner seines Werkes, deren Zahl sich rasch vergrößerte, hatte ihn für morgen zu sich nach Drayton gebeten, da er und seine Gattin etwas mit ihm zu besprechen wünschten.

Aber er durfte nicht wegfahren, ehe er nicht noch im Heim gewesen war. Der kleine John hatte gestern Fieber gehabt, und da war es leicht möglich, daß sich die Sache inzwischen verschlimmert hatte und eine Krankheit ausgebrochen war. Da mußte er erst noch Gewißheit haben.

Nachdem er nach dem Kleinen geschaut und der Hausmutter seine Anweisungen gegeben hatte, wollte Blunderstone noch einen Rat haben, und als Barnardo schon die Treppe hinuntereilte, kam ihm noch Henry Betsey nachgerannt, um ein dringliches Anliegen vorzubringen. Es war so wie immer: hätte er nicht endlich die Bittsteller einfach stehen lassen, er wäre den ganzen Tag nicht weggekommen.

Zu seiner nicht geringen Verwunderung traf er dann doch noch reichlich früh im Bahnhof von Paddington ein. Er löste eine Fahrkarte nach Drayton und trat auf den Bahnsteig hinaus, um wartend auf und ab zu gehen.

Plötzlich blieb er wie angewurzelt stehen, er

glaubte, sein Herz setze zu schlagen aus. Unter den Wartenden hatte er Miß Elmslie erblickt, der er am Tage zuvor zum erstenmal in seinem Leben begegnet war. Aber war das auch möglich? Wie kam sie am Vormittag schon von Richmond nach Paddington? Und doch, jene junge Dame, die sich eifrig mit einem älteren Herrn unterhielt, konnte niemand anders als Miß Elmslie sein. Syrie Louise Elmslie. Wieder preßte sich ihm die Kehle zusammen. Vermutlich war sie in Begleitung ihres Vaters. Er war fein und sorgfältig gekleidet, dem Aussehen nach war er ein Industrieller oder ein Großkaufmann. Zögernd trat Barnardo auf die beiden zu. Hatte er überhaupt ein Recht, sie anzusprechen?

Da erblickte sie ihn, stutzte, und nun glitt ein Lächeln über ihr Gesicht. »Oh, Herr Barnardo! Wie geht es Ihnen? Eben habe ich Papa von Ihnen erzählt.«

»Fräulein Elmslie! Das hätte ich gestern nicht zu hoffen gewagt.«

»Ich hatte es in der Aufregung ganz vergessen, daß ich Papa versprochen hatte, heute mit ihm nach Reading zu fahren.«

»Nach Reading? Da benützen wir ja denselben Zug.«

»Wundervoll! Papa, das ist nun also Herr Barnardo, der Beschützer der Niemandskinder.«

»How do you do, Mister Barnardo. Meine Tochter hat mir wahre Wundergeschichten von Ihnen erzählt. Schade, daß Ihr Job so wenig einbringt!«

»Wissen Sie das so genau?« lächelte Barnardo.

»Ich glaube ja. Ich bin es nämlich, der Syries Ambitionen finanziert.«

»Doch nicht ganz, Papa«, legte Miß Elmslie errötend Protest ein. »Ich habe doch auch eigenes Geld.«

Herr Elmslie lachte dröhnend. »Um so schlimmer, denn das kommt noch dazu. Na, schon gut, jedermann muß sein Hobby haben, und da es dir nun Spaß macht, die verwahrlosesten Buben von Richmond um dich zu versammeln und ihnen Geschichten zu erzählen, will ich geduldig meinen Teil an den Kosten übernehmen.«

»Unser irdischer Besitz ist uns ja auch dazu anvertraut, um andern helfen zu können«, meinte Barnardo. »Sonst könnte es uns einmal wie dem reichen Kornbauern gehen.«

»Von dem hab' ich nie etwas gehört. Die Geschichte interessiert mich. Da wir in gleicher Richtung fahren, können Sie mir ja einen Beweis Ihrer Erzählkunst geben. Einverstanden?«

»Wenn Sie es wünschen —«

»Papa fährt nur erster Klasse«, bedeutete ihm Miß Elmslie.

»Ach so. Nun, da — da werde ich rasch meine Fahrkarte dritter Klasse gegen eine andere umtauschen.« Und schon wirbelte er davon und verschwand im Bahnhofsgebäude, als eben der Zug einfuhr.

»Komischer Kerl«, meinte Elmslie gutgelaunt. »Aber nicht unsympathisch. Barnardo heißt er?«

»Jawohl, Papa. Ich weiß gar nicht — wenn er nur rechtzeitig zurückkommt.«

»Wird er schon, dein kleiner Heiliger.«

Nur zögernd stieg sie in den Wagen. Aber da war Barnardo schon wieder. Strahlend über das ganze Gesicht. Miß Elmslie winkte mit der Hand aus dem Fenster, um sich ihm bemerkbar zu machen.

»Was ist das heute für ein schöner Tag! Sehen Sie nur das Licht über den Feldern und die herrlichen Farben. Davon haben wir in Stepney keine Ahnung.« Glücklich schaute er in die vorübergleitende Landschaft hinaus.

»Und nun Ihr Kornbauer?« wollte Herr Elmslie wissen.

»Ach ja. Das war nun also einer von denen, die reich geworden sind und schließlich einsehen müssen, daß sie doch alles auf die falsche Karte gesetzt haben.«

»Reich? Falsche Karte? Wieso?«

Abenteuer in Golden Lane

Als dann am Abend Barnardo ins Knabenheim kam, erfuhr er von Henry Betsey, daß Timotheus Regan zweimal nach ihm gefragt und schließlich den Bescheid zurückgelassen habe, sein Bruder Jack sei an einem hitzigen Fieber erkrankt und Barnardo möge doch schnellstens in die Ankerstraße kommen, um nach dem Kleinen zu sehen.

»Sonst noch etwas von Bedeutung?«

»Auch Oberst Trevelyan war da. Er wird morgen wiederkommen.«

»Oberst Trevelyan?«

»Der Offizier aus den Kolonien.«

»Gut. Und?«

»Herr und Frau Stephens wollten mit Ihnen reden. Sie möchten ihren Aufenthalt in London dazu benützen, sich ein wenig für Ihr Werk einzusetzen. Nun sind sie auf der Suche nach einer geeigneten Wohnung.«

»Wunderbare Leute, das kann man schon sagen. Hören in Australien von meiner Arbeit, schicken mir zweimal größere Geldbeträge und kommen nun nach London, um mich kennenzulernen und mir für die Zeit ihres Hierseins ihre Hilfe anzubieten.«

»Sie wollen nicht vor dem nächsten Sommer zurückfahren.«

»Wenn ich nur mehr solcher Helfer hätte! Aber nun muß ich wohl zu den drei Regans in die Ankergasse gehen und sehen, was es dort gegeben hat.«

Tim öffnete selbst. »Ach, endlich! Ein Glück, daß Sie gekommen sind. Es hat den Kleinen arg gepackt, und Lieschen und ich wissen uns nicht mehr zu helfen.«

Es bedurfte nur einer flüchtigen Untersuchung, um festzustellen, daß Jack an Scharlach erkrankt war und so von Gesetzes wegen isoliert werden mußte.

»Das werden wir niemals zugeben«, fuhr Tim mit alter Halsstarrigkeit auf.

Doch diesmal mußte Barnardo hart bleiben. »Tut mir leid, aber der Kleine kommt ins Spital.«

»Das können Sie doch nicht —«

»Soll denn nicht alles getan werden, um ihn zu retten?«

»Herr Barnardo!«

»Jawohl, darum geht es. Und dieser Raum muß desinfiziert werden, ehe ihr beiden wieder darin wohnen dürft.«

Tim und Lieschen sahen Barnardo entsetzt an.

»Ich werde das alles in die Hand nehmen. Vor allem muß Jack die geeignete Pflege erhalten. Ich werde im Spital das Nötige veranlassen. Man wird Jack mit dem Wagen abholen und ihr fahrt gleich mit ihm. Ihr werdet für diese Nacht im Spital schlafen müssen.«

Lieschen begann zu weinen und Tim starrte bedrückt vor sich hin.

Erst spät kam Barnardo zur Ruhe; doch mit den drei

Regans war nun alles geregelt. Tim und Lieschen hatten darauf bestanden, in die Ankergasse zurückkehren zu dürfen, sobald ihre Kammer desinfiziert war. Und Jack war ja nun für die nächsten paar Wochen im Krankenhaus gut aufgehoben. Nachher würde er ihn wohl noch für einige Zeit zur Erholung aufs Land schicken.

Während er sich auskleidete, überdachte Barnardo das Programm für den kommenden Tag. Mit seinen Studien würde es wiederum nichts sein. Es war bedenklich. Manchmal zweifelte er ernsthaft daran, ob es ihm überhaupt je noch gelingen würde, seine medizinische Ausbildung richtig abzuschließen. Aber hätte er die Wahl gehabt, anders zu handeln? Jetzt, da er die Verantwortung für das Heim und dessen Insassen trug? Nein, hier gab es kein Zurück mehr. Und das hätte er auch nicht gewollt. Nie und niemals!

Für die beiden Stephens wußte er eine Wohnung in Burdett Road. Er hatte dort vor wenigen Tagen eine alte Dame besucht, die sein Werk unterstützte. Sie hatte ihm von ihrer Absicht gesprochen, zwei Zimmer ihrer Wohnung vermieten zu wollen. Und Oberst Trevelyan kam, um wegen Charlie Jackson, dem ehemaligen Kotkugelschützen, zu verhandeln. Das hätte sich der Schlingel auch nicht träumen lassen, daß er einmal als Bursche eines Kolonialoffiziers nach Indien kommen würde. Er hatte sich aber auch prächtig entwickelt, nicht nur körperlich. Er war ein überzeugter Christ geworden, der auf seine Kameraden einen ausgezeichneten Einfluß ausübte. Nur ungern gab Barnardo ihn her. Doch Charlie freute sich riesig auf das bevorstehende große Abenteuer. Möglicherweise würde ihm nun in Dschungel und Urwald seine Schießfertigkeit noch zustatten kommen, lächelte Barnardo vor sich hin. Dann löschte er die Lampe und legte sich zu Bett. Wie wunderbar war es, sich nach der Arbeit eines langen Tages zwischen kühlen Tüchern wohlig ausstrecken zu können! Und dann, nachdem er gebetet, sah er im Geiste noch einmal ihr Bild, wie es sich ihm auf der heutigen Fahrt eingeprägt hatte. Sie hatte ihn angeschaut, wie noch kein Mensch ihn angeschaut hatte. Miß Elmslie. Syrie Louise Elmslie.

Herr und Frau Stephens waren sogleich entschlossen, die ihnen in Burdett Road angebotene Wohnung für die Dauer ihres Londoner Aufenthaltes zu beziehen. Sie war in einer breiten, von Licht und Luft erfüllten Verkehrsstraße gelegen, und dennoch war es von hier nicht weit bis in die engen Elendsgassen, in denen sie im Sinne Barnardos zu wirken entschlossen waren. Die Tage verbrachten sie hauptsächlich damit, Kranke, deren Adressen Barnardo ihnen gab, zu besuchen. In den Nächten begleiteten sie oftmals den Studenten auf seinen Gängen durch die von ihm betreuten Logierhäuser und all die schmutzigen, verborgenen Winkel.

In der ersten Zeit ihrer mit so großer Hingabe ausgeübten Wirksamkeit kam es verschiedentlich vor, daß Frau Stephens unter dem Eindruck des Gesehenen völlig zusammenbrach. Aber das vermochte sie nicht abzuschrecken, sich weiterhin der nun einmal übernommenen Aufgabe zu widmen. Sie kam jedoch bald einmal zu der Überzeugung, daß es gänzlich aussichtslos war, durch die Liebestätigkeit einzelner die furchtbaren Zustände in den Slums auch nur einigermaßen zu beeinflussen. »Wer sich einmal an diesen

Logierhausbetrieb gewöhnt hat, wer darin aufgewachsen und in diesen Leichenhäusern heimisch ist, der wird kaum mehr für etwas anderes zu gewinnen sein«, äußerte sie sich. »Einzig bei den Kindern scheint mir Hoffnung zu sein. Man muß alles versuchen, um sie aus diesem Sumpf herauszureißen und in neue, gesunde Erde zu verpflanzen. Haben Sie nicht schon daran gedacht, geeignete Burschen nach Australien auswandern zu lassen?«

»Sobald wir wieder drüben sein werden«, pflichtete Herr Stephens seiner Gattin bei, »müssen Sie uns versuchsweise eine Gruppe schicken. Wir werden dafür sorgen, daß sie in guten Familien aufgenommen werden.«

»Die Auswanderung ist ein Problem, das mich mächtig interessiert. Wir können nicht immer nur Burschen aufnehmen, wir müssen sie auch irgendwohin abgeben können, damit der See nicht eines Tages über die Ufer tritt. Ich habe in dieser Richtung, angeregt und unterstützt durch Annie Macpherson, erste Versuche mit Kanada unternommen. Die Reise nach Kanada ist kürzer und damit weniger kostspielig als die Fahrt nach Australien. Und das fällt sehr ins Gewicht.«

»Dieses Hindernis sollte sich überwinden lassen.«

»Wunderbar, daß einem Freunde wie Sie zugeführt werden und man immer wieder erfahren darf, daß man geleitet wird.«

»Mir scheint, in unserem Falle seien nun doch eher wir die Gewinner«, wehrte Frau Stephens ab. »Daß wir Ihnen und Ihrem Werk begegnen durften, das ist für uns eine große Bereicherung. Da wir keine eigenen Kinder haben, haben eigentlich erst Sie unserem

mehr sein, ich möchte hier bleiben. Bei Ihnen, bei James — und bei den andern. Bis das Jahr um ist und ich richtig lesen kann."

»Dem steht nichts entgegen, Punch. Übrigens habe ich erst kürzlich mit Herrn Blunderstone über dich gesprochen. Er ist mit deinen Leistungen im Lesen zufrieden.«

Punch reckte sich hoch und in seinen Augen leuchtete es auf. »Oh, ist das wahr?«

»Bestimmt.«

Leben einen Sinn gegeben. Den jungen Menschen, denen wir nun durch Sie helfen dürfen, möge das, was uns anvertraut worden ist und was wir ja einmal glücklicherweise nicht werden mitnehmen können, zum Segen gereichen.«

Sobald sich Frau Stephens einigermaßen eingelebt und den Zugang zu den Kindern der Straße gefunden hatte, übertrug ihr Barnardo die Leitung einer Mädchenklasse in einer seiner Zerlumptenschulen, und hier geschah es, daß sie Lieschen Regan kennen lernte. Sie erkundigte sich bei Barnardo nach Lieschens Herkunft und nahm sogleich lebhaft Anteil am Geschick der drei Geschwister. Sie suchte sie in der Ankergasse auf, wohin nach einem mehrwöchigen Erholungsaufenthalt auf dem Lande auch der kleine Jack wiederum zurückgekehrt war. Da Tim für seine Rattenfallen ohne Mühe Abnehmer fand, war die ärgste Not der drei Regans gebannt. Die Hauptsache jedoch war ihnen, daß sie wieder beisammen sein konnten. Aber durch ihren Einfluß, den Frau Stephens auf Lieschen gewann, erreichte sie doch, daß nicht nur nach und

»Sie haben mich bei ihm schlecht gemacht, und das, das hätte ich nicht von Ihnen gedacht.«

»Von wem und von was sprichst du eigentlich? Ich weiß mit dem besten Willen nicht, was du meinst.«

»Nun — James hat mich einen Dieb genannt.«

»Ah — hat er? Das tut mir leid. Doch von mir hat er das nicht. Du irrst dich, Punch, wenn du mich beschuldigst. Ich habe mit James kein Wort über dich gesprochen.«

Nur langsam beruhigte sich Punch. »Wer kann es ihm denn sonst gesagt haben?«

»Nun, Punch, warum regst dich das eigentlich auf?«

jener schottische Junge, mit dem er das nächtliche Abenteuer im verwanzten Logierhaus bestanden hatte. Einmal, um zwei Uhr morgens, erreichten die beiden den in der Gegend von Golden Lane liegenden Hotwater Court. Um diese Stunde brannte nirgends mehr ein Licht, kein Mensch hielt sich mehr in den Straßen und Gassen auf. Die Türen der kleinen, von Schmutz starrenden Häuser, auf die es Barnardo diesmal abgesehen hatte, wurden auch in der Nacht nicht verschlossen, damit die ständig wechselnden Mieter und Untermieter, die sich gegenseitig kaum kannten, zu jeder Tages- und Nachtzeit unbehindert ein- und ausgehen konnten.

Vielen Unglücklichen, denen das Geld fehlte, um in einem Logierhaus zu übernachten, waren diese Zustände bekannt, und so war es denn durchaus nichts Ungewöhnliches, daß sie in den Häusern von Hotwater Court Unterschlupf suchten, um da für ein paar Nachtstunden vor dem blendenden Laternenschein der Schutzleute und vor den Unbilden der Witterung einigermaßen gesichert zu sein.

angenommen, und ganz bestimmt erblickte James in ihm einen Beschützer, dem er aus Dankbarkeit und ganz unverhohlen seine ganze Liebe und Verehrung entgegenbrachte.

Barnardo hatte die beiden verschiedentlich beobachtet und mit Verwunderung festgestellt, wie ganz anders Punch wurde, sobald er mit James zusammen war, wie sehr er sich bemühte, daß die hohe Meinung, die James von ihm hatte, durch nichts erschüttert wurde. »Nun, Punch, glaubst du nicht, daß James enttäuscht wäre, wenn er vernähme, daß du ein Dieb bist?« stellte Barnardo den Burschen

deten Laterne auf den Treppen und in den Gängen erblickte, kein besonderes Interesse für ihn. »Da sind vier drin, lauter Frauen«, rapportierte er, während er an Barnardos Seite zur Tür des nächsten Hauses schritt. Schon nach kurzer Zeit kam er wieder heraus. »Das sollten Sie selber mal sehen.« Und hinter dem Jungen schritt Barnardo durch einen zu einer Treppe hinführenden Gang. »Da!« wies Mick auf ein im Winkel zwischen Treppe und Wand liegendes Bündel.

Barnardo nahm dem Jungen die Laterne ab, beugte sich nieder und fuhr mit der Hand in das, was kaum anders aussah als ein Packen weggeworfener Lumpen. Sein Herz klopfte schneller, als er einen nackten, dünnen Arm ergriff, und nun sah er, daß es ein Knabe war, der hier, unter den Lumpen verborgen, geschlafen hatte. Das Licht, das auf sein Gesicht fiel, weckte ihn auf, sofort warf er die Hände empor und schrie: »Ich bin dreizehn, ich bin dreizehn!« Und mit katzenartiger Behendigkeit entwand er sich Barnardos Hand und verkroch sich in den hintersten Winkel.

Barnardo folgte ihm, packte ihn und zog den Wider-

möglich?« Verständnislos schaute er den grinsenden Jungen an.

»Und Ihr Taschenkalender, Ihr Taschenmesser und Ihr Taschentuch?«

»Punch!«

»Bitte schön!« Und wie ein Taschenspieler hob er ein Löschblatt auf, das auf einem Tischchen beim Fenster gelegen hatte, und darunter kamen Uhr, Kette, Kalender, Messer und Taschentuch zum Vorschein. Barnardo war sprachlos. Nichts, rein nichts hatte er gemerkt.

»So muß es einer können, wenn er es zum König

war, hatte also schon davon gehört, daß jetzt, nach Inkrafttreten des neuen Schulgesetzes, Kinder bis zum dreizehnten Altersjahr angehalten werden konnten, die Schule zu besuchen. Entschlossen, seine Freiheit mit allen Mitteln zu verteidigen, hatte er sich aufgerichtet und starrte Barnardo entsetzt und haßerfüllt zugleich an. Er war fast vollständig nackt, nur um die Lenden hatte er ein paar dreckige Fetzen gebunden, die notdürftig seine Blöße bedeckten. Sein ungekämmtes, verschmiertes Haar stand in Strähnen nach allen Seiten, die Hände hatte er geballt, um jederzeit zuschlagen zu können. Er kam Barnardo vor wie ein in die Enge getriebenes Raubtier. Aus den Lumpen, unter denen der Knabe geschlafen hatte, stieg ein fürchterlicher Gestank, der Barnardo fast den Atem verschlug.

»Komm heraus. Wir wollen draußen miteinander reden.«

Der Kleine schüttelte die Mähne, den Blick nicht von seinem vermeintlichen Peiniger lassend. »Fällt mir nicht ein. Ich bleibe hier. Die Freiheit ist mir

Unterkunft gesorgt. Ich hatte es nicht schlecht, schließlich aber rechnete ich aus, daß ich weiter kommen würde, wenn ich mich selbständig machte. Und so war es auch. In den drei Jahren, die seither vergangen sind, bin ich nie, nicht ein einzigesmal, erwischt worden.« Stolz flammte in seinen Augen. »Nicht umsonst nennen mich meine Kameraden den ‚König der Diebe'.«

»Und es ist dir nie eingefallen, wie schlecht das war, was du tatest?«

»Schlecht? Wieso schlecht? Wäre ich reich gewesen, dann hätte ich nicht gestohlen. Und schließlich ver-

Der Kleine zuckte zusammen und verriet damit, daß ihm dies Bündel nicht gleichgültig war. Nach einigen Augenblicken des Zauderns warf er sich auf Barnardo, umklammerte ihn, um zu verhindern, daß er sich dem Bündel nähern konnte, und fing wie eine Katze zu fauchen und zu beißen an.

Barnardo bedeutete Mick, ihm die Laterne abzunehmen, und nun fiel es nicht schwer, den Wütenden in Gewalt zu bekommen und sich des zweiten Bündels zu bemächtigen, aus dem nun ebenfalls ein Knabe hervorkroch, der etwa drei Jahre jünger sein mochte als der erste. Barnardo hob das völlig verängstigte Wesen auf, nahm es auf den Arm und sprach ihm begütigend zu.

Als der Größere erkannte, daß der Kleine in Barnardos Gewalt war, änderte er sofort sein Benehmen. Seine drohende Haltung wich einer weinerlichen Unterwürfigkeit. »Lassen Sie mich und Little Bobbie in Ruhe, Herr, was macht es Ihnen schon aus!«

»Ja, Herr«, wurde er von Bobbie sekundiert, »wir haben nichts Böses getan.«

von einem Wärter hatte ihm dort das Leben zur Hölle gemacht. Schließlich, im Alter von neun Jahren, war es ihm geglückt, auszureißen. Nun hatte er versuchen müssen, sich selber durchzuschlagen. Wie Tausende seiner Schicksalsgenossen hatte er es als Streichholzverkäufer versucht. Doch hatte er dabei so wenig herausgeschaut, daß er täglich nicht mehr als einmal hatte essen können. Geld zum Übernachten war ihm noch seltener geblieben, so daß er fast immer draußen hatte schlafen müssen. Als es dann kälter geworden, hatte er oftmals auf das Essen verzichtet, um am Abend in einem Logierhaus unterkriechen zu können. Einmal

»Ihr werdet es nicht bereuen, wenn ihr mit mir kommt«, sprach Barnardo den beiden zu. »Ich wohne in Stepney und habe dort ein Haus, in dem Knaben wie ihr ohne Bezahlung schlafen und essen können. Und nicht nur das, sie erhalten auch anständige Kleider und haben die Möglichkeit, etwas Richtiges zu lernen. Wie heißt du?«

»Arthur.«

»Nun, Arthur, hättest du nicht Lust, dich jeden Tag richtig satt zu essen?«

»Und Little Bob?«

»Er natürlich auch.«

»Wir beide? Satt essen, jeden Tag? Und nur so, ohne dafür arbeiten zu müssen?«

»Nun, etwas müßt ihr wohl auch tun, ihr könnt doch nicht den ganzen Tag im Bett liegen bleiben.«

»Was meinst du, Bob?«

»Ich möchte schon.«

»Und Sie sind bestimmt nicht von der Polizei?«

»Bestimmt nicht.«

»Aber nein, Bill darf uns nicht finden, wir müssen

Zuchthaus wie bei uns gesungen, Cricket und Fußball gespielt wird.«

»Fußball!«

»Ei freilich, da, schau nur durchs Fenster.« Und er winkte Punch zu sich ans Fenster heran, von dem aus der hinter dem Haus gelegene Spielplatz zu überblicken war, auf dem die Jungen lachend und lärmend herumtollten.

»Und mit dem Lesen?«

»Einem so gescheiten Jungen wie dir würde das Lesen keinerlei Schwierigkeiten bereiten.«

»Ja, lesen, das möchte ich schon können.«

»Sie kennen ihn nicht, er ist furchtbar«, erklärte Arthur und sah sich scheu um, ob Bill dies Geständnis auch wirklich nicht gehört habe.

»Aber das ist doch ein Grund mehr, daß ihr mit mir nach Stepney kommen müßt! Wer dieser Bill auch sein mag, in meinem Haus seid ihr sicher vor ihm, viel sicherer als hier in Golden Lane. Denn so wie wir, so hätte doch auch er euch finden können.«

»Ja, das ist wahr«, gab Arthur nach einigem Zögern zu.

»Ich würde euch vor Bill beschützen.«

»Das könnten Sie nicht, Herr, nein, das könnten Sie nicht. Gegen ihn kommt keiner auf.«

»Das würde sich weisen. Wollt ihr euch nicht erst einmal mein Haus ansehen. Ich verspreche euch, daß ihr wieder gehen könnt, wenn es euch nicht gefällt.«

Dagegen hatte Arthur nichts einzuwenden, und so machten sie sich denn auf den Weg. Bobbie zwischen Barnardo und Mick, denen er die Hände reichte, und Arthur neben Barnardo. Und während sie durch die dunklen, stillen Gassen in Richtung Stepney gingen,

»Jawohl. Also, wenn du dich einmal anders besinnen solltest, auch für dich steht die Tür meines Hauses jederzeit offen.«

»Freuen Sie sich nicht umsonst.«

»Das tu ich nicht. Aber ich warte auf dich.«

Und tatsächlich, eine oder zwei Wochen später erschien Punch im Boys Home. Vielleicht war es doch noch etwas anderes als das brennende Verlangen, lesen zu lernen, das ihn hergetrieben hatte.

»Punch!« rief Barnardo und bemühte sich gar nicht, seine freudige Überraschung zu verbergen.

»Ich möchte mit Ihnen reden.«

Zeitvertreib gewesen. In ihrem Leben hatte es für sie nichts anderes als Furcht vor Bill gegeben. In einer Kneipe in Brighton, wo sie einmal alle drei Unterschlupf gesucht hatten, war es Arthur und Bobbie dann endlich gelungen, dem Scheusal zu entweichen. Sie waren nach London gewandert, immer getrieben von panischer Angst, von ihrem Bruder doch noch eingeholt zu werden. Sie waren jedoch unbehelligt geblieben, die Flucht war geglückt. Doch was für ein jammervolles Leben waren sie in London zu führen verurteilt gewesen! Oft war ihnen nichts übrig geblieben, als die Kehrichtkübel nach Küchenabfällen zu durchsuchen, um damit den nagendsten Hunger stillen zu können, und wenn sie auch in der Gosse nichts gefunden hatten, dann hatten sie, wie tausend andere ihrer Schicksalsgefährten, die Vorübergehenden angebettelt. Selten nur hatten sie das Glück gehabt, genug zu erhalten, um sich einen Platz in einem Logierhaus leisten zu können, so daß sie meist in ein offenstehendes Haus unter einen Karren oder hinter Warenballen gekrochen waren, um in einem

Tagen war Tom gesund und damit Barnardos Aufgabe als Arzt zu Ende. Noch nicht aber seine Mission unter diesem jugendlichen Diebsgesindel. Als er den Burschen eröffnet hatte, daß er nun nicht mehr kommen werde, und er sich von ihnen verabschiedete, da traten fünf von ihnen vor ihn hin. »Sie haben uns einmal versprochen, daß wir zu Ihnen ziehen könnten —«

»Stimmt, und es gilt noch immer.«

»Wir haben uns dazu entschlossen.«

»Ihr kennt meine Bedingung?«

Sie nickten.

»Diebe kann ich in meinem Heim keine brauchen.

aus deren Schatten sich eine Gestalt löste und Barnardo entgegentrat. Es war ein etwa fünfzehnjähriger Bursche, der die vier zu sich herankommen ließ, um sich dann plötzlich vor ihnen zu verbeugen, die Mütze vom Kopf zu reißen und zu schreien: »Macht Platz für den Lord Mayor und sein Gefolge!«

Er eilte ein paar Schritte voran, blieb neuerdings stehen und wiederholte mit krächzender Stimme sein freches Geschrei.

»Mach, daß du weiterkommst«, herrschte Barnardo ihn an, doch ließ sich der Lümmel von seinem Tun nicht abbringen.

»Soll ich es ihm geben?« fragte Mick vorsichtig.

Barnardo schüttelte den Kopf. »Du könntest den kürzeren ziehen.«

»Schaut her, der Lord Mayor und sein Gefolge! Macht Platz für die Herrschaften!«

Leute blieben stehen und schauten ihnen lachend, die Köpfe schüttelnd, nach. Welch sonderbarer Aufzug! Die Sache war Barnardo unangenehm.

»Was hat der mit den Kindern vor?« hörte er hinter

Betten Platz. Barnardo nickte ihm aufmunternd zu und stellte mit Genugtuung fest, daß auch Punch sofort ganz Auge und Ohr war und sich kein Wort entgehen ließ.

Auch an den folgenden Abenden war er immer dabei und folgte der Geschichte mit größtem Interesse. Als Barnardo Beecher-Stowes Buch über das Negerleben in den Sklavenstaaten Nordamerikas zu Ende gelesen hatte, baten ihn die Burschen, ihnen noch eine andere Geschichte vorzulesen.

»Wenn ich doch auch lesen könnte«, meinte Tom und seine Augen leuchteten.

Barnardo sah knurrend ein, daß er gegen diesen Frechling nichts auszurichten vermochte. Es war wohl das beste, sich ihm durch die Flucht zu entziehen. Zudem waren sowohl Arthur als auch Klein Bobbie, ausgehungert, wie sie waren, nach der langen Wanderung völlig erschöpft. In Aldgate winkte er einen Droschkenkutscher heran. »Nach Stepney Causeway!« befahl er und schob erst die beiden Buben und hinter ihnen Mick in den Kasten, um sich dann selber hineinzuschwingen.

Das hatte sich natürlich vor den Augen des Burschen abgespielt, der nun mit wilden Sprüngen das Gefährt umtanzte, die Arme verrenkte und noch lauter als vorher schrie: »Auf mein Wort, hier ist des Lord Mayors Karosse! Der Lord Mayor mit seinem Gefolge! Ehre den hohen Herrschaften, geht aus dem Weg, macht Platz, die Karosse des Lord Mayors!«

»So fahren Sie endlich los!« herrschte Barnardo den Mann auf dem Kutschbock an. Doch kaum hatte sich die Droschke in Bewegung gesetzt, als ihr der Bengel auch schon nachrannte, sich hinten festhielt, eine

»So ist es.«

»Er stiehlt so viel wie zwölf andere zusammen. Und noch nie hat er sich erwischen lassen. Das ist wohl allerhand.«

»Ach so, solcher Art also ist euer Gewerbe? Nun verstehe ich auch, weshalb man das Haus die Diebesküche nennt.«

»Nun werden Sie wohl gehen und uns verpetzen?«

»Nein, das werde ich nicht tun, obwohl es mich gar nicht freut, es mit Dieben zu tun zu haben.«

»Wieso? Wir arbeiten doch auch!« sagte einer verwundert

Barnardo wußte nicht, was er von dem sonderbaren Gesellen halten solle. Am Ende war er ein armer Kerl, bei dem sich etwas verdreht hatte. So nahm er denn, ohne weiter auf das dumme Geschwätz und Geschrei zu achten, Little Bobbie auf den Arm, gab dem Kutscher zu verstehen, daß er das Geld für die Fahrt gleich bringen werde, und verschwand mit seiner Beute aus Golden Lane und Mick ins Haus hinein.

Nun machte sich der Bursche mit seinen Bemerkungen an den Kutscher heran.

Doch dieser klopfte sich mit dem Zeigefinger bedeutungsvoll gegen die Stirn. »Hör endlich auf mit deinem Geflunker. Und daß du es nur weißt, einen blöderen Schafskopf als dich hab' ich bis heute nicht gesehen.«

Diese Sprache flößte dem Burschen Achtung ein. Verständnislos gaffte er zum Kutschbock hinauf. »Wieso?«

»Weil du besser getan hättest, diesen jungen Mann um Aufnahme in sein Knabenheim zu bitten, als den Verrückten zu spielen.«

geprägt. Unwillkürlich verzögerte Barnardo während ein paar Herzschlägen den Schritt. Der lebhafte Blick und das stolze Lächeln, das um den schön geschnittenen Mund des vielleicht siebzehnjährigen Jungen spielte, mußten in dieser Umgebung überraschen. Wer war der Junge, was tat er hier, weshalb hatte er ihn bisher nie zu Gesicht bekommen?

Der Bursche, damit beschäftigt, über dem Feuer einen Hering zu braten, warf dem Studenten wohl einen raschen Blick zu, ließ sich jedoch in seiner Beschäftigung nicht stören. Schon erschienen ein paar Burschen, die offenbar Barnardos Kommen durchs

Schritte abseits und kratzte sich unentschlossen im Haar. Dann, als der Wagen davonfuhr, trat er vor Barnardo hin. »Es tut mir leid, Herr, ich habe nicht gewußt, daß Sie der sind.«

»Na, wenn schon.«

»Wollen Sie mich — ich meine, könnten Sie mich nicht auch in Ihr Haus aufnehmen?«

»Ah.«

»Ich würde mich anständig aufführen, Herr, das verspreche ich Ihnen.«

»Wo bist du zu Hause?«

»Zu Hause? Natürlich nirgends.«

»Wo hast du in der vergangenen Nacht geschlafen?«

»Ich? In Spitalfield Market!«

»Komm herein, wir wollen den Fall untersuchen. Wenn du die Wahrheit gesagt hast, kannst du bleiben.«

»Wirklich?«

Er wurde sogleich dem Heimvater vorgeführt, der ihn in ein Bad steckte. Das war das übliche. Die bei-

Sie waren völlig allein, hatten ihre Stühle aneinandergerückt und schienen sich mit großem Eifer über irgend einen Gegenstand zu besprechen.

Vermutlich hatte einer der herumschleichenden Burschen seinen Kameraden gemeldet, der Doktor lese dem Kranken vor, denn zu Barnardos freudiger Überraschung drängten sie sich nun, einer hinter dem andern und auf den Fußspitzen, um nicht zu stören, ins Zimmer. »Dürfen wir?« flüsterten sie.

Und als ihnen Barnardo zustimmend zunickte, ließen sie sich, wohl zwanzig an der Zahl, auf den Betten nieder und lauschten mit angehaltenem Atem

Barnardo legte sich noch für eine Stunde auf das in seinem Arbeitszimmer stehende Bett.

Als er dann gegen Abend vom Hospital zurückkam, um sich nach dem Ergehen seiner drei neuen Schützlinge zu erkundigen, meldete ihm die Heimmutter, daß sie alle bis am Mittag geschlafen hätten. »Nachher hat mein Mann die beiden Dreckfinken aus Golden Lane in die Kur genommen. Wahre Krähennester von Haaren hatten sie auf dem Kopf. Nun, Sie werden staunen, was aus ihnen geworden ist.«

Und tatsächlich, als Barnardo die beiden vor Sauberkeit glänzenden und von Seife duftenden Bürschchen vor sich sah, aus deren Augen das Glück strahlte, da mußte er zugeben, sie nicht wiederzuerkennen. »Und Willy, wie steht es mit ihm?«

»Den hat bereits Notmann unter seine Fittiche genommen, da ja nun doch Charlie weggekommen ist.«

»Sehr gut. Wie hat er sich angelassen?«

»Ein Spaßvogel ist er, soweit ihn die Haut bedeckt«, lächelte Frau Betsey. »Denken Sie nur, als er um zwölf Uhr erwachte und Frau Pingle sah, da winkte er sie

»Eher besser. Ich bin ja so froh, daß Sie sich um ihn kümmern!«

Barnardo gab dem Jungen ein leicht purgierendes Mittel, verordnete kalte Fußwickel und versprach, ihn am Abend noch einmal zu besuchen. Beim Hinuntergehen nahm er mit raschem Blick wahr, daß sich in der Küche einige der Burschen mit Leuten unterhielten, die bestimmt nicht in dieses Haus gehörten. Was sie sprachen, verstand er nicht, da sie sofort verstummten, als er vorbeiging. Sofort schöpfte er Verdacht, doch gab er sich den Anschein, als hätte er nichts Besonderes bemerkt. Er würde aber die Augen offen be-

Die Teufelszitadelle

»Wir haben die drei Regans-Kinder richtig ins Herz geschlossen«, sagte Frau Stephens, »und dürfen gar nicht daran denken, uns von ihnen zu trennen.«

»Es dauert immerhin noch ein paar Monate bis dahin.«

Frau Stephens zögerte. »Und wenn wir sie – wenn wir sie mit uns nähmen, nach Australien?«

»Nach Australien? Alle drei?«

»Alle drei. Sie wissen ja selbst, daß sie wie Kletten zusammenhalten und keines vom andern lassen will.«

Barnardo schlug die Decke zurück und griff nach des jungen Handgelenk, um den Puls zu fühlen.

»Ist es schlimm?« fragte der Türhüter ungeduldig, und die Angst flackerte in seinen Augen.

Nein, schlimm war es nicht, das erkannte Barnardo sogleich. Ein gutartiges Fieber, dem vermutlich leicht beizukommen war. Von der Notwendigkeit einer Quarantäne keine Spur.

»Nun, Herr Doktor!«

Der mußte vor der Polizei einen gewaltigen Respekt haben. »Ist es am Ende doch etwas Ansteckendes?«

zuerst mit Ihnen reden wollten. Doch glaube ich schon, daß mir Lieschen anhänglich ist. Und die beiden Buben, wie herrlich hätten sie es auf unserer großen Farm!«

»Sie sollen in ihrem Entschluß völlig frei sein. Daß sie zusagen, daß sie begeistert zusagen werden, steht für mich außer jedem Zweifel. Wahre Glückspilze, wie mich das freut!«

Die Kinder wurden in den Plan eingeweiht. Lieschen strahlte bei dem Gedanken, bei Frau Stephens bleiben, sie in ihre Heimat begleiten zu dürfen, und natürlich waren auch Tim und Jack Feuer und Flamme, sobald sie die Zusicherung hatten, daß sie sich nicht von ihrer Schwester trennen mußten.

Von nun an sprachen sie von nichts anderem mehr und bettelten immer wieder, ihnen doch von Australien zu erzählen, das in ihren Vorstellungen nach und nach zum eigentlichen Paradies wurde.

Nach anfänglichen Protesten und längerem Zögern stimmten sie schließlich dem Vorschlag Barnardos zu, die Wohnung in der Ankergasse aufzugeben. Bis zur

»Ich will mir den Jungen einmal ansehen. Führen men.
die Möglichkeit, es mit der Polizei zu tun zu bekom-
Offenbar bereitete ihm der Kranke weniger Sorge als
dieser Nußknacker plötzlich so weich geworden war.
Aha, da hatte er auch schon die Erklärung, weshalb
denken!«
vor der Quarantäne. Die Folgen wären nicht auszu-
Doktor? Bewahren Sie uns um des Himmels willen
ihn. Würden Sie ihn nicht einmal untersuchen, Herr
krank. Er hat hohes Fieber und wir sind in Sorge um
einer unserer Burschen ist krank geworden. Sehr

schwister Regan eine so glückliche Wendung nahm, galt Barnardos Sinnen einem neuen Plan, an dessen Verwirklichung er mit der ihm eigenen, jugendlichen Begeisterung arbeitete. Die Erhebungen über die unheilvollen Auswirkungen des Alkoholmißbrauchs, die er auf Betreiben Shaftesburys unter seinen Schutzbefohlenen angestellt hatte, hatten ihn in erschreckender Weise erkennen lassen, wie dringend notwendig es war, den Kampf gegen den grassierenden Alkoholismus aufzunehmen und mit aller Entschiedenheit zu führen. Daß dieser Kampf mit einer Großaktion eingeleitet werden mußte, war für Barnardo klar. Alles oder nichts. Halbheiten verabscheute er.

Eine knappe Viertelstunde vom Stepney Causeway entfernt befand sich das Edinburgh Castle, eine Vergnügungsstätte von ungewöhnlichen Ausmaßen, die sich als Gin-Palast und Music-Hall weiterum großer Beliebtheit erfreute und so Nacht für Nacht riesige Besucherscharen anzulocken vermochte.

Dieses Unternehmen hatte längst Barnardos flammenden Zorn erregt, so daß er im Kreise seiner

genüber, »da wir durch Untätigkeit selber schuldig würden.«

Und sie kamen überein, in die Teufelszitadelle einzudringen, um erst einmal von dem darin herrschenden Betrieb ein richtiges Bild zu gewinnen. Ehe sie etwas unternehmen konnten, mußten ihnen die feindlichen Positionen vertraut sein.

Samuel Morley schloß sich ihrer Expedition an. Sobald sie durch das mit Gaslampen festlich erleuchtete Portal getreten waren, standen sie in einem halbkreisförmigen, mächtigen Saale, der bereits zum Bersten angefüllt war. Es waren vornehmlich Burschen und Mädchen, die das Lokal bevölkerten.

»Scheußlich«, entsetzte sich Annie Macpherson und deutete mit einer energischen Kinnbewegung gegen die mit den Fenstern abwechselnden Wandnischen, in denen fast lebensgroße Gipsfiguren standen, nackte, menschliche Gestalten beiderlei Geschlechts, die mit Kunst nichts zu tun hatten, für die herrschende, geradezu physisch wahrnehmbare Atmosphäre aber bezeichnend waren.

Es herrschte ein wilder Lärm, eine Musikkapelle spielte, und auf der den Raum abschließenden Bühne warfen einige grell geschminkte Tanzmädchen ihre nackten Beine. In der Mitte des Saales befand sich die stark belagerte Bar, an der die Getränke in großen Mengen verkauft wurden. Barnardo und seine Begleiter ließen sich, halb benommen von dem Getöse und dem Dunst und dem Qualm um sie her, im Gedränge bis vor die Bühne schieben, wo sich nun nach den tanzenden Weibern eine Sängerin ins Licht der Scheinwerfer gestellt hatte. Die von ihr geplärrten Songs enthielten Zoten gemeinster Art, die noch mit entsprechenden Gebärden begleitet wurden. Das Publikum brüllte vor Begeisterung, so daß sich die Sängerin immer wieder unterbrechen mußte. Die Burschen schlugen sich auf die Schenkel, wischten sich die Tränen aus den Augen und drückten ihre aufkreischenden Begleiterinnen an sich.

»Das reinste Sodom«, stellte Annie Macpherson fest, »Feuer und Schwefel sollten diese Lasterhöhle vernichten.« Damit steuerte sie auf eine Türe zu, die jedoch, wie sie bald erkannten, nicht auf die Straße, sondern in einen Hof, eine Art Teegarten, hinausführte, wohin sich offenbar die Pärchen zu verziehen pflegten. In allen Ecken, an allen Tischen verknutschten sie sich und waren so sehr mit sich selber beschäftigt, daß sie von den drei peinlich überraschten Beobachtern nicht die geringste Notiz nahmen.

»Daß hier etwas Entscheidendes geschehen muß, ist auch meine Überzeugung«, erklärte nachher Annie Macpherson aufatmend.

Und Samuel Morley pflichtete ihr bei: »Da braucht einer wahrhaftig nicht nach China zu fahren, um zu sehen, was dunkelstes Heidentum und Götzendienerei ist. Wie aber ist an diese Leute heranzukommen?«

»Hier, gerade hier auf dem Platz vor der Teufelszitadelle, müßte gepredigt werden.«

»Ich weiß nicht, ob das der Weg wäre«, gab Morley zu bedenken. »Eine Versammlung macht diese Burg noch nicht sturmreif. Auch Jericho ist nicht an einem Tag genommen worden.«

Schließlich kamen die drei überein, auf einem Baugrund, nicht weit von Edinburgh Castle entfernt, ein Evangelisationszelt aufzustellen, um da, unmittelbar

»vor den Pforten der Hölle«, den Kampf gegen Trunksucht und Lasterhaftigkeit aufzunehmen.

Die Leute vom Vorstand der Ostend Jugendmission stimmten dem Plan begeistert zu. Die erforderlichen Geldmittel konnten beschafft und das treffliche Evangelistenehepaar Joshua und Mary Poole gewonnen werden. Joshua, zu jener Zeit weitherum unter dem Namen Fiedler Jos bekannt, war die große Zugnummer, deren es unbedingt bedurfte, um die Kunden des Schnapspalastes ins Evangelisationszelt hinüberzulocken.

Im August 1872, einen Monat, nachdem die drei Regans erwartungsfroh ihre Australienfahrt angetreten hatten, waren die Vorarbeiten getan, so daß nun das an die dreitausend Sitzplätze aufweisende Zelt aufgestellt und unverzüglich in Betrieb genommen werden konnte.

Die Hoffnungen, welche die Veranstalter in Fiedler Jos gesetzt hatten, wurden nicht enttäuscht, Joshua bewies erneut seine Anziehungskraft. Die Bewohner von Limehouse und den angrenzenden Quartieren, unter ihnen Säufer, Diebe, Prostituierte und Zuhälter, strömten in Scharen zu den Versammlungen, lauschten erst gebannt und bewundernd den Darbietungen Joshuas, der den vier Saiten seines Instrumentes ein wahres Feuerwerk von Tönen zu entlocken verstand, um dann mit nicht minderer Aufmerksamkeit Mary Poole zuzuhören, die es dank ihrer ungewöhnlichen Beredsamkeit und Überzeugungskraft verstand, die Menge hinzureißen, den Leuten die Verwerflichkeit ihres sündhaften Tuns vor Augen zu führen und sie zur Besinnung und zu einem neuen Anfang aufzurufen.

»Frau Kelley«, erzählte Barnardo begeistert seiner Zimmervermieterin, »sie sollten einmal mitkommen, um sich selber zu überzeugen, wie segensreich die beiden Pooles wirken. Ich kann mich nicht erinnern, je ähnlich eindrucksvollen Szenen beigewohnt zu haben. Es ist etwas Großes, miterleben zu dürfen, wie Menschen vom Wort Gottes getroffen und umgewandelt werden.«

Wenn Barnardo nach Schluß der Versammlungen das Zelt verließ, pflegte er auf kurzem Umweg an der Teufelszitadelle vorüberzugehen, die ja den ganzen Feldzug ausgelöst hatte. Eines Nachts, als er eben über den Platz schritt, verließen fünf oder sechs junge Männer das Lokal. Sie schwatzten und lachten miteinander, sobald sie aber Barnardo gewahrten, grüßten sie ihn, und er erkannte in ihnen einige ehemalige Schüler aus einer seiner Zerlumptenschulen.

»Nun, Jack«, wandte er sich an den einen, »es tut mir leid, dich hier zu sehen.«

Der Angesprochene ließ blöde den Kopf hängen, doch ergriffen die andern für ihn das Wort. »Wir wissen wohl, daß Sie dort drüben Ihr Zelt aufgestellt haben. Das trägt aber nicht viel ab, so lange Edinburgh Castle noch im Betrieb ist. Warum reißen Sie die Bude nicht ab? Sie steht ja nur zu unserem Schaden da.«

»Es heißt euch niemand, hineinzugehen.«

»Wir möchten nicht anders sein als die andern.«

Diese kurze Aussprache stimmte Barnardo nachdenklich. Ja, wenn das möglich gewesen wäre, dieses Lasterhaus niederzureißen, diesen Schandfleck zum Verschwinden zu bringen!

Die Tätigkeit der Zeltmission gewann von Tag zu Tag größeren Einfluß auf die Bevölkerung, selbst aus entlegenen Stadtteilen strömten Leute daher, immer neue Menschen wurden vom göttlichen Wort ergriffen. So übertraf denn der Erfolg die kühnsten Hoffnungen. Tausende vernahmen hier aus dem Munde Mary Pooles zum erstenmal in ihrem Leben die biblischen Wahrheiten, Hunderte wurden von ihnen ergriffen und gelobten, in Christus ein neues Leben zu beginnen. Gegen viertausend Erwachsene legten das Gelübde ab, sich künftighin aller alkoholischen Getränke zu enthalten. Die Versprechen wurden eingetragen, registriert und die für die Entwöhnungsbewegung neu gewonnenen Mitglieder durch die Helfer der East End Juvenile Mission und die Fürsorger der Abstinentenverbände regelmäßig besucht und seelsorgerisch betreut.

Da unter denen, die unterschrieben, viele waren, die sonst ihre Abende und Sonntage in Kneipen, Schnapsbuden und an Vergnügungsstätten von der Art des Edinburger Schlosses oder der, wenn möglich, noch anrüchigeren »Penny Gaffs« vertan hatten, gingen hier mit einem Schlag die Besucherzahlen und damit der Umsatz zurück, und bald sprach sich herum, daß zwei dieser Lokale bereits in Zahlungsschwierigkeiten geraten seien.

Das war Sphärenmusik für Barnardo und seine Getreuen. Sollte es am Ende möglich werden, die Teufelszitadelle auf solche Weise niederzureißen? Noch aber stand sie, noch erleuchteten die Gasflammen allabendlich den Eingang und lockten die Besucher an wie das Licht die Motten.

Nur jetzt nicht nachgeben und den Kampf vorzeitig

abbrechen, da doch die Sache so verheißungsvoll stand. Und Fiedler Jos geigte weiter, und Mary Poole fuhr zu predigen fort und ergriff fernerhin die Massen.

Und nach zwei Wochen geriet die Teufelszitadelle tatsächlich ins Wanken. Ihr Inhaber erklärte, die Unkosten nicht mehr herauszuschlagen, und als die Brauer drohten, ihn hinauszuwerfen, wenn er sie nicht bezahle, kam er voller Entrüstung zu Barnardo gelaufen, um ihm kurzerhand das Haus mitsamt dem Betrieb zum Kaufe anzubieten.

Barnardo spürte die Größe des Augenblicks.

An diese Wendung, Edinburgh Castle für eigene Zwecke zu erwerben, hatte er nie gedacht. Ja, wenn das möglich wäre! Er hatte in Leeds Arbeitergasthäuser gesehen, in denen billiges Essen verabreicht und nur alkoholfreie Getränke verkauft wurden. Wenn diese Lasterstätte in diesem Sinne umgewandelt werden könnte!

»Wieviel wollen Sie?« Seine Stimme hatte keinen Klang.

»Viertausend Pfund.«

»Viertausend?«

Der Wirt nickte. »Ein besseres Geschäft machen Sie nie mehr.«

Barnardo wußte selbst, daß viertausend Pfund nicht überfordert waren. Doch woher hätte er eine solche Summe hernehmen sollen? Wohl flossen ihm aus dem stets größer werdenden Kreis seiner Gönner immer wieder Spenden zu; aber die waren in erster Linie für das Knabenheim bestimmt, das er bereits erweitert hatte, um noch mehr und doch noch immer viel zu wenig Buben aus der Gosse aufnehmen zu können.

»Gut, ich werde mir Ihr Angebot überlegen und mich mit meinen Mitarbeitern besprechen. Sie sollen so bald als möglich von mir hören.«

Und unverzüglich setzte sich Barnardo mit seinen Freunden und Helfern in Verbindung, rechnete ihnen vor, beschwor sie, vereinigte sich mit ihnen zu gemeinsamem Gebet, und sein Feuergeist ergriff alle und räumte mit den letzten Bedenken auf. Nun war er ganz in seinem Element. Alle Beziehungen, über die er verfügte, sollten ausgenützt werden, um möglichst weite Kreise zu mobilisieren und für die Sache zu gewinnen, die eine Sache des Reiches Gottes war. Jedem wurde die, seiner Veranlagung und Befähigung gemäße Aufgabe zugeteilt, und er selber schrieb für die nächste Nummer des »Christ« einen Artikel, der seinen im ganzen Königreich herum verstreuten Gönnern seiner Werke dartun sollte, welch einzigartige Gelegenheit sich da der Mission bot.

»Zu den sichtbaren Erfolgen, welche die Evangelisationstätigkeit Joshua und Mary Pooles bereits gezeitigt hat, gehört die Schließung zweier berüchtigter Schnapslokale. Nun ist ein weiteres in Zahlungsschwierigkeiten geraten und könnte zu günstigen Bedingungen erworben werden. Es enthält achtzehn Räume, unter denen sich ein großes, hohes und helles Versammlungslokal für zweihundert Personen, und ein großer Konzertsaal mit über zweitausend Sitzplätzen befinden. Der das Gebäude umgebende Platz ist groß genug, um darauf bei Bedarf Versammlungen im Freien abhalten zu können. Es versteht sich von selbst, daß es für das in nächster Zeit zum Verkauf gelangende Objekt nicht an Interessenten fehlt, und schon verlautet, es sei beabsichtigt, das Haus neuerdings als Musikhalle und Variété zu benützen. Ich zittere bei dem Gedanken, daß sich das bewahrheiten könnte. Laßt uns Gott bitten, es einem seiner Knechte zu ermöglichen, ein solches Unglück zu verhindern und das frühere Haus des Lasters der göttlichen Sache dienstbar zu machen. Alles, was diesem Zwecke dient, werde ich mit besonderer Dankbarkeit entgegennehmen, inständig hoffend, der Herr möge in den Herzen seiner Knechte und Mägde Mitleid und Liebe wecken für die Ärmsten des Ostends, denen das ewige Leben auch verheißen ist.«

Noch handelte Barnardo damals nach dem Grundsatz, für die Reichsgottesarbeit nicht um Geld zu bitten und es jedem zu überlassen, zwischen den Zeilen zu lesen, wie es gemeint war. Und seine Absicht wurde auch verstanden, sein Aufruf gehört. Aber es war eine gewaltige Summe, die da durch zumeist kleine und kleinste Beträge zusammengelegt werden sollte. Noch war sie bei weitem nicht beisammen, als Barnardo zu seiner Bestürzung vernahm, daß der Wirt von Edinburgh Castle darauf drängte, das Gebäude öffentlich zu versteigern.

Was war nun zu tun? Wie ein Löwe im Käfig schritt Barnardo in seinem Arbeitsraum im Knabenheim, wo ihn die Hiobsbotschaft erreicht hatte, auf und ab, hin und her. Sollten alle Bemühungen umsonst gewesen sein? War ihm diese Enttäuschung zugedacht, damit er nicht selbstsicher und hochmütig wurde?

Es gab nur eins: stille werden vor Gott, sich von ihm führen lassen nach der ihm gegebenen Verheißung: »Ich will dich mit meinen Augen leiten.« In den vor der Versteigerung noch eingehenden Spenden wollte er die Antwort Gottes erkennen. Wenn es sein

Wille war, würde der Herr es durch dies sichtbare Zeichen offenbaren.

Die Versteigerung war auf den 22. Oktober angesetzt. An diesem Tage stand Barnardo erst wenig mehr als die Hälfte des geforderten Betrages zur Verfügung. Er wußte aber aus sicherer Quelle, daß sich der Besitzer eines Tanzlokals im Westend entschlossen hatte, Edinburgh Castle zu erwerben.

Jetzt mußte gehandelt werden. Aber durfte er es wagen, das Haus noch vor der Versteigerung käuflich zu erwerben? War es eine Prüfung seines Glaubensmutes, in die er da geführt worden war?

Und im Vertrauen auf Gottes Hilfe sagte Barnardo zu. Eine Stunde vor Beginn der Versteigerung unterzeichnete er den Kaufvertrag, der ihn gegen die Verpflichtung, 840 Pfund als Anzahlung zu leisten und den Restbetrag innerhalb vierzehn Tagen zu begleichen, zum Besitzer von Edinburgh Castle machte.

Als eine halbe Stunde später der Interessent aus dem Westend zur Steigerung erschien und vernehmen mußte, daß das Edinburger Schloß bereits Barnardo gehörte, entfuhr ihm ein Fluch, und unverzüglich suchte er den Studenten auf, um mit ihm zu verhandeln. So ohne weiteres wollte er sich von diesem Betbruder nicht schlagen lassen. Er bot ihm fünfhundert Pfund an für den Fall, daß er vom Kauf zurücktrete.

Barnardo sah seinen Gegner ruhig an, begann zu lächeln und schüttelte den Kopf: »Nein, Herr, da ist wohl nichts zu machen, Ihr Geld interessiert mich nicht.«

Sein Vertrauensbeweis bewegte erneut die Herzen der Leser des »Christ« und anderer christlicher Freunde. Wieder begannen die Spenden zu fließen.

Aber vierzehn Tage sind eine kurze Zeit, um an freiwilligen Gaben an die zweitausend Pfund zu sammeln. Unter denen, die bereits geholfen hatten, befanden sich auch Lord Shaftesbury, Arthur Kinnaird, der nachmalige Lord Kinnaird, sowie Lord Radstock, der allein tausend Pfund gezeichnet hatte.

Am Morgen des Tages, an dem der ganze Restbetrag bezahlt werden mußte, um den Kauf rechtsgültig werden zu lassen, fehlten immer noch 110 Pfund. Sollte an ihnen doch noch alles scheitern?

Was Barnardo und seine Freunde in Angst und Sorge versetzte, erhofften der Tingeltangelbesitzer aus dem Westend und der Wirt von Edinburgh Castle, der es nicht verwinden konnte, daß er fünfhundert Pfund mehr hätte herausholen können, wenn er nicht kurz vor der Versteigerung auf Barnardos Angebot eingetreten wäre. Bis am Mittag hatte Barnardo Zeit, und die Zeiger standen bereits auf elf Uhr.

Mit einigen Freunden saß Barnardo in seiner Klause im Knabenheim. Wartend und betend. Wissend, daß nur ein Wunder, ein Eingreifen Gottes sie retten, der Sache doch noch zum Sieg verhelfen konnte.

Langsam, doch mit grausamer Unerbittlichkeit, rückten die Uhrzeiger vor.

Da waren von der Treppe her Schritte zu hören, nun pochte es an die Tür und Betsey führte einen Herrn herein, einen Unbekannten, den keiner von ihnen je gesehen hatte. Aller Augen waren starr und erwartungsvoll auf den Eintretenden gerichtet.

»Hallo«, grüßte der. »Meine Herren, ich weiß, für was Sie kämpfen. Lassen Sie mich einen der letzten Schüsse auf die feindliche Festung abfeuern.« Damit zückte er die Brieftasche, entnahm ihr einen Schein, schwenkte ihn wie ein Fähnchen in der Luft und legte ihn vor Barnardo hin. Es war ein Hundertpfünder, den er abgeschossen hatte.

Und andere, kleinere Spenden von kleineren Gebern folgten im Verlauf der nächsten halben Stunde.

Als es von den Türmen Mittag schlug, war nicht nur die Kaufsumme beisammen, Barnardo hatte darüber hinaus einen Betrag von annähernd hundert Pfund, der für die künftige Einrichtung des Hauses verwendet werden konnte.

Die Teufelszitadelle war gefallen.

Ein Baum wächst im Ostend

Es gehört zu den hervorstechendsten Wesenszügen Barnardos, daß es für ihn ein Stillestehen überhaupt nicht gab. Sein lebhafter Geist drängte rastlos vorwärts. Er liebte den Kampf an sich, und sobald etwas erreicht war, suchte er weitere Positionen, von denen aus für den Herrn neues Land zu gewinnen war.

Edinburgh Castle dachte er sich in erster Linie als ständige Einrichtung an Stelle des Missionszeltes, in dem die beiden Pooles nach wie vor mit nicht nachlassendem Erfolg wirkten. Der Schnapspalast sollte in eine Volksmissionskirche umgewandelt werden. Die Bedeutung, die Barnardo einer solchen Kirche gerade in dieser Gegend zumaß, veranlaßte ihn, das Haus einem siebenköpfigen Kuratorium zu unterstellen.

Sechs Tage nach dem Fall der Teufelszitadelle wurde darin ein Teeabend durchgeführt, an dem sich die neue, bereits 250 Mitglieder zählende Gemeinde versammelte. Anschließend fand im nahen Zelt ein Dankgottesdienst statt, der 55 weitere Personen veranlaßte, um Aufnahme in die Gemeinde nachzusuchen. Zum Betreuer der neuen Herde und als Prediger der Volksmissionskirche wurde Barnardo gewählt. Er nahm zu seinen vielen andern Verpflichtungen auch diesen neuen Auftrag an.

Unverzüglich sollten nun die Umänderungsarbeiten im Innern von Edinburgh Castle in Angriff genommen werden, um das Gebäude möglichst bald als Volksmissionskirche eröffnen und so mit der geplanten Evangelisationstätigkeit im großen Stil beginnen zu können.

Wann immer er untertags Zeit erübrigen konnte, hielt sich Barnardo an seiner neuen Wirkungsstätte auf, um sich vom Fortschreiten der Umänderungsarbeiten zu überzeugen. Als er eines Tages hinkam, hatten die Maler eben begonnen, über dem Eingang die große Aufschrift »Gin-Palace« herunterzukratzen. Da durchzuckte ihn der Gedanke, das Wort Gin durch das Wort Kaffee zu ersetzen, im ehemaligen Schankraum eine Kaffee- und Speisewirtschaft für Arbeiter einzurichten und so den Schnapspalast in einen Kaffeepalast umzuwandeln. War das nicht mit eine Aufgabe, deren sich eine wahre Volkskirche anzunehmen hatte?

Barnardo wußte um die Arbeitergasthäuser, die seit einiger Zeit in den großen Industriezentren entstanden waren, verschiedene kannte er aus eigener Anschauung. Aber sie hatten ihm keinen guten Eindruck gemacht, sie waren nicht das, was die Arbeiter anzog. Die kahlen, unfreundlichen Lokale, die nötigenfalls aufgesucht wurden, um rasch eine billige, doch lieblos zubereitete und aufgetragene Mahlzeit hinunterzuschlingen, waren völlig ungeeignet, um mit Vergnügungsstätten, wie Edinburgh Castle eine gewesen war, ernsthaft in Konkurrenz treten zu können. Gerade für die, die in einem erbärmlichen Milieu zu Hause waren, die nach der Arbeit daheim nichts anderes erwartete als Gekeif, Gejammer und Kindergeschrei, bestand die Lockung, ab und zu für ein paar Stunden in eine Welt zu flüchten, in der sie Licht und Wärme umgab und Auge und Ohr ungewohnte Reize empfingen. Wer hätte ihnen den Wunsch verargen wollen, einmal zur Abwechslung die Fronkette des Alltags zu sprengen und am Kelch des Wohllebens wenigstens zu nippen?

Warum also diesem Bedürfnis nicht entgegenkommen und den Arbeitern freundliche Gaststätten zur Verfügung stellen, in denen sie sich wohlfühlen konnten und die nicht aus Gewinnsucht, sondern zum Wohl der arbeitenden Bevölkerung betrieben wurden?

Und Barnardo ordnete an, daß entgegen den ursprünglichen Absichten die Wände nicht geweißelt, sondern mit hellen, frohen Farben überstrichen werden sollten, daß die bereits abgenommenen funkelnden Spiegel in ihren geschnitzten Rahmen wieder hervorgeholt und aufgehängt und auch die vergoldeten Leuchter weiterhin benützt wurden. Die Wände ließ er mit aufgemalten, kurzen Bibelworten und hübsch gerahmten Bildern schmücken. Sein Kaffeepalast sollte ein Lokal werden, wie es bisher ein solches weder in London noch in einer andern Stadt des Königreichs gegeben hatte.

So sehr er sich auch hier persönlich um jede Einzelheit bemühte, so war doch die Umgestaltung von Edinburgh Castle nur eines der ihn zu jener Zeit beschäftigenden Vorhaben. Nach wie vor galt seine besondere Liebe den Niemandskindern.

Am Knabenheim in Stepney wurde fast ununterbrochen umgebaut und vergrößert. Immer wieder gelang es Barnardo, durch geschicktes Zugreifen weitere Gebäulichkeiten hinzuzukaufen, so daß er nun bereits Raum für 130 Knaben hatte.

Der ständig wachsende Betrieb erforderte immer neue Hilfskräfte. Schon waren es hundert Angestellte, die Barnardo beschäftigte. Allerdings wurden von ihnen nur 24 besoldet, während die übrigen freiwillige Helfer waren.

Auch der Ausbildung der Zerlumpten gehörte Barnardos unverminderte Aufmerksamkeit. So hatte er in Salmons Lane eine neue große Schule für sie ins Leben gerufen, was für die Bewohner dieses schmutzigen Quartiers eine wahre Wohltat bedeutete. Einem ebenso brennenden Bedürfnis entsprach das Depot für religiöse Schriften, das er in der Nordstraße in Lime House einrichtete, um die Leute mit gutem Lesestoff zu versorgen.

All das erforderte Geld, Geld und immer wieder Geld. Und da waren keine festen Einkünfte, auf die er hätte zählen können, alles, was er Tag für Tag für den Unterhalt seiner großen Familie benötigte, mußte aus freiwilligen Spenden bestritten werden. Doch mit der Aufgabe wuchs auch die Zahl der Helfer. Waren im Jahre 1871 7000 Pfund eingegangen, so stiegen die Einnahmen im folgenden Jahr auf mehr als das Doppelte. Gottes Brünnlein hat Wasser die Fülle. Und dabei erfuhr er, daß die ärmsten Spender stets die freigebigsten waren, daß sich ein Großteil seiner Einkünfte aus dem zusammensetzte, was Arbeiter, Tagelöhner und Fabrikmädchen ihrem Munde abgespart hatten. Er hatte sich vorgenommen, für das Werk des Herrn niemals und unter keinen Umständen um Geld zu betteln, sondern lediglich den Wunsch zu wecken, mithelfen zu dürfen; nach des Meisters Gebot: »Seid niemand nichts schuldig«, keine Schulden zu machen und weder die Namen noch die Adressen der Geber zu veröffentlichen. Daß die Organisations- und Verwaltungsarbeiten nicht nach und nach seine ganzen Kräfte beanspruchten, verdankte er seinem Naturell. Vorab war es seine ihn zu jedem Kinde hinziehende Liebe, die ihn davor bewahrte, auf den persönlichen Umgang mit seinen Schutzbefohlenen, auf eine immer neue Kontaktnahme mit den Ärmsten der Armen, zu verzichten.

Es gab nichts, das ihn hätte davon abhalten können, zu später Nachtstunde mit seiner Laterne auszuziehen, um in den Schlupfwinkeln der Elendsquartiere nach neuen Schützlingen Umschau zu halten. Und der dankbare Blick aus den Augen eines vom Erbarmen angerührten Geschöpfes entschädigte ihn für seine Mühen und Sorgen.

Ganz besonders waren ihm die körperlich Behinderten, die Krüppel, ans Herz gewachsen, die denn auch bei der Aufnahme ins Heim immer den Vorzug hatten. Sie waren ja noch mehr als die andern der Liebe und Fürsorge bedürftig. Da war zum Beispiel der kleine Jakob, ein fünfjähriger, von Geburt an blinder Junge, der aus Irland stammte und das Kind einer gläubigen Christin war. Immer war Jakob zufrieden und strahlte trotz seines Gebrechens über das ganze Gesichtchen, sobald er den Klang von Barnardos Stimme vernahm. Sein Tastgefühl war so wunderbar entwickelt, daß er viele Leute erkannte, sobald er ihre Hände befühlte. Auch sein Gehör ließ ihn nach der Verschiedenartigkeit der Schritte auf die Menschen schließen, mit denen er in Berührung kam. Mit seinen

Kamerädchen und der Pflegerin spielte er Verstecken, indem er sie berührte und dann ihre Namen erriet.

Barnardo nahm etwa den Kleinen auf den Arm und gab dann jemandem ein Zeichen, Jakob zu fragen, wer es wohl sei. Dabei gab er sich alle Mühe, sich durch keinen Ton zu verraten. Dann hob Jakob die Händchen und glitt mit den kleinen, den weichsten Fingerchen, die Barnardo je gefühlt, über sein Gesicht. Sobald er dann die Gläser des Zwickers erreichte, verzog ein glückliches Lächeln sein Gesicht, und triumphierend rief er aus: »Direktor!«, wie Barnardo nicht nur von den Zöglingen, sondern auch von den Angestellten genannt wurde.

Dann waren da Billy und George, die ohne Beine zur Welt gekommen waren. Ein Wunder, daß sie, in fürchterlichstem Elend dahinvegetierend, überhaupt am Leben geblieben waren, bis sich Barnardo ihrer angenommen hatte. Beide hatten es gelernt, sich mit verblüffender Geschwindigkeit wie Frösche vorwärts zu bewegen.

»Ich habe nie ein häßliches Kind gesehen«, hat Barnardo mehrmals bezeugt. Die Liebe, die er den Kindern entgegenbrachte, weckte in ihnen die Liebe zu ihm, und wo Liebe ist, da kann selbst das durch Leiden und Sünden Verunstaltete nicht als häßlich empfunden werden.

Selbst vom Fußballspiel waren Barnardos verkrüppelte Jungen nicht ausgeschlossen. Rührung und Stolz erfüllten Barnardo, wenn er ihnen zusah, wie sie einander mit Hilfe von Krücken den Ball zuspielten. Einer der beinlosen Burschen, um dessen Rumpf eine lederne Hülle geschnallt war, betätigte sich als Torhüter. Auf seinen Händen hopste er mit einer schier unfaßbaren Behendigkeit hin und her, und so lange er im Tor war, war es nicht leicht, einen Ball hineinzubringen.

Jeder Junge, der im Gehen behindert war, bekam einen Träger zugewiesen, der zur Aufgabe hatte, den verkrüppelten Kameraden auf dem Rücken die Treppen hinaufzutragen. Dieser Dienst wurde nicht etwa widerwillig besorgt, es war vielmehr eine Auszeichnung, Träger zu sein, und oft entwickelte sich zwischen dem Träger und seinem Schutzbefohlenen eine schöne Freundschaft. Was doch die Liebe zu wandeln und für Wunder zu vollbringen vermag!

Am 14. Februar 1873 war es so weit, daß der für seine neuen Zwecke hergerichtete Kaffeepalast im Edinburgh Castle seiner Bestimmung übergeben werden konnte. Sowohl das Innere als auch das Äußere des Hauses strahlten von Sauberkeit. Im Speisesaal standen den Gästen Zeitungen zur Verfügung, an sauberen Tischen konnten sie einfache, doch schmackhaft zubereitete Mahlzeiten einnehmen oder eine Tasse Kaffee trinken. Alle möglichen alkoholfreien Getränke waren zu haben. Niemand erhob dagegen Einspruch, wenn einer gemütlich sein Pfeifchen schmauchte, und wer Lust hatte, konnte in aller Ruhe mit einem Kameraden eine Partie Schach oder Domino spielen.

In den Nischen, in denen früher obszöne Figuren die Gedanken beschmutzt und niedrige Triebe aufgestachelt hatten, leuchteten nun farbige Aufschriften, wie »Freundschaft«, »Glück«, »Mäßigkeit«, »Heißer Kaffee«, »Starker Tee«, »Zeitschriften«, »Herzlich willkommen«, und ein Aushängeschild verkündete: »Kein Trunkenbold wird je das Reich Gottes ererben.«

Barnardos Bitte, die Eröffnungsansprache zu halten, kam Lord Shaftesbury gerne nach. Der Lord wies auf die große Bedeutung dieses neuesten Unternehmens der Ostend-Jugendmission hin, als er sagte: »Kirchen und Kapellen sind fraglos eine notwendige Einrichtung; aber es ist traurig, immer wieder feststellen zu müssen, daß ihnen jeder missionarische Geist abgeht. Sie kümmern sich einzig um die ihnen angeschlossenen Gemeindemitglieder und sind des Glaubens, daß es genüge, ein Gottesdienstlokal bereitzustellen und die Leute wissen zu lassen, daß darin in Religion gemacht werde. Aber, meine lieben Zuhörer, das hat noch nie genügt und wird auch nie genügen, um die Massen für die Religion zu interessieren, oder sie gar für die Sache Christi zu gewinnen. Heute wie früher muß man zu den Leuten gehen und sie nötigen, hereinzukommen. Die arbeitenden Klassen sind nie hereingekommen und werden auch niemals hereinkommen, wenn die Zustände nicht endlich geändert werden und die Kirche sich darauf besinnt, daß sie für die Menschen und nicht um ihrer selbst willen da ist. Es muß lebendige, es muß kämpferische Arbeit geleistet werden, wenn die Masse aus ihrer Gleichgültigkeit aufgerüttelt werden soll. Wortverkündigung im Freien und Hausbesuche sind notwendig, kein Mittel darf unbenützt bleiben, das geeignet ist, Herz und Gewissen eines jeden mit den biblischen Wahrheiten bekannt zu machen. Solcher Art ist die Aufgabe des Edinburger Schlosses, das wir heute eröffnen, es will ein Salz sein, das den Teig durchsäuert, und ein Licht auf dem Berge, das angezündet wurde, um vielen den Weg zum ewigen Heil zu weisen.«

Mächtiger Beifall schlug dem Redner entgegen, als

er sich anschickte, von der Kanzel herunterzusteigen, denn unter der Menge, die den Saal dicht besetzt hielt, waren viele, die wußten, daß ihnen Lord Shaftesbury durch seine steten Bemühungen um eine Besserstellung der Arbeiterschaft zu menschenwürdigeren Anstellungs- und Arbeitsbedingungen in den Gießereien, Fabriken und Bergwerken verholfen hatte. Es saßen unter den Zuhörern auch solche, die ihre Jugend als Schornsteinfeger in Angst und Schrecken verbracht hatten, und andere, die von Shaftesbury, als sie noch Knaben gewesen, aus der Zwangsarbeit der Ziegeleien und Stoffdruckereien erlöst worden waren. Da war nicht einer, der nicht Grund gehabt hätte, diesem alten Kämpfer für soziale Gerechtigkeit, diesem eigentlichen Anwalt der Arbeiter dankbar zu sein, war doch Shaftesbury es gewesen, der dem Gedanken des freien Samstagnachmittags zum Sieg verholfen, der für die Schaffung neuer öffentlicher Gärten eingetreten, die von John Pounds gegründeten Schulen für Zerlumpte gefördert, Arbeiterbildungsstätten ins Leben gerufen, eine Verbesserung der Wohnverhältnisse angestrebt und als ihr Präsident die im Y.M.C.A. zusammengeschlossenen, christlich gesinnten Burschen betreut hatte.

Dem Kaffeepalast war von allem Anfang an sowohl in sozialer als auch in finanzieller Hinsicht ein voller Erfolg beschieden. Die Güte und Billigkeit der verabreichten Speisen und Getränke, vor allem aber die freundliche Atmosphäre im behaglich eingerichteten Raum lockten die Arbeiter von weither an. Und diese Atmosphäre war notwendig, um die vielen, die während der Missionsarbeit der beiden Pooles der Entwöhnungsbewegung beigetreten waren, nicht wieder abtrünnig werden zu lassen. Hier kamen sie zusammen, hier trafen sie Gleichgesinnte, die wie sie ein neues Leben begonnen hatten.

Nicht minder bedeutungsvoll war die Tätigkeit, die die Volksmission in den übrigen Räumen von Edinburgh Castle entfaltete. Jeden Sonntagabend füllte sich die frühere Music-Hall mit Gläubigen, die gekommen waren, um Barnardo predigen zu hören und ihre Herzen in gemeinsamen Gesängen und Gebeten zu Gott zu erheben. Wo man früher über Zoten gelacht und unzüchtige Lieder beklatscht hatte, da wurde nun das Evangelium verkündet.

Der Leitgedanke, der sich als roter Faden durch Barnardos ganze Predigertätigkeit zog, fußte auf der Erkenntnis, daß alle Menschen in Sünden geboren werden und so ausnahmslos der Gnade, des versöhnenden Blutes Christi bedürfen, um das ewige Leben zu erlangen. Wer aber in Christo zu einer neuen Kreatur geworden ist, der ist verpflichtet, die frohe Botschaft an seine Brüder und Schwestern weiterzugeben, um auch sie des göttlichen Gnadengeschenkes teilhaftig werden zu lassen.

Außer den sonntäglichen Predigten fanden an den Abenden der Wochentage Versammlungen und Bibelauslegungen für Männer, Jünglinge, Fabrikmädchen oder Mütter statt, Fortbildungskurse für Arbeiter und Angestellte in Rechnen, Stenographie und Buchhaltung wurden durchgeführt, und am Samstag pflegte sich der ständig wachsende Stab von Mitarbeitern zu einer Gebetsstunde zu vereinigen.

Aber auch noch in anderer Hinsicht stellte sich die junge Volksmissionskirche ihren Gliedern helfend zur Verfügung. Der größte Teil der in der Gegend wohnenden jungen Mädchen hatte die Schule nie besucht, da sie vom Schulgesetz, das 1870 in Kraft getreten war, nicht mehr erfaßt worden waren; aber auch in den Haushaltungsarbeiten waren die meisten von ihnen völlig ungeübt. Manche wußten nicht einmal mit Faden und Nadel umzugehen, von Sitten und Manieren fehlten ihnen die primitivsten Vorstellungen. So wurden für sie Lese- und Schreibklassen gebildet, und Fabrikmädchen hatten Gelegenheit, am Abend Nähkurse zu besuchen. Das umgestaltete Edinburgh Castle war zum lebendigen Missionszentrum im Herzen Ostlondons geworden.

Was Barnardo vor fünf Jahren am Hoffnungsplatz begonnen hatte, stand da wie ein gesunder Baum, der grünte, blühte und reichlich Früchte verhieß.

Billy und Bess

»Ich muß von hier weg, noch heute abend muß ich gehen«, erklärte Arthur. Er war aschfahl im Gesicht und zitterte am ganzen Körper. Barnardo befürchtete, der Junge falle im nächsten Augenblick um.

»Aber was hast du, was ist geschehen?«

»Ich muß fort, Klein Bobb und ich müssen fort.«

»So sprich doch, hat dir jemand ein Leid zugefügt?«

Arthur schüttelte den Kopf. »Was ist es denn?«

»Er ist da.«

»Wer?«

»Bill.«

»Bill? Wer ist Bill?«

»Unser Bruder, dem wir durchgegangen sind.«

»Ach ja, nun erinnere ich mich, daß du mir von ihm erzählt hast. Ist er wirklich da? Wo hast du ihn gesehen?«

»Am Eingang war er. Er hat herausgefunden, wo wir sind. Nun paßt er uns ab. Er wird uns mit sich nehmen. Ach, Herr Direktor, nun ist alles aus.« Und Arthur schluchzte auf.

Barnardo zog den völlig Fassungslosen an sich und versuchte, ihn zu beruhigen. »Ihr braucht euch nicht zu fürchten. Ich werde mit ihm reden.«

Doch darauf ging Arthur nicht ein. »Ich kann nicht mehr hier bleiben, ich fürchte mich zu sehr vor ihm.«

»Bist du auch sicher, daß er es gewesen ist?«

Der Junge nickte.

»Hat er dich angesprochen?«

»Das nicht.«

»Das hätte er aber bestimmt getan.«

»Ich habe ihn nicht selber gesehen.«

»Aber wie kannst du denn wissen —«

»Einige Kameraden haben mir gesagt, daß seit einigen Tagen ein großer, häßlicher Kerl draußen an der Ecke stehe.«

»Aber du Dummerjan, dann weißt du doch gar nicht, daß dieser Kerl wirklich dein Bruder ist.«

»Doch, doch, er ist es ganz gewiß. Lassen Sie uns gehen, er darf uns nicht erwischen, er würde uns totschlagen.«

»Aber was wollt ihr denn, wo wollt ihr hin?«

»Wir werden uns irgendwo verbergen.«

»Könntet ihr anderswo sicherer sein als hier bei mir? Ich werde es nicht dulden, daß er euch wegnimmt. Er wird euch nicht berühren, da sei nur ruhig.«

»Oh, Sie kennen Bill nicht. Gegen den kommt keiner auf, auch Sie nicht.«

»Wir wollen es darauf ankommen lassen.«

Aber Arthur war nicht zu beruhigen. Obwohl möglicherweise das Auftauchen Bills nur Einbildung war, bestand er darauf, mit Little Bob das Heim zu verlassen. Was war zu tun?

Da fiel Barnardo ein, daß tags zuvor ein Farmer aus Kanada bei ihm gewesen war und sich anerboten hatte, ein paar Knaben, die nach Kanada gebracht werden sollten, mitzunehmen und drüben in Familien unterzubringen. Barnardo hatte den Namen und die Adresse des Mannes aufgeschrieben. Noch am gleichen Abend setzte er sich mit dem Kanadier in Verbindung. Dieser hielt sein Angebot aufrecht, und nachdem sich Barnardo hatte überzeugen können, daß dem Mann unbedingt zu trauen war, entschloß er sich, ihm die beiden Buben zu überlassen.

Als Arthur und Bobbie von dieser unerwarteten Wendung vernahmen, faßten sie neuen Mut. »Über das Meer, sagen Sie? Das ist wohl sehr weit?«

»Das kann man schon sagen.«

»So weit wird er uns nicht verfolgen können?«

»Bestimmt nicht. Und ihr werdet es gut haben in Kanada, besser als hier.«

Das wollten sie nun doch nicht recht glauben. »Besser als bei Ihnen? Nein, das gibt es nicht. Aber weg von Bill, das ist die Hauptsache.«

So wurde denn alles zur Abreise vorbereitet, und vier Tage später brachte Barnardo die beiden Jungen nach Liverpool, wo der Kanadier bereits auf sie wartete, um sie nach Montreal mitzunehmen. Es tat Barnardo leid, sich von ihnen trennen zu müssen. Sie waren beide lieb und anhänglich gewesen. In den zwei Jahren, da er für sie gesorgt, hatten sie sich prächtig entwickelt. In der Schule hatte sich Arthur die Anfangsgründe spielend angeeignet und bald eine ausgesprochene Begabung für Mathematik an den Tag gelegt. Bobbies Fortschritte in der Schule waren weniger bewunderungswürdig ausgefallen; aber mit seinem liebenswürdigen Wesen und dem treuherzigen Blick seiner großen Augen war er der Liebling aller gewesen. Wer hätte in den beiden flotten Buben, die nun erwartungsfroh die Reise über das Meer antraten, die armseligen Gestalten wiedererkannt, die Barnardo in einer kalten Novembernacht aus einem Bündel schmutziger Lumpen in Hotwater Court aufgefischt hatte!

Barnardo fuhr nach London zurück. Als er am Abend in Gedanken versunken durch die lärmerfüllten Gassen dem Knabenheim am Stepney Causeway zuschritt, wurde er von einem Zündholzverkäufer ungewöhnlich hartnäckig verfolgt.

»Zwei Schachteln für einen halben Penny! Nehmen Sie mir zwei Schachteln ab, Herr, haben Sie Erbarmen!«

So wandte sich denn Barnardo nach dem unermüdlichen Schreier um und sah vor sich einen jener Straßenverkäufer, wie sie sich damals zu Tausenden in London herumtrieben. Es war ein etwa neunjähriger Knabe, der weder Schuhe noch Strümpfe trug. Die nackten Füße starrten von Straßenkot, denn ein feiner Regen rieselte herab und hatte den Staub in Schmutz verwandelt. Die Züge des hübschen, doch bleichen Gesichts drückten Müdigkeit aus, und der Blick seiner Augen war flehende Traurigkeit. Der Kleine mochte den ganzen Tag auf den Beinen gewesen sein und nur wenig verkauft haben. Dazu waren eine zerlumpte Hose und eine zerrissene Jacke alles, was ihn gegen den niederrieselnden Regen schützte. In eigenartigem Widerspruch zur armseligen Bekleidung des Kleinen war die gestrickte Mütze, die er keck auf das linke Ohr herabgezogen hatte, vermutlich ein verzweifelter Versuch, wenigstens dadurch die Aufmerksamkeit der Passanten auf sich zu ziehen.

Barnardo ließ sich mit dem Buben in ein Gespräch

ein, in dessen Verlauf er erfuhr, daß Billy mit seinem Streichholzhandel nicht nur sich selbst, sondern auch noch seine kranke Mutter und ein jüngeres Schwesterchen durchzubringen hatte.

»Wo wohnt ihr?«

»Nicht weit von hier, in der Banner Street.«

»So will ich dich begleiten. Ich bin Arzt, vielleicht kann ich deiner Mutter helfen.«

»Das ist gütig von Ihnen. Ich bin ja ihretwegen so in Sorge.«

Nach etwa zehn Minuten hatten sie die Banner Street erreicht. Es standen hier schmutzige, zweigeschossige Häuser, zerfallen und verlottert, Stätten bitterster Armut.

»In Nummer 13 wohnen wir«, sagte Billy und ergriff Barnardos Hand, als befürchte er, dieser könnte es doch noch bereuen, ihm gefolgt zu sein.

Die Treppe, die aus dem untern Flur ins Obergeschoß führte, war halb zerfallen, das Geländer stellenweise heruntergerissen und durch einen schmutzigen Strick ersetzt. Oben ließ der Junge Barnardo einen Augenblick stehen und verschwand hinter einer Tür, die aber sogleich wieder geöffnet wurde. Eine Frauenstimme forderte ihn auf, einzutreten.

Der Raum, den Barnardo betrat, war praktisch leer. Es gab hier weder Stühle noch Tisch. Unter dem Fenster lag ein Haufen Lumpen, auf dem sich eine Frau, Billys Mutter, ausgestreckt hatte. Sie stützte sich mühsam auf und sah dem Eintretenden ruhig entgegen.

»Billy hat mir gesagt, Sie seien Arzt. Wenn Sie mir doch helfen könnten!«

Es stellte sich heraus, daß sie als Scheuerfrau ihren und ihrer beider Kinder Lebensunterhalt bestritten, bis sie sich dann am Bein eine Verletzung zugezogen hatte. Sie hatte ihr keine große Bedeutung beigemessen, nun aber war durch eine hinzukommende Infektion aus der Wunde ein eiterndes Geschwür geworden.

Barnardo sah sogleich, daß hier energisch eingegriffen werden mußte. »Haben Sie sich nie von einem Arzt behandeln lassen?«

»Zweimal war ich im Spital. Da haben sie mir die Wunde ausgewaschen und verbunden. Aber es ist immer ärger geworden, und heute kann ich mich nicht mehr von der Stelle rühren. Was für ein Glück für mich und Bess, daß Billy so gut zu uns schaut.«

»Was tu ich denn schon —« wehrte der Junge das Lob ab.

»Doch, doch, der Herr Doktor darf es wissen, was für ein braver Bub du bist. Ich wüßte nicht, was ohne ihn aus uns werden sollte.«

Bess, von der die Frau gesprochen hatte, war ein blondes helläugiges Mädchen von etwa sechs Jahren, das neben der Mutter auf dem Lumpenlager kauerte. Was für eine Armut herrschte hier, und doch, welch friedliche Atmosphäre erfüllte den kahlen, doch peinlich sauber gehaltenen Raum! Wer hätte in einem dieser schmutzstarrenden Häuser solchen Geist vermutet!

»Sie sollten ins Krankenhaus«, sprach Barnardo in das Schweigen, »Sie müssen doch einsehen, daß so nichts Gutes herauskommen kann.« Doch schon bereute er das unüberlegt gesprochene Wort.

»Ich darf nicht nur an mich denken. Was würde ohne mich aus den Kindern werden? Billy, nun ja, der ist ein Bub und vermöchte sich wohl durchzuschlagen. Aber Bess, wie sollte sich Bess helfen können?«

»Gerade deshalb sind Sie verpflichtet, den Kindern Ihr Leben zu erhalten.«

Da übermannten sie Leid und Schmerz. Sie brach in heftiges Schluchzen aus, das ihren ganzen Körper schüttelte. Doch bald hatte sie sich wieder in der Gewalt. Sie wischte mit einem Zipfel ihres Kleides die Tränen von den Wangen und zwang sich zu einem matten Lächeln. »Es tut mir leid, es ist einfach so über mich gekommen.«

»Mutter«, versuchte Billy ihr Trost zuzusprechen, »jetzt ist ja ein Arzt hier, er wird dir helfen.«

»Wir werden sehen, was sich tun läßt. Etwas muß geschehen. Ihr Bein muß richtig behandelt werden, wenn die Sache nicht ein schlimmes Ende nehmen soll. Und eine solche Behandlung ist nur im Spital möglich. Es wäre doch möglich, die Kinder unterdessen in einem Rettungshaus, in einem Heim unterzubringen.«

»Ja, das wäre wohl die einfachste Lösung. Aber sehen Sie, unsereiner kennt sich in solchen Dingen nicht aus. Ich weiß nicht, an wen ich mich zu wenden hätte, ich bin eine arme Frau und habe keinerlei Beziehungen. Alles, was ich tun konnte, war, zu beten, die Sache dem Herrn zu übergeben.«

Barnardo nickte ihr zu. »Und das sollen keinerlei Beziehungen sein? Ich wüßte keine besseren.«

»Ja, Herr, und ohne diesen Glauben, ich weiß nicht, ob ich nicht verzweifelt wäre. Er hat mich ja auch erhört, er hat Billy ein gutes Herz gegeben und ihn seine Verantwortung erkennen lassen, er hat die kleine Bess bis auf den heutigen Tag vor den Gefahren der Straße bewahrt. Er wird uns auch weiterhelfen, wenn ich ohne Unterlaß darum bitte. Sehen Sie«, und sie zog unter den Lumpen ihres Lagers ein aus einer Zeitschrift herausgerissenes Blatt hervor. »Wenn es Ihnen nicht zu viel Mühe macht, bitte, lesen Sie das.«

Kaum hatte Barnardo einen Blick auf das Blatt geworfen, als er auch schon wußte, daß es aus dem »Christ« stammte und einen Bericht über sein eigenes Rettungswerk unter den Niemandskindern enthielt, den er selber geschrieben hatte. Wie die Zeitschrift in den Besitz von Billys Mutter geraten war, konnte er sich freilich nicht vorstellen.

»Den Schluß sollten Sie lesen, vor allem den Schluß.«

Es war die von Barnardo so oft schon abgegebene Erklärung, daß in seinem Heim am Stepney Causeway noch kein einziges, wirklich hilfloses Kind abgewiesen worden sei, daß die Tür wirklich bei Tag und bei Nacht offen stehe für die Verlassenen.

Als die Frau sah, daß Barnardo den Blick hob und zu ihr hinüberschaute, da fuhr sie fort: »Immer und immer wieder habe ich das gelesen und gehofft und gebetet, Gott möge doch auch Billy und Bess in einem solchen Haus Aufnahme finden lassen. Ich weiß, daß sie nirgends besser aufgehoben sein könnten als dort. Sie wären beisammen und ich könnte mich ruhig im Krankenhaus behandeln lassen.«

»Nun weiß ich«, sagte Barnardo nicht ohne innere Erregung, »daß Ihnen Ihr Glaube geholfen hat.«

Verständnislos, fast ein wenig erschreckt, schaute die Frau ihn an.

»Nun ja, was Sie da gelesen haben, das habe ich geschrieben, ich bin es, der am Stepney Causeway das

Knabenheim führt, dessen Tür für die armen Knaben immer offen steht.«

»Herr, Sie sollten wirklich Barnardo sein?«

Barnardo nickte.

Nach einigen Augenblicken, in denen sie zu erfassen versuchte, was sie da eben vernommen hatte, begann ihr Gesicht zu leuchten. Gleichzeitig flossen ihr von neuem die Tränen über die Wangen.

»Und wie ich andere Knaben bei mir aufnehme, so soll auch Billy bei mir Aufnahme finden.«

»Und Bess?« In ängstlicher Erwartung hingen ihre Blicke an seinem Mund.

»Auch für Bess werde ich sorgen. Das Heim am Stepney Causeway ist vorläufig nur für Knaben eingerichtet. Aber ich weiß eine Familie, in der ich das Mädchen unterbringen kann. Bess wird es dort nicht minder gut haben.«

»Ich kann es kaum fassen, ich kann es kaum fassen«, schüttelte Billys Mutter immer wieder den Kopf. »Aber ich habe es gewußt, daß der alte Gott, der Gebete erhört, noch lebt. Ich habe es immer gewußt.« Und sie streckte die Hände aus nach ihren Kindern und zog an der einen Billy, an der andern Bess zu sich heran. »Wer hätte das gedacht, daß dieser gütige Herr, den du hergebracht hast, Herr Barnardo ist, eben der, der die vielen armen Knaben bei sich aufnimmt, wie ich euch vorgelesen habe.«

Und die verwunderten, in Bewunderung auf ihn gerichteten Blicke der Kinder ließen Barnardo ahnen, welche Bedeutung das Blatt aus dem »Christ« im Denken und Hoffen dieser drei Menschen gespielt hatte.

Noch am gleichen Tag schickte Barnardo eine seiner Helferinnen in die Dachkammer im Haus Banner

Street 13. Sie brachte einen Korb voll Eßwaren und ein Bündel Brennholz mit. Später, als sie alle noch einmal miteinander gegessen hatten, bereitete sie alles zur Überführung der Kranken ins Krankenhaus vor, mit deren Verwaltung Barnardo bereits verhandelt hatte.

Billy und Bess wurden in einer Droschke abgeholt, um in der großen Familie Barnardos in treue Obhut genommen zu werden.

Erst spät in der Nacht kam Barnardo dazu, die an diesem Tage eingetroffenen Briefe, die ihm Betsey auf den Arbeitstisch gelegt hatte, durchzusehen und mit den zu ihrer Erledigung erforderlichen Notizen und Anweisungen zu versehen. Unter ihnen befand sich ein Schreiben aus Indien, in dem ihm Oberst Trevelyan mitteilte, daß Charlie Jackson ganz unerwartet an Typhus gestorben sei. »Schade um ihn, er war ein braver Bursche, einer der Ihnen und Ihrem Werk Ehre gemacht hat. Nie habe ich einen überzeugteren, einen aufrichtigeren und uneigennützigeren Christen kennengelernt. Er hat mit seinem ganzen jungen Leben für Christus gezeugt.«

Barnardo ließ das Blatt sinken und legte nachsinnend die Hand über Stirne und Augen. Mit einemmal wurde er sich seiner großen Müdigkeit bewußt. Lieber Charlie, dachte er, wie bald hast du durch das dunkle Tor gehen müssen, durch das keiner zurück kommt. Wie freutest du dich auf dein großes Abenteuer, das nun dein letztes geworden ist. Und in Gedanken sah er ihn wieder vor sich, wie er ihm an jenem heißen Sommersonntag zum erstenmal begegnet war, ein elendes, ausgemergeltes und von Dreck strotzendes Bürschchen, das sich ein Vergnügen daraus gemacht hatte, die Verkündiger des Wortes Gottes mit Kotkugeln zu bewerfen. Aber dann war er selber zu einem Streiter für die Sache Christi geworden, zuerst im Knabenheim unter seinen Kameraden und dann in Indien. Nicht als Verkünder des Wortes, sondern durch das Beispiel, das er andern vorgelebt hatte. Schade um ihn. Kurz war sein Weg gewesen, nach menschlichem Ermessen viel zu kurz; aber er hatte doch aus dem Dunkel ins Licht der wahren Erkenntnis geführt. Und Charlie Jackson hatte dieses Licht an andere weitergegeben. So war sein Leben, trotz seines jähen Endes, nicht umsonst gewesen. Wohl dem, von dem einmal solches gesagt werden kann.

Wie schön ist deine Liebe

Im Frühling 1873 starb Pfarrer William Pennefather. Barnardo nahm an der Beerdigung teil. Als dann nach der Trauerfeierlichkeit für den beliebten Seelsorger die Menge dem Friedhofausgang zuströmte, sah er sich plötzlich Syrie Louise Elmslie gegenüber. Sie sah bleich aus in ihrem schwarzen Kleid, und ihr Blick irrte angstvoll von einem zum andern. Trotzdem erkannte er sie sofort, und, sie so überraschend wiederzusehen, erfüllte ihn mit wildem Glück. Jetzt erst, da sie vor ihm stand, ward ihm bewußt, wie sehr er sich all die Zeit nach ihr gesehnt hatte.

Da erkannte auch sie ihn. Ihre Züge entspannten sich, ein Leuchten kam in ihre Augen. »Herr Barnardo?«

»Fräulein Elmslie, was für ein wunderbares Zusammentreffen!«

»Ja«, nickte sie, »wir haben uns lange nicht mehr gesehen.«

»Achtzehn Monate sind es seit dem letzten Mal, anderthalb Jahre.«

»Das wissen Sie so genau?«

»Wie sollte ich nicht? Ich habe immer — ich habe oft an Sie gedacht.«

»Ja, es war im Herbst 71, als ich mit Papa nach Reading fuhr.«

»So haben auch Sie den Tag nicht vergessen?«

»Nein, ich habe ihn nie vergessen. Es war ein so schöner Tag. Die bunten Farben der Blumen und Blätter, es war, als hätte sich die Welt zu einem Feste geschmückt.«

»Und über allem lag ein silbernes Leuchten, ich erinnere mich genau.«

»Damals haben wir uns an zwei Tagen hintereinander gesehen, und seither sind wir uns nie mehr begegnet. Ist das nicht sonderbar?«

»Aber nun ist es doch gut geworden.«

»Und ich habe mich erst im letzten Augenblick entschlossen, herzukommen.«

»Was machen Ihre Buben? Unterrichten Sie immer noch?«

»Natürlich. Und die Buben? Die machen allerlei Dummheiten und viel Lärm.«

»Wirklich?«

»Auch sie haben Herrn Barnardo nicht vergessen. Und beinahe hätte ich Ihnen geschrieben und Sie gebeten, wieder einmal nach Richmond zu kommen und zu ihnen zu sprechen.«

»Hätten Sie doch! Ich wäre glücklich gewesen. Warum haben Sie es nicht getan?«

»Ja, warum eigentlich?« Sie senkte in leiser Verwirrung den Kopf. »Vielleicht — vielleicht fehlte mir der Mut.«

»Fräulein Elmslie!«

»Nun haben wir uns getroffen, ohne daß ich Ihnen zu schreiben brauchte.«

Längst waren sie hinter den andern zurückgeblieben

und hatten einen Seitenpfad eingeschlagen. In den Bäumen über ihnen schwatzten die Stare, und auf den Gräbern blühten in leuchtenden Büscheln blaßgelbe und rote Primeln. So nebeneinander hingehen zu dürfen!

»Sind Sie allein zum Begräbnis gekommen?«

Miß Elmslie schrak zusammen. »Ach, daß ich das ganz vergaß! Natürlich nicht. Ich war mit Bekannten und habe sie im Gedränge verloren. Und als ich nach ihnen suchte, da habe ich Sie gesehen.«

»Oh, das tut mir leid.«

»Leid? Nein«, und sie schüttelte den Kopf, »ich habe mich die ganze Zeit auf diese Stunde gefreut.«

»Wirklich?«

»Doch«, sagte sie in Gedanken, »aber das können Sie vielleicht nicht verstehen.«

»Am Ende doch.«

Hier führte der Weg nicht mehr weiter. Still und einsam war es da. Nur ein alter Gärtner kniete in einiger Entfernung vor einem Grabhügel. Aber er achtete nicht auf die beiden, vermutlich hatte er sie gar nicht bemerkt, so sehr war er mit seinen Tulpen und Aprilglocken beschäftigt.

Barnardo und Miss Elmslie waren stehen geblieben. Ein gelber Schmetterling gaukelte vorüber, und sie schauten ihm nach, bis er hinter Sträuchern verschwunden war.

Da sah sie scheu zu ihm auf, ihre Blicke begegneten sich.

Wie liebte er dieses Geschöpf, wie hatte er es von ihrer ersten Begegnung an geliebt! Ganz unvermittelt fiel ihm das Bibelwort ein, das ihn einst in einer Zeit der Niedergeschlagenheit aufgerichtet und von den ihn zermürbenden Zweifeln befreit hatte: »Ich will dich mit meinen Augen leiten.« »Syrie«, sagte er leise, und er kam sich dumm und unbeholfen wie ein Schuljunge vor. »So sollte es immer sein, wir beide, so miteinander.«

»Ja, so müßte es herrlich sein.«

Seine Hand zitterte, als er sie auf ihren Arm legte. »Tom«, bewegten sich ihre Lippen, und sie lächelte, und die Tränen rannen ihr über die Wangen.

Da schlang er die Arme um sie und zog sie an sich: »Syrie, Geliebte, ist es denn auch wahr?«

Er begleitete sie nach Hause, und als er am Abend nach London zurückkehrte, ging er gegen seine Gewohnheit nicht zuerst ins Knabenheim, sondern gleich in die Coburn Street. »Nun bekommen Sie am Ende doch recht, Frau Kelley!«

Die gute Alte sah ihn ebenso verständnislos wie neugierig an. »Wie meinen Sie das?«

»Nun, wollten Sie mich nicht schon lange los sein?«

»Herr Barnardo!« Vorwurfsvoll sah sie ihn an. »Wie können Sie so etwas sagen!«

»Sie haben mir doch schon vor zwei Jahren vorgeschwärmt, daß es richtig wäre, wenn ich mich nach — nach einer Lebensgefährtin umsehen würde.«

»Herr Barnardo!« Frau Kelley war förmlich zusammengezuckt, jeder Vorwurf und jeder Groll aus ihrem Gesicht gewichen, das ihn wie eine Sonne anstrahlte. »Sagen Sie, reden Sie, ist es soweit?«

»Ich glaube — ja.«

»Kommen Sie her, lassen Sie sich umarmen, ach, diese Freude, Sie wissen ja nicht, wie glücklich mich das macht. Wie alt sind Sie denn?«

»Achtundzwanzig.«

»So ist es höchste Zeit. Was ist das für ein Glück!«

»Das ist lieb von Ihnen, Frau Kelley, daß Sie sich mit mir freuen. Aber ehrlich gestanden, ich habe es von Ihnen auch gar nicht anders erwartet. Deshalb bin ich doch zuerst zu Ihnen gekommen. Es weiß sonst noch kein Mensch davon.«

»Herr Barnardo, wer ist sie, wie sieht sie aus? Reden Sie, erzählen Sie, sagen Sie mir alles! Wo haben Sie sich kennengelernt?«

»Das war vor achtzehn Monaten.«

»So genau?«

»Ja, ganz genau.«

»Achtzehn Monate? Aber das ist ja eine schrecklich lange Zeit. Und nie haben Sie mir etwas davon gesagt? Das betrübt mich, in der Tat, Herr Barnardo —«

»Das braucht Sie weiter gar nicht traurig zu machen. Ich habe sie heute erst zum drittenmal gesehen.«

»Zum dri —«

»Zum drittenmal«, nickte Barnardo. »Und als wir uns trennten —«

»Nun?«

»Als wir uns trennten —«

»Da —«

»Da haben wir uns — ich glaube, man nennt das verlobt.«

»Verlobt?« Sie wischte sich mit der Schürze über die Augen. »Wunderbar, Herr Barnardo, wunderbar! Und da stehen wir, kommen Sie doch, setzen Sie sich zu mir ans Feuer. Sie müssen eine Tasse Tee mit mir trinken. Das dürfen Sie mir nicht abschlagen. Sie werden mir doch so viel zu erzählen haben, so viel —«

Und sie rauschte ihm voran in die Stube und

machte sich sogleich am Teegeschirr zu schaffen. »Nun aber bekennen Sie endlich, wer ist die Glückliche?«

Noch zweimal trafen sie sich in den folgenden Tagen, und erst jetzt erfuhr Barnardo Näheres über das Mädchen, das ihm als seine zukünftige Frau zugeführt worden war. Daß ihre Begegnung nicht zufällig gewesen, davon war auch Miß Elmslie fest überzeugt.

Syrie Louise Elmslie war die einzige Tochter William Elmslies, eines reichen Industriellen, der sich in Richmond ein prachtvolles Besitztum erworben hatte. So war das Mädchen in Reichtum, ja, in einer Atmosphäre des Luxus herangewachsen. Verschiedene Hauslehrer hatten sich in ihre Erziehung geteilt, und alle, die mit ihr zu tun gehabt, hatten darin gewetteifert, ihr jeden Wunsch, noch ehe er ausgesprochen war, zu erfüllen. Die Religion hatte in ihrer Jugend kaum eine Rolle gespielt, und die Sonntage waren ebenso wie die Tage unter der Woche Vergnügungen und Lustbarkeiten gewidmet gewesen. Bis dann, in ihrem achtzehnten Lebensjahr, Lord Radstock und Dr. F. B. Meyer durch ihre evangelisierende Tätigkeit das Leben des Mädchens in entscheidender Weise beeinflußt, ja, gewandelt hatten. Und wie Barnardo, nachdem der Ruf Gottes an ihn ergangen war, so fühlte auch Syrie Louise Elmslie in sich die Verpflichtung und das Verlangen, sich der Reichsgottesarbeit zur Verfügung zu stellen. Sie fing in den Zerlumptenschulen von Richmond zu arbeiten an, und, mochten ihre Bekannten und bisherigen Freundinnen über diese ausgefallene Idee auch die Köpfe schütteln und die Nasen rümpfen, sie ließ sich nicht beirren. William Elmslie hatte zuerst versucht, seine Tochter von der ihm wenig standesgemäß erscheinenden Beschäftigung abzubringen, als er dann aber nichts zu erreichen vermocht hatte, da hatte er sie achselzuckend gewähren lassen. Mochte sie auch hierin ihren Willen haben. Möglicherweise war das Feuer ihrer religiösen Begeisterung bald niedergebrannt. Schließlich mußte sich jeder Mensch irgendwie zur Vernunft durchmausern. Oh, wenn er an sich selber dachte!

»Lebe wohl, Syrie, Geliebtes, morgen werde ich nach Richmond kommen, um bei deinem Vater um deine Hand anzuhalten.«

»Tom!«

»Glaubst du, daß er dich mir anvertrauen wird?«

»Vermutlich schon. Es wäre das erstemal, daß mir Papa einen Wunsch versagen würde. Und übrigens mag er dich gut. Sehr gut sogar, Tom. Ich werde dich am Bahnhof abholen.«

»Wenn es doch schon soweit wäre! Syrie, wie schrecklich lang ist eine ganze Nacht.«

»Versprich mir, daß du heute nicht mehr zu lange arbeiten wirst.«

»Das brauche ich dir nicht lange zu versprechen. Ich kann ja gar nicht mehr arbeiten, weil ich immerfort an dich denken muß. Gute Nacht, Syrie!«

»Gute Nacht, Lieber, gute Nacht.«

Wohl sah er im Heim noch zum Rechten, las die eingegangenen Briefe und besprach mit den beiden Betseys den morgigen Tag, an dem er ja in Richmond sein würde. Bei ihr. Dann aber begab er sich, wie er es ihr versprochen hatte, in die Coburn Street. Er griff, ehe er das Licht löschte, noch nach der Bibel. »Denn siehe, der Winter ist vergangen, der Regen ist weg und dahin, die Blumen sind hervorgekommen im Lande, der Lenz ist herbeigekommen, und die Turteltaube läßt sich hören in unserem Lande; der Feigenbaum hat Knoten gewonnen, die Weinstöcke haben Blüten gewonnen und geben ihren Geruch. Stehe auf, meine Freundin, und komm, meine Schöne, komm her!«

Schon bei der Einfahrt in Richmond gewahrte er sie. Und sein Herz schlug schneller bei ihrem Anblick, und es kam ihm ganz unfaßbar vor, daß dieser Mensch alles aufgeben sollte, um ihm zu folgen und ihm anzugehören, bis der Tod sie schied.

Als er dann auf sie zutrat und sie ihm lächelnd entgegenkam, da wäre er am liebsten vor ihr niedergekniet. Sie trug ein zart lavendelfarbenes Kleid, dessen oberer Teil wie ein Mieder eng ihren schmalen Leib umschloß, der Rock aber war weit, eine duftige Wolke von Voile, und ein weißer Fichukragen schmiegte sich um ihren Hals. Womit hatte er solch ein Glück verdient?

Verdient? Nein, er wußte, daß sie ein Geschenk war aus der Fülle seiner Gnaden. »Syrie!«

»Tom, lieber Tom!«

Sie reichten sich die Hände und sahen sich an, und für Augenblicke stand die Welt still, und alles in ihnen und um sie her war nur noch ihre Liebe.

»Syrie!«

»O du!«

»Welch herrlicher Tag!« Und er legte ihr die paar dunkelroten Rosenknospen, die er aus London mitgebracht hatte, in die Hand. »Du, meine Blume zu Saron.«

Und Hand in Hand, zwei glückliche Kinder, zog sie ihn über den Platz zu der wartenden Droschke. Der Kutscher hob grüßend die Hand an den in der Sonne glänzenden Zylinder und öffnete den Schlag, und der kleine Junge auf dem Kutschbock lachte ihnen vertraulich zu. Dann setzte sich der Kutscher neben ihn, schnalzte, und das Gefährt rollte davon, in den herrlichsten Frühlingsmorgen hinein, der je über Richmond aufgegangen war. Hinter den Zäunen und Gartenmauern standen die blühenden Fliederbüsche wie blaue und weiße Wolken, Aurikeln, Stiefmütterchen und Tulpen leuchteten in den Beeten, der Duft von Goldlack und Schwertlilien hing in der Luft, und aus dem Geäst des alten Birnbaums, unter dem sie durchfuhren, rieselte der Schnee der Blüten auf sie nieder.

»Schön ist das«, sagte Barnardo und schaute in die seidene Bläue über ihnen. »Ich habe gar nicht mehr gewußt, wie schön der Frühling ist.«

Miß Elmslie nickte ihm glücklich zu. Ihre Augen schimmerten feucht. Scheu lehnte sie den Kopf an seine Schulter, als sich eben der Junge vor ihnen auf dem Kutschbock wieder umwandte.

Barnardo winkte ihm fröhlich zu, er lächelte zurück und gab ihm einen ermutigenden Blick. »Was für einen reizenden Buben der Kutscher hat«, sagte Barnardo zu Syrie, »findest du nicht auch?«

»Der Kutscher?« Sie lachte hellauf. »O Tom, das ist doch Harry, mein neunjähriger Bruder.«

»Dein — du hast einen Bruder?«

»Und das hast du nicht gewußt?«

»Du hast mir noch kein Wort von ihm gesagt.«

»Wir haben uns aber auch erst kennengelernt. Du

wirst noch mancherlei Überraschung in Kauf nehmen müssen.«

»Wie schön, daß Harry dein Bruder ist. Wir werden Freunde werden, bestimmt.«

»Daran zweifle ich nicht.« Und sie hob die dunkelroten Rosen an ihre Lippen.

Vier Wochen später, am 17. Juni 1873, vermählte sich das Paar. William Elmslie hatte sich die Hochzeit seiner einzigen Tochter allerdings in einem andern Rahmen vorgestellt. Vor allem bedauerte er, daß die Feierlichkeiten nicht in Richmond, sondern in London, und dazu noch in Ostlondon, stattfinden sollten.

Aber wie bei andern Gelegenheiten, so beharrte Barnardo auch hier auf seinem Standpunkt. Zu sehr fühlte er sich durch seine Arbeit mit der Bevölkerung Ostlondons verbunden, als daß ihm seine Verheiratung als eine rein private Angelegenheit hätte erscheinen können. Seine Frau würde ihm ja helfen, in ihr sollten seine Niemandskinder nun auch eine Mutter bekommen. Durch seine Frau würde er nun endlich die Möglichkeit haben, sich in gleicher Weise wie der herumstrolchenden Buben der verlassenen Mädchen anzunehmen. Die Bedeutung, die er seiner Verbindung mit Miß Elmslie in bezug auf sein Werk zumaß, sollte durch die Hochzeit klar zum Ausdruck kommen. Und deshalb mußte sie in Ostlondon stattfinden. Auch hätte er seinen vielen Freunden, Helfern und Anhängern die Fahrt nach Richmond nicht zumuten können. Zudem wäre dort gar kein Lokal aufzutreiben gewesen, das groß genug war, um darin alle geladenen Gäste und übrigen Teilnehmer unterzubringen. Aus diesem Grunde kam für den Trauungsgottesdienst nicht einmal der große Saal im Edinburgh Castle in Betracht. Doch der mit ihm befreundete Prediger Ch. H. Spurgeon stellte ihm gerne das Metropolitan Tabernacle, in dem er wirkte, zur Verfügung.

Eine erwartungsfrohe Menge hielt am 17. Juni den fünftausend Menschen fassenden Riesenraum bis auf den hintersten Platz besetzt, um dabei zu sein, als Barnardo, Pfarrer der Volksmissionskirche und Leiter des Knabenheims, mit Miß Elmslie den Bund fürs Leben schloß. Dr. Graham Guinness, Lord Radstock und der Evangelist Henry Varley leiteten die Feier.

Von den Glückwünschen Tausender begleitet, trat dann das junge Paar die Fahrt an die See an, um hier ungestört in der Einfachheit eines kleinen Ortes das Glück ihres ersten Beisammenseins zu genießen. Wie herrlich war das gemeinsame Wandern über die blühenden Hügel, durch Sand, Disteln und Wind und Wildnisse mannshohen Ginsters, wie wonnig das Ausruhen auf den duftenden Polstern des Thymians zwischen Kamillen, Schafgarben und gelben Margeriten, oder in einem windgeschützten Versteck hinter bienenumsummten Heckenrosenranken auf purpurnen Teppichen von Heidekraut. Stundenlang saßen sie auf den turmhohen, senkrecht ins Meer abfallenden Klippen und lauschten dem Donnern der in zäher Verbissenheit immer wieder gegen den Fels anstürmenden Wellenreihen, durch deren glasgrünes Funkeln weiße Schaumbänder geschlungen waren. Oh, dieses Atmen der Ewigkeit!

Und dann die Abende im Garten des kleinen Gasthofes, dessen Gemäuer und schwarz gestrichenes, verquertes Riegelwerk zwischen Stockrosen, Fuchsien und Glockenblumen fast versank. Diese wunderbare

Stille, wenn die Dunkelheit herniedersank und die Sterne erglommen als die Herolde der Nacht, in der dann alles um sie her und zwischen ihnen versank, und der Schöpfung größtes Wunder, die Liebe, ihnen ihre Kammern auftat.

»Hörst du es, Tom? Wie schön ist das.«

»Ich weiß nicht, was du meinst, Liebstes. Was ich höre, ist das Schlagen deines Herzens.«

»Tom, jetzt wieder.«

Er stützte sich hoch und lauschte nach dem offenen Fenster, durch das Heugeruch und Rosenduft hereinströmten. »Ja, nun hör' ich es auch.« Und sie hielten den Atem an. »Es sind die Nachtigallen im nahen Kiefernwäldchen, in dem wir heute nachmittag gelesen haben.«

»Zum erstenmal in meinem Leben vernehme ich ihr Lied.«

»Als wir gestern durch die Felder streiften, da hörten wir die Lerchen, und jetzt, in der Nacht, singen die Nachtigallen für uns.«

»Diese Tage in Sussex werde ich nie vergessen, Tom. Die ersten Menschen können im Paradies nicht glücklicher gewesen sein.«

»Sie waren es bestimmt nicht, Syrie. Denn sie kannten das Leid nicht und wußten so auch nicht, wie glücklich es macht, andern beistehen zu dürfen.«

»Daran hab' ich noch nie gedacht.«

»Weißt du, Liebstes, ich bin ja so dankbar für alles, was uns hier geschenkt wird. Und doch freue ich mich unsäglich, bis ich wieder an meine Arbeit zurückkehren kann, nicht mehr allein, sondern mit dir. Sie haben uns ja so notwendig, die Kinder Ostlondons, sie warten auf uns.«

»Ich freue mich auch, Tom. Es wird herrlich sein, das Werk ausbauen zu helfen, das du begonnen hast.«

Schon jetzt half sie ihm beim Schreiben der Briefe, es waren bis zu zwanzig an einem Tag. Und wenn sie dann wieder über die Höhen wanderten, entwickelte er ihr seine Pläne und war glücklich, ihren Rat und ihre Ansicht zu hören. »Du hast recht, Syrie, daran habe ich gar nicht gedacht. Ich weiß, daß nun alles viel besser gehen wird. Wenn wir nur noch mehr Geld zur Verfügung hätten, um gleich nach unserer Rückkehr auch ein Heim für Mädchen einrichten zu können. Herr Sands meinte auch, die Remise hinter dem Haus in Barkingside, für die wir ja sonst keine Verwendung haben, würde sich gut dafür eignen.«

»Ach ja, Mossford-Lodge. Wir werden es gut haben dort, außerhalb der Stadt, so ganz im Grünen.«

»Das war ein trefflicher Einfall von Mr. Sands, uns als Hochzeitsgeschenk das Haus für fünfzehn Jahre zu überlassen. Aber weißt du auch, liebes Mädchen, daß ich dir gegenüber nicht das beste Gewissen habe?«

»Und wieso nicht? Hast du mir am Ende noch Bekenntnisse zu machen?«

»Allerdings.«

»Ja? Da bin ich aber begierig.«

»Es ist mit unserer Hochzeit so schnell gegangen, daß wir gar nicht Zeit hatten, über alles reden zu können. Da gründe ich einen Hausstand und verfüge nicht einmal über ein Einkommen. Ist das nicht verantwortungslos? Ja, Syrie, du hast einen Habenichts geheiratet, der seine persönlichen Auslagen aus einer kleinen Rente zu bestreiten hat, die ihm sein Vater jährlich ausrichtet. Alles andere Geld, das eingeht, das mir meine Freunde zur Verfügung stellen, gehört der Mission, wird vor allem vom Knabenheim verschlungen.«

»Sollen wir uns deshalb sorgen?«

»Das nimmst du so ruhig hin?«

»Warum nicht? Wird nicht der, der bisher geholfen hat, auch weiter helfen?« Und sie strich ihm mit linder Hand über die gefurchte Stirn. »Glaubst du, Papa hätte mit mir nicht auch über diese Dinge gesprochen? Er ist ja ein so guter Geschäftsmann. Vielleicht beruhigt es dein Gewissen, wenn ich dir verrate, daß mir aus eigenem Vermögen ein jährliches Einkommen von mehreren hundert Pfund zukommt. Das dürfte für einen bescheidenen Hausstand, wie wir ihn führen wollen, doch genügen. Vor allem, da wir für Mossford-Lodge keinen Mietzins zu bezahlen haben. Findest du nicht auch?«

»Syrie.«

»Was ich habe, gehört auch dir. Du kannst darüber nach eigenem Gutdünken verfügen.«

»Du beschämst mich, Liebstes.«

»Wieso? Wir sind doch einander gegeben, um einander zu helfen.«

Eines Tages, als sie, wie das ihre Gewohnheit war, nach dem Frühstück die Briefe gelesen hatten und Barnardo noch die eben eingetroffene neueste Nummer des »Christ« durchblätterte, stieß er plötzlich einen Schrei aus, sprang auf und stürzte sich auf seine Frau, sie in die Arme reißend.

»Tom, was hast du, was hat es gegeben?« fragte sie erschrocken.

»Syrie, Syrie, es ist etwas Wunderbares geschehen.«

»Ich weiß von nichts.«

»Da, hier, diesen Aufruf von Cheyne Brady, den mußt du lesen. Ach, Brady ist ein goldener Kerl, das habe ich immer gewußt!«

»Willst du mir nicht sagen, was er geschrieben hat?«

»Er fordert in seinem Artikel die Freunde und Gönner der Ostend-Mission auf, eine Sammlung durchzuführen, um mir, um uns, gewissermaßen als Hochzeitsgabe, die Mittel zur Gründung eines Mädchenheims zu beschaffen. Syrie, was sagst du dazu? Ist das nicht herrlich?«

»Ja, Tom, das ist es wohl. ‚Ich will dich mit meinen Augen leiten', das hast du doch gewußt.«

»Seit zwei Jahren bete und bitte ich darum, nun endlich wird mein Wunsch in Erfüllung gehen.«

»Siehst du? Wir brauchen uns nicht zu sorgen. Wenn wir unser Möglichstes tun, dann dürfen wir das andere vertrauensvoll in Gottes Hände legen.«

»Du kannst dir ja nicht vorstellen, was das für mich bedeutet. Wie eine Schuld lastete es die ganze Zeit auf mir, nichts für die Mädchen tun zu können, immer wieder zusehen zu müssen, wie sie im Morast der Großstadt versinken. Sie sind ja noch viel gefährdeter, allen Scheußlichkeiten viel mehr ausgeliefert als die Knaben. Wenn ich nur an die Logierhäuser denke, was sie da in den Schlafräumen, in denen oft zehn bis zwanzig Personen beiderlei Geschlechts und verschiedensten Alters zusammengepfercht sind, alles zu sehen und zu hören bekommen! In solcher Umgebung sind sie allen Zumutungen und Begierden gegenüber völlig machtlos. Ich bin schon manchem dreizehn- bis vierzehnjährigen Mädchen begegnet, das ein Kind hatte und mit sich durch ein Leben schleppte, das ja kaum mehr verdient, ein Leben genannt zu werden. Meist wissen die Geschöpfe nicht einmal, wer der Vater ihres Kindes ist. Und wüßten sie es, was würde es ihnen schon nützen?«

»Das ist ja fürchterlich, Tom.«

»Das ist es wohl, Liebstes, aber nun habe ich dich, nun werden wir ihnen, wenigstens einigen von ihnen, zu helfen versuchen. Wie oft haben mich Burschen, die ich in mein Heim aufgenommen oder denen ich sonstwie hatte helfen können, angefleht, mich doch auch ihrer Schwestern zu erbarmen, auch sie frei zu machen, aus dem Dunkel der Sünde zu erlösen. Wie gern hätte ich es getan, aber ich konnte es nicht, meine Hände waren mir gebunden, und mit ganz wenigen Ausnahmen, die ja gar nicht zählen, habe ich sie ihrem Elend überlassen müssen. Mein Herz hat sich mir oft zusammengekrampft, ich habe mich aufgelehnt: Warum muß das alles so sein? Was ist die Schuld all dieser Schuldlosen, daß sie so hart gezüchtigt werden?«

»Kann denn nicht das Gesetz etwas für diese Ärmsten tun?«

»Das Gesetz könnte schon, es sollte auch, aber es will nicht. Das ist ja das Fürchterliche, daß so viele Menschen und gerade jene, die dank ihrer Stellung die Möglichkeit hätten, etwas zu tun, statt eines Herzens einen Eisklumpen in ihrer Brust haben.«

»Ja, Tom. Und daß sie sich einmal zu verantworten haben werden, ist kein Trost.«

Nach sechs Wochen verließen sie ihr Ferienparadies. Herrlich ausgeruht, von Wind und Sonne gebräunt, zwei glückliche Menschen, hielten sie Einzug im geräumigen Pächterhaus von Mossford-Lodge, das unterdessen zu ihrem Empfang eingerichtet worden war. Wohl würden die täglichen Bahnfahrten zwischen Liverpool-Station und dem Dorfe Ilford bei Barkingside eine zeitliche Beanspruchung bedeuten; aber wie köstlich war es, am Abend aus dem Lärm und dem Betrieb in der Stadt in die ländliche Stille zurückkehren zu dürfen und da sein junges Eheglück zu genießen.

Die beiden Zimmer in der Coburn-Street bei Frau Kelley gab er auf. Er hatte ja die Möglichkeit, in den für ihn im Knabenheim eingerichteten Räumen den Rest der Nacht zu verbringen, wenn er mit seiner Laterne auf die Suche nach weiteren Schützlingen ging.

Zum Empfang des Ehepaares veranstaltete die Volksmissionskirche im Edinburgh Castle einen Teeabend, an dem Lord Shaftesbury unter dem Jubel der sich im großen Saal drängenden Menge die beiden herzlich willkommen hieß. Die Begeisterung der Versammelten erreichte ihren Höhepunkt, als der Redner Frau Barnardo ein silbernes Teeservice überreichte. Alle erhoben sich von ihren Plätzen, um in nicht endenwollende Hochrufe auszubrechen, und nachher drängten sie sich herzu, um den beiden Gefeierten noch persönlich Gottes Segen zu wünschen.

»Sie ist ein Engel«, sagte eine Frau zu einer andern. »Was für ein Glück für uns alle!«

Erfüllung und Enttäuschung

Nun, da ihm von den Lesern des »Christ« besondere Mittel zur Verfügung gestellt wurden, ging Barnardo unverzüglich und mit Feuereifer daran, seinen längst gehegten Plan, ein Mädchenheim einzurichten, in die Tat umzusetzen. Die tausend Pfund, über die er zu diesem Zweck verfügen durfte, ermöglichten es ihm, die Remise, die an die Rückwand ihres Hauses in Barkingside stieß, zweckentsprechend umzubauen und durch ein Obergeschoß zu ergänzen.

Schon im Oktober waren die Arbeiten beendet, so daß die ersten zwölf Mädchen in Moosford-Lodge aufgenommen werden konnten. Welch großer Tag für die beiden Barnardos, als die Kinder in dem mit buntem Laub bekränzten Hause ihren Einzug hielten, wie befreiend für Barnardo das Wissen, künftighin von seinen nächtlichen Streifzügen auch Mädchen heimbringen zu können und die am Stepney Causeway Einlaß Begehrenden nicht mehr abweisen zu müssen.

Eines Tages erhielt er von einer Frau die Meldung, daß sich in einem Logierhaus im Quartier von St. George's-in-the-East ein Strolchenpaar aufhalte, das aus den Einkünften zweier kleiner Mädchen lebe, die zu Bettel und Diebereien abgerichtet worden seien.

Barnardo schickte einen seiner Helfer hin, damit er sich nach näheren Umständen erkundige, und als dieser hinkam, wurde er in die Küche gewiesen, wo ein fürchterlich aussehendes Weibsbild vor dem Feuer hockte, in eine Wolke von Schnapsgestank gehüllt. Auf die mehrmals erhobene Frage nach den beiden Mädchen erklärte die Frau rülpsend, daß die Bälger weder ihr noch ihrem Manne gehörten, sie hätten sie irgendwo im Norden aufgelesen. »Und übrigens geht dich das einen Dreck an. Jawohl, einen Dreck. Hast du das wohl verstanden?«

»Das wird sich weisen.«

»He? Hast du noch etwas gesagt? Schade, daß mein Mann nicht da ist. Er würde dir die Fresse einhauen, jawohl, das würde er. Und nun laß mich endlich in Ruhe.« Sie rülpste wieder und spuckte ins Feuer. »Stehst du immer noch da?« Und sie glotzte ihn aus ihren rotunterlaufenen Augen herausfordernd an.

Da der Helfer nicht wußte, wie er da weiter vorgehen sollte, zog er sich zurück, um Barnardo Bericht zu erstatten und sich neue Weisungen geben zu lassen.

»Dem Fall wollen wir nachgehen«, erklärte Barnardo, »wir werden morgen miteinander hingehen und, wenn möglich, die beiden armen Geschöpfe in eine andere Atmosphäre verpflanzen. Wir haben ja nun in Barkingside ein Plätzchen für sie.«

Aber das Strolchenpaar hatte Gefahr gewittert. Als Barnardo und sein Helfer anderntags im Logierhaus vorsprachen, waren die Vögel bereits ausgeflogen und niemand wollte wissen, wohin sie sich begeben hatten. Doch so rasch gab Barnardo nicht auf. Er ließ in einer Reihe von Logierhäusern nach den Flüchtigen suchen, und schon nach wenigen Tagen war die gewünschte Spur gefunden. Sie führte in ein Haus übelster Sorte, das nicht einmal polizeilicher Kontrolle unterstand, in eine wahre Räuberhöhle, die allerlei lichtscheuem Gesindel unter ganz unerlaubten Bedingungen Unterschlupf und Versteck gewährte.

Barnardo begab sich hin, um den Ort in Augenschein zu nehmen. Dabei stieß er auf einen jungen Burschen, der seit einiger Zeit in diesem Hause nächtigte. Er zog Jim ins Gespräch, wußte sein Vertrauen zu gewinnen und erfuhr von ihm, daß sich das gesuchte Paar mit den beiden Kindern wirklich seit einigen Tagen hier aufhielt. Und zwar im gleichen Raum, in dem auch der Bursche und noch ein paar andere Schlafgänger untergebracht waren. Betten gab es hier keine, den Schläfern standen lediglich am Boden liegende, mit Lumpen gefüllte Säcke zur Verfügung.

»Und dir gefällt es da?« fragte Barnardo.

Der Bursche zuckte die Schultern. »Was heißt schon gefallen? Ich bin hier wenigstens vor Kälte und Nässe geschützt und brauche nicht viel dafür zu bezahlen. Ich haue ab, sobald es wärmer wird und man draußen schlafen kann.«

Als ihm Barnardo vorschlug, ins Knabenheim zu kommen, da wollte er erst gar nicht glauben, daß es so etwas überhaupt gab. »Was verlangen Sie denn von mir?«

»Nichts als deine Bereitschaft, ein Handwerk zu erlernen und ein anständiger Mensch zu werden.«

»Sonst nichts? Was haben Sie schon davon?«

»Immerhin die Gewißheit, einem jungen Menschen geholfen zu haben.«

Der Bursche sann eine Weile nach, offenbar war

ihm des andern Standpunkt unverständlich. »Und Sie haben wirklich keine Hintergedanken?«

»Bestimmt nicht. Ich verspreche dir, daß du jederzeit die Möglichkeit haben wirst, das Haus zu verlassen, wenn es dir nicht passen sollte.«

»Wirklich? Das nenne ich Schwein haben«, grinste der Bursche über das ganze Gesicht. »Abgemacht, ich will es versuchen.«

»Und genau so wie dich, möchte ich auch die beiden Mädchen bei mir aufnehmen.«

»Die? Wie wollen Sie das bloß anstellen? Die Alten sehen mir nicht so aus, als ob sie sie Ihnen freiwillig überlassen würden.«

»Damit ist kaum zu rechnen. Aber weil ich weiß, wie schändlich die beiden Kinder ausgebeutet, wie sie mißhandelt und mißbraucht werden von diesem Strolchenpaar, das ja gar keinen rechtlichen Anspruch auf sie hat, mache ich mir kein Gewissen daraus, sie zu entführen, sie kurzerhand den beiden Alten wegzunehmen.«

»Oho, das dürfte noch etwas absetzen. Sie kennen ihn nicht. Er ist ein fürchterlicher Kerl, ständig betrunken. Nein, mit dem möchte ich nichts zu tun haben.«

»Und ich hoffte schon, du würdest mir behilflich sein.«

»Ich?«

»Jawohl, du. Paß auf, Jim. Wenn alle schlafen, bringst du mir einfach die Kinder heraus. Vor dem Haus steht ein Wagen bereit. Und ehe die Alten wissen, was geschehen ist, sind wir mit den Kindern auch schon weggefahren.«

Jim pfiff durch die Zähne. »Ob das gut ausgehen wird?«

»Das kommt zur Hauptsache auf dich an. Es wird bestimmt gelingen. Du siehst mir ganz so aus, als ob man sich auf dich verlassen könnte.«

»Gut, Herr, versuchen wir es. Ich bin einverstanden. Aber die Polizei?« stiegen ihm gleich wieder Bedenken auf.

»Die werde ich selber verständigen.«

Sie vereinbarten, daß Jim nach Mitternacht an der nächsten Straßenecke auf Barnardo warten sollte.

Um Mitternacht kam die Kutsche programmgemäß mit Barnardo und einer seiner Helferinnen angerollt. Sie hielt an der Straßenecke an. Barnardo stieg aus, schärfte dem Kutscher ein, sich zu rascher Abfahrt bereit zu halten, und trat dann auf den Burschen zu, der ihm aus dem Schatten entgegentrat.

»Hallo Jim, alles in Ordnung?«

»Alles in Ordnung. Ich bin mächtig gespannt, wie das ausgehen wird.«

»Wird schon gehen. Also, vorwärts.«

Und unter Führung Jims betraten sie das Haus und den Raum, in welchem neben andern Schläfern auch das Strolchenpaar und die kleinen Mädchen lagen.

Vorsichtig stieg Jim über die am Boden Ausgestreckten, hob, ohne es zu wecken, das ältere der beiden Kinder auf, legte es Barnardo in die Arme und kehrte noch einmal zurück, um auch das andere Mädchen zu holen. Das ganze Unternehmen war nicht ungefährlich, denn wenn einer der Schläfer erwachte und erkannte, was da vorging, würde er Lärm schlagen, und dann konnte es eine üble Schlägerei absetzen.

Aber keiner erwachte, und ungehindert erreichten

Barnardo und sein Helfer die Treppe, wo sie die Kinder in mitgebrachte Decken wickelten. Dann verließen sie schleunigst das Haus. Ohne Zwischenfall erreichten sie die Kutsche, stiegen ein, und noch ehe sie sich richtig hingesetzt hatten, rollte der Wagen auch schon davon, durch die nachtstillen Gassen dem Heim am Stepney Causeway zu, wo zur Aufnahme Jims alles vorbereitet und auch zwei Betten für die Mädchen gerichtet worden waren. Schon am nächsten Morgen wurden sie weiter nach Barkingside gebracht.

Und diese Eile war auch richtig gewesen, denn bereits am Nachmittag tauchte das Strolchenweib im Heim auf, tat wie eine Furie, drohte, alles kurz und klein zu schlagen, wenn ihr die Kinder nicht unverzüglich zurückgegeben würden, denn sie wisse genau, daß man sie hierher gebracht und hier verborgen halte.

»Wie kommen Sie darauf!« verwunderte sich Barnardo.

»Das geht dich einen Dreck an. Gib mir die Bälger heraus!«

Unerklärlich, wer ihr so rasch auf die richtige Spur geholfen hatte. Barnardo versicherte ihr der Wahrheit gemäß, daß die Mädchen nicht hier seien, es könnten hier ja nur Knaben aufgenommen werden.

Nach und nach wurde die Frau ruhiger. Sie sah ein, daß ihr Geschrei nicht die gewünschte Wirkung hatte, und zog sich zurück, wobei sie immerhin drohte, mit der Polizei wiederzukommen. Doch wurde sie nie mehr gesehen, da sie es offenbar für geratener hielt, sich nicht in die Höhle des Löwen zu begeben.

Solcherart und noch schlimmer war das Menschenmaterial, mit dem es die im Mädchenheim von Barkingside eingesetzten freiwilligen Helferinnen zu tun bekamen, und es war fast ein Übermaß an Geduld und Liebe, das zur Bewältigung einer solchen Aufgabe von ihnen gefordert wurde. Abgründe taten sich vor ihnen auf, als sie die verwahrlosten Geschöpfe näher kennen lernten. Das waren nicht nur weibliche Vagabunden, sondern wahre Wilde, mit zum Teil völlig verschüttetem Gefühlsleben. Einige waren von einer Brutalität, die erschütternd wirkte. Da war ein Mädchen, das dabei überrascht wurde, als es sich auf das Gesicht eines auf den Boden gelegten Kindes setzte, dessen Mund es zuvor mit Sand vollgestopft hatte, neugierig, was nun wohl weiter geschehen werde.

»Siehst du, Syrie, was unser Heim für eine Mission zu erfüllen hat? Wie wohltuend wird sich nach und nach die friedliche Atmosphäre, in die wir sie verpflanzten, und der christliche Geist, der sie hier umgibt, auf die Entwicklung der Mädchen auswirken.« Waren die Seelen dieser Kinder nicht vertrocknetem Ackerboden vergleichbar, der gierig himmlischen Tau in sich aufsog?

Und die Zahl der Mädchen stieg von Tag zu Tag, schon zu Beginn des neuen Jahres waren es über vierzig. Man bemühte sich, sie in allen Hausarbeiten, im Waschen und Kochen auszubilden, um ihnen einmal die Annahme von Dienstbotenstellen zu ermöglichen. Aber es hielt schwer, diesen zucht- und haltlosen Geschöpfen nur die bescheidensten Begriffe beizubringen. Auch sonst stellten sich Schwierigkeiten ein, wie sie Barnardo in solchem Ausmaß im Knabenheim nicht kennengelernt hatte. Wie viel leichter ordneten sich die Knaben in den großen, fast militärisch geordneten Betrieb ein! Woran mochte das liegen, woran fehlte es? Die Helferinnen erklärten, es kaum mehr auszuhalten, einige der Tüchtigsten hatten ihn bereits verlassen. Es mußte etwas geschehen.

Barnardos anfängliche Begeisterung wich Zweifeln und Verzagtheit. Hatte er nicht gehofft, mit der Gründung eines Mädchenheims das unter der Jugend Ostlondons begonnene Rettungswerk in notwendiger Weise zu ergänzen? Hatte er in der Verwirklichung dieses Planes nicht die Erfüllung einer ihm übertragenen Aufgabe gesehen?

»Du darfst nicht ungeduldig werden«, sprach ihm seine Frau Mut zu. »Jedes neue Werk hat Anfangsschwierigkeiten zu überwinden.«

»So schwer war es noch nie.«

»Was haben andere für Erfahrungen gemacht?«

Und Barnardo suchte verschiedene Anstalten und Waisenhäuser für Mädchen auf, Häuser, in denen nicht nur vierzig, sondern achtzig, hundert, ja bis zu zweihundertfünfzig Mädchen unter einem Dach beisammen waren. Einige Leiter gaben zu, daß auch bei ihnen nicht alles stimme. »Wie wäre es anders möglich, wo so viel Gesindel zusammengepfercht wird? Es bleibt nichts übrig, als ein oder beide Augen zuzudrücken, sich abzufinden und zufrieden zu sein, daß es nicht noch schlimmer ist.«

Das war ein Standpunkt, der Barnardo nicht befriedigte. Natürlich hatten es die Mädchen in Barkingside weit besser, als sie es in ihrem Vagabundendasein gehabt hatten. Sie hatten nichts zu entbehren, waren sauber gekleidet, hatten ihr gutes Essen und ihr eigenes Bett, sie wurden zu nützlicher Arbeit angehalten und im Lesen, Schreiben und Rechnen unterrichtet.

Vor allem wurden sie, die vorher in stockdunkelstem Heidentum dahinvegetiert hatten, mit den Lehren des Christentums bekannt gemacht. Das war immerhin etwas, gewiß. Aber es fehlte in seinem Heim die Freudigkeit, die wahre christliche Fröhlichkeit, auch bei ihm war es, wie einer der Waisenväter sich ausgedrückt hatte, etwas Erzwungenes. »Herr, leite mich auch hier mit deinen Augen.«

Und dann wurde er eines Abends Zeuge eines Gesprächs, das ihn in tiefster Seele erschreckte. Hinter der nur angelehnten Tür eines der Schlafsäle unterhielten sich ein paar Mädchen. Jedes Wort konnte er verstehen. Er stand da, wie gelähmt. Denn was er da zu hören bekam, war Ausdruck einer Verderbtheit, wie er sie unter Kindern nicht für möglich gehalten hätte. Und er hatte doch schon mancherlei Erfahrung. War es nicht wie ein Hohn? In seinem Heim, von dem er geglaubt hatte, daß ein christlicher Geist in ihm herrsche. Was für Kräfte des Bösen waren hier am Werk, die Saat vergiftend, die er und seine Helfer auszustreuen sich bemühten? Mit ihrem schmutzigen Lachen spotteten die Kinder über alles, was er angestrebt.

Aber dann riß er sich zusammen und stieß die Tür auf. »Was habt ihr da oben im Schlafsaal zu tun? Ihr habt im Wohnraum zu sein, bis Schlafenszeit ist. Vorwärts!«

Kichernd drückten sie sich an ihm vorbei, und ihm schien, als trügen sie alle ein Kainszeichen auf der Stirn. Müde entfernte er sich. Erwies sich das ganze Unternehmen, von dem er geglaubt hatte, daß es die Erfüllung seines sehnlichsten Wunsches sei, nicht als ein Fehlschlag, als ein großer Irrtum? Waren hier nicht vielleicht noch unschuldig gewesene Kinder verdorben worden, hatten Schaden genommen an Leib und Seele, weil er sie mit völlig verkommenen und verseuchten Elementen zusammengebracht hatte? Er erkannte, daß das, was übel gewesen, noch ärger wurde, wenn man Slumgirls zusammensperrte. Wieder einmal war einer seiner Pläne wie ein Kartenhaus in sich zusammengestürzt.

Tagelang war Barnardo völlig niedergeschlagen. Seine Frau versuchte, ihn zu trösten: »Du darfst dich nicht durch einen ersten Fehlschlag entmutigen lassen. Wenn die Stunde gekommen ist, wird dich der Herr auch in dieser Sache leiten. Denke an Hiobs Prüfungen!«

»Es ist oft so schwer, Geduld zu üben. Wie viel leichter wäre es, sich aufzulehnen, mit aller Kraft gegen die sich auftürmenden Schwierigkeiten und Hindernisse anzukämpfen, dreinzuschlagen —«

»Wie Petrus es getan hat. Siehst du.«

»Ja, Syrie, du hast recht. Vielleicht war alles falsch, weil es nur mein und nicht Gottes Wille war. Wenn ich Klarheit darüber hätte, ich würde mich beugen, würde das Heim hier in Barkingside unverzüglich aufheben und unseren Freunden und Gönnern gestehen, mich geirrt, einen großen Fehler begangen, das für mich gesammelte und mir zur Verfügung gestellte Geld verschleudert zu haben.«

»Tom!«

»Jawohl, ich würde es tun. Nur nicht länger im Dunkel der Ungewißheit herumtappen müssen.«

Einige Tage später, mitten in der Nacht, richtete sich Barnardo plötzlich im Bette auf: »Syrie, Syrie, nun ist mir offenbar worden, was wir mit unseren

Mädchen tun müssen! Gott gibt denen eine Familie, die verlassen waren. Heißt es nicht so? Ist das nicht ein Wort aus dem achtundsechzigsten Psalm?« Er sprang aus dem Bett, zündete das Licht an, setzte den Zwicker auf, holte die Bibel und schlug sie auf. »Ja, hier: ‚ein Vater der Waisen und ein Anwalt der Witwen ist Gott in seiner heiligen Wohnung. Er gibt denen eine Familie, die verlassen waren.' Eine Familie, das ist es, was wir unseren Mädchen geben müssen. Eine Familie und nicht eine Anstalt, die schon fast eine Kaserne ist.«

Ohne erst das Licht zu löschen, legte er sich wieder zu Bett, hielt die Hände auf der Decke gefaltet und blickte vor sich hin, voller Freude über das ihm widerfahrene Glück. »Ach, Syrie, wenn du es doch hättest miterleben dürfen! Es war alles so klar und deutlich, mir ist, als hätte ich es in Wirklichkeit gesehen. Da war ein Backsteinhäuschen, ein rotes Backsteinhäuschen, völlig eingesponnen in grünen Efeu und ganz von Blumen umgeben. Die großen Fenster waren hell erleuchtet. Ich trat hinzu und spähte hinein. Und ich spürte, daß das, was ich sah, ein glückliches, ein behagliches Heim war. Die Einrichtung war wohl einfach, aber sauber und geschmackvoll, und an den Wänden hingen schöne Bilder. In der Mitte der Stube stand ein großer Tisch, an dem eine junge Frau und fünfzehn oder sechzehn Mädchen saßen. Man sah es ihnen an, daß sie glücklich waren. Die Frau hatte eine Bibel vor sich liegen, aus der sie den aufmerksam hinhörenden Mädchen vorlas. Ich beugte mich vor und strengte mich an, bis auch ich hören konnte, was sie las. Es war der achtundsechzigste Psalm: ‚Gott gibt denen eine Familie, die verlassen waren.' Nun betrachtete ich scharf die Gesichter der Mädchen, und ich erkannte jedes von ihnen, denn sie gehörten zu unseren Kindern; aber wie so ganz anders, wie glücklich und zufrieden sahen sie aus! O Syrie, ich weiß es, Gott hat mich einmal mehr mit seinen Augen geleitet, er hat mir gezeigt, daß wir unsere sechzigköpfige Mädchenschar in einzelne Gruppen, in Familien auflösen und in kleinen Häusern unterbringen, daß wir jede Familie durch eine liebevolle Mutter betreuen lassen müssen. Das Anstaltsleben ist etwas Unnatürliches, etwas Erzwungenes, und die Mißstände, die sich gezeigt haben, die logische Folge davon. Ein kranker Baum kann keine gesunden Früchte tragen. Es müssen Kinder jeden Alters mit der Mutter zusammenwohnen, verstehst du, vom Wickelkind bis hinauf zur jungen Tochter, die der Mutter schon ordentlich an die Hand gehen kann. Wie töricht, wie langweilig war es, die Mädchen in gleiche Kleider zu stecken. Mädchen sind ganz anders als Knaben, denen so etwas gefällt, die stolz sind auf ihre dunkelblauen, mit goldenen Knöpfen und rotem Vorstoß geschmückten Uniformen. Nein, Mädchen müssen einfach, aber möglichst verschiedenartig gekleidet werden. Das eine rot, das andere blau und ein drittes grün. Nun haben wir den Weg gefunden, nun kommt doch alles gut.«

Barnardo war so erfüllt von seinen Plänen, daß er sich ankleidete und sogleich einen Bericht für den »Christ« niederzuschreiben begann, in dem er von neuem die Hilfe seiner Freunde und Gönner erbat, um das, was ihm im Traum gezeigt worden war, möglichst rasch verwirklichen zu können. Wie herrlich würde es sein! Barnardo rechnete mit etwa dreißig Häuschen, die zu einem Dorf zusammengeschlossen waren, mit grünen Wiesen dazwischen, auf denen die Kinder spielen konnten, mit Gärten, die sie selbst bepflanzen und pflegen würden. Natürlich würde auch ein Schulhaus nötig sein und eine Kirche, ein kleines Krankenhaus, eine Wäscherei, auch die Anlage eines großen Wasserbehälters mußte man ins Auge fassen, um für alle Zeiten den nicht geringen Wasserbedarf des Dörfchens sicherzustellen. Doch auf nur gepachtetem Land war das alles nicht zu verwirklichen, so daß Barnardo in seiner Begeisterung das an das Gut von Moosford-Lodge angrenzende Land über fünfhundert Are erwarb. Zwischen golden wogenden Kornfeldern und saftig grünem Weideland würde das Kinderdorf zu stehen kommen.

Doch zu seiner großen Enttäuschung schienen auch diese Pläne zum Scheitern verurteilt zu sein. Sein Aufruf fand keinen Widerhall, niemand wollte sich für seine Idee begeistern. Wochen und Monate verstrichen, und die Spenden, auf die er gehofft hatte, blieben aus. Es trafen einzig einige Briefe ein, in denen seine revolutionären Anschauungen entweder in schärfster Weise angegriffen oder lächerlich gemacht wurden. Was für Hirngespinste, schrieb da einer, einen geregelten Anstaltsbetrieb durch solch eine Puppenhäuschenspielerei ersetzen zu wollen!

War er wirklich einem Phantom nachgegangen? War das Traumbild nur das Produkt seiner überreizten Phantasie, das Ganze ein großer Irrtum gewesen? Und wieder ward er in quälende Zweifel und zermürbende Ungewißheit gestürzt.

In Oxford wird es hell

In der ersten Septemberwoche des Jahres 1874 fuhr Barnardo nach Oxford, um an den dort stattfindenden Versammlungen des amerikanischen Predigers Persual Smith teilzunehmen, der damals viel von sich reden machte. Nach der Zeit der Dürre und der Anfeindungen verlangte ihn nach der stärkenden Gemeinschaft mit Gleichgesinnten, nach neuen Eindrücken, von denen er sich geistige Erfrischung und positive Impulse versprach. Syrie hatte ihn in seiner Absicht lebhaft unterstützt, litt doch auch sie unter seinem Kummer, den ihm der unbefriedigende Betrieb im Mädchenheim und die unbegreifliche Verständnislosigkeit seiner Gönner bereiteten.

Als er auf dem Bahnsteig auf den Zug wartete, traf er mit einem Mann zusammen, den er in einer der ersten Veranstaltungen der Volksmissionskirche kennen gelernt hatte. »Sind Sie am Ende auch unterwegs nach Oxford?«

»Allerdings. Welch glückliches Zusammentreffen!«

Barnardo freute sich herzlich über diese Begegnung, da der Mann von der ersten Begegnung an einen ungewöhnlich tiefen Eindruck auf ihn gemacht hatte. Wenn je christliche Liebe einem Menschen die Gesichtszüge prägten, dann war das bei diesem Manne der Fall mit seiner klaren Stirn und den hellen, von innen heraus strahlenden Augen. Man glaubte in seiner Gegenwart etwas von dem Frieden zu verspüren, der nicht von dieser Welt war. Barnardo fühlte sich zu ihm wie zu einem Vater hingezogen.

Da der Wagen, in den sie einstiegen, nur schwach besetzt war, konnten sie einander gegenüber an einem Fenster Platz nehmen. Barnardo fühlte den Blick des Mannes, von dem er nicht einmal den Namen wußte, gütig forschend auf sich gerichtet, so daß er vor sich niederschaute. »Nun, Herr Barnardo, wie geht es mit Ihrem Werk voran?« — »Nicht so, wie ich es mir wünschen möchte.«

»Das habe ich Ihnen angesehen.« Sonst sagte er nichts, doch spürte Barnardo, daß er bereit war, ihn anzuhören, nicht aus Neugierde, sondern in aufrichtiger Teilnahme. Und so vertraute er ihm denn alle seine Sorgen an, die ihm sein Mädchenheim in Barkingside, vor allem aber die Interesselosigkeit seiner doch sonst so aufgeschlossenen und hilfsbereiten Freunde bereitete.

Der Mann hörte ihm zu, ohne ihn je zu unterbrechen, ja, er verharrte auch noch eine Weile still, als Barnardo mit seinem Bericht zu Ende war. »Darf ich Sie nun etwas fragen?«

»Aber selbstverständlich.«

»Angenommen, Gott würde Sie wissen lassen, daß Ihr Plan, ein Mädchendorf zu bauen, wirklich zu hoch gegriffen ist, wären Sie dann demütig genug, darauf zu verzichten?«

»Gewiß, das wäre ich«, antwortete Barnardo hastig, »ich habe mir diese Frage schon selbst gestellt.«

»Sie wären also bereit?«

»Völlig bereit. Denn wenn Gottes Segen nicht darauf liegen würde, wäre ja doch der ganze Plan zum Scheitern verurteilt.«

»Ihre Einstellung scheint mir richtig zu sein. Wir sind auf der Fahrt nach Oxford, weil wir uns von diesen Versammlungen geistliche Erquickung versprechen. Wohlan, so wollen wir hier in diesem Wagen niederknien und unser Anliegen vor Gott bringen. Wir wollen ihn bitten, Sie, noch ehe Sie Oxford wieder verlassen, klar erkennen zu lassen, ob Sie Ihre Pläne weiter verfolgen oder aber auf deren Verwirklichung verzichten sollen.«

»Ja«, nickte Barnardo, »wie wunderbar, daß ich Ihnen begegnen durfte.«

In Oxford trennten sie sich. Jeder ging in sein Hotel, doch hatten sie vereinbart, daß der Mann am nächsten Morgen um acht Uhr Barnardo aufsuchen würde, um mit ihm zu frühstücken.

Andertags, während Barnardo sich ankleidete, klopfte es hastig an die Tür.

»Herein«, rief er ohne langes Besinnen, da er nichts anderes dachte, als daß es der Hausbursche sei, der ihm das warme Rasierwasser bringe, wie er es vor dem Schlafengehen angeordnet hatte.

Die Tür wurde geöffnet, aber nur so weit, daß der, der geklopft hatte, seinen Kopf durch den Spalt strecken konnte. Das noch völlig verwuschelte Haar ließ darauf schließen, daß der Mann eben erst aufgestanden, noch ungewaschen und ungekämmt und vermutlich auch nur notdürftig bekleidet war. »Heißen Sie Barnardo?«

»In der Tat.«

»Haben Sie nicht die Absicht, in Ilford ein Dorf für kleine Mädchen zu bauen?«

»Gewiß, wie kommen Sie darauf?«

»Sie benötigen Geld, um kleine Häuser zu bauen?«

»Ja, ja.«

»Haben Sie schon genug beisammen?«

»Nein, noch nicht.«

»Dann ist es ja gut, so komme ich wenigstens nicht zu spät. Notieren Sie, daß ich für die Kosten eines solchen Häuschens aufkommen werde. Guten Morgen, und entschuldigen Sie die Störung.« Der Kopf verschwand und die Türe ging zu.

Barnardo war völlig überrascht.

Wachte oder träumte er?

Da kam einer und bot ihm Geld für ein Häuschen an, war bereit, das erste Häuschen des Kinderdorfes zu übernehmen. Das war ja wunderbar. Doch halt, wie sollte er den Spender notieren können, dessen Namen er nicht kannte? Nicht einmal sein Gesicht hatte er richtig gesehen. Erst ein paar Herzschläge später erfaßte er ganz, um was es ging. Er stürzte zur Tür und in den Gang hinaus. Er dachte gar nicht daran, daß er erst halb angezogen war. Eben erspähte er noch, wie am andern Ende des Ganges eine Tür geschlossen wurde. »He da!« rief er und rannte dem Manne nach, klopfte an und tatsächlich, er war es, der ihm öffnete.

»Bitte schön, Sie müssen noch einmal zurückkommen.«

»Wieso denn?«

»Wir kennen uns gar nicht, ich weiß nicht, wer Sie sind.«

»Ach so, natürlich. Daran habe ich nicht gedacht.

Nun, wenn Sie keinen Anstoß daran nehmen, daß ich mit meiner Toilette noch nicht fertig bin —«

»Auch ich bin noch nicht so weit«, lachte Barnardo. Und er führte den Fremden in sein Zimmer zurück, wo dieser sich ihm vorstellte. »Mein Name ist Dawson, Zaneous Dawson. Vielleicht wundern Sie sich über mich. Natürlich tun Sie das. Nun, schütteln Sie nur den Kopf; aber mit dem Vorschlag, den ich Ihnen gemacht habe, ist es mir ernst. Sehen Sie, die Sache ist so: Vor ein paar Monaten habe ich mein einziges Kind, ein Töchterchen, verloren. In eben jenen Tagen kam uns der »Christ« in die Hände, in dem Ihr Aufruf stand. Der Gedanke gefiel uns, und so beschlossen meine Frau und ich, zum Andenken an unser Kind eines der Häuschen in dem von Ihnen geplanten Mädchendorf zu übernehmen. Unbegreiflicherweise haben wir die Angelegenheit nicht sogleich in Ordnung gebracht. Und so ist alles liegen geblieben. Beschuldigen Sie mich ruhig der Bequemlichkeit. Heute morgen nun, während des Ankleidens, fragte ich den Hausburschen, der mir das Rasierwasser brachte, wer sonst noch im Hause abgestiegen sei. Ich fragte ganz absichtslos, ich wollte lediglich mit dem freundlichen Burschen ein paar Worte wechseln. Natürlich konnte er mir nicht auswendig alle Namen hersagen, doch diensteifrig, wie er ist, eilte er, das Gästebuch zu holen. Ich blickte hinein und entdeckte auch sogleich Ihren Namen, der mich daran erinnerte, was ich versäumt hatte. Und als ich dann aus Ihrer Nummer ersah, daß wir unsere Zimmer im gleichen Stockwerk hatten, da hielt es mich nicht länger, und so kam ich zu Ihnen, noch ehe ich angezogen war.«

»Wunderbar. Sie können ja nicht wissen, was Ihr

Geschenk in eben diesem Augenblick für mich bedeutet. Durch Sie ist mir Antwort auf eine Frage geworden, die mich in den vergangenen Wochen und Monaten gequält hat.«

Nachdem zwischen den beiden alles geregelt war, war auch schon acht Uhr vorbei, und so begab sich Barnardo ins Frühstückszimmer hinunter, wo sein Reisegefährte bereits auf ihn wartete. Die Freude über das, was ihm eben widerfahren war, mußte auf Barnardos Gesicht zu lesen sein, denn noch ehe er das seltsame Vorkommnis auch nur mit einem Wort erwähnt hatte, sagte der Mann ganz ruhig zu ihm: »Und soll geschehen, ehe sie rufen, will ich antworten; wenn sie noch reden, will ich hören.«

»Ja«, nickte Barnardo, »wie rasch und wie wunderbar hat Gott unser gestriges Gebet beantwortet.«

Das erste Häuschen im Mädchendorf erhielt den Namen »Myrte« und trug über der Eingangstür die Aufschrift: »Gestiftet von Z. E. D. zum Gedächtnis an seine einzige Tochter.«

So wurden denn die Tage, die Barnardo in Oxford zubrachte, im wahren Sinn des Wortes zu Segenstagen, von denen er gestärkt und neugeboren an seine Arbeit zurückkehrte. Nachdem das erste Häuschen gestiftet war, schien der Bann gebrochen zu sein. Immer mehr Leser kamen auf seinen Aufruf im »Christ« zurück und ließen ihm, oft unter ganz eigenartigen Umständen, ihre Spenden zukommen.

Da war zum Beispiel eine Dame, die sich in einem mondänen Seebad aufhielt. Eines Tages, als sie sich in ihrem Badestuhl über die Strandpromenade rollen ließ, rannte ein kleines Mädchen auf sie zu, drückte ihr ein Heftchen in die Hand, lachte sie an und war schon wieder verschwunden, noch ehe die Dame recht begriffen hatte, was da vorgegangen war. Aufgebracht über die Zudringlichkeit des Mädchens, knüllte sie das Blättchen zusammen und schob es auf der Seite des Stuhles zwischen die Polster. Als sie dann später einmal gelangweilt am Strande lag, kam ihr das Schriftchen wieder in die Hände. Es war die erste Nummer der eben von Barnardo ins Leben gerufenen Zeitschrift »Schatzkästlein für Kinder«, in welcher er anschaulich erzählte, wie er für die verlassenen Mädchen in Ilford ein Dorf bauen wolle und auf welch ungewöhnliche Weise ihm die Mittel für das erste Häuschen zugekommen seien.

Die Dame las die kurze Geschichte mit sich steigerndem Interesse, und kurze Zeit nachher schrieb sie Barnardo: »Das Schriftchen, das mir ein unbekanntes Mädchen zugesteckt, hat mich aus einem Traum erweckt. Wie selbstsüchtig habe ich bisher gelebt! Gott hat mir Mittel gegeben, aber ich habe sie nur für mich selber verwendet. Nachdem ich nun Ihr Heftchen gelesen habe, sehe ich ein, wie schlecht ich gewesen bin. Mit Gottes Hilfe möchte ich Ihren armen, verlassenen Kindern eine Freundin werden. Damit Sie sehen, daß es mir ernst ist mit meinem Entschluß, ein anderer Mensch zu werden, sende ich Ihnen einen Scheck, dessen Betrag es Ihnen ermöglichen soll, in Ihrem Kinderdorf ein weiteres Häuschen bauen zu lassen.«

Am 9. Juni 1875 war es so weit, daß Lord Aberdeen auf den Wiesen von Ilford den Grundstein für die ersten elf Häuschen legen konnte.

Wetterleuchten

»Nimm es nicht schwer, Liebstes. Wer den Mut nicht besitzt, mit seinem Namen zu dem zu stehen, was er vorzubringen hat, der verdient nicht, ernst genommen zu werden.«

»Ich weiß, Tom. Aber wo nehmen diese Leute das Recht her, dich mit Schmutz zu bewerfen und in gemeinster Weise zu verdächtigen?«

»Sie haben dazu kein Recht, natürlich nicht. Aber es geschieht noch weit größeres Unrecht, als es diese paar blöden Briefe sind. Wirf sie in den Papierkorb. Mehr Beachtung verdienen sie nicht.«

»Und du willst dich nicht dagegen wehren?«

»Wie sollte ich das tun können, Syrie, da ich die Briefschreiber gar nicht kenne?«

»Ach, oft ist mir so bange.«

»Liebstes, nimmst du nicht alles viel zu schwer? Das darfst du nicht, du bist jetzt zu empfindsam.«

»Du wirst wohl recht haben, Tom. Wie schön wird es sein —«

»Und eben deshalb darfst du dich nicht unnötigerweise grämen, es könnte dir, es könnte dem Kindlein schaden. Komm, Syrie, machen wir noch einen kurzen Spaziergang zum Bauplatz hinüber.«

In Wirklichkeit trafen ihn die in letzter Zeit immer häufiger gegen ihn erhobenen, meist anonymen Anschuldigungen tiefer, als er dies seiner Frau gegenüber zugeben wollte. Mit Rücksicht auf ihren Zustand war er bestrebt, allen Kummer von ihr fernzuhalten.

So viele Freunde er und sein Werk auch hatten, es fehlte ihm auch nicht an Feinden verschiedenster Art. Da waren die Neider, die jeder Erfolgreiche gegen sich hat, in ihren Bemühungen grau gewordene Anstaltsleiter, die es kränkte, daß da einer, der noch nicht einmal dreißigjährig war, einem Werk vorstand, das von Monat zu Monat vergrößert werden mußte, dem selbst höchstgestellte Persönlichkeiten ihre Unterstützung liehen. Was waren es für Mittel, deren dieser junge Prahlhans sich bediente, um die Aufmerksamkeit weitester Kreis auf sich zu ziehen? Meinte er es wirklich ehrlich oder war er ein Scharlatan, der sich das Mäntelchen der Barmherzigkeit nur umhängte, um als vermeintlicher Wohltäter zu Ehren und Ansehen zu gelangen und sich persönlich zu bereichern? Was steckte dahinter, daß da einer, der im Grunde genommen nicht mehr als ein verbummelter Medizinstudent war, Tausenden Sand in die Augen zu streuen und sie an der Nase herumzuführen vermochte? War es nicht ein schlagender Beweis für seine Unehrlichkeit, daß er sich Doktor nennen ließ? Woher nahm er das Recht dazu?

Ja, dazu hatte er tatsächlich kein Recht gehabt. Aber er ließ sich ja auch nicht so nennen, er wurde von den Leuten einfach so genannt.

Und zu den Neidern gesellten sich jene, die aus rein persönlichen Gründen Barnardo zu schaden trachteten. Das waren zum Großteil ehemalige Mitarbeiter, die sich als untauglich erwiesen hatten und die nun, gekränkt und verletzt, an ihrem Widersacher Rache zu nehmen sich bemühten. Und es war nicht einmal schwer, sich mit Barnardo zu überwerfen. Er war ein Draufgänger, ein Feuerkopf, der rasch genug Bedächtigkeit oder vorsichtiges Abwägen anderer als Mangel an Mut, Zuversicht und Glaubensstärke zu tadeln bereit war, ein Rechthaber, dem es schwer fiel, sich dem Willen eines andern zu unterziehen. Und wie er sich selber kompromißlos und mit ungeteilter Kraft für seine Sache einsetzte, so verlangte er auch von seinen Helfern und Mitarbeitern bedingungslose Hingabe. Er war ein Mann, der eine Arbeit, die eine halbe Stunde in Anspruch nahm, in zwanzig Minuten getan haben wollte, einer, der nach beendigter Arbeit nicht aufatmete, sondern vorwärts, zu den beiden nächsten Aufgaben, stürmte.

Aber ohne sein Temperament, seine Rücksichtslosigkeit in der Verfolgung und Verwirklichung seiner Absichten, die nicht auf eigenen Vorteil, sondern auf den Vorteil der Sache Gottes gerichtet war, hätte er niemals erreichen können, was er erreichte, weil seine Ziele außerhalb dessen lagen, was der Vernunft als möglich erschien. Auf ihn traf das Wort zu: »Siehe, ich habe dich zum scharfen, neuen Dreschwagen gemacht, der Zacken hat, daß du sollst Berge zerdreschen und zermalmen und die Hügel zu Spreu machen.« Wie viele sich vor ihm auftürmende Schwierigkeiten und Hindernisse hat er in seinem Ungestüm zerdroschen und zermalmt! Kein Wunder, daß er sich jene, die ihm nicht irgendwie zu folgen vermochten, zu Feinden machte. Entweder stellte sich einer begeistert hinter ihn und leistete ihm Gefolgschaft, oder aber er lehnte ihn ab. Und unter jenen, die ihn ablehnten, war mancher, der ihn mit blindem Haß verfolgte. Lauheit und Unentschiedenheit vertrugen sich mit Barnardo so wenig wie Feuer und Wasser.

Und dann war da mancher, dem ganz einfach Barnardos Glauben ein Ärgernis war, der ihn um der von ihm gepredigten Lehre willen verfolgte. Es ist einer in dieser Welt kein rechter Streiter für die Sache Christi, wenn er durch seine Tätigkeit nicht das Gewissen der noch nicht Gewonnenen weckt und damit ihren Groll, ja, ihren Haß herausfordert, der im Grunde nicht ihm, sondern seiner beunruhigenden Lehre gilt.

»Lassen Sie sich nicht beirren, junger Freund«, riet ihm Lord Shaftesbury bei ihrem nächsten Zusammentreffen, bei dem Barnardo auf die Schmähbriefe zu sprechen gekommen war. »Solche Hetzen sind wie ein Strohfeuer: sie flammen auf, um ebenso rasch in sich zusammenzufallen. Und was den Vorwurf anbetrifft, Sie hätten kein Recht, den Doktortitel zu führen, nun, lieber Barnardo, warum entkräften Sie dieses Argument nicht? Haben Sie es aufgegeben, sich doch noch einmal in die Schulbank zu setzen und Ihre Studien abzuschließen?«

»Natürlich habe ich immer daran gedacht. Auch meine Frau rät mir dazu. Aber es wäre nicht möglich, ohne mich für einige Zeit von meinem Werk zurückzuziehen. Halten Sie es für notwendig?«

»Ja«, sagte Shaftesbury ernst, »das ist meine Meinung.«

Barnardo nickte. »Gut. Nachdem ja nun auch mit dem Mädchendorf alles geordnet ist, wird man mich entbehren können. Ich werde mir Mühe geben, die

Sache so rasch wie möglich hinter mich zu bringen. Noch besser als hier wird das an einem andern Ort möglich sein. Ich werde nach Edinburg fahren.«

Es blieb nicht bei den anonymen Briefen, mit denen Herr und Frau Barnardo belästigt wurden. Die herumgebotenen, von Dunkelmännern mit Eifer verbreiteten Gerüchte drangen auch in die Zeitungen und erreichten so immer weitere Kreise. Es wurden sogar Handzettel gedruckt und verteilt. Barnardo quäle die armen Kinder, wurde behauptet, er lasse sie systematisch verhungern. Im Keller seines Heims in Stepney habe er fensterlose Zellen eingerichtet, feuchte, von Ungeziefer wimmelnde Löcher, in welche die Buben oft wochenlang eingesperrt würden. Es komme nicht selten vor, daß die beklagenswerten Opfer unter der Gefräßigkeit der Ratten den schaurigsten Qualen ausgesetzt seien, Schlammwasser dringe durch die Ritzen des Bodens, auf dem die Ärmsten liegen müßten, deren einzige Nahrung verschimmeltes Brot und schales Wasser bilde. Ja, mehrmals schon sei die Tür eines solchen Verlieses hinter einem der unschuldig verprügelten Buben für mehrere Tage zugenagelt worden.

Wer nur konnte gemein genug sein, solch abstruse Geschichten zu erfinden und in Umlauf zu setzen?

»Reg dich nicht auf, Syrie, das ist ja alles viel zu unsinnig, als daß ein einigermaßen vernünftiger Mensch darauf hereinfallen könnte.«

»Warum nehmen die Zeitungen solche Lügen überhaupt auf?«

»Weil nichts so gern gelesen wird wie Skandalgeschichten. Wir wollen uns nicht damit beschmutzen.«

»Sie wollen dich vernichten, Tom.«

»Das mag schon sein. Aber so bald soll ihnen das nicht gelingen.«

Doch sein Schweigen wurde ihm anders ausgelegt. »Seht ihr? Er weiß nichts zu seiner Verteidigung zu sagen.«

Ja, Barnardo schwieg, weil er glaubte, seine Feinde auf diese Weise am ehesten zum Schweigen zu bringen. Bis dann im Sommer 1875 in einem Zeitungsartikel so ungeheuerliche Anklagen gegen ihn und sein Werk erhoben wurden, daß seine Freunde ihn beschworen, sich nun endlich zu verteidigen und damit auch das Vertrauen seiner Anhänger neu zu gewinnen, von denen sich schon viele von ihm distanziert hatten, weil sie sich sagten, wo Rauch sei, da müsse es auch Feuer geben.

Der Unkrautsamen war aufgegangen.

Unter jenen, die in Barnardo drangen und mit aller Entschiedenheit von ihm verlangten, daß er den Kampf nun endlich aufnehme, befand sich auch ein irischer Theologieprofessor. Als Barnardo weiterhin zögerte, erbot er sich, für ihn die Pressefehde zu führen, womit sich Barnardo schließlich einverstanden erklärte. Er stellte dem Freunde die erforderlichen Unterlagen zur Verfügung und versprach ihm ehrenwörtlich, nie und unter keinen Umständen seinen Namen preiszugeben.

Mit Angaben ausgerüstet, die vorsichtigerweise nicht hätten veröffentlicht werden sollen, machte der wehrhafte Ire sich ans Werk, ließ seinem Unmut die Zügel schießen und ging mit dem anonymen Ankläger in einer Art und Weise ins Gericht, die der überzeugenden Ruhe und Objektivität völlig entbehrte.

Seinen Artikel veröffentlichte er unter dem Pseudonym Clerical Junius in »The Tower Hamlets Indepandant«. Wenn er und Barnardo gehofft hatten, mit solchem Geschütz die Widersacher zum Verstummen zu bringen, dann sahen sie sich bald getäuscht. Der irische Kirchenmann hatte nicht Wasser, sondern Öl ins Feuer gegossen.

Die Feinde blieben die Antwort nicht schuldig, was Clerical Junius veranlaßte, einen zweiten, noch bedeutend schärferen Artikel zu schreiben, und, vierzehn Tage nach dem ersten, am 25. September, zu veröffentlichen. Was er schrieb, war unüberlegt, die erhobenen Anschuldigungen nicht nur unsachlich, sondern beleidigend. Mit neu entflammter Leidenschaft fielen die Gegner über Barnardo her, nannten ihn einen Wolf im Schafspelz, beschuldigten ihn, selber Clerical Junius zu sein, und warfen ihm vor, daß er unter diesem Decknamen versucht habe, sein eigenes Werk zu vergolden und jene, die berechtigte Kritik zu üben gewagt, zu verunglimpfen und zu verleumden.

Jetzt mußte Barnardo selber zur Feder greifen. Am 2. Oktober ließ er in »The East London Observer« eine mit seinem Namen unterzeichnete Entgegnung einrücken, in der er sich energisch gegen die Verdächtigung verwahrte, die beiden Briefe von Clerical Junius selber geschrieben zu haben, deren zweiten er selber als gräßlich und verabscheuungswürdig bezeichnete. Und dieser Erklärung fügte er bei: »Ich muß schon sagen: Rettet mich vor meinen Freunden! Denn Freunde solcher Art sind Feinde der besten Sache.«

Es fehlte nicht an Einsichtigen, die sich nun bemühten, sich vermittelnd einzuschalten und beide Parteien zu Ruhe und Besonnenheit zu ermahnen. Und ihr Bemühen war nicht umsonst. Es schien tatsächlich, als ob die Gewitterwolken abziehen würden.

Doch in Wirklichkeit glomm die Glut unter der Asche weiter.

Nicht zuletzt die Enttäuschung über diese Ereignisse bestärkte Barnardo in seinem Vorhaben, London für einige Monate zu verlassen und sich in Edinburg mit ganzer Intensität seinen Studien zuzuwenden.

Bereits im März 1876 bestand er seine letzten medizinischen Examen und wurde Lizentiat des Königlichen Instituts für Chirurgie in Edinburg. Er kehrte daraufhin nach London zurück, wo er sich als praktischer Arzt eintragen ließ. Den Doktortitel zu führen war er streng genommen auch jetzt noch nicht berechtigt, da er wohl die medizinischen Examen durchgemacht, nicht aber doktoriert hatte. Aber nach allgemeinem Brauch wurde ein Arzt eben Doktor genannt, und wie viele andere, so verwahrte sich auch Barnardo nicht dagegen, wenn er künftighin nicht mehr nur von den Kindern, sondern auch von Mitarbeitern und Helfern als »Doktor« angesprochen wurde.

Wenn er etwa betonte, die Erwerbung akademischer Grade sei für ihn selber völlig bedeutungslos, so war das übertrieben. Denn es mußte auch Barnardo klar sein, daß er als Arzt nun auch in der Gesellschaft ganz anders auftreten konnte als bisher, da er nur ein Student gewesen. Dazu hoffte er mit seiner Frau, daß nun endlich auch die verleumderischen Anklagen wider ihn endgültig verstummen würden. Vor allem aber hatte er als praktizierender Arzt nun die Möglichkeit, sich und seine Familie selber durchzubringen, obwohl ihm in Wirklichkeit zur Ausübung seines Arztberufes herzlich wenig Zeit übrig blieb. Er war ja der Kopf und das Herz der an Bedeutung ständig zunehmenden »East End Juvenile Mission« mit all ihren Einrichtungen und dazu noch immer der einzige Prediger der Volksmissionskirche. Entgegen den verleumderischen Behauptungen seiner Feinde leistete er seine riesige Arbeit um der Sache willen und ohne sich dafür bezahlen zu lassen. Verschiedenen seiner Mitarbeiter richtete er Gehälter aus, für sich selber bezog er nichts. Beträge, die ihm etwa zu persönlicher Verfügung zugestellt wurden, schickte er ausnahmslos zurück. Einzig die Honorare, die er für seine in Zeitungen und Zeitschriften erscheinenden Artikel ausbezahlt erhielt, sowie die nun aus seiner bescheidenen ärztlichen Praxis eingehenden, spärlichen Gelder betrachtete er als sein Eigentum. Dazu kamen die Einkünfte aus dem Vermögen seiner Frau und die Zuwendungen seines Schwiegervaters.

Doch wieviel davon steckte er wie das, was ihm sein Vater gegeben hatte, ohne zu zögern in sein Werk! Immer wieder gab es hier Löcher zu stopfen, und wenn Ebbe in der Kasse war, nahm er das Geld eben aus der eigenen Tasche. Er war nicht nur Leiter, er war auch der Kassier seines Werkes. Nur die Dankschreiben über eingegangene Gelder überließ er seinen Angestellten. Er hielt dabei streng darauf, daß man unverzüglich und in herzlichem Tone dankte. »Ich wünsche, daß die Leute spüren, daß sie das Geld jemandem geben, der ein Herz, freundliche Gefühle und einen gesunden Menschenverstand hat. Wir sind kein Wohltätigkeitsautomat, bei dem man ein Geldstück einwirft, auf einen Knopf drückt, worauf wir noch den Rest zu tun haben. Nein, so geht das nicht.«

Einen Angestellten, der vier Tage gewartet hatte, ehe er für eine Geldspende dankte, tadelte er: »Dafür gibt es keinerlei Entschuldigung, und Sie müssen alles daransetzen, daß so etwas nie wieder, hören Sie, nie wieder vorkommt. Ich bestehe darauf, daß Spenden unverzüglich bestätigt werden. Haben Sie einmal wirklich keine Zeit für einen richtigen Brief, dann schreiben Sie wenigstens drei Zeilen. Weder ein Geschäftsmann noch eine Dame der Gesellschaft wird für eine verspätete Bestätigung einer Geldspende eine andere Entschuldigung als Krankheit oder Tod gelten lassen. Nun kennen Sie meine Einstellung, von der mich nichts abbringen wird.«

Während es ihm sein Stolz verbot, Gaben für sich selber anzunehmen, kannte er nicht die geringsten Bedenken, auf die verschiedenste Weise Gelder für sein Werk hereinzubringen. »Der Herr bedarf dessen«, war seine Überlegung. Er dachte in diesem Stück wie William Booth, der Begründer der Heilsarmee: »Gebt mir euer Geld, und ich werde es reinigen. Ich werde es mit den Tränen jener reinwaschen, die keinen Vater haben, und ich werde es auf den Altären der Menschlichkeit niederlegen.«

Sobald er die Examen hinter sich hatte und so eine schwere Last endlich los war, machte er sich mit frischer Begeisterung und von neuen Plänen erfüllt wieder ans Werk. Den Schulen für Zerlumpte, in denen er vor zehn Jahren in ersten Kontakt mit der Bevölkerung Ostlondons gekommen war, wandte er neuerdings sein besonderes Interesse zu. Wohl war der gesetzliche Schulzwang bereits 1870 eingeführt worden, allein, auf was für Schwierigkeiten die Anwendung dieses Gesetzes immer noch stieß, hatte die Londoner Oberschulbehörde eben wieder einmal festgestellt: »Die Tausende von Zeitungsjungen, Straßenwischern und Straßenverkäufern, die im schulpflichtigen Alter stehen, sind uns alle bekannt, so daß ihr Schulbesuch genau überwacht werden kann. Aber außer diesen gibt es ein ganzes Heer von halbverhungerten und halbnackten Kindern, die sich in Torwegen, unter Eisenbahnviadukten, auf den Märkten und am Flußufer umhertreiben. Und bei diesen stoßen alle Bemühungen, sie in die Schule zu zwingen, auf beinahe unüberwindliche Schwierigkeiten. Es sind Niemandskinder, die in einem Niemandsland leben, sie verleugnen ihr Alter, geben falsche Namen und Adressen an und fliehen über die Grenze, so daß ihnen die Schulpolizei nicht beikommen kann.«

Obwohl naturgemäß genaue Zahlen fehlen, steht doch fest, daß es allein in London weit über 100 000 Kinder waren, die sich dem Zugriff der Polizei und der Schulbüttel zu entziehen verstanden. Von ihnen versuchte ein kleiner Teil, besonders im Winter, in einer der Schulen für Zerlumpte unterzukommen. Die sich stündlich mehrenden Klagen der Lehrer über fehlenden Raum machten es Barnardo klar, daß endlich etwas geschehen mußte, um diesem Übelstand abzuhelfen. Ebenso klar war ihm, daß mit weiteren An- und Flickbauten am Hoffnungsplatz, selbst wenn sie noch möglich gewesen wären, keine befriedigende Lösung zu erzielen war. Sie mußte anderswo gefunden werden.

Da entdeckte er in der Copperfield-Road in Limehouse eine leerstehende Fabrik. Sofort erwarb er sie, ließ sie instand stellen und als Schulgebäude einrichten. Dann wurde die Zerlumptenschule am Hoffnungsplatz, in der Barnardos Werk seinen Anfang genommen hatte, in die Copperfield-Road verlegt. Und mit Genugtuung meldete Barnardo seinen Freunden und Gönnern: »Unsere neue freie Schule für Zerlumpte ist nun eröffnet und in Betrieb genommen worden. An Sonntagen wird sie durchschnittlich von 1500 Schülern besucht. Keine andere Zerlumptenschule in London weist einen solchen Durchschnitt auf.«

Selbst an den Wochentagen fanden sich über 600 Knaben und Mädchen ein, um von tüchtigen Lehrern im Pensum der öffentlichen Schulen unterrichtet zu werden. Doch was für eine armselige Kinderschar fand sich hier zusammen! Wie jämmerlich bekleidet waren die Kleinen, wie bleich waren ihre Wangen, wie traurig und verängstigt ihr Blick! Wie hätten diese bedauernswerten Geschöpfe dem Unterricht zu folgen und ersprießlich zu arbeiten vermocht! Barnardo wußte von seinen Heimen her, wie wichtig es war, in erster Linie den leiblichen Hunger der Kinder zu stillen.

Die Eltern der Schüler, mit denen er es hier zu tun hatte, waren zur Hauptsache arme Dock- und Hafenarbeiter, Hausierer, Straßenhändler, Fischräucherer und allerlei fahrendes Volk. Nachdem er festgestellt hatte, daß etwa ein Drittel der Kinder zu Hause zum Frühstück nur ein Stück Brot erhielten, daß ein weiteres Drittel überhaupt nichts von einem Frühstück wußte und daß weit mehr als die Hälfte kein Mittagessen zu erwarten hatte, führte er Schülerspeisungen ein, ließ, ehe der Unterricht begann, den Buben und

Mädchen ein nahrhaftes Frühstück reichen und richtete einen Mittagstisch für sie ein. Und wie die bleichen, eingefallenen Wangen voller wurden und Farbe bekamen, so nahm auch die Leistungsfähigkeit der Kinder zu.

Das unaufhaltsame Anwachsen des Werkes bedingte eine ständige Vermehrung der Hilfskräfte. So gründete Barnardo ein eigenes Diakonissenhaus in der Row Road, in dem ständig achtzehn bis fünfundzwanzig junge Frauen gründlich auf ihre Arbeit unter den Armen Ostlondons vorbereitet wurden. Die betreuten Gebiete wurden in Bezirke eingeteilt und für jeden Bezirk zwei Diakonissen bestimmt, deren Hauptaufgabe die Hausbesuche bildeten. Ihre Tracht öffnete ihnen alle Türen, so daß sie mit den schlimmsten Fällen von Großstadtarmut in Berührung kamen. Sie spendeten Trost, beteten mit den Kranken und seelisch Bedrängten, legten aber auch Hand an, wo die Not es erforderte, brachten Milch, Fleisch und Kohlen, halfen im Winter mit warmen Bettdecken aus und verschafften den Entblößten Kleider und Schuhe. Aber ihre Arbeit beschränkte sich nicht auf Armen- und Krankenpflege. Sie halfen im Knabenheim und unter den Mädchen in Barkingside, sie hielten regelmäßig Missionsversammlungen ab, veranstalteten Nähkurse und Gebetsstunden, tauchten überall auf und brachten, als Engel Gottes, Licht in das Dunkel der Ärmsten.

Der Erfolg, der von allem Anfang an dem in Edinburgh Castle eingerichteten Kaffeepalast beschieden war, ermutigte Barnardo, einen weiteren Schnapspalast, das in der Mile End Road gelegene »Dublin Castle« aufzukaufen, darin eine Kaffeehalle einzurichten und auch diese ehemalige Lasterhöhle in ein Missionszentrum umzuwandeln.

Um seinen Schutzbefohlenen in Tagen der Krankheit eine noch bessere Pflege angedeihen lassen und sie von den übrigen absondern zu können, richtete er im Haus 19 am Stepney Causeway, seinem Knabenheim gegenüber, ein Kinderkrankenhaus ein.

Im Herbst 1876 unternahm er mit seinem Mitarbeiter Page eine Vortragsreise durch Nordschottland. In Inverness waren sie nach dem Vortrag mit Presseartikeln und Korrespondenzen bis spät in die Nacht hinein beschäftigt. Anderntags fühlte sich Page müde und zerschlagen und machte Barnardo gegenüber auch kein Hehl daraus.

»Ach, Page«, zog der glänzend aufgelegte und von Tatendrang erfüllte Barnardo seinen Gefährten auf, »ich komme eben von einem Spaziergang durch den Friedhof zurück. Es ist einer der reizendsten Orte, die ich je kennengelernt habe, so daß es mir richtig zu sein scheint, wenn Sie Ihre müden Knochen hier lassen.«

Nach London zurückgekehrt, verwirklichte er mit der Schaffung einer Unterkunftsstätte für Kutscher einen Plan, der ihn schon seit Jahren beschäftigt hatte. Hier stand den Männern nun ein warmer Aufenthaltsraum zur Verfügung, in dem sie in ihrer Wartezeit eine Zeitung lesen oder für wenig Geld eine Mahlzeit einnehmen konnten. Immer wieder, wohin er nur blickte, sah er neue Aufgaben vor sich, und er wich ihnen nie aus. »Es ist ein großer Fehler, sich nach getaner Arbeit im Stuhl zurückzulehnen und sein Werk wohlgefällig zu betrachten, anstatt ungesäumt die nächste Arbeit in Angriff zu nehmen.«

Das war für ihn keine bloße Redensart. Tagtäglich war er sechzehn bis siebzehn Stunden an der Arbeit, und nirgends war man sicher, daß er nicht plötzlich wie ein Wirbelwind und von einer neuen Idee begeistert auftauchte. Und oft, wenn die Zeiger auf Mitternacht gingen, vertauschte er noch seinen guten Anzug mit alten Kleidern, um sich als Mann mit der Laterne aufzumachen, die Schlupfwinkel der Niemandskinder nach neuen Schützlingen zu durchforschen. Und selten kam er von seinen Streifzügen allein ins Heim zurück. Wurde es einmal zu spät, dann legte er sich überhaupt nicht mehr schlafen. Dann nahm er ein heißes Bad, kleidete sich um und begann im grauenden Morgen ein neues Tagewerk.

Mutter Brown

Am 9. Juli 1876 konnten auf den grünen Wiesen von Ilford in Anwesenheit des Grafen und der Gräfin Cairns sowie des Grafen Aberdeen die dreizehn ersten Häuser des Mädchendorfes eingeweiht werden. Barnardos Traum begann in Erfüllung zu gehen. Ja, gerade so hatte er damals die Häuschen vor sich gesehen. In elisabethanischem Stil aus roten Backsteinen gebaut, zweigeschossig, mit weit herabgezogenen, gemütlichen Dächern und hohen Kaminen. In kurzer Zeit schon würden die Mauern von Efeu übersponnen sein und die Gärtchen in voller Blüte stehen. Allein schon die Namen der Häuschen, wie »Myrte«, »Lilie«, »Rose«, »Gänseblümchen« und »Heidekraut« ließen an künftiges Blühen denken. Hecken und junge Baumgruppen belebten das liebliche Bild. Und dem schmucken Äußern entsprach die innere Einrichtung der Häuschen. Jedes Kind verfügte in der Wohnstube über ein eigenes Schränkchen, in dem es seine Spielsachen verwahren konnte, jedes hatte sein eigenes, sauberes Bett, vor allem aber gab es in jedem Hause eine Mutter, um die sich eine Familie von etwa zwanzig Mädchen verschiedenen Alters scharte. Das war nun kein Anstaltsbetrieb mehr wie damals in der Remise. Und Frau Barnardo hatte dafür gesorgt, daß auch die einheitlich langweiligen Trachten von staubgrauer Farbe durch einfache, in Schnitt und Farbe möglichst verschiedenartige Kleidchen ersetzt worden waren.

In den Häuschen herrschte ein aufgeschlossen fröhlicher, ja, familiärer Geist, der sich wohltätig und wohltuend auf jedes Kind auswirkte und auch jene sofort ergriff, die als neue Glieder der Familie beigegeben wurden. Was für eine andere, was für eine wunderbare Welt tat sich hier den »Slum-girls« auf, die aus den dunkelsten Wohnlöchern, aus dem Elend trostloser Verhältnisse in dieses von Licht und Farbigkeit erfüllte Kinderdorf kamen, wo nicht mehr rauchschwarze Häuserschächte, sondern blühende Wiesen und das Gold wogender Kornfelder sie umgaben!

An einem regnerischen Novemberabend befand sich Barnardo in einem kleinen Lebensmittelgeschäft von Drury Lane. Er hatte hier mit einem Händler wegen der Lieferung von Nahrungsmitteln an eine von ihm unterstützte Familie verhandelt und wollte den Laden eben verlassen, als er zwei kleine Mädchen gewahrte, die draußen im strömenden Regen standen und ihre Nasen an der Scheibe des Schaufensters plattdrückten, um die ausgestellten, noch dampfenden Puddings zu bestaunen. Ihre armseligen Kleider troffen vor Nässe, und das Wasser rann ihnen über ihre verfrorenen Gesichtchen. »Wer sind die beiden? Kennen Sie sie nicht?« erkundigte sich Barnardo beim Händler.

»Vermutlich gehören sie zu Mutter Browns Pack«, gab dieser zur Antwort.

»Mutter Brown? Wer ist das? Ich habe noch nie von ihr gehört.«

»Wer sie ist, weiß niemand genau. Aber man weiß, daß sie Kinder zu sich nimmt, Kinder, die ihren Eltern im Wege sind und die sie loswerden wollen. Selbstverständlich gegen eine Entschädigung. Diese Kinder vermietet dann Mutter Brown an Straßenmusikanten und Bettler, ab und zu auch als Modelle an Maler.«

»Arme Geschöpfe«, murmelte Barnardo, doch schon funkelte das Feuer eines rasch gefaßten Entschlusses in seinen Augen. Er trat auf die Straße hinaus, stellte sich hinter die Mädchen und legte dem älteren die Hand auf die Schulter. »Ist das nicht ein prächtiger Pudding? Möchtest du nicht davon haben?«

Das Kind sah ihn an und nickte zögernd.

»Dann kommt beide herein, ihr sollt ihn versuchen.« Er stieß die Mädchen vor sich her in den Laden und ordnete an, daß jedem eine Scheibe Pudding vorgesetzt wurde.

Zwar wußten die Kinder nicht, was sie davon zu halten hatten. Doch lange konnten sie der Versuchung nicht widerstehen. Sie überwanden ihre Scheu und langten tüchtig zu. Gierig stopften sie Löffel um Löffel voll in den Mund, als befürchteten sie, die Herrlichkeit könnte ihnen weggenommen werden. Als die Teller leer waren, leckten sie wie Kätzchen die Lippen sauber.

»Nun, hat es euch geschmeckt?«

»Und wie!«

»Dann möchtet ihr wohl noch ein zweites Stück haben?«

Die Kinder nickten. »O ja, bitte; aber nicht für uns.

Wir wollen unserem kleinen Bruder davon bringen.«

»Ihr habt einen Bruder?«

»Ja, Tommy. Er ist krank.«

»Ach! Und wo ist er?«

»Bei der Großmutter.«

»Das trifft sich ja ausgezeichnet. Ich bin Arzt, und so werde ich mit euch kommen, um einmal nach Tommy zu sehen. Bestimmt werde ich ihm helfen können.«

»Glauben Sie?« Für einen Augenblick leuchtete es in ihren Augen auf. Doch schon schüttelten sie die Köpfe. »Das wird aber nicht möglich sein, denn Grannie würde es nicht gern haben.«

Schließlich wußte Barnardo ihre Bedenken zu zerstreuen, so daß sie einwilligten, sich von ihm begleiten zu lassen. Sie führten ihn in einen Keller hinunter, stießen hier eine Türe auf, und Barnardo sah sich in einer Art Küche, in der neben einem verglimmenden Feuer eine alte Frau saß, die aus einer Tonpfeife rauchte.

Als Barnardo mit den beiden Mädchen näher trat, erhob sie sich, knurrte etwas vor sich hin und warf den Kindern zürnende Blicke zu. Als sie dann aber vernahm, daß Barnardo ein Arzt war, der nach dem kleinen Kranken schauen wollte, da beruhigte sie sich und wies mit dem Daumen über die Schulter nach einer Ecke hin, wo Tommy auf einem Haufen von Lumpen lag. Der Kleine sah erbärmlich aus. Bleich, bis auf die Knochen abgemagert, schaute er aus traurigen Augen zu dem Fremden auf.

Barnardo schlug sofort vor, ihn in sein kleines Krankenhaus in Stepney aufzunehmen, und die Alte schien froh zu sein, ihn auf diese Weise los zu werden. Barnardo gab ihr noch etwas Geld und versprach, anderntags wiederzukommen, um den Patienten abzuholen.

Doch auf dem Heimweg sah er immer wieder des Kleinen bleiches Gesicht vor sich, durch das er jäh an die gelbe Rübe erinnert wurde. Angst packte ihn, es möchte am Ende zu spät sein, wenn er bis am nächsten Tag zuwarte. Und kurz entschlossen kehrte er um, rief eine Kutsche heran und fuhr nach Drury Lane zurück. Er hieß den Kutscher am Ende der Straße auf ihn warten, trat in das Haus und eilte in den Keller hinunter, in dem Grannie hauste.

Unterdessen war es neun Uhr geworden.

Barnardo traf in der Küche nur noch die drei Kinder, die Alte war ausgegangen. »Wißt ihr nicht, wann sie zurückkommen wird?«

Das ältere Mädchen schüttelte den Kopf.

»Ich habe mir überlegt, daß es für euer Brüderchen doch besser ist, wenn ich es schon heute mit mir nehme.« Und er hob den Kleinen auf, trug ihn zur Kutsche und bettete ihn hinein, so gut das möglich war. Ängstlich waren ihm die Mädchen gefolgt. Nun kletterten sie in den Wagen, um sich von Tommy zu verabschieden.

»Warum nicht gleich alle drei?« durchzuckte es Barnardo. In Ilford waren immer noch ein paar Betten frei. »Möchtet ihr nicht auch mit mir kommen?«

Sie wußten nicht, was sie sagen sollten. Wie gerne wären sie bei Tommy geblieben, doch noch größer als ihr Wunsch, ihr Brüderchen zu begleiten, war ihre Furcht vor Grannie. »Sie wird schrecklich böse werden und uns schlagen.«

»Aber wie sollte sie euch etwas anhaben können, wenn ihr nicht mehr bei ihr seid?«

Nach und nach ließen sich die Mädchen für den Fluchtplan gewinnen, und Barnardo hieß sie, sich neben ihr Brüderchen zu setzen. Dann gab er dem Kutscher ein Zeichen, und der Wagen fuhr davon.

Schon am nächsten Tag wurden die beiden Mädchen nach Ilford gebracht.

Obwohl in Stepney für den kleinen Kranken alles getan wurde, was überhaupt zu tun möglich war, konnte ihm nicht mehr geholfen werden. Die Krankheit, die ihn verzehrte, war schon zu weit fortgeschritten. Nach wenigen Wochen war er am Ende seines Leidensweges angelangt und schlief friedlich ein. Einige Zeit später stieß Barnardo ganz unvermutet in Drury Lane mit Mutter Brown zusammen. Sie erkannte ihn sogleich und Wut verzerrte ihr Gesicht. Sie warf die Arme hoch und stürzte auf ihn zu, heulend und schreiend: »Da ist er endlich, dieser Räuber und Spitzbube! Nun soll er mir nicht noch einmal entwischen, dieser Kinderdieb!«

Auf den von ihr verführten Lärm wurden Fenster und Türen aufgerissen, Frauen und Männer stürzten herbei und umringten die beiden. »Gib es ihm nur«, schrie einer. »Diese Schweinekerle!«

»Wir werden dir beistehen!« lärmte ein anderer.

»Vorwärts, schlag ihn zu Boden, und dann drauf!«

»Mit dem werden wir schon fertig. So ein Scheusal, Kinder zu entführen und eine alte Frau zu überfallen!« Und mit drohenden Mienen und erhobenen Fäusten drangen sie auf ihn ein.

Barnardo erkannte, daß seine Lage gefährlich geworden war. Es gelang ihm, ein paar Schritte zurückzuweichen. Dann schrie er, daß er selbst im herrschenden Tumult gehört und verstanden werden mußte: »Ich bin Barnardo! Habt ihr noch nie von mir gehört und von dem Heim, das ich in Stepney für arme Kinder eingerichtet habe?«

Und in der Tat, sobald sie seinen Namen hörten, ließen sie von ihm ab. Ihr Geschrei wich scheuer Bewunderung. »Barnardo? Sie sind wirklich Barnardo?«

»Ja«, bestätigte Barnardo aufatmend, »ich bin wirklich Barnardo.«

»Jawohl, er ist es. Jetzt erkenne ich ihn.«

»Magy kennt ihn.«

»Wer aber ist die Frau, die mich vorhin angegriffen hat? Ihr kennt sie nicht? So will ich es euch sagen. Ihre Nachbarn nennen sie Mutter Brown. Warum? Weil sie arme Kinder zusammenkauft, von denen die Eltern nichts mehr wissen wollen. Jawohl. Und mit diesen beklagenswerten Geschöpfen haust sie in einer erbärmlichen Kellerküche, läßt die Kinder halb verhungern, behandelt sie schlecht und ist auf die erste Gelegenheit erpicht, sie zu vermieten oder mit Gewinn weiterzuverkaufen. Jawohl, eine solche ist Mutter Brown. Eine Seelenverkäuferin also. Ich war bei ihr und habe drei Kinder bei ihr gefunden. Eines von ihnen, ein Knabe, war schwer krank. Ich habe ihr alle drei weggenommen, um sie in meinen Heimen unterzubringen und ihnen zu einem anständigen Leben zu verhelfen. Das ist der Grund, weshalb sie mich überfallen hat. Sagt selbst, war es schlecht, was ich tat?«

»Natürlich nicht, bravo!« stimmten ihm die Leute bei.

»Und nun fragt sie selbst, ob ich etwas anderes als

die Wahrheit gesagt habe? Doch halt, wo ist sie denn?«

Tatsächlich, zu aller Überraschung war die Alte spurlos von der Bildfläche verschwunden. Sobald der Wind gedreht hatte, hatte sie sich aus dem Staube gemacht.

Vorläufig war er sie also los. Doch Barnardo wußte, daß er sich nun vor ihr in acht zu nehmen hatte. Sie kannte jetzt seinen Namen und wußte auch, daß er ein Heim in Stepney leitete. So würde sie unschwer auch erfahren können, daß die Mädchen in Ilford untergebracht waren. Er mußte also damit rechnen, daß die Alte versuchen würde, sie von dort zurückzuholen. Und das durfte nicht geschehen. Er sah ein, daß die Mädchen vor ihren Verfolgungen erst sicher waren, wenn der Ozean zwischen ihnen und Mutter Brown lag. Er wollte die Angelegenheit mit Annie Macpherson besprechen und sie bitten, bei ihrer nächsten Reise nach Kanada auch die Mädchen mitzunehmen.

Und selbstverständlich war Annie Macpherson bereit dazu.

So kamen die beiden zu einem Farmer, der mit seiner Frau den Tod eines sechsjährigen Töchterchens betrauerte. Als sie ins Haus gebracht wurden, eilte die Frau sogleich auf das jüngere Mädchen zu und schloß es in ihre Arme. Dann trug sie das Kind in das Schlafzimmer hinüber, dieweil der Mann das größere Mädchen auf die Knie nahm. Schon nach kurzer Zeit kam die Frau in freudiger Aufregung zurück. Tränen rannen ihr über die Wangen, und ihre Stimme bebte. »O Alec, sie passen, sie passen wirklich!«

Die gute Frau trug auf dem einen Arm das Kind,

in der andern Hand hielt sie Schuhe und Strümpfchen, die ihrem verstorbenen Mädchen gehört hatten. Und da sie eben festgestellt hatte, daß Schuhe und Strümpfe dem Kinde paßten, gab es für sie keinen Zweifel mehr: Gott hatte ihr diese beiden Mädchen zugeschickt als Ersatz für das Kind, das er zu sich genommen.

So begann für die beiden armen Geschöpfe, die Barnardo aus einem feuchten Kellerloch in Drury Lane geholt hatte, unter der Sonne Kanadas ein neues glückliches Leben.

Das Gewitter bricht los

Es war ihnen schwer gefallen, Mossford-Lodge, die Stätte ihres jungen Eheglücks, zu verlassen. Allein, Barnardo war durch sein Werk so sehr in Anspruch genommen, daß er es nicht länger verantworten konnte, am Abend einfach allem den Rücken zu kehren und aufs Land hinauszufahren. Um von der Bahn unabhängig zu sein, hatte er zwar in den letzten Wochen für die Fahrt von Stepney nach Barkingside eine Ponykutsche benützt; doch auch so war der Zeitverlust zu groß gewesen. Er gehörte nun einmal nach Stepney, unter die Armen Ostlondons. Auch die Mitarbeit von Frau Barnardo gestaltete sich viel einfacher, wenn sie in der Stadt, in unmittelbarer Nähe des Knabenheims, wohnten. So wuchs nun leider ihr Söhnlein William nicht auf dem Lande auf, wie sie es sich vorgestellt hatten, doch behielten sie in Mossford-Lodge ein paar Räume für sich. So konnten sie jederzeit hinausfahren, um freiere Luft zu atmen und sich über die ständige Entwicklung des Mädchendorfes zu freuen. Ilford nahm im Herzen Barnardos einen besonderen Platz ein.

Da brach 1877 das Gewitter los.

Ausgelöst wurde es durch eine zweiundsechzig

Seiten umfassende Schrift, die unter dem Titel »Überraschende Enthüllungen über die Heime von Dr. Barnardo« erschien. Ihr anonym bleibender Verfasser erklärte darin: »Wer die Mißstände nicht sieht, ist völlig blind, und wer sie zu entschuldigen versucht, von allen guten Geistern verlassen.«

Was Barnardo schon früher vorgeworfen worden war, wurde hier in noch viel schärferer Form wiederholt: Barnardo verlange von den Heiminsassen die härteste Arbeit und lasse sie dafür halb verhungern, Knaben würden für drei bis achtzehn Tage in unterirdische, von Ratten wimmelnde Löcher gesperrt, die Kinder wüchsen wie die Heiden auf und hätten jegliche religiöse und moralische Beeinflussung zu entbehren. Aber auch Neues wußten die Verfasser der Broschüre zu berichten. So warteten sie mit Enthüllungen aus Barnardos Privatleben auf und behaupteten, Barnardo habe trotz des Protestes seiner Freunde jahrelang bei einem recht fragwürdigen, ständig betrunkenen Frauenzimmer gewohnt, und mehrmals sei er in Gesellschaft, ja, Arm in Arm mit Prostituierten gesehen worden. Das alles werde jedoch durch die Tatsache in den Schatten gestellt, daß dieser saubere Leiter der Ostend-Jugendmission die für seine Heime erbettelten Gelder zum guten Teil in seine eigene Tasche fließen lasse. Barnardo habe doch selber erklärt, daß seine Schuhputzerbrigade und andere Zweige seines Werkes sich zu erhalten vermöchten. Wozu er also jährlich mehr als 20 000 Pfund an Liebesgaben benötige, sei unerklärlich. Nicht umsonst habe er von allem Anfang an erklärt, daß er die Namen der Spender nicht veröffentlichen werde. Das verrate doch deutlich genug seine Absicht, jede Kontrolle auszuschließen. Bei seiner Ankunft in London habe er als armer Schlucker in einer erbärmlichen Gegend gewohnt, während er jetzt, wovon sich jedermann mit Leichtigkeit selbst überzeugen könne, in einem recht wohlhabenden Hause Wohnung bezogen habe. Kurz und gut, es weise alles darauf hin, daß Barnardo ein Scharlatan, ein ausgekochter Gauner sei, der mit Hilfe sentimentaler Geschichten die Bevölkerung dumm mache und sie ihres Geldes beraube. Daß Barnardo die mit Clerical Junius unterzeichneten Artikel eben doch selber verfaßt habe, müsse nach alledem auch dem Verblendetsten klar werden. Aber eben, mit der Wahrheit habe es dieser sonderbare Heilige nie genau genommen. Photographien seiner Schutzbefohlenen habe er erst angefertigt, nachdem die Kinder zu diesem Zwecke möglichst phantastisch herausstaffiert worden seien, für Moody und Lankey werbende Plakate mit dem Vermerk, daß sie von Barnardojungen gedruckt worden seien, habe er erwiesenermaßen von Berufsdruckern anfertigen lassen, und daß er sich ohne Berechtigung den Doktortitel zugelegt habe, sei ja allgemein bekannt.

Diese Schrift, so absurd sie auch war, erregte ein gewaltiges Aufsehen. Der Konflikt zwischen Barnardo und seinen Gegnern hatte plötzlich Ausmaße angenommen, die jeden Versuch, ihn auf friedliche Weise beilegen zu wollen, von vorneherein als aussichtslos erscheinen ließ. Die Beiträge und Spenden, auf die Barnardo keinen Tag verzichten konnte, gingen in beängstigender Weise zurück, in den Zeitungen wurde öffentlich davor gewarnt, Barnardos Mission weiterhin zu unterstützen.

Und dennoch zögerte Barnardo noch immer, das

Gericht anzurufen, weil die »offenen Brüder«, unter deren Einfluß er nach wie vor stand, in der Führung eines Prozesses eine sündige Handlung erblickten.

In seiner Gewissensnot wandte er sich an Lord Shaftesbury, der ihm ja immer wieder ein treuer Ratgeber und Helfer war. Aufmerksam folgte Shaftesbury Barnardos Ausführungen. »Nun ja, der Standpunkt der Brüder ist zu respektieren. Was aber geschieht, wenn Sie ihn nicht verlassen und sich nicht verteidigen?«

»Nun«, entgegnete Barnardo bitter, »als sich Clerical Junius für meine Sache einsetzte, ist es auch nicht gut herausgekommen.«

»So meine ich das nicht. Wer mit Schmutz beworfen wird, soll nicht mit Schmutz zurückwerfen. Und das hat Ihr Freund, auch wenn er es gut gemeint hat, leider getan.«

»Was könnte ich sonst tun?«

»Sie brauchen eine gerichtliche Untersuchung nicht zu scheuen. Wie ich den Fall betrachte, gefährden Sie Ihr Werk, wenn Sie nicht von sich aus eine Untersuchung anstreben. Nur so können Sie das Vertrauen Ihrer Freunde, das heute erschüttert ist, zurückgewinnen.«

»Darauf möchte ich es ankommen lassen.«

»Das dürfen Sie nicht. Ich flehe Sie an, sich jetzt nicht von falschen Gefühlen leiten zu lassen. Sie müssen kämpfen, Barnardo, für Ihre Buben und Mädchen kämpfen, die ohne Sie verloren sind. Sie sind Ihnen auf Ihr Gewissen gelegt. Lassen Sie mich für Sie handeln. Ich habe Beziehungen, ich werde verlangen, daß ein Schiedsgericht eingesetzt wird, das mit allen Vollmachten ausgestattet ist. Ich werde auch mit der Ge-

genpartei Fühlung nehmen. Das Gericht soll feststellen, ob die gegen Sie erhobenen Anschuldigungen berechtigt sind oder nicht. Das ist der einzige Weg, um Sie vor aller Welt von Verdacht und Schuld freizusprechen.«

Schließlich stimmte Barnardo zu.

Als Schiedsrichter wurden ernannt J. B. Maule, Gerichtsschreiber von Leeds, Pfarrer J. Miller, Domherr von Rochester, und William Graham, der früher Glasgow im Parlament vertreten hatte. Die beiden Parteien waren durch Anwälte vertreten: der anonym bleibende Verfasser des Pamphlets durch John Wonter, während A. H. Thesiger die Verteidigung Barnardos übernahm.

Im Juni 1877 nahm das Gericht seine Arbeit auf. Während 21 Tagen wurde der Tatbestand aufgenommen, wobei 47 Zeugen gegen Barnardo aussagten. Die Verteidigung, die mit der Einvernahme von 65 Zeugen verbunden war, nahm 18 Tage in Anspruch.

Diese 39 Tage waren eine arge Zeit für Barnardo. Es war ein Fegefeuer, durch das er da zu gehen hatte. Die privatesten Angelegenheiten wurden schonungslos und in allen Einzelheiten vor Gericht und Publikum ausgebreitet; es gab kein Geheimnis seines Lebens, das nicht im Kreuzfeuer des Verhörs aufgedeckt wurde.

»Sie bestreiten also nicht, einige Ihrer Zöglinge eigens zum Zwecke des Photographiertwerdens zurechtgemacht zu haben?«

»In einigen Fällen trifft das zu.«

»Und wie wollen Sie Ihr Vorgehen begründen?«

»Viele Kinder kommen zur Nachtzeit in mein Heim. Soll ich sie vielleicht in ihren schmutzigen Lumpen stecken lassen, bis sie dann am nächsten Tage photographiert worden sind? Und dann gibt es immer wieder Kinder, die ich im Zustande, in dem ich sie finde, gar nicht photographieren dürfte.«

»Wollen Sie damit sagen, daß auch Aufnahmen, die nachträglich angefertigt werden, ein wahres Bild des ursprünglichen Zustandes ihrer Zöglinge vermitteln?«

»Soweit das möglich ist, ja.«

»Wozu benötigen Sie diese Aufnahmen?«

»Einige wenige veröffentliche ich in den für die Gönner meines Werkes bestimmten Zeitschriften und Broschüren, die ihnen, gewissermaßen als Rechenschaftsbericht, regelmäßig zugestellt werden. Alle andern Photographien sind für die Akten bestimmt, die von jedem eintretenden Kind angelegt werden.«

»Was haben Sie zu der Behauptung zu sagen, daß viele Ihrer Photographien im Sinne einer Übertreibung gestellt seien, um damit die wohltätigen Leute zu rühren?«

»Daß diese Behauptung böswillig ist und den Tatsachen nicht entspricht.«

»In allen Fällen?«

»In allen Fällen, jawohl.«

»Gut. Dann ist da ein weiterer Punkt noch nicht abgeklärt. Es betrifft dies die beiden Briefe, die mit ‚Clerical Junius' unterzeichnet, am 11. und am 23. September 1875 in ‚The Tower Hamlets Independant' erschienen sind. Geben Sie zu, diese Briefe selber geschrieben zu haben?«

»Nein.«

»Sie behaupten also, mit Clerical Junius nicht identisch zu sein?«

»Ja.«

»Wissen Sie jedoch, wer dieser Clerical Junius ist? Oder ist er auch für Sie ein geheimnisumwitterter Unbekannter?«

»Ich kenne ihn.«

»Nun?«

»Er ist ein Freund der Ostend-Jugendmission.«

»Und sein Name?«

»Den kann ich Ihnen nicht nennen.«

»Das können Sie nicht? Es ist Ihnen aber doch bekannt, daß Sie mit der Bekanntgabe dieses Namens die Anklage in diesem Punkt sofort entkräften könnten?«

»Das weiß ich. Und dennoch weigere ich mich, den Namen bekanntzugeben.«

»Ich ersuche das Gericht, den Beschuldigten nachdrücklich darauf aufmerksam zu machen, daß der Ankläger diesem Punkt die größte Wichtigkeit beimißt«, schaltete sich Wonter ein.

»Sie haben gehört, worauf die Klage führende Partei aufmerksam macht.«

Eine Weile zögerte Barnardo. Mit der Hand strich er langsam über die Stirn. »Ich kann es nicht; denn ich habe ihm zugesichert, seinen Namen unter keinen Umständen bekanntzugeben.«

»Ich ersuche das Gericht, den Beschuldigten zu fragen, wie er es erklärt, daß in beiden inkriminierten Briefen des Clerical Junius Einzelheiten und Tatbestände enthalten sind, die nur ihm selbst, niemals aber einem Außenstehenden bekannt sein konnten.«

»Sie haben die Frage gehört. Was antworten Sie darauf?«

»Daß der Schreiber die Angaben von mir erhalten hat.«

»Und das hat Sie nicht gehindert, in Ihrer am 2. Oktober in ‚The East London Observer' erschienenen Entgegnung den zweiten Brief Ihres Vertrauensmannes als ‚gräßlich' und ‚verabscheuungswürdig' zu bezeichnen? Das ist in der Tat sonderbar. Zuerst beliefern Sie Ihre Freunde mit Tatsachenmaterial, und dann bedanken Sie sich bei ihnen, indem Sie schreiben: ‚Rettet mich vor meinen Freunden! Denn Freunde solcher Art sind Feinde der besten Sache.'«

»Er hat es gut gemeint, doch ungeschickt angestellt.«

Da fuhr Wonter auf: »Ich protestiere im Namen der Klägerschaft mit aller Entschiedenheit gegen das Verhalten des Beschuldigten. Es ist für uns von entscheidender Wichtigkeit, zu erfahren, ob es diesen geheimnisvollen irischen Artikelschreiber überhaupt je gegeben hat. So lange sich Herr Barnardo weigert, uns dessen Namen bekanntzugeben, so lange sind wir berechtigt, die Existenz eines solchen Mannes in Zweifel zu ziehen. Und das tun wir denn auch.« Damit raffte er die vor ihm ausgebreiteten Papiere zusammen, stopfte sie in seine Ledertasche, sah sich triumphierend um wie einer, der einen letzten Trumpf auszuspielen hat, und verließ mit seinem Gefolge entrüstet den Gerichtssaal.

Zweifellos war diese Theaterszene, die den jähen Abbruch der Verhandlungen zur Folge hatte, zum voraus geplant gewesen, um unter dem Gericht Verwirrung zu stiften und es womöglich zu Barnardos Ungunsten zu beeinflussen, nachdem vorher die wesentlichsten Punkte der Anschuldigungen hatten widerlegt werden können.

Nach den Verhandlungen amtete das Gericht noch während drei Monaten, und in dieser Zeit wurden alle von der Ostend-Jugendmission betriebenen Werke durch Inspektoren einer eingehenden Prüfung unterzogen. Die Buchhalter eines der ersten Londoner Handelshäuser waren beauftragt, die Rechnungsführung Barnardos zu kontrollieren. Es war ein außerordentlich umfangreiches Aktenmaterial, das so zusammenkam und für das zu erstellende Gutachten verarbeitet werden mußte.

Tausende warteten in atemloser Spannung auf dessen Veröffentlichung, und unterdessen versuchten die Gegner noch einmal, Himmel und Hölle in Bewegung zu setzen, um Barnardos Werk zu vernichten.

Am 15. Oktober 1877 wurde das Gutachten endlich bekanntgegeben. Es war ein mehr als zwanzig Folioseiten umfassendes Dokument, unterzeichnet von den drei Mitgliedern des eingesetzten Gerichtes. In ihrem Schiedsspruch bezeichneten sie Barnardos Anstalten als äußerst wertvolle Wohltätigkeitsunternehmungen, würdig der öffentlichen Unterstützung und des Vertrauens von seiten der Bevölkerung. Entgegen den von den Anklägern aufgestellten Behauptungen hatte in der Verwendung der Gelder nicht die geringste Unstimmigkeit nachgewiesen werden können. Die gegen Barnardos Person erhobenen Angriffe qualifizierte das Gericht als übles Geschwätz, und was über die schlechte Behandlung und die heidnische Erziehung der Kinder ausgestreut worden war, hatte sich als einfältiger, jeder Grundlage entbehrender Verdächtigungsversuch erwiesen. In Bezug auf die »gestellten« Photographien hatte Barnardo ja selber gewisse Unzulänglichkeiten zugegeben. Man legte ihm nahe, künftighin auf ein derartiges, nicht ganz einwandfreies Verfahren zu verzichten. Was endlich den Fall des »Clerical Junius« betraf, vertrat das Gericht einhellig die Auffassung, daß Barnardo die beiden Briefe nicht selber geschrieben habe, daß er jedoch die moralische Verantwortung dafür zu tragen habe, da ja er es gewesen sei, der den Verfasser mit dem von diesem veröffentlichten Tatsachenmaterial beliefert habe. Um der Wiederkehr ähnlicher Angriffe und Verdächtigungen zum voraus zu begegnen und damit die ungestörte Weiterentwicklung der Anstalten zu sichern, empfahl das Gericht die Einsetzung eines Komitees zur Unterstützung und Beratung des Leiters in allen in einem derartigen Werk immer wieder auftauchenden Fragen.

Die Wirkung, die die Veröffentlichung dieses Gutachtens und die im Anschluß daran erscheinenden Presseberichte bei der Bevölkerung hervorrief, war ungeheuer. Durch den Prozeß waren »Dr. Barnardos Heime« weit über die Grenzen des Landes hinaus zu einem festen Begriff geworden, und Barnardo selbst wurde überall als der väterliche Freund der Niemandskinder gepriesen.

Unter den Bergen von Glückwunschbriefen, die sich auf Barnardos Schreibtisch türmten, befand sich auch ein Schreiben des Grafen Cairns, der damals Lordkanzler war. Seine Lordschaft, schon früher dem Rettungswerk Barnardos in Sympathie verbunden, hatte sich sämtliche Akten des Falles vorlegen lassen. Er gab nun seiner Genugtuung Ausdruck über die Art und Weise, wie das Schiedsgericht die Klagen abgewiesen und damit Barnardo rehabilitiert habe. Wenn Barnardo seine Mitarbeit wünsche, dann sei er gerne bereit, das Präsidium über das zu bildende Komitee zu übernehmen.

Barnardo sagte mit Freuden zu. Ohne Verzug wurde das fünfzehnköpfige Komitee bestellt, das künftighin den Leiter in seiner Arbeit unterstützen und sich mit ihm in die Verantwortung teilen sollte.

Das Gewitter war vorüber.

Der Prozeß hatte Barnardo allerdings nicht nur Nervenkraft, unwiederbringliche Zeit und den Schlaf mancher Nacht, sondern auch die Summe von 8000 Pfund gekostet. Wo er diesen Betrag hernehmen sollte, wußte er nicht; aber irgendwie und irgendwann würde sich schon ein Weg zeigen. Gott würde weiterhelfen. Die Hauptsache war, daß das Werk der Ostend-Jugendmission reingewaschen worden war und daß es nun auf einem Grunde stand, der stark genug war, um sein Bestehen und seine Entwicklung unabhängig vom Einsatz und von der Tatkraft eines einzelnen Menschen zu machen. Durfte ihn das nicht mit freudiger Zuversicht und Dankbarkeit erfüllen?

Das Kleinod im Ringe

Es waren allemal Festtage für Barnardo, wenn er nach Ilford, ins Mädchendorf, hinausfahren durfte, wo sein Erscheinen immer hellen Jubel auslöste. Die Familien stritten sich um die Ehre, ihn zum Tee bei sich haben zu dürfen. So stattlich die Zahl der hier untergebrachten Kinder auch schon war, er kannte ein jedes von ihnen, und jedes war ihm lieb. Unter der Zeder auf dem grünen Rasen hatte er seinen Lieblingsplatz, hier saß er gerne sinnend, ein paar Minuten des Ausruhens sich gönnend. Dann schaute er von ferne dem fröhlichen Treiben der spielenden Mädchen zu und hörte auf ihr glückliches Lachen und ihre Lieder. Doch lange wurde er nie in Ruhe gelassen. Pflegerinnen und Hausmütter kamen mit ihren Anliegen zu ihm, Mädchen wagten sich heran, wenn er nicht durch Erwachsene in Anspruch genommen war, und ihren fragenden und bettelnden Blicken konnte er nie widerstehen. Er rief die Kinder zu sich, sprach mit ihnen, erkundigte sich nach ihrem Ergehen und ihren Fortschritten in der Schule, die nach seinem Wegzug in die Stadt in Mossford-Lodge eingerichtet worden war, und dann kam er ins Erzählen hinein, und die ihn anstrahlenden Kinderaugen machten ihn glücklich.

Ilford bedeutete für ihn das Kleinod im Ring seiner Werke.

Drei Jahre nach der Einweihung der ersten dreizehn Häuschen, im Juni 1879, durfte Barnardo seinen Freunden mitteilen, daß von den vorgesehenen dreißig Häuschen nahezu alle gestiftet und die meisten von ihnen bereits erstellt und in Betrieb genommen seien. Was für eine freudige Nachricht für ihn, als ihn Prinzessin Mary, die Herzogin von Teck, wissen ließ, daß es ihre Absicht sei, seinem Mädchendorf einen Besuch abzustatten, um bei dieser Gelegenheit den Grundstein für ein weiteres Haus, das Haus »Maiglöckchen«, zu legen.

Wochenlang fieberten in Ilford Kinder und Erwachsene vor Aufregung, um alles zum Empfang des hohen Gastes würdig herzurichten. Ein mit Blumengirlanden geschmückter Triumphbogen wurde am Eingang des Dorfes aufgestellt, Fahnen und Wimpel flatterten im lichten Sommerwind. Barkingside und Ilford waren damals nur durch eine Landstraße miteinander verbunden, so daß die Gäste mit Wagen in Barkingside abgeholt werden mußten.

Allein schon die Fahrt über das grüne Land wurde für viele von ihnen zum beglückenden Erlebnis. Die Bäume glänzten in ihrem frischen Laub, und von den Wiesen wehten Heugeruch und der Duft wilder Blumen herüber. Welch ein Gegensatz zu den muffigen Gassenschluchten und rußgeschwärzten Backsteinmauern der Stadt! Wie Wellen wogte auf den Feldern das hohe Gras, und die Bauersleute standen unter den Türen ihrer Häuser und schauten verwundert und winkend den blumenbekränzten Wagen nach. Solch ein Schauspiel bot sich ihnen nicht alle Tage.

Pfarrer R. C. Billing, der Geistliche von Spitalfields, ergriff als einer der ersten das Wort: »Dr. Barnardo spricht vom dreißigsten und letzten Häuschen, das bald seiner Vollendung entgegengehen werde. Aber meine Freunde, so wie ich Dr. Barnardo kennengelernt habe, glaube ich nicht, daß er mit einem Dorf von dreißig Häuschen zufrieden sein wird. Denn das Werk, das er in seinen Händen hält, wird sich ständig vergrößern, und damit wird zwangsläufig auch der Bedarf an Plätzen zur Unterbringung der Schützlinge zunehmen. Nein, liebe Freunde, wenn dieses erste Dorf gebaut sein wird, dann wird Dr. Barnardo eben noch ein anderes, und, wer weiß, auch noch ein drittes bauen, und darüber wollen wir uns mit all seinen Niemandskindern herzlich freuen.«

»Aber bitte«, wandte sich dann während der Führung durch die Häuschen eine Dame an die Hausmutter, »wie gestaltet sich denn das Leben hier in Ilford an einem gewöhnlichen Tag? Ich kann mir doch denken, daß es nicht immer so sein wird wie heute, daß nicht immer nur Feste gefeiert werden?«

»Bestimmt nicht, die Mädchen sind ja da, um arbeiten zu lernen, um auf einen Beruf vorbereitet zu werden, der es ihnen ermöglichen soll, sich in ein paar Jahren als ordentliche und nützliche Menschen selber durchzubringen. Aber gesungen wird auch an den Wochentagen viel«, fügte sie lächelnd bei.

»Jawohl«, bestätigte Barnardo, der diese Bemerkung eben noch gehört hatte. »Wir haben nämlich erkannt, daß Musik Freude schafft und wir so in ihr ein wertvolles Erziehungsmittel besitzen.«

»Ach, interessant, und wie das, Herr Doktor?«

»Die Musik schließt die Pforten des Verstandes, des

edlen Strebens und des reinen Gefühls auf, und damit gießt sie einen Schimmer von Glanz und Schönheit über unser Leben aus und fördert in uns die positiven Impulse. Vor allem aber ist die Musik eine Dienerin der Religion. In unseren Kindergottesdiensten wird viel gesungen, und wer die frischen, jungen Stimmen einmal gehört hat, der weiß, daß Kinder gerne und mit Begeisterung singen. Was aber lustbetont geschieht, das prägt sich der jungen Seele unauslöschlich ein. So nehmen unsere Kinder nicht nur die Melodien, sondern auch die damit verbundenen Texte als einen unverlierbaren Besitz mit in ihr Leben hinaus. Aber nun bitte ich Sie, mich zu entschuldigen. Ich werde dort drüben schon lange erwartet.«

»Oh, bitte schön, und vielen Dank, Herr Doktor. Was Sie da gesagt haben, ist wohl wert, beherzigt zu werden. Nun«, wandte sich die Dame dann neuerdings an die Hausmutter, »es wird also in Ilford viel gesungen. Was wird denn sonst noch getan?«

»Nun, in jeder Familie wird jeder Tag mit einem gemeinsamen Gebet begonnen und beschlossen. Die im schulpflichtigen Alter stehenden Mädchen gehn zur Schule, und daneben sind sie mit Hausarbeiten beschäftigt. Denn Dienstboten gibt es in Ilford nicht; alles, was im Hause zu tun ist, wird unter Anleitung der Mutter von der Familie selbst besorgt.«

»Wie groß sind denn diese Familien?«

»Etwa zwanzig Mädchen.«

»Und wer kocht für sie?«

»Die Mutter. Ganz wie in einem privaten Haushalt. Die Mädchen helfen ihr dabei. Im übrigen wird ihnen, nach obrigkeitlicher Vorschrift, im Kochen ein besonderer Unterricht erteilt. Da wird dann nach genauem Plan gekocht und geschmort, geröstet und gebacken und mit dem, was dabei herauskommt — es ist nicht immer alles einwandfrei — wird eine der Ilforder Familien verköstigt.«

»Und welcher kommt diese Auszeichnung zu?«

»Allen, denn jeden Tag kommt eine andere Familie an die Reihe. Die älteren Mädchen werden als Schneiderinnen, Wäscherinnen, Gärtnerinnen oder als Dienstmädchen ausgebildet. Übrigens wird in unserem großen Waschhaus nicht nur für Ilford, sondern auch für die Londoner Anstalten gewaschen.«

»Und wie gestaltet sich die Aufnahme eines neuen Kindes? Ich könnte mir doch vorstellen, daß es irgendwie als ein Fremdkörper empfunden würde.«

»Nein, dem ist nicht so. Das neue Kind empfindet sogleich die bessere, reinere Atmosphäre, die es hier umgibt. Meist wird es von ihr so stark beeinflußt, daß es ganz neu zu denken und zu handeln beginnt. Nur selten hören wir hier ein schmutziges Wort, und leidenschaftliche Ausbrüche kommen kaum vor. Immer wieder erleben wir, wie sehr der Mensch das ist, was die Umgebung aus ihm macht. Ich gebe zu, daß unsere Arbeit nicht immer leicht ist. Dabei denke ich weniger an die Arbeit, die uns von der Morgenfrühe bis in die Nacht hinein nie zur Ruhe kommen läßt, als an die seelische Beanspruchung. Denken Sie nur an das Menschenmaterial, das hier zusammenkommt.«

»Bitte, wenn ich Ihre Zeit nicht zu sehr beanspruche, erzählen Sie!«

»Nun, wenn ich an die Kinder meiner Familie denke: da ist einmal Binnie, dreizehn Jahre alt, kräftig und körperlich gesund, doch mit einem bösen Ausdruck in den matten Augen, der sie alles mehr als anziehend macht. Sie verabscheut jedes Schuhwerk und schlingt ihr Essen in sich hinein wie ein Hund. Sie stammt von herumziehenden Zigeunern ab. Klara ist von ganz anderer Art. Bescheiden in ihrem Auftreten, von ruhigem, gewinnendem Wesen, gutmütig und arglos, obwohl sie aus einem wahren Treibhaus des Lasters zu uns kam, wo Stehlen, Fluchen und Unsittlichkeiten an der Tagesordnung waren. Dagegen hat Matty eine gute Erziehung genossen. Den Vater hat sie durch eine plötzlich ausbrechende Krankheit verloren und die arme Mutter, die er mit ihren drei Kindern zurückließ, brach unter der für ihre schwachen Schultern zu großen Last zusammen, verlor den Verstand und mußte in einer Anstalt versorgt werden.«

»Und die übrigen Ihrer Schutzbefohlenen?«

»Nun, auch Lucy ist ein Zigeunerkind. Sie hätten sehen sollen, wie sie zu uns kam. Unbändig und gefährlich wie eine wilde Katze; wenn ihr etwas nicht paßte, fuhr sie auf mich los und biß mich in den Arm. Bis ich ihr eine alte Puppe schenkte. Die hat dann Lucys Trotz und Wildheit gebrochen und wird nun mit rührender Liebe besorgt und gepflegt. Doch am schlimmsten von allen war doch Margaret, die im vergangenen Winter gestorben ist. Sie war ein Kaminfegermädchen, neun Jahre alt, und ihr einziger Besitz waren ein paar elende Fetzen und ein alter Schlapphut auf ihrem struppigen Haar. Sie strotzte vor Dreck und Ruß, und als wir sie badeten, fluchte und tobte sie wie ein Landsknecht, biß, kratzte und schlug um sich wie ein wildes Tier. Wie wir sie anziehen wollten, riß sie die Kleider vom Leib, noch nie in ihrem Leben hatte sie in einem Bett geschlafen. Sobald ich aus dem Schlafzimmer gegangen war, warf sie die

Decken und Kissen hinaus und legte sich nackt auf den Boden unter das Bett. Alle Kinder im Haus zitterten vor Angst, sobald sie Margaret erblickten, Matty ist sogar vor Schreck krank geworden. Ich versuchte alles, um das kleine Ungeheuer zu bändigen, doch jedes Mittel, das ich anwandte, schlug fehl. Ich war völlig niedergeschlagen und wußte mir nicht mehr zu helfen. Und dennoch rührte mich der Gedanke zu Tränen, Dr. Barnardo zu bitten, mich von der Last dieses Kindes zu befreien. Margaret sah, daß ich weinte. Sie fragte mich, was denn los sei, und da vertraute ich ihr meinen Kummer an. Sie hörte mir schweigend zu, dann plötzlich schlang sie die Ärmchen um meinen Hals und brach in heftiges Schluchzen aus. Und von der Stunde an war sie völlig umgewandelt; ihre Anhänglichkeit kannte keine Grenzen. Doch bald darauf brach bei ihr eine schlimme Krankheit aus. Ich setzte es durch, daß ich Margaret im Hause behalten und selber pflegen durfte. Und in den Tagen ihrer Krankheit ist sie der Liebling des ganzen Dorfes geworden.«

»Wunderbar.«

»Ja, wunderbar. Weder mit Ermahnungen noch mit Strafen war bei ihr etwas zu erreichen gewesen. Die Erkenntnis aber, daß ich mich ihretwegen gräme, daß ich aus Liebe zu ihr mich kümmern mußte, hat die in ihr verschüttet gewesene Liebe freigelegt und prächtig zum Blühen gebracht.«

»Und noch eine letzte Frage. Wie steht es mit der körperlichen Züchtigung?«

»Dr. Barnardo verpönt sie völlig. Man hat behauptet, daß Dr. Barnardo seine Knaben mißhandle. Die Wahrheit aber ist, daß jeder Aufseher oder Lehrer, der die Hand oder gar den Fuß gegen einen der Knaben erhebt, unverzüglich entlassen wird. Und was für das Knabenheim gilt, das ist auch in Ilford Gesetz. Auch hier soll nicht Zwang, sondern allein die Liebe regieren.«

Nie wäre Barnardos Rettungswerk entstanden, wenn er nicht selbst sein ganzes Leben diesem Gesetz der Liebe unterstellt hätte, das ihn immer wieder den Weg zu den Hilflosen und Erniedrigten finden und gehen ließ.

Da schrieb ihm einmal eine seiner Helferinnen von einem kleinen Kind, das sie in äußerst bemitleidenswertem Zustand in einem Logierhaus übelster Sorte entdeckt habe. Niemand wisse, wem es eigentlich gehöre, das Weib, das einigermaßen für das arme Geschöpf sorge, habe mehrmals die Absicht geäußert, sich nicht länger mit ihm herumschlagen zu wollen. Barnardo ließ die Frau mit dem Kinde nach Stepney kommen, um mit ihr zu verhandeln. Sie erschien denn auch wirklich, doch in was für einem Zustand! Völlig betrunken, unfähig, auch nur einen Augenblick ruhig zu stehen, eingehüllt in eine Wolke von Branntweingestank. Das schmutzige Bündel, das sie unter ihrem in Fetzen herunterhängenden Umschlagtuch hervorholte, war ein etwa zweijähriges Kind mit runzeligem Greisengesicht und Ärmchen, die nicht dicker waren als der Finger eines Erwachsenen. »So, mein Liebling«, lallte das Weib, und setzte das in dreckige Lumpen gewickelte Kind auf den Tisch, wo es, ohne zu wimmern, mit großen Augen um sich schaute. »Nun, mein Schätzchen, da wären wir also.«

»Meine Helferin hat mir geschrieben, die Kleine falle Ihnen zur Last.«

»Zur Last? Wieso? Wie kommt diese ordinäre Person auf eine solche Lüge? Das ist gemein, das ist wirklich gemein.«

»Aber Sie sind doch hergekommen, um das Kind hier zu lassen?«

»Unter Umständen, ja.«

»Nun gut, ich bin bereit, es aufzunehmen und fürderhin für die Kleine zu sorgen.«

»Schön«, nickte das Weib und wollte eben ausspukken, fuhr sich dann aber mit der Hand über den Mund. »Sie können es haben. Wieviel geben Sie mir?«

»Geben? Ich Sie bezahlen? Ich denke, daß eigentlich Sie mir etwas geben müßten. Abgesehen von den Kleidern kostet mich jedes Kind jährlich 16 Pfund.«

»Sechzehn Pfund? Nein, so viel verlange ich nicht. Aber zehn Schillinge sind der äußerste Preis.«

»Sie wollen also noch ein Geschäft machen? Das ist abscheulich. Ein Blick genügt, um zu erkennen, daß Sie das Kind völlig vernachlässigt haben. Wissen Sie, daß Sie schwer bestraft würden, wenn es in Ihrer Obhut sterben sollte?«

»Mir machen Sie die Hölle nicht heiß, junger Mann, mir nicht. Da müssen schon andere kommen. Zehn Schillinge habe ich gesagt. Wollen Sie?«

»Nein.«

»Also nicht?« Sie griff nach dem Kind, hob es vom Tisch und ließ es wieder unter ihren Schal verschwinden. »Schon recht, Direktor«, sagte sie und wankte davon.

Barnardo sah ihr nach und schüttelte den Kopf. Das war ihm denn doch noch nie vorgekommen, daß von ihm verlangt wurde, seine Schützlinge zu kaufen. Wenn er für ein Kind zehn Schillinge bezahlte, konnte er in einer Stunde die Hälfte aller Kinder haben, die in den Logierhäusern zu finden waren. »John!« rief er einen seiner Helfer herbei, »bitte, gehen Sie unauffällig der Frau nach und behalten Sie sie im Auge.«

Sie verschwand in die erste Schnapsbude, um sich einen weiteren Trunk zu genehmigen und den Wirt um Rat zu fragen, wie sie sich weiter verhalten solle. Was der Mann ihr empfahl, konnte der Helfer nicht verstehen. Sobald sie den Rest des Fusels gekippt hatte, erhob sie sich und torkelte den Häusern entlang ins Knabenheim zurück. »Meinetwegen«, erklärte sie und setzte das Kind wieder auf den Tisch. »Für fünf können Sie es haben. Ist doch ein anständiges Angebot, was?«

Barnardo schüttelte den Kopf. »Ausgeschlossen, ich bezahle grundsätzlich nichts.«

»Nichts?« Sie begann zu heulen. »Was machen Ihnen schon fünf Schillinge aus? Für mich aber ist das ein Haufen Geld.«

»Tut mir leid.«

»Für vier?«

»Nein.«

»Sie haben kein Herz.«

Barnardo zuckte die Schultern. »Wenn Sie die Kleine hierlassen wollen, dann verspreche ich Ihnen, für sie zu sorgen. Das ist mehr als vier Schillinge.«

»Drei? Sagen wir zweieinhalb. Nur zweieinhalb«, bettelte sie.

»Nein.«

»Einen. Einen Schilling wenigstens können Sie bezahlen. Es ist doch ein schönes Kind.«

Beinahe wurde ihm übel von ihrem Gestank. »Nun meinetwegen«, gab er endlich nach, nur, um die Person los zu sein. Er reichte ihr das Silberstück. Sie riß es ihm aus der Hand.

»Zeigen Sie her! Jawohl, es ist einer. Dann ist das Geschäft also richtig.« Und, so rasch ihr Zustand es ihr erlaubte, machte sie sich davon, vermutlich, um das Geld schleunigst in Branntwein umzusetzen.

»Das erste Kind, das ich gekauft habe«, stellte Barnardo fest, und er reichte es der Oberschwester des Spitals, die dem Handel beigewohnt hatte. »Baden Sie es und machen Sie es bereit, damit wir es gleich nach Ilford bringen können.«

Doch nach einer halben Stunde kam die Schwester zurück. »Wollen wir das Kind nicht so schicken, wie es ist? Ich meine, daß es denen in Ilford gar nichts schadet, wenn sie einmal sehen, in welchem Zustand Kinder zuweilen bei uns eingeliefert werden. Bitte, schauen Sie sich das einmal an. Das soll ein Lutscher sein. Eine in einen Lappen gewickelte Fischgräte, und mindestens seit drei Wochen im Gebrauch. Ein Wunder, daß das Kind so etwas überstanden hat.«

Barnardo stimmte zu.

Einige Monate später stattete er dem Mädchendorf einen seiner Besuche ab. Diesmal kam den Bewohnern des Häuschens »Wickenblüte« die Ehre zu, ihn zum Abendbrot an ihrem Tisch zu haben. Er saß am Ehrenplatz, rechts von der Hausmutter, zwischen ihr und dem jüngsten der Familie, einem in einem Kinderstuhl sitzenden Baby. Es war ein reizendes Geschöpfchen, pausbäckig, mit blauen Augen und blonden Löckchen, wie ein Engelchen. Immer wieder mußte Barnardo das Kind betrachten, und dabei geschah ihm, was selten vorkam, er kannte seinen Namen nicht, konnte sich mit dem besten Willen nicht mehr daran erinnern, wann und unter welchen Umständen es in die Ilforder Gemeinde aufgenommen worden war. Sonst war er doch mit der Geschichte eines jeden Kindes vertraut, er kannte alle wieder, mit denen er einmal zu tun gehabt hatte. Wie konnte ihn in diesem Fall sein Gedächtnis so arg im Stich lassen!

»Hat sich Nelly nicht prächtig entwickelt?« fragte ihn die Hausmutter voller Stolz.

»In der Tat, sie sieht großartig aus.« Nelly, Nelly? Er konnte sich an keine Nelly erinnern. Mit dem besten Willen nicht. »Wie lange ist sie nun hier?«

»Dreieinhalb Monate.«

Dreieinhalb Monate? Also war es im Juni aufgenommen worden. Im Juni? Er kam nicht darauf. Unerklärlich, wie er dieses Kind hatte vergessen können. »Es tut mir leid«, wandte er sich in einiger Verlegenheit an die Mutter, »aber ich habe tatsächlich vergessen, wer Ihr entzückendes Baby ist.«

Die Frau sah ihn groß an und ein Leuchten kam in ihre Augen. »Wie, Sie erinnern sich nicht? Das ist doch das Kind, das Sie um einen Schilling gekauft haben, das Schillingbaby.«

»Das Schillingbaby?« staunte Barnardo. »Ist das auch möglich? Oh, nun erinnere ich mich genau des armseligen Tröpfchens mit den fingerdünnen Ärmchen und dem abscheulichen Lutscher.« Er schüttelte den Kopf. »Der Schilling hat sich also gelohnt. Was für ein Wunder hat der Herr durch Sie an diesem Kind getan!«

Gott ist nicht taub

»Leben heißt wachsen. Nicht vorwärtskommen heißt zurückfallen.« Diese beiden kurzen Sätze hat Barnardo einem seiner Jahresberichte vorangestellt. Leben heißt wachsen. Das galt für ihn und galt für sein Werk.

Im Jahr 1879 wurde Barnardo zum ordentlichen Mitglied des Königlichen Instituts für Chirurgie in Edinburg ernannt, ein Beweis, wie sehr ihm trotz der starken Inanspruchnahme durch seine Heime der Arztberuf am Herzen lag. Dr. Robert Milne, seit diesem Jahr Oberarzt des Mädchendorfes sowie aller Barnardoheime in London, hat bezeugt, daß man auf Barnardos Schreibtisch immer die neueste medizinische Literatur habe finden können und daß Barnardo sowohl in der Diagnostik und Behandlung der Krankheiten als auch über neuartige Krankenpflegeeinrichtungen stets auf dem laufenden gewesen sei. Und wenn es galt, Kranken eine Erleichterung zu schaffen, fiel für ihn der Kostenpunkt außer Betracht.

Barnardos vitale Kraft trieb sein Werk unaufhaltsam voran und ließ es Ausmaße annehmen, die die Bedächtigeren selbst unter den Mitgliedern des Komitees mit heimlicher Sorge erfüllten. Da das Knabenheim am Stepney Causeway längst nicht mehr genügte, richtete Barnardo auf der von mildem Klima begünstigten Insel Jersey ein Pflegeheim ein, das besonders für kleine Knaben im Alter von vier bis zehn Jahren bestimmt war. Damit vergrößerte er seine Familie um weitere 120 Kinder. Wohl hielt Barnardo darauf, daß sowohl in den Knabenheimen als auch in den Mädchenfamilien in Ilford körperlich behinderte oder auch schwachbegabte Kinder aufgenommen wurden. Die Erfahrung lehrte ihn jedoch, daß es ihrer nicht zu viele sein durften, wenn der Betrieb nicht darunter leiden sollte. Da aber den von der Natur vernachlässigten Kindern Barnardos ganz besondere Liebe gehörte und diese Liebe es ihm gebot, kein verkrüppeltes Kind je abzuweisen, richtete er in Bradford für sie ein eigenes Heim ein, wo geschultes Personal sie pflegte, betreute und alles tat, um Licht und Wärme in ihr armseliges Dasein zu bringen.

Und nach wie vor lebte die ganze große Gemeinde, die Barnardo in den verschiedenen Zweigen der Ostend-Jugendmission um sich versammelt hatte, ausnahmslos aus den freiwilligen Spenden zumeist unbekannter Gönner und Freunde in aller Welt, so daß mit einer bestimmten Einnahme nie gerechnet werden konnte.

Was aber, wenn die Eingänge zurückgingen oder doch nicht in gleichem Maße zunahmen wie die Bedürfnisse des unaufhaltsam wachsenden Werkes? War es nicht unverantwortlich, in den Ausgaben nicht mehr Maß zu halten, keine Reserven anzulegen, um so den Schwankungen weniger ausgesetzt zu sein? Doch Bedenken solcher Art kannte Barnardo nicht. »Gott hat mir noch immer zur rechten Zeit das Nötige für meine Familie gegeben«, pflegte er sich zu verteidigen, wenn ihm etwa mangelnde Voraussicht vorgeworfen wurde. Das war bestimmt nicht kaufmännisch gedacht, aber es war der Standpunkt eines wahren Christen, eines Mannes, für den der Glaube eine wirkliche Macht bedeutet. »Die besten Vorsichtsmaßnahmen und die stärksten finanziellen Sicherungen bedeuten nichts im Vergleich zum Gebet meiner Arbeiter und Helfer und zur Fürbitte unserer Freunde in der ganzen Welt. Das ist das Fundament, das mein Werk trägt.«

Und in der Tat, Barnardos Glaube ist nicht zuschanden geworden. Nicht, daß er nicht immer wieder durch schwere und schwerste Prüfungen geführt worden wäre, doch gerade in diesen Zeiten war es, daß er mit aller Deutlichkeit erkennen durfte, nicht der Spielball blinden Zufalls zu sein, sondern von den Augen Gottes geleitet zu werden. Gott tat auf, wenn man anklopfte, er gab, wenn man bat, Gott war nicht taub. Aber eben, man mußte bitten. Das aber tat Barnardo ohne Unterlaß. Ohne diese Möglichkeit, zum Gebet Zuflucht zu nehmen, alle seine Sorgen und Lasten vor dem himmlischen Vater ausbreiten zu können, hätte Barnardo die Last der Verantwortung für Tausende von hilflosen Kindern nicht von Tag zu Tag, von Jahr zu Jahr tragen können. »Oft war der letzte Schilling ausgegeben«, schrieb er einmal, »immer aber wurde meine Kasse aus unseres Herrn eigener, unerschöpflicher Schatzkammer nachgefüllt.«

Die Ausgaben, mit denen er damals Tag für Tag rechnen mußte, betrugen nicht weniger als hundert Pfund, während an vielen Tagen die Eingänge nicht einmal zwanzig Pfund ausmachten. Im Frühjahr 1881 hatte das mit unheimlicher Schnelligkeit anwachsende

Defizit bereits einen Betrag von tausend Pfund erreicht. So arg war es noch nie gewesen. Mit einer wahren Gier durchforschte Barnardo jeden Morgen die eingegangenen Briefschaften, auf eine ungewöhnliche Spende hoffend, die ihn wieder einmal von seiner größten Sorge hätte befreien können. Aber das Wunder geschah nicht, und die Spenden gingen eher noch zurück, wie jedes Jahr zu Beginn der wärmeren Jahreszeit. Am Nachmittag des 3. Mai saß Barnardo in seinem Arbeitszimmer, mit der Niederschrift eines Briefes an einen Wohltäter beschäftigt, als ihm gemeldet wurde, daß eine Frau ihn zu sprechen wünsche.

»In welcher Sache?«

»Sie weigert sich, irgendwelche Auskunft zu geben, und erklärt nur, mit Ihnen selber sprechen zu müssen. Sie werde Sie bestimmt nicht länger als eine Minute in Anspruch nehmen.«

»Diese Minute kennt man«, brummte Barnardo vor sich hin. »Sie soll sich gedulden, da ich vorerst noch mit einem Lieferanten zu sprechen habe.« Er legte die Feder nieder, eilte die Treppe hinunter und schritt durch die Eingangshalle, in der — das gewohnte Bild — Besucher, Ausläufer und um Aufnahme nachsuchende Kinder warteten, während einige Angestellte einen großen Haufen von Paketen zum Versand fertig machten. Blinzelnd überschaute Barnardo den Betrieb, wobei sein Blick auf die Frau fiel, die ihn so dringend zu sprechen wünschte.

Eben wollte er an ihr vorübergehen, als sie sich erhob. »Es scheint in der Tat sehr schwierig zu sein, an Sie heranzukommen.«

»Durchaus nicht. Ich bin nur sehr stark in Anspruch genommen. Wenn es sich nicht um eine ganz besondere Angelegenheit handelt, überlasse ich meine Besucher gerne meinen Mitarbeitern, die sich freuen, mich auf diese Weise entlasten zu können.«

»Nun, das gibt mir vielleicht die Berechtigung, Sie aufgehalten zu haben. Ich habe nämlich Geld für Sie.«

»Oh«, lächelte Barnardo, »das ist in der Tat eine besondere Angelegenheit. Wollen Sie sich bitte ein paar Minuten gedulden, dann stehe ich zu Ihrer Verfügung.«

Sobald er mit dem Lieferanten einig geworden war, kehrte er in die Halle zurück. »Nun bitte, kommen Sie.« Er führte die Frau in sein Arbeitszimmer hinauf.

Noch ehe sie sich setzte, sagte sie: »Ich bringe Ihnen dieses Geld, weil die Tür Ihres Hauses für die armen Kinder immer offensteht. Führen Sie dieses gesegnete Werk fort und weisen Sie nie ein wirklich verlassenes Kind ab, und ich weiß, daß Gott Ihnen beistehen wird.« Damit entnahm sie ihrer Handtasche eine Note der Bank von England im Wert von tausend Pfund. Sie legte den Schein vor Barnardo hin. Der traute seinen Augen nicht. »Tausend Pfund? Oh, vielen Dank! Sie können nicht wissen, was für eine Hilfe mir Ihr Geld gerade in diesem Augenblick bedeutet. Aber bitte, nehmen Sie doch Platz!«

Die Unbekannte setzte sich, und wenn ihr auch die Tränen über die Wangen rannen, so sah man es ihr doch an, wie glücklich es sie machte, geben und helfen zu dürfen. »Ich bin ja so froh für jedes Kind, das Sie durch die Aufnahme in eines Ihrer Heime vor den schrecklichen Armenanstalten bewahren, und daß Sie Ihre Kinder in der Furcht des Herrn erziehen.« Und damit machte sie sich noch einmal in ihrer Tasche zu schaffen, um dann lächelnd eine zweite Tausendernote in Barnardos Hand zu legen. Der wußte nicht, wie ihm geschah. Sein Herz schlug wie ein Hammerwerk. Zweitausend Pfund! Wie wunderbar waren die Wege des Herrn! Doch als er dann sah, daß die Frau ihrer Tasche noch eine dritte Tausendernote entnahm und ihm über den Tisch zuschob, da wurde ihm fast unheimlich zumute. »Das ist aber doch —«

»Lassen Sie. Es ist alles wohl überlegt und in bester Ordnung. Nun aber möchte ich Sie nicht länger aufhalten, Sie sind ja so sehr in Anspruch genommen.«

»Verzeihen Sie mir.«

»Schon gut. Wie hätten Sie wissen sollen, was mich herführte! Leben Sie wohl und bleiben Sie Ihrer Arbeit treu.«

»Noch Ihre Quittung —«

»Die brauche ich nicht.«

»Aber Ihren Namen?«

Sie schüttelte den Kopf. »Wozu? Ich kenne Ihr Werk, ich habe es besucht und bin mit allen Einzelheiten vertraut. Was ich gesehen habe, bietet mir volle Gewähr.« Damit erhob sie sich, nickte Barnardo grüßend zu und hatte das Zimmer verlassen, ehe er sich dessen versah. Ja fürwahr, Gott war nicht taub.

Doch wenn einige Zeit hindurch die Ausgaben das Fünffache der Einnahmen betragen und die Rechnung jedes Tages mit achtzig Pfund Ausgabenüberschuß abschließt, sind auch ein paar tausend Pfund bald aufgebraucht. Als Barnardo einige Monate später aufgefordert wurde, innerhalb zwei Wochen einen Betrag von 500 Pfund zu bezahlen, da sonst auf ein Grundpfand gegriffen werden müsse, da wußte er tatsächlich wieder nicht, wo er das Geld hätte hernehmen sollen. Er wandte sich an zwei begüterte Freunde, die versprochen hatten, ihm zu helfen, wenn er in Schwierigkeiten geraten sollte. Aber er klopfte vergeblich an: der eine war auf unbestimmte Zeit verreist und somit nicht erreichbar, während der andere so schwer erkrankt war, daß es die Ärzte nicht gestatteten, ihn mit derartigen Anliegen zu bemühen.

Und je näher der Tag heranrückte, an dem er das Geld hätte abliefern sollen, desto niedriger wurden die Eingänge. Dafür traf eine weitere Zahlungsaufforderung ein. Das einzige, was Barnardo tun konnte, war der Versuch, von der Hypothekaranstalt Stundung zu erwirken. Schweren Herzens machte er sich auf den Weg.

Als er die Pall-Mall hinunterging, fiel ihm auf der zu einem der großen Klubhäuser hinaufführenden Treppe ein Mann auf, der zwar keine Uniform trug, doch ganz das Aussehen und die Haltung eines Soldaten hatte. Er blickte Barnardo unverwandt entgegen. Nun war das nichts Außergewöhnliches, daß er auf der Straße von Unbekannten angestarrt wurde. So schenkte er dem Mann keine weitere Bedeutung und ging an ihm vorbei.

Ein paar Augenblicke später hörte er, daß ihm jemand raschen Schrittes folgte, und schon legte sich ihm von hinten eine Hand auf die Schulter. Er drehte sich um und sah sich, wie er vermutet hatte, dem Manne gegenüber, der vor dem Klubhaus gestanden hatte. »Verzeihen Sie«, sagte der Unbekannte und lüftete den Hut, »sind Sie nicht Dr. Barnardo?«

»Doch, der bin ich, doch habe ich nicht die Ehre, Sie...«

»Natürlich können Sie mich nicht kennen. Ich aber

habe Sie sogleich erkannt. Ich habe mich Ihnen gegenüber eines Auftrages zu entledigen.«

»Nun?« fragte Barnardo verwundert.

»Als ich vor zwei Monaten Indien verließ, da hat mir Oberst Norton ein Paket für Sie mitgegeben. Es befindet sich Geld darin; denn Oberst Norton ist ein begeisterter Freund Ihres Werkes und hat im Anschluß an einen Basar, den seine Frau durchführte, für Ihre armen Straßenjungen gesammelt. Ich bin erst seit wenigen Tagen in London und habe so leider noch keine Zeit gehabt, Sie aufzusuchen. Heute früh aber nahm ich mir vor, die Erledigung des Auftrages nicht länger hinauszuschieben, und zwei Stunden später sehe ich Sie die Straße herunterkommen. Nun, solch sonderbare Begegnungen kommen zuweilen vor. Wenn Sie die Güte haben, sich ein wenig zu gedulden, werde ich das Paket gleich holen.«

Barnardo atmete tief, um seiner Erregung Herr zu werden. Wie hatte er in den vergangenen Tagen, wie noch an diesem Morgen gebetet! Und wahrhaftig, Gott war nicht taub. Wiederum hatte er ihn erhört. Barnardo begleitete den Fremden ins Klubhaus, wo dieser die Treppe hinaufeilte und kurze Zeit darauf mit einem dicken gelben Brief zurückkehrte, den er Barnardo aushändigte. Der Umschlag war sorgfältig mit roten Seidenkordeln verschnürt und versiegelt und trug auf der Vorderseite Barnardos Namen und Adresse. Eine Verwechslung war ausgeschlossen, das Briefpaket tatsächlich für ihn bestimmt. Das war wirklich Hilfe in höchster Not.

In Gegenwart des Offiziers öffnete Barnardo den Umschlag, in dem sich ein Notenbündel im Werte von 650 Pfund befand. Das Geld war in Indien für ihn gesammelt und verpackt worden, noch ehe er gewußt hatte, so rasch einen Betrag von 500 Pfund bezahlen zu müssen.

Vom Klubhaus begab sich Barnardo nun doch zur Hypothekaranstalt. Doch wie anders war es ihm jetzt ums Herz als am frühen Morgen, da er von daheim fortgegangen war! Nun brauchte er nicht um Zahlungsaufschub zu bitten, er besaß jetzt das Geld, die Schuld zu bezahlen, und hatte nachher immer noch genug, um die größten der in den zurückliegenden, mageren Wochen entstandenen Löcher stopfen zu können.

So durfte Barnardo immer wieder erfahren, daß auch über den dunkelsten Wolken die Sonne der göttlichen Gnade schien und durch das Gewölk brach, sobald die Zeit dafür gekommen war.

Unerwartet rasch brach in diesem Jahr das kalte Winterwetter herein und trieb eine größere Zahl von hilfesuchenden Kindern durch Barnardos allzeit offenstehende Tür am Stepney Causeway. Aufnehmen konnte er sie wohl, doch fehlten ihm für die Betten der neuen Schützlinge noch eine ganze Anzahl warmer Decken. Man versuchte sich damit zu behelfen, daß Zeitungspapier unter die Bettdecken gelegt wurde. Das war natürlich kein befriedigender Zustand, doch fehlte ihm nun einfach das Geld, um so plötzlich die Wolldecken anschaffen zu können.

In der Nacht betete Barnardo mit seiner Frau inbrünstig um Hilfe. Am Morgen, als Barnardo eben weggegangen war, meldete sich vor seiner Wohnung ein Unbekannter. »Würden Sie mir erlauben, kurz etwas mit Ihnen zu besprechen, Frau Barnardo?«

»Wenn ich Ihnen dienen kann, gewiß.«

Der Fremde, ein Quäker, wurde in die Wohnstube geführt. »Sie dürfen mich nicht auslachen, Frau Barnardo, denn es ist keine alltägliche Geschichte, die ich Ihnen erzählen möchte. In der vergangenen Nacht konnte ich einfach nicht einschlafen, denn mir war, als riefe mir eine Stimme unaufhörlich zu: ‚Die Kinder Dr. Barnardos zittern vor Kälte in ihren Betten. Nimm dich ihrer an.' Immer wieder diese beiden Sätze. Und so bin ich denn hergekommen, um Sie zu fragen, was ich für Ihre Kinder tun könne.«

»Kein Zweifel, Gott hat Sie hergeschickt. Zuweilen dürfen Menschen Engelsdienste tun. Tatsächlich fehlen uns eine ganze Anzahl Wolldecken, und das Geld ist nicht da, um sie zu kaufen.«

»Doch«, lächelte der Quäker, »es ist da, ich habe es bei mir. Wieviel sollten Sie denn haben?«

»Hundert Pfund.«

Der Mann nahm das Scheckbuch aus der Tasche, füllte einen Schein aus und reichte ihn Frau Barnardo. Und am Abend brauchten sich in Barnardos Knabenheim keine Kinder mehr mit Zeitungen gegen die Kälte zu schützen.

Auf Weihnachten schickten die Kinder des Krüppelheims in Bradford ihrem so sehr geliebten und verehrten Direktor ein Geschenk, das sie mit Hilfe der Heimleiterin aus ihrem zusammengelegten Taschengeld gekauft hatten. Wieviel Freudenlichter glänzten in den Augen der Kleinen auf, als der folgende Brief eintraf, der so recht zeigt, was für eine Liebe im Herzen des vielbeschäftigten Mannes für seine kleinen und geringsten Brüder brannte:

»Lieber kleiner Dick und all Ihr lieben Buben und Mädchen in Bradford, wie lieb war das von Euch, mir dieses schöne Geschenk zu schicken! In der Tat ist es für mich viel zu schön. Was soll ich nur damit beginnen? Ich werde mir unbedingt einen neuen Rock mit einer besonders schönen Tasche darin kaufen müssen, um solch reizendes Notizbuch und eine so entzückende Brieftasche hineinstecken zu können. Ich habe tatsächlich noch nie etwas so Schönes gesehen. Sobald die Brieftasche in meinem Besitz war, legte ich vier Fünfpfundnoten hinein, und da liegen sie nun behaglich und fein säuberlich zusammengefaltet und werden da liegen bleiben, bis ich sie herausnehme.

Aber nun, mein lieber Dick und all Ihr lieben Knaben und Mädchen, so schön Euer Geschenk auch ist, so ist mir doch Euer Brief nicht weniger lieb. Ja, er ist mir eigentlich noch viel, viel lieber. Euer Brief ist ein ganz reizvoller Brief. Er ist unvergleichlich schön, und ich werde ihn immer, immer aufbewahren. Wie gerne wäre ich jetzt bei Euch! Ich würde mich mit Euch herumbalgen, Euch kitzeln und Euch alle in meine Arme schließen; doch leider bin ich nicht in Bradford, und so müßt Ihr den Wunsch für die Tat nehmen und mir glauben, daß ich Euch alle fest, fest liebhabe. Vielleicht werde ich Euch etwas Kleines schicken. Wartet nur, Ihr werdet es schon sehen. Was es wohl sein mag? Vermutet Ihr nichts? Nun, kleiner Dick, und Ihr alle, meine lieben Buben und Mädchen? Aber ich verrate Euch nichts, Ihr werdet es ja dann sehen, wenn es so weit ist.

Nun, kleiner Dick und Ihr alle, eßt mir nur ja nicht zu viel Pudding. Habt Ihr gehört, nicht zu viel, nur ganz wenig, vielleicht ein Löffelchen voll, um ihn zu versuchen. Ich hoffe, Euer Hündchen sei ein braves Hündchen, ein sauberes und folgsames Hündchen, und nicht ein kleiner Schmutzfink. Gebt ihm nur ja keinen Pflaumenpudding, auch dem Kanarienvögelchen nicht.

Richtet der Vorsteherin, den Schwestern und allen andern, die für Euch sorgen, herzliche Grüße von mir aus, und Du selber, kleiner Dick, und Ihr, Georgie, Heinrich, Tommy, und wie Ihr alle heißt, empfangt einen großmächtigen Haufen Liebe für Euch selbst. Im Februar werdet Ihr einen prächtigen Basar haben. Würde es Euch Spaß machen, wenn ich da zu Euch käme? Gut, wir werden sehen, was sich machen läßt, wir werden sehen. Noch einmal, eßt mir ja nicht zu viel Pflaumenpudding und schließt unbedingt Eure Augen, wenn Ihr schlafen sollt. Das ist äußerst wichtig.

Und nun auf Wiedersehen, meine Lieben! Ich wünsche Euch glückliche Weihnachten. Ihr werdet also von mir ein Geschenk erhalten. Wenn ich nur nicht vergesse, es Euch zu schicken. Was würdet Ihr tun, wenn ich's wirklich vergessen sollte? Auf Wiedersehen, lebt wohl, lebt wohl, lebt wohl! Euer Euch liebender Freund Thos. J. Barnardo.«

Die rettende Hand

»Ich möchte wieder einmal, noch einmal hinfahren, Tom. Es sind doch wundervolle Tage gewesen. Der Wind über den Höhen, der blühende Ginster, das grüne Meer, weißt du noch unser Leseplätzchen am Rande des Kiefernwäldchens?« Und, auf der Armlehne von Barnardos Stuhl sitzend, schmiegte sie sich an ihren Mann. Ein paar Herzschläge lang war es ganz still in dem mit rötlichem Lampenschein erfüllten, behaglichen Raume, einzig das silberne Ticken der Uhr war zu hören.

»Ja, Syrie, ich weiß es noch. Du hast recht, wir sollten noch einmal nach Sussex fahren. Warum fahren wir nicht?«

»Weil du nicht kannst, weil du dafür keine Zeit mehr hast. Und vermutlich wäre es doch nicht mehr dasselbe. Außer unserer Liebe hat es damals nichts für uns gegeben. Das duftende Heidekraut, die Wolkenburgen am Himmel, das Donnern der Brandung, das alles war einbezogen in unsere Liebe.«

»Auch die Lerchen und die Nachtigallen.«

»Ja, auch die Lerchen und die Nachtigallen«, wiederholte Frau Barnardo in Gedanken. »Aber seither ist die Last deiner Arbeit täglich größer geworden.«

»Ich weiß es, Syrie, und oft mache ich mir Vorwürfe, weil ich für dich und unsere vier Kinder zu wenig Zeit habe; aber du weißt doch auch, daß ich das alles für die Ärmsten unter den Armen, für die Niemandskinder tue.«

»Und deshalb helfe ich dir ja, so gut ich kann.«

»Ja, Liebstes, das tust du. Allein schon mit deinen guten Gedanken und deinem Gebet. Wieviel bedeuten mir diese stillen, ach, nur viel zu seltenen Stunden mit dir, du Tapferes. Ich habe schon manche Gnade aus der Hand unseres himmlischen Vaters empfangen dürfen; aber die größte von allen war es doch, daß er mich dir begegnen ließ. Wie lieb von dir, daß du heute wieder einmal auf mich gewartet hast.«

»Trinkst du noch eine Tasse Tee?«

»Ja, bitte. Was machen die Kinder?«

»Es geht ihnen gut, obwohl sie ihren Vater höchstens beim Frühstück sehen. Ich bin ja so froh für sie, daß sie nun hier in Hackney wieder einen Garten haben, ein grünes Plätzchen, auf dem sie spielen können. Vater hat doch recht gehabt, uns dieses Haus zu kaufen.«

»Freilich hat er. Es freut mich auch für dich, daß du nun hier in ‚The Cedars' wieder einen Rasen vor den Fenstern hast, wenn es auch nur ein notdürftiger Ersatz für die Wiesen von Ilford ist. Habe ich übrigens schon gesagt, daß wir das Rettungsheim für gefährdete kleine Mädchen nun doch einrichten werden, das gewissermaßen als moralische Quarantäne für Ilford gedacht ist?«

»Ein solches Heim schien mir schon längst unerläßlich zu sein. Was sagt das Komitee dazu?«

»Glaubst du, ich lasse mir von diesen Herren die

Trense anlegen? Und das wissen sie, und deshalb lassen sie mich auch, nicht immer willig, gewähren. Es fehlt ihnen ja auch der Einblick, um entscheiden zu können, was wichtig, was notwendig ist.«

»Du darfst nicht ungerecht sein, Tom. Das Komitee schätzt deine Arbeit und läßt dir deshalb freie Hand. Erinnerst du dich nicht mehr, was Graf Cairns an der letzten Jahresversammlung der Mission erklärt hat, als er dein Werk als ohne Beispiel in der Geschichte der Wohltätigkeit unseres Landes bezeichnete?«

»Natürlich erinnere ich mich. Ich habe mir seinen Ausspruch sogar aufgeschrieben. Hat es keinen Tee mehr, Syrie?«

»Doch; aber du wirst nachher nicht schlafen können.«

Barnardo machte eine wegwerfende Handbewegung: »Es wäre nicht das erstemal.«

»Grade das erfüllt mich oft mit banger Sorge. Du gönnst dir zu wenig Ruhe. Im Interesse der vielen hundert Kinder, die auf Gedeih und Verderben von dir abhängig sind, solltest du nicht nur an sie, sondern auch an dich denken. Und ein klein wenig auch an uns, Tom.«

»Du hast recht, Syrie, aber umgekehrt sollen wir arbeiten, solange es Tag ist.«

»Das sollen wir. Wie oft aber machst du auch noch die Nacht zum Tag! Das ist gegen die Natur. Ich bitte dich, Tom. Kaum einmal kommst du vor Mitternacht nach Hause. Und dann arbeitest oder liesest du noch bis in den frühen Morgen hinein.«

»Weil ich die Feder des ganzen Räderwerkes bin. Soll das Werk stillestehen, damit ich schlafen kann? Siehst du, Syrie, es ist ja so schrecklich viel zu tun.

Wohin ich schaue, erkenne ich neue, dringliche Aufgaben. Ich lebe ja nicht mir, sondern dem Werk, den Kindern, die mir anvertraut worden sind. Eben heute habe ich wieder von einem schrecklichen Fall gehört. Das Kind ist acht Jahre alt, der Vater tot, die Mutter ein liederliches, mehrfach bestraftes Weib. Gegenwärtig führt sie einer Prostituierten den Haushalt. Um das Kind los zu sein, hat sie es einer anderen Prostituierten in Pflege gegeben. Die schleppt das arme Geschöpf nun mit sich herum, wenn sie nächtlicherweile auf Kundschaft ausgeht, und läßt es daheim im gleichen Bett schlafen, in dem sie mit den Männern liegt, die sie nach Hause bringt.«

»Entsetzlich!«

»Das ist es wohl, und es ist nicht einmal die schlimmste Geschichte, die ich dir erzählen könnte. Daß solcherart an Leib und Seele vergiftete Mädchen für andere Kinder eine Gefahr bedeuten, wird im Ernst niemand bestreiten wollen. Diese Unglücklichen müssen erst von Diakonissen vorerzogen werden, ehe wir sie in eine unserer Ilforder Familien eingliedern dürfen.«

So wurde von der Ostend-Jugendmission für die Kinder der verschiedensten Altersstufen gesorgt. Die kleinen Buben hatten ihr Pflegeheim auf der Insel Jersey, die größeren, die im Alter von acht bis sechzehn Jahren standen, waren im Boys Home am Stepney Causeway untergebracht, die Mädchen kamen nach Ilford, und für die verkrüppelten Kinder gab es ein Heim in Bradford. Zwar litt vor allem das Knabenheim in Stepney unter chronischem Raummangel, so daß Barnardo bereits seit einiger Zeit die Schaffung eines zweiten Knabenheims plante. Noch aber fehlte eine Heimstätte für Burschen von siebzehn bis zwanzig Jahren, und gerade sie, keine Knaben mehr und doch noch nicht erwachsen, bedurften in diesen entscheidenden Jahren dringend der rettenden Hand, wenn sie nicht auf die schiefe Bahn geraten und untergehen sollten im Morast der Großstadt. Immer wieder begegnete Barnardo in Logierhäusern solchen Burschen. In einem Alter, in dem andere hoffnungsvoll und von Tatkraft erfüllt in die Zukunft blickten, bot ihnen das Leben nichts als Enttäuschung. In einem Armenhaus oder in einem Logierhaus geboren, auf der Straße aufgewachsen, hatten sie nie etwas anderes als Elend, Not und Entbehrung kennengelernt, es gab für sie keinen Schimmer von Hoffnung, je in andere Verhältnisse zu kommen, sie waren und blieben Ausgestoßene, Bettler, Vagabunden und Strichjungen, die nichts anderes als die Straße, das Armenhaus oder das Gefängnis vor sich hatten. Wie gerne hätte ihnen Barnardo geholfen, sie waren jedoch zu alt, als daß er sie noch ins Knabenheim hätte aufnehmen können, wie sehr sie auch bettelten und ihn bedrängten, wenn sie sahen, daß er der Knaben sich erbarmte! Immer mehr bedrückte ihn die Not dieser verlorenen Jugend, bis er ihren Jammer nicht länger ertrug und sich entschloß, zu tun, was der Staat noch nicht getan hatte: ein Beschäftigungshaus für junge, heimatlose Burschen einzurichten.

Nicht weit vom Stepney Causeway entfernt, wie das Knabenheim an den Eisenbahndamm angelehnt, hatte er ein Haus entdeckt, das ihm für seine Zwecke geeignet erschien. Um das für das Gebäude und dessen Einrichtung benötigte Geld zu erhalten, wandte er sich einmal mehr an die Leser des »Christ«, denen er im Dezember 1880 in einem flammenden Artikel die Notwendigkeit des geplanten Beschäftigungshauses vor Augen führte. »Schulden hin oder her, wir dürfen diese jungen Burschen nicht untergehen lassen, während die Welt untätig zuschaut. Wir brauchen nur ein Haus, in dem wir ihnen Unterkunft und die Möglichkeit zu einer kurzen Probezeit bieten können. Nicht Erziehung, sondern Erprobung soll hier der Grundsatz sein. Denen, die sich bewähren, wollen wir zu einer ihren Kräften und ihrer Befähigung entsprechenden Arbeit verhelfen.«

Wenige Tage nach Erscheinen des Artikels erhielt Barnardo vom Grafen Cairns, dem Präsidenten des Komitees, einen Brief: »Ich habe zufälligerweise im ‚Christ' gelesen, daß es Ihre Absicht ist, Verlassenen, die das Knabenalter hinter sich haben, zu helfen. Es scheint mir richtig zu sein, Ihnen sofort zu schreiben und Sie wissen zu lassen, daß für den Fall, daß tatsächlich ein derartiges Unternehmen Ihren bereits bestehenden Heimen angegliedert wird, ich darauf verzichten müßte, länger Präsident Ihres Komitees zu bleiben. Ich möchte damit nicht die Dringlichkeit der Angelegenheit, auf die sich Ihr Artikel bezieht, in Zweifel ziehen oder in Abrede stellen, daß es möglich wäre, auf solche Weise viel Not und Leid zu lindern; aber es kann Ihnen nicht unbekannt geblieben sein, daß ich mit den Ausmaßen, die Ihr ursprüngliches Unternehmen bereits angenommen hat, nicht einverstanden bin, so daß ich unter keinen Umständen die Verantwortung für eine weitere Vergrößerung Ihres Werkes mittragen könnte.«

»Sieh da«, lächelte Barnardo bitter vor sich hin, »und vor einem Jahr hat Cairns gerühmt, daß ihm in unserem Lande keine andere Wohlfahrtseinrichtung bekannt sei, die sich wie unsere Mission aus kleinen Anfängen heraus in so kurzer Zeit derart vergrößert habe. Heute wird diese Entwicklung mißbilligt.«

Nun, mochte der Graf zurücktreten, das sollte ihn nicht daran hindern, seinen Plan auszuführen. So ließ er sich nicht unter Druck setzen. Er war kein Tier, das eingeschirrt am besten arbeitet. Und übrigens nahm er die Drohung Cairns nicht ganz ernst. Man würde ja sehen.

Barnardo erwarb also auf eigene Verantwortung das in der Commercial Road gelegene Haus und ließ es zur Aufnahme von etwa fünfzig Burschen herrichten. Die Aufgenommenen hatten ein nicht geringes Tagespensum zu bewältigen. Bereits um 5.30 Uhr gab ein Trompetenstoß das Zeichen zum Aufstehen, und die Zeit bis 22 Uhr war ausgefüllt mit strenger Arbeit, die nur durch das Morgengebet, die Mahlzeiten und ein wenig Turnen kurz unterbrochen wurde. Die Zeit nach dem Abendessen war für die geistige Ausbildung bestimmt, es wurde den Burschen regelmäßiger Unterricht in Singen, Lesen, Schreiben und Rechnen erteilt. An den Sonntagen besuchten die Burschen gemeinsam den Gottesdienst der Volksmissionskirche im Edinburger Schloß, daneben wurden mit ihnen, und zwar von Diakonissen, Bibelstunden gehalten. Immer wieder durfte Barnardo feststellen, daß diese auf der Straße aufgewachsenen Burschen, die viel gesehen und mancherlei Erfahrung hinter sich hatten, für religiösen Unterricht überaus empfänglich und dankbar waren. Ganz von sich aus hielten viele von ihnen bereits um 4.30 Uhr oder noch früher unter sich Gebetsversammlungen ab, bekannten sich gegenseitig ihre Verfehlungen und wuchsen so zu einer eigentlichen Brüdergemeinde zusammen. Wie sehr unterschied sich dieses neue Leben von ihrem früheren, lichtlosen Dasein! Die körperliche Arbeit der Burschen bestand vor allem in der Holzverarbeitung, weil hierfür keine besonderen Vorkenntnisse notwendig waren. In verschiedenen Gruppen wurde das Holz gesägt, gespalten, zu Kisten oder zu Anfeuerholz verarbeitet. Bis zu 40 000 Bündel Anfeuerholz wurden wöchentlich bereitgestellt und ohne Schwierigkeiten abgesetzt. Der in unmittelbarer Nähe gelegene Regents Kanal ermöglichte es, das erforderliche Holz auf zwei von Barnardo gecharterten Schiffen von der Ostsee her bis hinter das Haus zu schaffen. Eine weitere Gruppe von Burschen befaßte sich mit der Fabrikation und dem Vertrieb von Sodawasser.

Die Burschen blieben im Durchschnitt sechs bis acht Monate im Heim. Alle, die sich in dieser Zeit bewährten, wurden in geeignete Stellen untergebracht, und wer die geistigen und körperlichen Voraussetzungen erfüllte, hatte die Möglichkeit, sich einem Auswanderertrupp nach Kanada anzuschließen. Denn die Erfahrungen, die Barnardo mit den nach Übersee gesandten Knaben gemacht hatte, waren äußerst ermutigend, so daß er sich mit gutem Gewissen entschließen durfte, die Auswanderung auszubauen und in großem Stil durchzuführen, um damit in den Heimen immer wieder Platz zur Aufnahme neuer, verlassener Kinder zu schaffen. Dazu kam, daß sich die Auswanderung auch vom finanziellen Standpunkt aus lohnte. Die Kosten für ein in den Londoner Heimen untergebrachtes Kind beliefen sich jährlich auf sechzehn Pfund, wurden die Kinder aber nach Übersee gebracht und dort adoptiert, ergaben sich wesentliche Ersparnisse, die wieder andern Kindern zugute kamen. Allerdings hielt Barnardo wie Annie Macpherson, die Pionierin auf diesem Gebiet, daran fest, daß für die Auswanderung eine strenge Auslese getroffen wurde. Auf keinen Fall wurde einfach abgeschoben, was sich in der Heimat als unbrauchbar erwiesen hatte. Jeder Auswanderer sollte durch seine Qualitäten für die Barnardoheime und damit für England werben. Keiner kam in Betracht, der nicht körperlich und geistig gesund war, ebenso waren Ehrlichkeit, Zuverlässigkeit und Fleiß selbstverständliche Voraussetzungen. Die Auswanderer mußten die Grundlagen einer einfachen Erziehung besitzen, die Knaben über Geschicklichkeit in praktischer Betätigung, die Mädchen über genügend hauswirtschaftliche Kenntnisse sich ausweisen können. Vor allem aber schien Barnardo ein sorgfältig ausgearbeitetes Aufsichtssystem wichtig zu sein, das es ermöglichte, mit den Knaben und Mädchen in ständigem Kontakt zu bleiben, bis sie erwachsen und damit selbständig waren. So wurden in Kanada sowohl für Knaben als auch für Mädchen Zentralstellen geschaffen, die als Verteilungs- und Aussendungsheime den Einwanderern eine Heimat boten, bis für sie Plätze gefunden waren. Die meisten Kinder hatten ihre Plätze übrigens schon vor ihrer Abreise, und als sich dann einmal erwiesen hatte, daß die Barnardokinder die Erwartungen nicht enttäuschten, übertraf die Nachfrage bei weitem das Angebot. Die erste Gruppe, die Barnardo nach Kanada auswandern ließ, umfaßte einundfünfzig Knaben und verließ England im August 1882. Auch sie wie die vielen, die ihnen von nun an folgten, verdankten Barnardos rettender Hand ein neues und glückliches Leben.

Das mochte auch Graf Cairns einsehen. Er kam auf seine Drohung nicht zurück und blieb auf seinem Posten.

Liebe und diene!

Das Jahr 1883 brachte die sehnlich erwartete Erweiterung des Knabenheims. Eine gute Viertelstunde östlich vom Heim am Stepney Causeway, in der Burdett Road, wurde das Leopoldhaus eröffnet, das 400 bis 450 Knaben Platz bot. Hier wurden nun die jüngeren Knaben im Alter von acht bis dreizehn Jahren untergebracht. Vom Grundsatz ausgehend, daß die Wohnstube der christlichen Familie die beste Erziehungsstätte sei, wurden im Leopoldhaus die Zöglinge unter weibliche Fürsorge gestellt. Da sollten die einstmals Verlassenen erfahren, was es bedeutet, eine Mutter, und sei es auch nur eine Pflegemutter, zu haben. Untertags hatten die Knaben die Schule zu besuchen, doch ließ ihnen der Unterricht noch genügend Zeit, um an der freien Luft herumzutollen, Fußball und Krickett zu spielen. Und was für eine Herrlichkeit bedeutete für diese armen Bürschchen aus den Slums das geräumige Schwimmbad, über welches das Heim verfügte!

Auch der in den meisten Buben schlummernden Neigung zum Soldatenspielen wurde von Barnardo entsprochen. Nicht etwa, um in ihnen kriegerische Neigungen zu wecken, sondern weil er darin ein ausgezeichnetes Mittel zur Selbstdisziplin erkannt hatte. Die Leopoldhäusler wurden als Nordlondon-Bataillon der Londoner Knabenbrigade angegliedert, der Heimleiter war ihr Kommandant, und die Lehrer hatten sich als Offiziere zu betätigen. Die Ausmärsche und Paraden, die immer eine Menge Schaulustiger anlockten, bildeten Höhepunkte im Leben der Buben, die nur noch übertroffen wurden, wenn etwa ein reicher Wohltäter die ganze Leopoldhausarmee zu sich aufs Land einlud, wo die Knaben dann während einigen Tagen ein richtiges Lagerleben führen durften.

Auch der Pflege der Musik wurde im Leopoldhaus alle Aufmerksamkeit geschenkt. Die musikalisch Begabten wurden zu Knabenkapellen zusammengeschlossen. Was für eine Freude bei groß und klein, wenn die Barnardobuben in ihren farbigen Uniformen mit klingendem Spiel durch die Straßen gezogen kamen! Niemand aber freute sich herzlicher über die kleinen Musikanten als Barnardo selbst. Das Leopoldhaus verfügte nicht nur über eine Blasmusik, es gab hier auch Trommler und Pfeifer, schottische Dudelsackbläser in bunten Kilts, Occarinaspieler, Glockenspielschläger und Mandolinenkünstler. Einzelne Knaben erhielten Unterricht in Violine und Klavier.

Sobald die Buben groß genug waren, sollten sie dann vom Leopoldhaus ins Heim am Stepney Causeway übersiedeln, um da, wo alles dafür eingerichtet war, ein Handwerk zu erlernen.

Damit war nun in den verschiedenen Heimen für die Knaben und Burschen im Alter von vier bis zwanzig Jahren gesorgt, nur für die Allerkleinsten fehlte ein eigenes Haus, das es erlaubt hätte, Kleinkinder in größerer Zahl als bisher aufzunehmen. Wohl hatte jede

Mädchenfamilie in Ilford ihr Baby; aber das waren nur dreißig Kinder, während Barnardo auf seinen nächtlichen Streifzügen immer wieder auf solch bemitleidenswerte Würmchen stieß, die er ihrem Elend überlassen mußte, weil ihm einfach die Möglichkeit fehlte, sie in geeigneter Weise unterzubringen. Was für ein Geschenk bedeutete es da für ihn, als ihm ein begeisterter Freund seines Werkes die beiden Gebäude seiner Villenbesitzung in Hawkhurst zur freien Verfügung überließ, und er so ein Heim für dreißig Kleinkinder einrichten konnte. Für junge Fabrikarbeiterinnen, die alleinstehend waren, konnte dank einer Stiftung ein Heim, das Sturge-Haus, ins Leben gerufen werden, wo am Abend auch für andere Mädchen und junge Frauen Näh- und Flickkurse stattfanden.

Das starkbenützte Edinburgh Castle war derart erneuerungsbedürftig geworden, daß die Arbeiten nicht weiter hinausgeschoben werden durften. Bei genauer Prüfung kamen so schwere Schäden zum Vorschein, daß es aussichtslos war, sie nur ausbessern zu wollen. So wurde denn mit größter Genugtuung das Gemäuer der ehemaligen Teufelszitadelle niedergerissen und an ihrer Stelle mit einem Kostenaufwand von achttausend Pfund ein neues, stattliches Gebäude mit zwei, teilweise drei Geschossen errichtet, das nun mit der turmartigen Rundung des Mittelbaues, dem Zinnenkranz und den Fahnenmasten, wirklich ein schloßartiges Gepräge erhielt. Unter starker Beteiligung der Bevölkerung konnte der Neubau am 24. Januar 1884 feierlich eröffnet werden.

Im gleichen Jahr unternahm Barnardo eine erste Reise nach Kanada, um an Ort und Stelle sein von langer Hand vorbereitetes Aufsichtssystem zu organisieren. Es lag ihm daran, jeden einzelnen Zögling im Auge zu behalten. Leider bewog der Erfolg, der seiner Auswanderungsidee beschieden war, bald einmal eine Reihe völlig ungeeigneter Leute, ebenfalls nach Kanada zu übersiedeln, in der Meinung, dort ein sorgloses Leben führen zu können. Es war viel Gesindel dabei, dessen Verhalten bald zu Klagen Anlaß bot. Es kam zu unliebsamen Zwischenfällen, und schließlich protestierte die Bevölkerung energisch dagegen, daß England den Abschaum seiner Slums übers Meer schicke. Ein allgemeines Mißtrauen gegen alle Einwanderer war die Folge. Dieses Mißtrauen wandte sich auch gegen die Barnardozöglinge. Das war mit ein Grund, weshalb sich Barnardo, der Vielbeschäftigte, zu einer Fahrt über das große Wasser entschloß, war es für ihn und sein Werk doch von größtem Interesse, das Wohlwollen, das die Kanadier früher seinen jungen Emigranten entgegengebracht hatten, durch richtige Aufklärung zurückzugewinnen. Die Position, die er sich drüben bereits geschaffen hatte, durfte ihm nicht verlorengehen.

Und was für eine Freude war es dann für ihn, seinen ehemaligen Schützlingen wieder zu begegnen! Wohl hatte er mit allen die ganze Zeit hindurch in brieflichem Verkehr gestanden, aber wie hatten sie sich in den Jahren, seitdem sie England verlassen, in den so ganz neuen Verhältnissen verändert! Aus den Knaben waren Jünglinge, und aus den Burschen junge Männer geworden.

Jim Jarvis, der erste von Barnardos Auswanderern, war nun dreißig Jahre alt, verheiratet und glücklicher Vater einiger gesunder Kinder. Da die kanadische Regierung jedem Ansiedler, der das achtzehnte Lebensjahr überschritten hatte, fünfundsechzig Hektar Land zur freien Verfügung überließ, war aus dem Niemandskind ein Farmer geworden. Welche Wendung hatte sein Leben durch die Begegnung mit Barnardo genommen! Und er war nur einer von vielen. Er strahlte über sein ganzes, sonngebräuntes Gesicht, als er Barnardos Hand schüttelte. »Endlich lösen Sie Ihr Wort ein, Herr Doktor! Sie haben mir ja versprochen, mich einmal zu besuchen, um mit mir auszureiten. Doch, doch, ich habe es nicht vergessen, obwohl seither fünfzehn Jahre verstrichen sind. Was für eine Freude, Sie wieder zu sehen!«

Unter den Ehemaligen, die zu Barnardos Begrüßung hergekommen waren, befand sich auch ein stämmiger, breitschultriger Kerl von strotzender Gesundheit. Mit leuchtendem Gesicht und mit der üblichen Frage: »Doktor, kennen Sie mich nicht mehr?« trat er vor Barnardo hin.

»Nein, tatsächlich nicht.«

»Erinnern Sie sich nicht mehr an die Tracht Prügel, die Sie mir einmal gegeben haben?«

Die Umstehenden grinsten, als sie diese Frage hörten. Klein und verloren starrte Barnardo an dem jungen Riesen empor. Hatte er es je gewagt, diesen Burschen anzurühren?

»Doch, doch, es war aber auch höchste Zeit, daß mich einer energisch in die Finger nahm. Ohne dieses Eingreifen, das mich zur Besinnung brachte, wäre aus mir ein Lump geworden. Das beste, was Sie je für mich getan haben, waren diese Prügel. Und haben Sie auch vergessen, wie Sie mir nachher den Kopf gewaschen haben? Die Prügel waren unangenehm, die Vorwürfe jedoch schrecklich. Aber sie haben ihre Wirkung nicht verfehlt. Ich habe seither oft darüber nachgedacht. Was ich heute bin, bin ich durch Sie geworden. Dort drüben steht meine Frau. Sie mag Ihnen sagen, wie sie mit mir zufrieden ist.«

Weitaus die meisten seiner früheren Zöglinge bewiesen Barnardo gegenüber eine rührende Anhänglichkeit. Einer von ihnen, der erst seit kurzem in Kanada war, hatte ihm fünfzehn Pfund gesandt und dazu geschrieben: »Fünfzehn Pfund sind nicht viel, und gerne würde ich Ihnen mehr schicken. Was ich ersparen kann, gehört Ihnen, denn was ich heute bin und habe, verdanke ich einzig Ihnen und dem Heim. Ich verdiente letztes Jahr vierzig Pfund und wollte zwanzig davon für Sie zurücklegen; aber ich mußte mehr Kleider und Schuhe anschaffen, als ich gerechnet hatte, und so blieben mir Ende des Jahres nur fünfzehn Pfund. Aber ich sende sie Ihnen mit dankbarem Herzen und weiß, daß Sie den guten Willen für die Tat nehmen werden. Es vergeht kein Tag, an dem ich nicht für Ihre Anstalten und für Sie, lieber Herr Doktor, bete.«

Es war für Barnardo ein harter Schlag, als am 1. Oktober 1885 Lord Shaftesbury mit vierundachtzig Jahren starb. Sie hatten sich in den letzten Jahren wohl weniger gesehen; aber im guten Lord, wie er vom Volke genannt wurde, hatte er jederzeit einen treuen Ratgeber und väterlichen Freund gehabt. Allein der Gedanke, sich an ihn wenden zu können, der immer Zeit und ein offenes Ohr und ein offenes Herz gehabt hatte, war für Barnardo beruhigend gewesen. Und nun war dies gute Herz, das in wahrhaft christlicher Liebe immer für die Armen, für die Erniedrigten und Beleidigten geschlagen hatte, zum Stehen gekommen.

Und wenn es köstlich gewesen ist, so ist es Mühe und Arbeit gewesen. Das Wort, das Barnardo durch den Kopf ging, erinnerte ihn an Dick Fishers Kaffeehaus, an jene Nacht, da er zum erstenmal Lord Shaftesbury begegnet war. Seitdem waren achtzehn Jahre verstrichen. War das auch möglich? Wie schnell verstrich die Zeit, als flögen wir dahin. Ja, damals auf dem Fischmarkt von Billingsgate, da waren wohl auch die Würfel seines Schicksals gefallen. Nur durch das Eingreifen Shaftesburys, der Barnardos besondere Fähigkeiten erkannt hatte, war dieser der Vater der Londoner Niemandskinder geworden. Barnardo wußte das, und er hatte es immer gewußt. Sein Werk war die Frucht dessen, was von Lord Shaftesbury erstrebt und begonnen worden war. Nichts für sich, alles für die andern, wie treu hatte der Verstorbene den Wappenspruch erfüllt, den der erste Graf von Shaftesbury für sich und seine Nachfahren gewählt hatte: »Love and serve.«

Was würde nach wiederum achtzehn Jahren sein? Würde es ihm selber vergönnt sein, so lange noch zu wirken? Aber das stand bei Gott und hatte ihn nicht zu kümmern. Seine einzige Pflicht war es, sich als treuer Knecht fürderhin von seinen Augen leiten zu lassen und sich zu bemühen, ein brauchbares Werkzeug in seiner Hand zu sein. Und plötzlich sah er in greifbarer Deutlichkeit das gütig ernste Antlitz des Verstorbenen vor sich, und der Blick der großen, tiefliegenden Augen war auf ihn gerichtet, wie bittend, weiterzuführen, was er begonnen, und nicht müde zu werden, zu lieben und zu dienen. »Ja«, nickte Barnardo, »das gelobe ich.«

Eigentlich hätte Lord Shaftesbury in der Westminsterabtei beigesetzt werden sollen; da es jedoch sein ausdrücklicher Wunsch gewesen war, den letzten Schlaf in St. Gilles an der Seite seiner Frau zu tun, wurde wenigstens die Leiche in der Westminsterabtei eingesegnet. Nicht Parlamentarier, sondern Vertreter der Werke, für die Shaftesbury gelebt und gewirkt hatte, trugen den Sarg. An die zweihundert Wohltätigkeitsvereine und Missionsgesellschaften, die in ihm einen Förderer und wahrhaften Freund verloren hatten, waren durch Delegationen vertreten, und vor der Abtei strömte eine nach Zehntausenden zählende Trauergemeinde zusammen, um dem guten Lord die letzte Ehre zu erweisen. Liebe und diene. So war von dem ausgestreuten Samen doch manches Körnlein in gute Erde gefallen und hatte Frucht getragen.

Das Herz in Stepney

Barnardos Werk wuchs unaufhaltsam. Immer neue Häuser und Heime kamen dazu, aber das Knabenheim am Stepney Causeway blieb doch das Herz des Ganzen. Hier liefen alle Fäden des weitverzweigten Betriebes zusammen. Aber wie sehr hatte sich auch dieses Heim mit seiner allzeit offenen Tür seit seinen Anfängen verändert! Durch geschicktes Zugreifen war es Barnardo bis 1885 gelungen, ein vollständiges Häuserviereck zu erwerben, und in der parallel zum Stepney Causeway laufenden Bower Street wurde ein großes Gebäude errichtet, das mit dem Haus am Stepney Causeway durch eine Brücke verbunden war.

Durch die ständigen Erweiterungen, Anbauten und Umbauten war ein wahres Labyrinth von Durchgängen und Treppen entstanden, in dem sich ein Fremder ohne Führer nur mit Mühe zurechtgefunden hätte. Im Untergeschoß waren die Küche, der Speisesaal und die Waschräume, darüber befanden sich die Büros, und über diesen lagen die vier großen Schlafsäle, von denen jeder hundert Betten enthielt. Es wimmelte im Haus von Buben und Burschen, überall begegnete man ihnen.

Barnardos Arbeitsraum lag nun im ersten Stockwerk

des Gebäudes an der Bower Street. Es hatte ein Erkerfenster, das einzige in der ganzen Front, dessen Scheiben nicht durch Drahtgeflecht geschützt waren. Von diesem Fenster aus konnte Barnardo den gepflasterten Hof überblicken, der im Leben der Stepney-Zöglinge eine so wichtige Rolle spielte. Denn das war ihr Spielplatz. Er war zwar eng, viel zu eng für vierhundert im Saft stehende Buben, denen es ein Bedürfnis war, sich auszutoben. Wie oft schaute ihnen Barnardo, seine Arbeit unterbrechend, vom Fenster aus lächelnd zu, und das muntere Treiben seiner Buben tat ihm im Herzen wohl. Meist spielten sie Fußball oder Krickett; allerdings hatten mit Rücksicht auf die Enge des Platzes besondere Spielregeln aufgestellt werden müssen. Auf einem Gang durch den Hof blieb Barnardo gerne stehen, um mit einem Buben oder mit dem die Aufsicht führenden Lehrer ein paar Worte zu wechseln. Dabei nahm er etwa einen der grinsenden Knaben beim Ohr: »Nun, Jack, ich ließ mir sagen, du gehörest auch zu jenen, die nie lieber sind, als wenn sie schlafen. Stimmt das?«

In diesem Hof fand unter der Aufsicht eines ehemaligen Armeeinstruktors auch der tägliche Turnunterricht statt, hier führte der Arzt in freier Luft die Inspektion von Augen, Ohren und Zähnen der Zöglinge durch, und wenn im Spital einer der Jungen starb, dann bewegte sich der kleine Leichenzug auf dem Weg zur Kapelle durch diesen Hof.

Anschließend an Barnardos Arbeitsraum befand sich sein Privatraum mit Badezimmer. Die Mahlzeiten wurden ihm in seinem Privatzimmer aufgetragen, und zuweilen verbrachte er hier auch die Nacht, wenn die Arbeit ihn so lange in Anspruch genommen hatte, daß es sich nicht mehr lohnte, nach Hause zu gehen. Im gleichen Stockwerk lagen auch die Schulräume, in denen untertags und am Abend Unterricht erteilt wurde, sowie die Kapelle, in der sich die Jungen zur Morgen- und Abendandacht versammelten und wo des Sonntags die Gottesdienste stattfanden. Darunter befanden sich die Bibliothek, ein Schwimmbad und die Schuhmacherwerkstätten, darüber eine große Druckerei, die Werkstatt der Teppichweber, die Sattlerei, die Schneiderei und weitere Büroräume. In andern Teilen der Gebäude waren die Werkstätten für die Schreiner, die Bürstenmacher, die Spengler und die Schmiede untergebracht, während unter dem Dach ein photographisches Atelier eingerichtet war, in dem jedes Kind, wenn es in das Heim eintrat und ehe es dieses verließ, photographiert wurde. Die Jungen im Boys Home am Stepney Causeway machten eine richtige Lehre durch, für jeden von ihnen wurde mit Barnardo ein Lehrvertrag abgeschlossen. Auch die verkrüppelten Knaben wurden in einem für sie in Frage kommenden Handwerk, zum Beispiel in der Korbflechterei oder in der Bürstenmacherei, unterrichtet.

Wie im Leopoldhaus, so hatten auch am Stepney Causeway die musikalisch begabten Burschen Gelegenheit, einem Musikkorps beizutreten, das von einem ehemaligen Militärmusikdirigenten geleitet wurde. Ein- oder zweimal in der Woche zog dann das Korps musizierend durch die Straßen der Umgebung, und die übrigen Jungen marschierten hinter ihren Kameraden drein. Diese Umzüge wurden vorweg zu ihrer Freude veranstaltet, doch verfolgte Barnardo damit auch die Nebenabsicht, die Bevölkerung immer wieder in positivem Sinne an sein Werk zu erinnern.

Und die Leute blieben stehen und schauten den Jungen nach, wie sie erhobenen Hauptes und stolz zu den Klängen eines Militärmarsches vorbeizogen.

»Es sind doch flotte Kerls, die Barnardojungen! Fürwahr, was hat dieser Mann aus ihnen gemacht!«

Der im Kellergeschoß gelegene Speisesaal bereitete Barnardo übrigens mancherlei Sorge. Decken und Wände waren gestrichen, und dieser Anstrich mußte immer wieder erneuert werden. Trotzdem sah der Saal düster und unfreundlich aus, besonders an trüben Tagen, wenn der Nebel vor den hochgelegenen Fenstern lag. Ein um Rat befragter Fachmann schlug vor, die Wände mit weißen, glasierten Platten zu verkleiden, um eine freundlichere Wirkung zu erzielen. Das hätte auch die kostspieligen Neuanstriche endlich entbehrlich gemacht. Als Barnardo dann aber erfuhr, daß die Kosten dafür dreihundert Pfund betragen würden, mußte er auf die Ausführung dieses Planes verzichten. Nie hätte er es verantworten können, lediglich zur Ausschmückung eines Raumes einen solchen Betrag von den Geldern abzuzweigen, die ihm zum Unterhalt seiner Kinder anvertraut waren. Und zudem war die Kasse wieder einmal leer. Da sprach eines Tages eine Dame vor. Sie gab sich Barnardo als die Gattin eines vor wenigen Jahren verstorbenen Mannes zu erkennen, der das Werk mehrmals durch großherzige Spenden unterstützt hatte. Nun war auch der Sohn der Dame eines plötzlichen Todes gestorben, was sie auf den Gedanken gebracht hatte, den Heimen Barnardos irgendeine Anschaffung zu ermöglichen, um auf solche Weise dem Verstorbenen ein Denkmal zu setzen. »Es müßte jedoch etwas ganz Bestimmtes sein, etwas Bleibendes, nicht einfach ein Zuschuß in die allgemeine Kasse.«

Barnardo machte ihr verschiedene Vorschläge, bis ihm dann die Wandverkleidung des Speisesaals einfiel.

»Helligkeit in den Saal hineinbringen? Jawohl, das würde mir gefallen. Es wäre ein schönes Symbol und würde das Andenken meines Sohnes ehren«, erklärte sie eifrig. »Wissen Sie auch, was das ungefähr kosten würde?«

»Wir haben die Kosten bereits berechnen lassen. Es wäre ein Betrag von etwa dreihundert Pfund.«

»Ausgezeichnet. Das ist gerade die Summe, die ich Ihnen zur Verfügung stellen möchte. Bitte lassen Sie die Arbeit unverzüglich ausführen, und stellen Sie mir dann die Rechnung zu gegebener Zeit zu.«

Schon nach vierzehn Tagen waren die Plättchen gelegt und der Speisesaal kaum mehr zu erkennen. Zudem war das Material von unbegrenzter Haltbarkeit, so daß der Saal hinfort rein und bestimmt auch an nebligen Tagen hell sein würde. Die ganze Heimgemeinde war begeistert.

Noch ehe aber Rechnung für die Arbeit gestellt war, ließ sich die Dame wieder bei Barnardo melden. Sogleich fiel ihm ihre Niedergeschlagenheit auf.

»Es tut mir ja so leid, Ihnen eine Enttäuschung bereiten zu müssen«, begann sie. »Als ich das letztemal hier war, habe ich Ihnen versprochen, die Kosten für eine neue Wandverkleidung Ihres Speisesaales zu übernehmen.«

»Gewiß —«

»Und nun muß ich Ihnen sagen, daß mir das leider nicht möglich sein wird. Durch das Eintreten unvorhergesehener Umstände werde ich den Betrag nicht erübrigen können.«

»Aber die Arbeit ist bereits ausgeführt. Sie selber haben doch gewünscht, daß damit ohne Verzug begonnen werde.«

»Bereits ausgeführt? Aber das ist ja schrecklich. Was tun wir da? Es ist völlig ausgeschlossen, daß ich die Summe zu diesem Zeitpunkt werde aufbringen können.« In großer Bestürzung führte Barnardo die Dame in den neuen Speisesaal hinunter, und sie war nicht minder bekümmert als er.

»In einigen Jahren dürften die Schwierigkeiten behoben sein. Ich verspreche Ihnen, daß ich dann für Ihre Heime alles tun werde, was ich werde tun können. Aber jetzt, es ist mir mit dem besten Willen nicht möglich, die Umstände haben mir meine Hände vollständig gebunden.«

Was sollte Barnardo da sagen? Nie hätte er ohne das ausdrückliche Versprechen seiner Gönnerin das Werk mit dieser an sich unnötigen Ausgabe belastet.

Aber wie schon so oft traf auch hier die Hilfe rascher ein, als er zu hoffen gewagt hätte. Schon die nächste Morgenpost brachte ihm den Brief eines Ehepaars, das ihm seit Jahren regelmäßig einen Teil seines Einkommens für die Niemandskinder überwiesen hatte. Nun erboten sich die Leute, ihm einen besonderen Betrag zur Verfügung zu stellen, wenn er ihnen einen Vorschlag machen könne.

Noch während Barnardo den Antwortbrief diktierte, in dem er dem freundlichen Ehepaar auseinandersetzte, was ihn so sehr bekümmerte, meldete ein Bursche, daß der Herr, für den der Brief bestimmt war, im Büro sei und Barnardo zu sprechen wünsche.

»Ist das auch möglich!« atmete dieser auf und stürzte ins Büro hinüber, wo er den Herrn herzlich begrüßte und ihm nachher den Fall auseinandersetzte. Lächelnd hörte der Mann ihm zu. »Grämen Sie sich nicht länger. Das ist für mich ja gerade die gewünschte Gelegenheit. Ich werde Ihnen das Geld geben, das Ihnen diese Last abnehmen wird.«

An einem Samstagnachmittag befand sich unter den eingehenden Poststücken eine mit »Nestlé's Milk« angeschriebene Blechbüchse, die an die Leitung der Barnardo-Heime adressiert war. Als der Träger die Pakete aufeinanderstellte und eben nach der Büchse griff, erregte ein schwaches Geräusch, wie das Miauen einer Katze, seine Aufmerksamkeit. Die Büchse wurde geöffnet, und zum Entsetzen aller kam ein vielleicht vierzehn Tage altes Baby zum Vorschein, sorgfältig in einige Flanellappen und in ein Stück groben Wollstoffs eingewickelt. Neben dem Kind lag eine Trinkflasche, deren Lutscher der Säugling im Mündchen hielt. An das Hemdchen des Kindes angeheftet, fand sich ein mit Bleistift beschriebener Zettel: »Gott möge mir verzeihen, was ich tue, um mich vor dem sicheren Tod zu retten. Ich habe keine andere Wahl, als Ihnen meinen Liebling zu schicken oder mir das Leben zu nehmen. Hoffentlich kann ich es Ihnen eines Tages vergelten. Sie werden meinem Liebling gut sein. Sein Name ist Frank. Gott segne Sie, lieber Herr. Eine unglückliche Mutter.«

Wäre der Paketträger nicht auf das leise Geräusch aufmerksam geworden, die Büchse wäre mit den andern Paketen über das Wochenende liegen geblieben, so daß das Kind wohl verloren gewesen wäre.

Diese Begebenheit ließ Barnardo erneut mit aller Deutlichkeit erkennen, wie dringlich es war, sich in vermehrtem Maße der Kleinsten anzunehmen. Wohl besaß er seit einiger Zeit die beiden Häuser in Hawkhurst, doch vermochten sie dem Andrang in keiner Weise zu genügen. Da drohte eine unverheiratete Mutter, das kleine Geschmeiß zu ersäufen, wenn man sie nicht davon befreie, eine andere lief in ihrer Betrunkenheit ins Meer, in jedem Arm ein kleines Kind haltend. Eines von ihnen konnte noch lebend geborgen werden. Diese armen Geschöpfe mußten einfach aufgenommen werden. So wurde denn 1886 zur Errichtung eines großen und stattlichen Neubaus geschritten. In diesem »Kinderschloß«, einem roten Backsteinbau, fanden die kleinsten Schützlinge Barnardos fortan Unterkunft und vortreffliche Pflege. Um auch die größeren Kinder der kräftigenden Wirkung eines Aufenthaltes im Freien teilhaftig werden zu lassen, wurde in Felixstove in Suffolk ein Erholungsheim für etwa siebzig Kinder eingerichtet, Knaben und Mädchen wurden hier an der Küste abwechslungsweise für zwei bis drei Wochen untergebracht, und die Seeluft wirkte Wunder im Färben bleicher Wangen und in der Kräftigung schwacher Glieder.

1887, das Jahr, in dem England das fünfzigjährige Regierungsjubiläum seiner Königin feierte, war für die Mission ein besonderes Bau- und Entwicklungsjahr. Sowohl das Knabenheim in Stepney als auch das Leopoldhaus erfuhren wesentliche Erweiterungen. So wurden in Stepney fünf weitere Werkstätten eingerichtet. Auch das Beschäftigungshaus für Burschen wurde vergrößert, ferner das alte, den Bedürfnissen längst nicht mehr genügende Krankenhaus in Stepney abgerissen und durch einen stattlichen Neubau, »Her Majesty's Hospital«, ersetzt, unter der Straße durch einen Gang mit dem Knabenheim verbunden.

In Ilford konnten neunzehn weitere Häuser eröffnet werden, so daß nun bereits fünfzig Familien das Mädchendorf bevölkerten.

Im gleichen Jahr unternahm Barnardo seine zweite Reise nach Kanada, die in Russell bei Manitoba, an einer Nebenlinie der kanadischen Pazificbahn, zum Erwerb eines Grundstückes von dreitausendsechshundert Hektar führte, auf dem eine große Musterfarm mit modernstem Betrieb eingerichtet werden sollte. Der Bau eines Hauses zur Aufnahme von über hundert Burschen wurde unverzüglich in Angriff genommen. Hierher sollten die zur Emigration geeigneten Zöglinge des Londoner Beschäftigungshauses kommen. Jeder der Burschen hatte sich zu verpflichten, ein Jahr auf Barnardos Farm zu arbeiten, um auf diese Weise die Kosten der Überfahrt und die Auslagen, die das Heim für ihn gehabt hatte, zurückzuerstatten. Nach Ablauf dieses Jahres, in dem die Burschen mancherlei nützliche Erfahrungen zu sammeln Gelegenheit hatten, konnten sie sich auf irgendeiner Farm anstellen lassen, um mit der Zeit selbständige Farmer zu werden, wobei ihnen beim Erwerb von Höfen, Geräten und Viehhabe durch die Gewährung von Darlehen weitgehend geholfen wurde. Die Bedingungen waren so, daß einer, der fleißig war, nach achtzehn Monaten ohne weitere Unterstützung vorwärtskommen konnte.

Für Burschen, die den Wunsch hatten, die Seemannslaufbahn einzuschlagen, hatte Barnardo schon früher eine Stellenvermittlung eingerichtet, der nun im Jubiläumsjahr zwei Filialen in Cardiff und Yarmouth angegliedert wurden. Vor allem wurden durch diese Agenturen Burschen des Beschäftigungshauses und der Schuhputzerbrigade der seemännischen Laufbahn zugeführt, jährlich bis zu hundert Burschen.

»Ich glaube, meine Anstalten halten jeden Vergleich aus«, erklärte Barnardo. »Natürlich glaube ich das, sonst würde ich es anders, noch besser machen. Und doch gibt es noch etwas Besseres als die bestgeführten Anstalten, und das ist die Unterbringung der Kinder in Familien. Die Wohnstube der christlichen Familie ist und bleibt die beste Rettungsanstalt.«

Mit seinem ersten großen Versuch im Jahr 1887 wirkte Barnardo auch auf diesem Gebiet bahnbrechend. Dreihundertdreißig Knaben zwischen fünf und neun Jahren wurden in hundertzwanzig Familien auf dem Lande untergebracht. Die Erfahrungen, die er machte, waren so ermutigend, daß die Zahl der Landköstlinge rasch auf über tausend anstieg. Die Pflegeeltern wurden in erster Linie unter Kleinbauern und Arbeitern in ländlichen, vom Verkehr abgelegenen Gegenden gesucht, die jedoch so gestellt sein mußten, daß sie nicht auf das bezahlte Kostgeld von fünf bis sieben Schillingen in der Woche angewiesen waren. Die Kinder unterstanden der Beaufsichtigung durch ein Lokalkomitee, und die Pflegeeltern hatten jederzeit den unangemeldeten Besuch von Ärztinnen und Helferinnen aus den Heimen zu gewärtigen. Die Ausnützung der Arbeitskraft der Kinder zum Gelderwerb wurde unter keinen Umständen gestattet. Trotz der Erfolge, die Barnardo in seinen Heimen und im Mädchendorf hatte, pries er immer eifriger die Vorzüge einer guten Familienerziehung, die er als das der Natur Entsprechende bezeichnete. »Wäre es möglich, jedes Mädchen in einer geeigneten Familie unterzubringen, ich würde schon morgen das ganze Mädchendorf schließen und seine Bewohner über das ganze Land zerstreuen.«

So schlug in Stepney das Herz Barnardos für Tausende von Schutzbedürftigen, und die weitgespannte Tätigkeit des Mannes, der zwanzig Jahre zuvor als armer Student in den Zerlumptenschulen Ostlondons begonnen hatte, hatte in dieser kurzen Zeitspanne schier unfaßbare Ausmaße angenommen. Barnardo schrieb selbst in einem seiner Berichte: »In erster Linie widme ich mich der Rettung der Kinder, und der Gnade Gottes danke ich es, daß in meinen Heimen mehr für sie getan wird als von irgendeiner andern Institution auf der ganzen Welt. Aber die Ostend-Mission, der die Heime unterstellt sind, hat von Anfang an eine weitere ihrer wesentlichsten Aufgaben darin erblickt, auch Erwachsene für das Reich Gottes zu gewinnen. Sie tut dies nicht allein durch Verbreitung und Verkündigung des Wortes Gottes, sondern auch durch die Pflege und tatkräftige Unterstützung kranker und betagter Leute, sei es im Krankenhaus oder bei ihnen daheim. An Hungernde werden Nahrungsmittel zu niedrigsten Preisen vermittelt oder gratis abgegeben, Bedürftige erhalten Kleider und Schuhwerk, Müttern werden Wiegen und Kinderwäsche zur Verfügung gestellt, Genesende zur Erholung ans Meer oder aufs Land geschickt. An Greise und Krüppel richten wir Renten aus, Leuten beiderlei Geschlechts suchen wir Stellen zu vermitteln, kurz, die Mission hat ein ganzes wohlgeordnetes System ausgebaut, um Gefallene aufzurichten, Niedergeschlagene mit neuer Zuversicht zu erfüllen und die Enttäuschten mit frischem Mut für den Lebenskampf auszurüsten.«

Die Speisung der Fünftausend

Einmal im Jahr, in den ersten Januartagen, pflegte Barnardo die von seinem Werk noch nicht erfaßten, in London herumstreunenden Kinder in die große Halle des Edinburgh Castle einzuladen. Mit größter Sorgfalt wurden die zum Eintritt berechtigten Karten unter der hungernden Jugend Ostlondons verteilt, in Logierhäusern, Schnapsbuden und Schenken, in Gassen und Gäßchen und in den dunkelsten Höfen nach verwahrlosten Kindern Umschau gehalten und auf solche Weise ein Heer von erbarmungswürdigen Kreaturen aufgeboten, am Gassenkindermahle teilzunehmen. Und der Ruf verhallte nicht ungehört. In Scharen stellten sie sich ein, um sich wie ein wildes, über die Ufer getretenes Wasser in den Saal zu zwängen, so daß von Zeit zu Zeit die Türen geschlossen werden mußten, um den Andrang meistern und die Karten abnehmen zu können. Doch in solchen Dingen besaß Barnardo Erfahrung. Alles war von langer Hand vorbereitet, die Burschen vom Beschäftigungshaus, die in schmucken, weißen Matrosenuniformen den Ordnungsdienst versahen, bestens unterrichtet und eingeübt, so daß die zusammengewürfelte, vor Aufregung brodelnde Menge in erstaunlich kurzer

Zeit wohlgeordnet auf den für sie bestimmten Plätzen der Dinge harrte, die da kommen sollten. Zur Linken der Bühne saßen die Mädchen, in der Mitte und rechts die Knaben. Den Kleinen waren die vordersten Bankreihen angewiesen worden, um sie nicht zu kurz kommen zu lassen. Auf der Galerie hatte sich Barnardos Knabenkapelle postiert, deren Uniformen und blitzende Instrumente allein schon Bewunderung erregten bei den versammelten Straßenjungen, von denen manche nur in Fetzen und Lumpen gekleidet waren. Trotz der draußen herrschenden Kälte hatten viele nackte Füße und Beine, es waren aber auch solche da, die auf dem bloßen Körper nur eine zerrissene Jacke trugen.

Jetzt jedoch vermochte ihr Elend ihre Freude nicht zu trüben, die ihnen aus den Augen leuchtete und sie immer wieder zu allerhand Schabernack, Faxen, Grimassen und dummen Sprüchen verleitete. Als dann die Berge von Butterbroten und Kuchen hereingebracht wurden, gaben die Geladenen ihrer Begeisterung durch tobendes Gebrüll Ausdruck, wobei sie ihre Hüte und Mützen oder sonst ein Kleidungsstück in die Luft wirbelten, so daß sich für Augenblicke eine dunkle Wolke über ihre Köpfe erhob. Erst beim Erscheinen Barnardos legte sich der Sturm, worauf mit der »Speisung der Fünftausend«, wie Barnardo diese Anlässe etwa bezeichnete, begonnen werden konnte. Die Knaben auf der Galerie musizierten und wurden von den kleinen schottischen Dudelsackpfeifern abgelöst, denen nicht minder stürmisch Beifall gespendet wurde als ihren Kameraden, die den Abend mit einem schneidigen Marsch eröffnet hatten. Als dann der Tee getrunken und der riesige Vorrat an Gebäck den Weg alles Irdischen gegangen war, als die mehr als zweitausend Knaben und Mädchen sich einmal sattgegessen hatten, da war für Barnardo der Augenblick gekommen. Er betrat die Bühne und gebot mit erhobener Hand Schweigen. Und was einem andern aussichtslos erschienen wäre, das erreichte er. Der Lärm verstummte, alle schauten wie gebannt nach vorn. »Nun, wie gefällt es euch bei uns?«

Ein einziger begeisterter Schrei war die Antwort.

»Gut. Wenn ihr beweist, daß ihr anständige Burschen und Mädchen seid, Burschen und Mädchen, die wissen, was sich gehört, die nicht drängen und einander stoßen, dann soll jedes von euch beim Hinausgehen noch etwas auf den Weg mitbekommen. Könnt ihr erraten, was es ist?«

Schweigen, spannungsgeladenes Schweigen. Noch etwas mitbekommen? Hatten sie auch richtig gehört? Das war ja die Höhe!

»Nun, jedes von euch wird noch eine Orange und einen halben Schilling erhalten.«

Orkanartig brach der Lärm los. Eine Orange und ein halber Schilling? War das auch möglich?

»Vorher aber möchte ich euch noch eine kurze Geschichte erzählen. Es ist nun freilich schon siebzehn Jahre her, da lernte ich in einem Logierhaus in der Flower and Dean Street einen Burschen kennen, einen Burschen, wie ich da unter euch manchen sehe. Er hieß Tim und arbeitete als Träger auf den Marktplätzen. Dabei stürzte ihm einmal eine Kiste auf den Fuß, so daß er seiner Arbeit nicht mehr nachgehen konnte. Das war für ihn ein harter Schlag, denn er hatte nicht nur für sich, sondern noch für zwei jüngere Geschwister, eine Schwester und einen Bruder, zu sorgen. Ich kann euch versichern, daß ich selten so nette junge Leute getroffen habe, wie es die drei Geschwister Regan waren. Ich habe mich ihrer angenommen, habe für sie gesorgt, bis dann eines Tages ein kinderloses Ehepaar aus Australien, das für einige Zeit in London war, um mir zu helfen, sich bereit erklärte, die Kinder in seine Heimat mitzunehmen. Was war das für eine Überraschung für Tim und seine Geschwister! Und ich kann euch sagen, die drei haben bei Herrn und Frau Stephens ihr Glück gemacht. Eben dieser Tage hat mir Tim aus Australien einen Brief geschickt, der mich herzlich gefreut hat. Wenn ihr aufpaßt, dann will ich ihn euch vorlesen.« Damit zog Barnardo einen Brief aus der Tasche, faltete ihn umständlich auseinander und begann zu lesen: »Lieber Herr Doktor, von Sydney aus habe ich ein Dutzend geschlachtete Schafe in gefrorenem Zustand an Sie abgeschickt. Ich denke, daß Sie in Ihren Anstalten für das Fleisch Verwendung haben werden. Es ist dies die vierte Fleischsendung, die ich Ihnen zugehen lasse, und ich hoffe, dieser Sendung noch viele weitere folgen lassen zu können. In meinem letzten Brief, den ich Ihnen vor etwa zehn Monaten geschrieben habe, teilte ich Ihnen mit, daß meine Schwester glückliche Mutter eines zweiten Kindleins geworden ist. Auch daß Frau Stephens ernstlich erkrankte, habe ich Ihnen noch geschrieben. Nun muß ich Ihnen leider berichten, daß sie schon wenige Tage, nachdem ich den Brief an Sie weggeschickt hatte, gestorben ist. Sie war jahrelang krank gewesen und hatte große Schmerzen auszustehen, aber als sie dann sterben konnte, war ein großer Friede in ihr. Für uns war es sehr, sehr schwer, sie verlieren zu müssen, sie ist uns die beste Mutter gewesen, die es geben kann. Lieschen ist ja wohl eher darüber hinweggekommen, da sie verheiratet ist und eine eigene Familie hat, aber Jack und mich hat es schwer getroffen. Seit ihrem Tod ist Herr Stephens völlig verändert, obwohl er nach wie vor lieb und gut gegen uns ist. Er hat mir gesagt, daß er Ihnen selber eine Ladung gefrorenes Hammelfleisch schicken werde, er wird Ihnen zum Andenken an seine Frau auch noch mehr Geld senden für Ihr Werk. Wir sitzen häufig beisammen und plaudern von der alten Zeit; ich erinnere mich noch ganz deutlich der ersten Nacht, da Sie in Burts Logierhaus mit mir sprachen und ich Sie dann zu meiner Schwester Lieschen mitnahm. Ich höre oft von Ihnen und bin ein eifriger Leser Ihres Nachrichtenblattes ,Nacht und Tag' und Ihrer anderen Schriften. Wie Ihre Anstalten gewachsen sind! Hatten Sie damals für Hunderte von Kindern zu sorgen, so sind es heute Tausende. Ich habe auch gelesen, daß Sie beschäftigungslose Burschen nach Kanada auswandern lassen und daß es ihnen dort gut geht. Sie wären auch hier in Australien gut aufgehoben, doch wäre die Reise hierher wohl zu lang und zu teuer. Hoffentlich sind Sie selbst, lieber Herr Doktor, bei guter Gesundheit. Ich bin gewiß, daß es auf der ganzen Welt viele gibt, die wie ich jeden Tag für Sie und Ihre große Familie beten. Es ist mein sehnlicher Wunsch, Sie einmal wiederzusehen, was werden wir uns dann alles zu erzählen haben! Wahrscheinlich werde ich mich im nächsten Frühjahr verheiraten. Davon werde ich Ihnen in meinem nächsten Brief mehr schreiben. Lieschen hat mir versprochen, Ihnen selber zu schreiben, und auch Jack, der ein strammer junger Mann geworden ist, wird Ihnen einen Brief schicken. Bis dahin senden sie beide durch mich die besten Grüße. Auch ich grüße Sie herzlich. Ihr stets dankbarer Timotheus Regan. Nun?« schloß Barnardo, indem er das Briefblatt zusammenfaltete, »ist das nicht ein guter Brief? Sind unter euch auch welche, die wie Tim Regan und seine Geschwister ein neues, ein glücklicheres Leben beginnen möchten?«

Ein Murmeln ging durch die Reihen.

»Wer von euch weder Vater noch Mutter hat, soll einmal die Hand hochhalten.«

Mehr als die Hälfte der Zuhörer streckten die Hände in die Höhe.

»Wer von euch pflegt in einem Logierhaus zu schlafen?«

Es mochten hundert sein, die sich meldeten.

»Wer verdient sein Geld als Zündholzverkäufer?«

Wiederum waren es etwa hundert Hände.

»Und wer von euch ist schon im Gefängnis gewesen?«

Diesmal gingen die Hände zögernd hoch. Es waren aber noch mehr als vorhin.

»Wer von euch gerne arbeiten und wie die Geschwister Regan ein geordnetes Leben führen möchte, wer genug hat von der Straße, der soll aufstehen.«

In jeder Reihe erhoben sich ein paar und blieben stehen, und Barnardo kam in den Saal herunter, ging von einem zum andern, betrachtete sie kritischen Blicks und schickte sie dann, ein langer Zug von kleinen und größeren Burschen, in einen anstoßenden Raum, wo ihnen weitere Fragen gestellt und ihre Angaben niedergeschrieben wurden. Nicht alle, die um Aufnahme nachsuchten, hielten einer genauen Prüfung stand, manche von ihnen versuchten, durch falsche Angaben zu täuschen; aber es waren doch allemal an die zweihundert Niemandskinder, die an solchen Abenden neu in die Heime aufgenommen wurden.

In ähnlicher Weise wie die Gassenkinder wurden auch arbeitslose Dockarbeiter und alte Männer und Weiblein ins Edinburger Schloß eingeladen, um da bei Gesang und Musik der Kinder bewirtet zu werden.

Dieser ganze Betrieb, der mit jedem Tag wuchs, verschlang eine Unmenge Geld. Bis 1888, nach zweiundzwanzig Jahren also, waren es 12 653 Kinder, die Barnardo aus dem Elend der Niemandslosigkeit errettet hatte, in den zweiten elf Jahren fünfmal so viele Kinder wie in den ersten elf Jahren seiner Tätigkeit. Und nach wie vor waren es einzig und allein die ihm zufließenden freiwilligen Spenden, aus denen Barnardo die Ausgaben für seine riesige Familie bestritt. Diese Spenden, die sich zum guten Teil aus kleinen und kleinsten Beträgen zusammensetzten, hatten in den ersten elf Jahren 150 000 Pfund, in der zweiten Periode aber schon 655 000 Pfund betragen. Allein im Jahre 1888 waren 120 000 Pfund eingegangen.

Barnardo war außerordentlich findig im Erschließen neuer Einnahmequellen. Eine solche Quelle waren auch die Jahresfeste, die seit 1890 in der Albert-Hall, der größten Musikhalle Londons, durchgeführt wurden, um für das Werk zu werben und ihm weitere Mittel zuzuführen. Die dabei von den achttausend Zuschauern zusammengelegte Kollekte brachte in der Regel mehr als viertausend Pfund ein, denn unter denen, die da zusammenströmten, um sich die einzigartige Parade von Barnardos Niemandskindern nicht entgehen zu lassen, befanden sich viele hoch- und höchstgestellte Persönlichkeiten, die erkannt hatten, welche Bedeutung dem Wirken des rastlos tätigen Menschenfreundes zukam.

Diese mit größter Sorgfalt vorbereiteten Jahresfeste ließen das seltene Organisationstalent Barnardos in hellstem Lichte erscheinen. Jede Nummer wurde geübt, bis jeder der mehr als dreitausend Beteiligten genau wußte, was er zu tun und wie er sich zu verhalten hatte, um eine pausenlose Bilderfolge zu ermöglichen. Die Proben fanden im großen Saal des Edinburger Schlosses statt; hier führte Barnardo wochenlang sein strenges Regiment. Einen kleinen Stock schwingend, erteilte er der Schar seine Anweisungen, tadelte, zollte Anerkennung, schalt einen herumstehenden Helfer und lobte im nächsten Augenblick die Geschicklichkeit eines andern. Er war hier, dort und überall, ein Feuergeist und Wirbelwind, der von jedem ganzen Einsatz verlangte. Seine Mitarbeiter wußten, daß während den Proben alles andere von ihm ferngehalten werden mußte, sie hatten einfach ruhig zu sein und sich seinen Anordnungen zu fügen. Barnardo vertrug es schlecht, wenn einer ihm im Wege stand oder gar die Aufmerksamkeit der Kinder ablenkte. »Herr Blank«, rief er kopfschüttelnd einem jungen Helfer zu, dessen ungeschicktes Verhalten ihm eben aufgefallen war, »kommen Sie schleunigst zu mir auf die Bühne.«

Und während der Mann durch den Saal schritt, ergriff Barnardo die Schnur, an welcher ein Holzpferdchen befestigt war, zog das Spielzeug hinter sich her und legte dem verwundert dreinblickenden Herrn Blank die Schnur in die Hand. »Hier bleiben Sie stehen und halten die Schnur in den Händen, bis ich Ihnen sage, was Sie mit dem Pferdchen zu tun haben werden. Haben Sie mich verstanden?«

»Jawohl.«

»Sehr gut. Dann können wir ja weiterfahren.« Und er richtete das Wort wieder an die Kinder, erklärte, schwang sein Stöckchen und kümmerte sich nicht weiter um den Pechvogel von Helfer, der bis zum Schluß der Probe am Bühnenrand stand, krampfhaft die Schnur des Spielzeugpferdchens in den Händen hielt und auf weitere Anweisungen wartete, die nie erfolgten. So stand er wenigstens niemandem im Wege.

Als der Auftritt einer Gruppe von Dudelsackbläsern geübt wurde, hörte Barnardo kritisch dem Spiel der an ihm vorübermarschierenden Knaben zu. Plötzlich drehte er sich um und rief den Leiter heran. »Was ist das? Sie haben mir ja nur ein Dutzend Bläser gegeben. Das genügt nicht, ich muß zwei Dutzend haben.«

Der Leiter zuckte die Schultern und holte den Musikinstruktor, einen langen, hageren Schotten. »Wie verhält es sich damit, Sands?«

»Zwei Dutzend? Völlig ausgeschlossen«, erklärte er grob. »Niemand kann zwölf Burschen das Dudelsackpfeifen in ein paar Stunden beibringen.«

»Ob das möglich ist, interessiert mich nicht. Ich brauche einfach zwei Dutzend Bläser, verstanden?«

»Unmöglich«, beharrte der Schotte auf seinem Standpunkt.

Doch Barnardo gab nicht nach. Der Wortwechsel wurde heftiger, bis der Leiter, um ein Unheil zu verhüten, den Instruktor auf die Seite nahm und leise doch eindringlich auf ihn einzureden begann.

»Wie ist es also?« fragte Barnardo ungeduldig.

»Es wird sich machen lassen«, gab der Leiter zur Antwort.

»Dann ist es ja gut. Vorwärts also!«

Am nächsten Tag traten dann wirklich zwei Dutzend Bläser an, mit Kilts, Mützen und Dudelsäcken ausgerüstet. In vorbildlicher Haltung marschierten sie an Barnardo vorüber, mit roten Köpfen und aufgeblasenen Wangen, und ihre Finger glitten geschickt auf den Zungenpfeifen auf und nieder. Mit zwinkernden Augen schaute ihnen Barnardo zu, immer kritischer wurde sein Blick, und er neigte seinen Kopf immer weiter vor, um besser hören zu können. »Es ist so, wie ich es gewünscht habe«, meinte er schließlich, »nur überrascht es mich, daß zwei Dutzend Bläser nicht lauter spielen als ein Dutzend.« Leiter und Instruktor warfen sich flüchtige Blicke zu, enthielten sich aber jeglichen Kommentars.

Erst später vernahm Barnardo, daß jeder Bläser des zweiten Dutzends die Pfeifen seines Instrumentes mit Korkzapfen verschlossen hatte, um nicht zu verraten, daß er vom Dudelsackblasen keinen Schimmer hatte.

Und dann kam der große Tag.

Dichtgedrängt saßen die achttausend Zuschauer in der gewaltigen Halle, um staunend, bewundernd und Beifall spendend die bunten Bilder an sich vorüberziehen zu lassen. Gesang und musikalische Darbietungen wechselten ab mit Szenen aus dem Leben in den Barnardo-Heimen. In wenigen Minuten verwandelte sich die Bühne in eine Werkstatt, in der mehr als ein Dutzend verschiedener Handwerke in flottem Betrieb vorgeführt wurden. Auf ein Trompetenzeichen verstummte das Klopfen der Hämmer und das Singen der Sägen, wie ein Spuk verschwanden die jungen Handwerker mit ihrem Werkzeug, und schon beherrschten Matrosen mit ihren hölzernen Kanonen die Bühne. Eine Mädchenschar verwandelte das kriegerische Bild in eine Küche, dann kamen Näherinnen und Putzmacherinnen, deren friedliche Geschäftigkeit mit einemmal durch Feueralarm unterbrochen wurde. Und schon rasselte die durch ihre Tüchtigkeit berühmte Feuerwehr des Knabenheims mit ihren Spritzen daher und setzte durch ihre Geschicklichkeit alles in Erstaunen. Und schnell, wie sie gekommen, verschwanden die Feuerwehrleute wieder und machten kleinen Mädchen Platz, die singend unter einem aufgepflanzten, bändergeschmückten Maibaum ihre Reigenspiele aufführten. Natürlich fehlten auch die Auswanderer nicht, die, Burschen und Mädchen, in langem Zug über die Bühne marschierten und vor ihrer nahe bevorstehenden Abreise verabschiedet wurden.

Wie sehr diese Jahresfeste in der Albert-Hall schon rein als organisatorisches Meisterstück bewundert wurden, geht aus einer im Jahr 1896 erschienenen Beschreibung des Schriftstellers W. T. Stead hervor: »Überall sitzt Barnardo fest im Sattel. Einmal im Jahr schafft er 3700 Kinder aus seinen Anstalten ins Westend Londons. Unter seiner Leitung versammeln sie sich in der Albert Halle, um dem Prinzen und der Prinzessin von Wales ihre Aufwartung zu machen. Sie führen einen riesigen Bestand der verschiedensten Requisiten mit, um den Zuschauern zeigen zu können, wie sich das Leben der Barnardo-Zöglinge bei Arbeit und Spiel gestaltet. Mit bewunderungswürdigem Geschick läßt Barnardo seine Truppe ein Programm durchführen, das vier Stunden dauert und ohne Stokkung und ohne Pause abläuft. Mit gespannter Aufmerksamkeit folgt die Versammlung den Darbietungen, einer der interessantesten Schaustellungen, die London zu bieten hat. Und wer sind die Schauspieler? Lauter Kinder und Jugendliche, viele noch ganz klein, alle aber gerettete Trümmer aus einer schiffbrüchig gewordenen Menschheit, einzeln vom Mann mit der Laterne aus dem unbeschreiblichen Elend der Großstadt ans Licht geholt. Ohne Barnardos rettende Hand wären alle diese Kinder statt auf der Bühne im Armenhaus oder im Gefängnis, gestorben, oder, was noch schlimmer ist, verdorben und verkommen im Mahlstrom des Lasters. Und wenn dann diese Riesentruppe einer ergriffenen Zuschauerschar bewiesen hat, was wahre Menschenliebe vermag, ziehen sich die 3700 Schauspieler ruhig und in vorbildlicher Ordnung in ihre Heime zurück. Innerhalb weniger Stunden ist alles vorüber, die für kurze Zeit entvölkert gewesenen Anstalten sind wieder erfüllt von pulsierendem Leben, kein einziges Kind ist verlorengegangen, nicht eines hat auch nur seinen Platz verfehlt. Nur wer schon einmal eine Gruppe von zwanzig Mädchen und Buben von der Peripherie in das Zentrum Londons zu führen hatte, kann ermessen, was der Marsch der 3700 nach und von der Albert-Halle bedeutet!«

Neue Sorgen — schweres Leid

Und doch gab es solche, denen diese Jahresfeste in der Albert-Hall eher ein Ärgernis denn eine Freude bedeuteten; es waren jene, die vor solch überdimensionierten Veranstaltungen ein nicht geringeres Grauen empfanden als vor dem unaufhaltsamen Anwachsen von Barnardos Werk, ganz einfach, weil sie fürchteten, daß ein Werk von diesen Ausmaßen nicht mehr überblickbar sei und es so früher oder später zu einem Ende mit Schrecken kommen müsse. Für sie waren die Jahresfeste mit ihrem Tamtam nichts anderes als ein gewaltiges Werben um die Gunst einflußreicher Kreise. Hatte das aber noch etwas mit jenem Glauben zu tun, aus dem heraus vor einem Vierteljahrhundert das Werk ganz bescheiden begonnen worden war?

Immer mehr wurden solch kritische, ja mißmutige Stimmen auch innerhalb des Komitees laut, doch mit Barnardo war nicht zu reden. Der wollte nichts von Trense und Zügel wissen und bäumte sich auf, wenn von weisem Maßhalten und vernünftigen Einschränkungen gesprochen wurde.

»Der Ausdehnung des Werkes scheinen überhaupt keine Grenzen gesetzt zu sein«, beklagte sich eines der Mitglieder in einem Schreiben an den Präsidenten,

Lord Kinnaird. »Jedes Jahr werden Hunderte von Kindern zusätzlich aufgenommen. Gerade das, worauf Barnardo so stolz ist, sein Grundsatz, keinem völlig hilflosen Kinde die Aufnahme zu verweigern, wird zum Untergang des Werkes führen. Nach meiner Ansicht gibt es nur zwei Möglichkeiten, um die drohende Katastrophe zu verhindern: jede weitere Vergrößerung zu untersagen, bis die Schuldenlast ganz oder doch zum größten Teil getilgt ist, oder aber den Begriff ‚völliger Hilflosigkeit' enger zu umgrenzen.«

Im März 1893 kam es zwischen Barnardo und dem Komitee zu einer stürmischen Aussprache, in deren Verlauf Barnardo vorgeworfen wurde, er setze sich in Widerspruch mit dem Willen Gottes. »Wohl stellen die Gebäude für die Mission ein Vermögen dar. Aber sie sind mit Hypotheken belastet, deren Verzinsung gewaltige Summen verschlingt, so daß trotz der steigenden Einnahmen die Verschuldung immer größer wird. Was aber, wenn zufolge einer finanziellen Depression die Einnahmen zurückgehen sollten?«

Es wurde beschlossen, die Aufnahme auf die dringendsten Notfälle zu beschränken, die Zahl der in Familienpflege gegebenen Kinder ganz wesentlich herabzusetzen, jeden Monat tausend Pfund der Einnahmen zur Schuldentilgung zu verwenden und für Barnardo eine Lebensversicherung in Höhe von 20 000 Pfund abzuschließen.

Doch Barnardo war nicht der Mann, der sich Beschlüssen solcher Art ohne weiteres beugte. Die Versicherung schloß er ab, dann aber wandte er sich in seiner Zeitschrift »Nacht und Tag« an seine Helfergemeinde, um ihr seine Not darzulegen. »Wenn ich gezwungen werde, die Forderungen meines Komitees anzunehmen, dann wird das mein Leben mehr abkürzen als alles, was mich bisher getroffen hat. Die in Aussicht genommenen Maßnahmen zwingen mich, dem Auftrag gegenüber untreu zu werden, der mir vor 27 Jahren gegeben wurde, als ich zum erstenmal die Stimme Christi vernahm, die mir befahl, die Lämmer seiner Herde zu weiden. Ich gebe in meiner Arbeit willig viele Fehler und Irrtümer zu, doch wird niemand bestreiten können, daß das Werk wunderbar gewachsen ist, weit hinaus über meine Erwartungen und Vorstellungen. Ob es seine Grenzen bereits erreicht hat, kann ich nicht sagen, denn ich bin nichts anderes und wollte nie etwas anderes sein als ein Werkzeug in Gottes Hand. Nie ist eine Vergrößerung des Werkes versucht oder ausgeführt worden, ohne aufrichtiges Warten auf Gott. Es war einzig mein Glaube, der mich in die Lage versetzte, Lasten zu tragen, die sonst unerträglich gewesen wären.«

Doch die Aufrufe, so dringend sie waren, hatten nicht den gewünschten Erfolg, so daß sich Barnardo gewissen Sparmaßnahmen nicht länger widersetzen konnte. So wurde nach fünfundzwanzigjähriger, segensreicher Tätigkeit das Diakonissenhaus geschlossen, die Zahl der in Familien untergebrachten Zöglinge herabgesetzt und wenigstens zeitweilig das Erscheinen der verschiedenen Mitteilungsblätter eingestellt. Wehen Herzens mußte Barnardo das alles geschehen lassen. »Hätte ich noch den ungeschwächten Eifer früherer Tage«, klagte er. »Manchmal fühle ich mich schrecklich einsam. Alle meine alten Freunde und Berater sind dahingegangen.«

Aber auch noch Sorgen anderer Art überschatteten seine Arbeit. Die Briefe und Drohungen seiner Neider nahm er nicht weiter tragisch. Die neuerliche Pressehetze, die von der »Truth« gegen ihn geführt wurde, vermochte ihm nicht ernsthaft zu schaden, ja, die Gehässigkeit der seine Person verunglimpfenden Artikel trieben manchen, der sich vorher nicht für Barnardo interessiert hatte, in das Lager seiner Helfer. Was ihm jedoch arg zusetzte, das waren die Prozesse, in die er mehr und mehr verwickelt wurde. Immer häufiger kam es vor, daß er, seinem Grundsatz entsprechend, ein Kind aus größtem Elend in eines seiner Heime aufnahm und daß dann nach Monaten, oft nach Jahren, das Kind zurückgefordert wurde, um es aus den Händen des »grausamen Menschenfreundes« zu erretten.

Den elfjährigen Harry Gossage hatte Barnardo am 17. September 1888 in seine große Familie aufgenommen. Er war von seiner Mutter, einer sittlich verkommenen, völlig dem Trunke verfallenen Person aus Leamington, für wenige Schillinge an zwei italienische Drehorgelmänner verkauft worden. Den Erlös vertrank sie noch in der gleichen Nacht mit Harrys künftigen Pflegern, die dann den Burschen mit sich im Lande herumschleppten, für sich betteln ließen und ihn schließlich in Folkestone aussetzten, weil er sich als zu schwach erwiesen hatte, für sie die Orgel zu tragen. Nachdem er ein paar Tage herrenlos umhergeirrt war, griff ihn ein Geistlicher auf und lieferte ihn in Barnardos Knabenheim in London ab. Der Fall wurde geprüft, und am 28. September fragte Barnardo Harrys Mutter schriftlich an, was mit dem Jungen zu geschehen habe. Postwendend kam ihr Bescheid, daß sie glücklich wäre, wenn Harry in Barnardos Heim aufgenommen werden könnte, da es ihr nicht möglich sei, für ihn zu sorgen. Am 9. November stellte man ihr ein Aufnahmegesuch zu, das sie in Gegenwart zweier Zeugen unterzeichnen und nachher Barnardo zurücksenden sollte. Dieses Gesuch enthielt auch eine Klausel, wonach Barnardo ermächtigt war, den Knaben unter Umständen auswandern zu lassen. Harry Gossage hatte nämlich zwei Brüder, die durch Vermittlung eines Herrn in Leamington nach Kanada gesandt worden waren, wo es ihnen gut ging. Nun träumte Harry davon, seinen Brüdern bei Gelegenheit nachfolgen zu dürfen.

Aber das Dokument wurde von Frau Gossage nicht zurückgesandt.

Kurze Zeit darauf meldete sich ein gewisser William Norton aus Kanada bei Barnardo und erklärte, daß er in einer Woche England verlasse und nach Kanada zurückkehren werde. Er sei bereit, einen Barnardo-Jungen mit sich hinüberzunehmen, um fürderhin für ihn zu sorgen. Unter den sechs Burschen, die Barnardo bei Herrn Norton vorbeischickte, befand sich auch Harry Gossage. Norton entschied sich für ihn. Und Barnardo ließ ihn ziehen, überzeugt, daß Harry im Begriffe stand, sein Glück zu machen.

Doch schon wenige Tage später traf in Stepney ein von einem Alfred Newdigate unterzeichneter Brief ein, es sei der Wunsch und Wille der Frau Gossage, daß Harry unverzüglich entlassen werde, damit er in ein katholisches Heim übersiedeln könne. Ganz zweifellos war hier nicht Frau Gossage, sondern die hinter ihr stehende römische Kirche die treibende Kraft. Barnardo mußte erklären, daß sich der Junge nicht mehr in seiner Gewalt befinde und er so der Aufforderung auf dessen Herausgabe nicht nachkommen könne. Er wurde wegen Kindesraub angeklagt und mußte nach dem Buchstaben des Gesetzes, das damals den Eltern noch das absolute Verfügungsrecht über ihre Kinder zusicherte, verurteilt werden. Allerdings ließ Oberrichter Coleridge sofort nach Schluß der Sitzung Barnardo einen größeren Betrag zugehen, um ihm zu beweisen, daß er mit dem Herzen auf seiner Seite stand.

Derartige Vorkommnisse ließen Barnardo in der Aufnahme von Kindern vorsichtiger werden. Bisher war für ihn die völlige Hilflosigkeit des Kindes ausschlaggebend gewesen, so daß sich in seinen, in protestantischem Geiste geführten Heimen auch zahlreiche Heiden, Freidenker, Juden und Katholiken befanden. Von nun an wurde vor der Aufnahme mit aller Deutlichkeit auf den protestantischen Charakter der Anstalt hingewiesen. »Ihr Kind wird bei uns keinen katholischen Gottesdienst besuchen dürfen.«

»Was kümmert uns das! Unsere Priester haben nichts für uns getan. Alles ist besser als unser jetziges Leben. Erbarmen Sie sich des Kindes um Gottes willen!«

Doch was bedeuteten solche Erklärungen, wenn dann später, etwa in Zeiten der Krankheit, der Priester die Absolution davon abhängig machte, daß zuvor das Kind aus Barnardos Händen errettet werde! Barnardo versuchte, mit Kardinal Manning, dem Oberhaupt der römischen Katholiken in England, zu verhandeln, eine Verständigung war jedoch erst mit Mannings Nachfolger, dem Erzbischof Kardinal Vaughan, möglich. Es wurde vereinbart, daß Barnardo jedes bei ihm um Aufnahme nachsuchende katholische Kind bei der erzbischöflichen Kanzlei melden solle. Ein eventueller Einspruch habe innerhalb vierzehn Tagen zu erfolgen. Sei eine Aufnahme einmal erfolgt, dann solle ein etwaiger Versuch um Rückforderung des Kindes von kirchlicher Seite keine Unterstützung mehr erfahren. Diese Abmachung wurde auf beiden Seiten strikt und ehrlich eingehalten, so daß es wenigstens auf diesem Gebiete zu keinerlei Schwierigkeiten mehr kam.

Ähnliche Anfeindungen hatte Barnardo übrigens auch von der Staatskirche her zu erdulden.

Aber all diese Zwistigkeiten und die sich daraus ergebenden Gerichtsverhandlungen, deren Berichte von der Öffentlichkeit mit großem Interesse gelesen wurden, hatten doch ein Gutes: sie trugen wesentlich zur endlichen Einführung des Kinderschutzgesetzes bei, das den Eltern die absolute Verfügungsgewalt über ihre Kinder absprach. Da wohl niemand so häufig wie Barnardo in die Lage kam, es anzurufen, wurde es bald im Volke das »Barnardo-Hilfsgesetz« genannt. Es sind 76 Fälle bekannt, in denen auf Grund dieses Gesetzes die gegen Barnardo erhobenen Anklagen abgewiesen werden konnten.

Auch in Kanada wurde sein Werk immer wieder verdächtigt und angegriffen. Als im Herbst 1893 in Manitoba ein vierzehnjähriger Junge des Mordes angeklagt wurde, da verkündeten die Zeitungen im ganzen Land in großer Aufmachung: »Mordtat eines Barnardojungen!« Und wieder wurde Barnardo mit Vorwürfen überhäuft, er lade den Auswurf der englischen Slums auf die friedlichen Gefilde Kanadas ab, welch schändlichem Treiben endlich Einhalt geboten werden müsse. Aber die Zeitungen taten nichts zu Barnardos Rechtfertigung, als sich dann herausstellte, daß der junge Mörder ein Kanadier war, mit dem Barnardo überhaupt nie etwas zu tun gehabt hatte.

Wenig später wurde ein anderer Bursche des Diebstahls überführt. Natürlich hieß es auch hier sofort, es handle sich um einen Barnardojungen. Barnardo mußte alles in Bewegung setzen, bis sich endlich der Redakteur einer Zeitung in Toronto bereit erklärte, seinen Lesern mitzuteilen, daß die Behauptung, der Dieb sei ein Barnardojunge, völlig aus der Luft gegriffen sei. Diese Vorkommnisse veranlaßten Barnardo, eine Statistik über die Kriminalität seiner Auswanderer aufzustellen. Sie ergab, daß von allen seinen Auswanderern nicht einmal ein Prozent mit den Gerichten zu tun bekommen hatte, daß also die Barnardojungen, die immer wieder als Sündenböcke herhalten mußten, vierzehnmal günstiger dastanden als die kanadische Bevölkerung.

Zu all diesen Sorgen und Kämpfen kam auch viel Leid, das Barnardo ganz persönlich traf. Seine Ehe war mit sieben Kindern, fünf Knaben und zwei Mädchen, gesegnet worden. Aber drei von ihnen, die Söhne Herbert, Kenward und Thomas, wurden ihm in blühendem Alter durch den Tod entrissen. Zwei von ihnen fielen der Diphteritis zum Opfer. In einem Artikel in seiner Zeitschrift »Nacht und Tag«, den er als Antwort auf die vielen Beileidschreiben erscheinen ließ, die ihm beim Tode seines neunjährigen, musikalisch begabten Knaben Herbert zugegangen waren, schrieb er: »Der Verlust, der mich betroffen hat, bestärkt mich in meinem Entschluß, nun erst recht meine ganze Kraft in den Dienst der Kinderrettungsarbeit zu stellen. Als mein liebes Kind röchelnd in meinen Armen lag und ich auf sein schmales Gesichtchen niederblickte, das schon im Tode erkaltete, da sah ich in ihm Hunderte von andern Kindergesichtern, und aus dem erlöschenden Licht seiner lieben Augen schauten mich die Augen anderer Kinder ernst und mahnend an. In diesem Augenblick habe ich gelobt, mein Werk nie zu verlassen, und Gott wird mir beistehen, es zu seiner Ehre weiterzuführen.«

Der nicht viel später erfolgte Tod Kenwards im Jahre 1890 ging ihm besonders nahe. »Mein Gott, warum mußte das sein?« haderte er. Gerade von Kennies außergewöhnlichen Geistesgaben hatte er so viel erhofft. Und nun hatte der Tod mit kalter Hand dieses junge Leben vernichtet und damit alle schönen Hoffnungen zerstört. Warum? Warum ließ Gott es zu, daß eine Knospe geknickt wurde, ehe sie sich zur Blüte hatte entfalten können?

Als sich beim Begräbnis im Bow Cemetery der Trauerzug mit dem über und über mit Blumen bedeckten Sarg Kennies dem Grabe näherte, kam ihm der Sarg eines armen Kindes entgegen, auf dem nicht eine einzige Blume lag. Sofort nahm Barnardo vom Sarge Kennies zwei Kränze, trat zu den Eltern hin, die abgehärmt und mit leerem Blick als einzige Leidtragende dem kahlen Särglein ihres Kindes folgten, und streckte ihnen mit fast bittender Gebärde die Kränze entgegen: »Diese Blumen — nehmen Sie sie, sie sind von meinem Knaben für Ihr Kind.«

Wenig später, als sich Barnardo für kurze Zeit mit seiner Familie auf dem Lande aufhielt, besuchte seine Frau mit den Kindern am Sonntagabend den Gottesdienst in der Kirche. Barnardo, der sich noch immer nicht hatte unterwerfen können, brachte es nicht über sich, sie zu begleiten. Ruhelos ging er unterdessen auf dem Kirchhof umher, die Namen auf den Steinen und Kreuzen lesend. Plötzlich blieb er vor einem Kindergrab stehen; das Wort, auf das sein Blick gefallen war, traf ihn in tiefster Seele: »Weggerafft vor dem Unglück.«

Weggerafft vor dem Unglück? Galt das für ihn? Sollte das Gottes endliche Antwort sein? Weggerafft vor dem Unglück.

Tief atmete Barnardo und richtete den Blick empor. Vom bleichen Abendhimmel grüßten ihn die ersten Sterne. Und er spürte, wie eine Last von ihm wich, die ihn gelähmt und verdüstert, wie es wieder hell wurde, da er die Hand Gottes wieder gefunden, die er in seinem Schmerz und Groll losgelassen hatte. Weggerafft vor dem Unglück. So hatte Gott das Kind aus lauter Liebe zu sich genommen, um es vor Unglück zu bewahren. Und ihn selber hatte er einmal mehr mit seinen Augen geleitet und dieses Kreuz finden lassen, damit er den Sinn der Prüfung verstehe.

Die jungen Helfer

Bis um 21 Uhr hatte Barnardo ununterbrochen diktiert. Seiner Gewohnheit entsprechend war er dabei im Zimmer auf und ab gegangen, ausdrucksvolle Wendungen mit entsprechenden Gesten begleitend. Nun wurden die Stenogramme zur Reinschrift in den Schreibmaschinenraum gebracht. Die Zeit, die ihm blieb, bis ihm die Briefe zur Unterschrift vorgelegt wurden, benützte er, um eine Tasse Tee zu trinken und einen an ihn persönlich gerichteten Brief zu beantworten.

»Bedenke, liebes Mädchen«, schrieb er, »bedenke, daß wir immer wieder in Versuchung geführt werden. Es ist natürlich leicht für dich, deine gegenwärtige Stelle zu verlassen und eine andere anzunehmen. Aber glaube mir, daß du damit den Schwierigkeiten nicht ausweichen kannst. Schwierigkeiten wirst du auch dort überwinden müssen, denn immer wieder werden wir in Schwierigkeiten hineingeführt. Wir bedürfen ihrer, damit wir uns bewähren können. Wenn es dir gelingt, auszuharren, dich selber zu besiegen, dann hast du den schwersten Kampf, den wir im Leben zu bestehen haben, gewonnen, dann wirst du bei nächster Gelegenheit nur um so erfolgreicher sein.«

Hier legte er die Feder nieder, sah gedankenvoll über die auf seinem Schreibtisch aufgetürmten Papierberge, und rief dann plötzlich nach seinem Sekretär: »Eben ist mir ein Gedanke gekommen. Es tut mir leid, wir müssen heute abend ein paar weitere Briefe schreiben, sehr wichtige Briefe, wichtiger als alles andere, was ich Ihnen diktiert habe. Suchen Sie doch bitte noch die Personalien der beiden verkrüppelten Mädchen und des blinden Knaben hervor, die wir heute aufgenommen haben.«

Als die Zeiger auf 23.40 Uhr gingen, öffnete er seinen kleinen, ledernen Koffer, den er immer mit sich herumtrug, raffte die noch unerledigten Briefschaften zusammen, wickelte eine Schnur darum und warf das Bündel in den Koffer: »Das werde ich morgen früh in Ordnung bringen.« Dann stürmte er in seinen Privatraum hinüber, rief dem Sekretär, ihm zu folgen, und erteilte ihm Instruktionen, während er Hände und Gesicht in kaltes Wasser tauchte und dann mit einem Frottiertuch trocken rieb. Selbst als er die Treppe hinuntereilte, rief er dem Mann noch Aufträge zu.

Hinten im Hof stand seine zweirädrige Kutsche bereit. Peer half ihm, hineinzuklettern, und fort ging es ohne Verzug, um den letzten Zug nach Surbiton noch zu erreichen, wo nun Barnardo das kleine Landhaus St. Leonard's Lodge an der Themse bewohnte. Hätte er den Zug verfehlt, dann wäre er – nicht zum erstenmal – mit Peer nach Stepney zurückgefahren. Doch die Zeit reichte noch, und um 1 Uhr früh langte Barnardo daheim an. Noch viel zu angeregt, um schon schlafen zu können, begab er sich vorerst in sein Arbeitszimmer. Wie lieb von Syrie, daß sie noch für

Feuer im Kamin gesorgt hatte. Er wollte noch ein wenig lesen. Der Umgang mit den viertausend Bänden seiner Bibliothek war die einzige Erholung, die er sich gönnte. Er griff nach einem Buch, schob den Lehnstuhl ans Feuer und machte es sich bequem.

Doch Wärme und Müdigkeit ließen ihn bald über der Lektüre einschlafen. Er war auch nicht recht bei der Sache gewesen, immer waren seine Gedanken abgeschweift, hatte er darüber nachgesonnen, wie er weitere Geldquellen erschließen könnte.

Im Lehnstuhl schlafend, hatte er einen seltsamen Traum.

Er ging dem Ufer eines reißenden Stromes entlang, als plötzlich Hilferufe an sein Ohr schlugen. Er wandte sich um und sah zu seinem Schrecken einen ins Wasser gefallenen Knaben dahintreiben. Da er im Traume wußte, selber nicht schwimmen zu können, rannte er am Ufer hin, bis er den Knaben überholt hatte, warf sich dann nieder und streckte die Arme aus, um den Unglücklichen zu ergreifen. Doch zu seinem Entsetzen war die Entfernung zu groß. Der Knabe trieb an ihm vorüber. Barnardo erhob sich und rannte weiter. Da gewahrte er vor sich ein paar fröhlich spielende Kinder, rief ihnen zu, beugte sich noch einmal über das Wasser, um den Ertrinkenden zu fassen, und hörte in diesem Augenblick hinter sich die Stimme eines der herbeigeeilten Kinder: »Fürchten Sie sich nicht, wir werden Sie halten!« Sie bildeten eine Kette, und das vorderste hielt Barnardo an seinen Füßen und Kleidern fest, so daß er sich nun weit genug hinausstrecken konnte, um den Knaben zu packen und ans Land zu ziehen.

Mit einem Freudenschrei wachte Barnardo auf.

Wie lebhaft er geträumt hatte! Aber war das nur ein Traum gewesen? War es nicht wie damals vor vielen Jahren, als er schlafend die kleinen Häuser des Mädchendorfes vorausgeschaut hatte? Hatte nicht auch sein heutiger Traum einen Sinn? Ihm allein wäre es unmöglich gewesen, den ertrinkenden Knaben zu retten. Erst durch die Hilfe der spielenden Kinder war es ihm möglich geworden.

Weshalb sollte er nicht die Jugend, die gesund war und in geordneten Verhältnissen aufwachsen durfte, zu einer Hilfstruppe zusammenschließen, um mit ihr arme, unglückliche und kranke Kinder aus ihrem Elend zu erretten? Ein herrlicher Gedanke, der Jugend durch Jugend helfen zu lassen! Ja, ein solcher Junghelferbund mußte gegründet werden.

Und der Gedanke zündete. Tausende von Kindern meldeten sich, als Barnardo sie aufrief. Am Ende des ersten Jahres gehörten dem Junghelferbund bereits 12 476 Mitglieder an, und die Summe, die sie zusammengelegt hatten, betrug 2186 Pfund. Damit konnten 23 Krankenhauspatienten während eines ganzen Jahres verpflegt und verköstigt werden.

Doch die Jugend half auch auf andere Weise. Sie beteiligte sich an Straßensammlungen, sie trug Aufrufe in die Häuser und holte nach ein paar Tagen die Spenden ab. »Mit 140 Pfund kannst du meine große Familie einen Tag lang verköstigen, mit 16 Pfund ein gesundes Kind ein ganzes Jahr mit allem versorgen, wessen es bedarf, und mit 10 Pfund ein Kind nach Kanada auswandern lassen, damit es dort ein glücklicher Mensch werden kann. Willst du nicht helfen?«

»Beten und auf Gott harren und sich nicht an die

Menschen um Hilfe wenden, mag ein Glaubensbeweis sein«, versuchte er sein Vorgehen, das von vielen mißbilligt wurde, zu rechtfertigen. »Beten und auf Gott harren und die Menschen um Hilfe angehen ist jedoch nicht unbedingt ein Zeichen von Kleingläubigkeit, es kann, wie in meinem Fall, aus einem tiefen Verantwortlichkeitsgefühl heraus geschehen. Und überdies habe ich immer wieder erfahren dürfen, daß meine Aufrufe nicht nur viel zur Linderung der Not meiner Schutzbefohlenen beigetragen, sondern auch die Spender zu glücklicheren Menschen gemacht haben, indem ich sie dazu brachte, zum erstenmal in ihrem Leben mit ihrem Gelde Gott zu ehren.«

Aber auch Barnardos junge Musikanten halfen mit, die zur Aufrechterhaltung des Werkes erforderlichen Mittel zu beschaffen. Sie führten in verschiedenen Gegenden der Stadt, aber auch auswärts, Konzerte durch, die sich großer Beliebtheit erfreuten. Wo die Burschen sich hören ließen, da flogen ihnen die Herzen zu, und gerne unterstützte man durch eine Spende ihre Sache.

Hatte Barnardo früher selber Vortragsreisen unternommen, um auch in andern Städten für sein Werk zu werben, so nahm ihn die Verwaltung und Führung seiner Heime mit den Jahren dermaßen in Anspruch, daß er diese Tätigkeit andern überlassen mußte. Er stellte besondere Wanderredner an, die zum Teil nebenamtlich, zum Teil im Hauptamt der Sache dienten. In den Jahren 1891/92 zog einer dieser Sendboten während sechzehn Monaten mit einer von Barnardos Knabenkapellen predigend und musizierend durch Australien und brachte den schönen Ertrag von 10 000 Pfund mit nach Hause. Ein anderer Prediger bereiste auf gleiche Weise und mit nicht geringerem Erfolg die Staaten und Kanada.

Es waren mancherlei und verschiedenartige Brünnlein, aus denen dem Werk das lebenerhaltende Naß zufloß. Auf nicht alltägliche Weise kam der Betrag zusammen, mit dem Fräulein Robertson von Kenilworth die Barnardoheime unterstützte. Begeistert für das, was Barnardo für die verlassenen Kinder tat, beschloß sie, einen weiteren Kreis von Helfern zu mobilisieren. So schrieb sie denn an drei Bekannte und bat einen jeden von ihnen, ihr doch als Spende für die Barnardoheime drei Pennymarken zu schicken, gleichzeitig ihren Brief abzuschreiben, mit dem gleichen Gesuch an drei weitere Personen zu gelangen und so einen Kettenbrief in Bewegung zu setzen. Ihre drei ersten Briefe hatte sie am 3. Februar der Post übergeben. Zuerst gingen die Antworten nur spärlich ein, doch der einmal ins Rollen gebrachte Schneeball vergrößerte sich rasch, so daß schon nach einigen Monaten die für Fräulein Robertson einlaufenden Briefe in Säcke abgefüllt und schließlich für sie ein besonderer Postangestellter beschäftigt werden mußte. Am 16. Dezember war mit 2300 Briefen der Höhepunkt erreicht. Die Antworten kamen aus der ganzen Welt, aus dem Buckingham-Palast wie aus der kleinsten Hütte. Im zweiten Jahr ging die Zahl der Antworten etwas zurück, doch rollte der Schneeball immerzu weiter, bald schneller, bald langsamer, ein paar Jahre lang, bis sich ihm Barnardo schließlich entgegenstellte und sowohl in seiner Zeitschrift »Nacht und Tag« wie in der Tagespresse Aufrufe erscheinen ließ, den Brief nicht mehr weiterzugeben und so den Schneeball endlich aufzuhalten.

»Nie wieder«, seufzte Fräulein Robertson, als die sie bedrängenden Geister endlich gebannt waren, die sie in ihrer Begeisterung gerufen hatte. Immerhin, der Schneeball hatte dem Werk Barnardos nicht weniger als 8000 Pfund eingebracht.

Doch die Freunde spendeten nicht nur Geld. Dreimal wurden ihm Hunde ins Haus geschickt: ein junger Setter, ein Foxterrier und ein Bernhardiner; sie wurden an Freunde weitergegeben. Fraglos die seltsamste Spende, die ihn erreichte, war der elfenbeinerne Thronsessel, der in jahrelanger Arbeit für Theebaw, den König von Burma, geschnitzt worden war. Doch ehe der Stuhl hatte abgeliefert werden können, war König Theebaw aus der Geschichte seines Landes verschwunden, so daß der Thron, für den man nun keine Verwendung mehr hatte, an Barnardo nach Stepney gesandt wurde. Allein der Wert des Elfenbeins betrug 100 Pfund, der fertige Stuhl wurde auf 500 Pfund geschätzt. Weitere merkwürdige Gaben waren hundert Goldkörner aus Terra del Fuego, deren Spender zehn verschiedenen Nationalitäten angehörten, vierzig antike Terrakottalampen aus dem Tempel der Diana von Ephesus, eine Schachtel Perlen aus Westaustralien, eine härene Keule, künstliche Zähne, und, an einem nebligen und trostlosen Novembertag, ein Sonnenstrahl aus Aberdeen.

Gott hebt mahnend seinen Finger

»Nein, Marjorie, du darfst ihn jetzt nicht stören, er hat für morgen noch so viel vorzubereiten.«

Das Mädchen ließ Arme und Kopf hängen. »Aber allein werde ich mit Rag einfach nicht fertig. Er sollte morgen doch unbedingt sauber sein.«

»Dann nimmst du den Hund eben nicht mit nach Ilford«, bestimmte Frau Barnardo. »Geh jetzt und mach keinen Lärm, damit Dad ungestört arbeiten kann.«

Doch da trat Barnardo, der durchs offene Fenster das Gespräch zwischen seiner Frau und dem Töchterchen mitangehört hatte, auch schon herzu. »Nun, was ist denn mit Rag, Marjorie?«

»Ach, Dad, ich wollte ihn waschen, weil er doch so häßlich aussieht; aber du weißt, er ist wasserscheu und geht mir immer wieder durch. Allein werde ich ihm unmöglich Meister.«

»Dann wird mir eben doch nichts anderes übrig bleiben, als einzuspringen und meine andere Arbeit so lange liegen zu lassen.«

»Tom«, mahnte ihn seine Frau mit leisem Vorwurf. »Das ist doch nicht so wichtig, und du hast so viel zu tun —«

»Laß schon, Syrie, vielleicht schadet es mir gar nichts, wenn ich mich zwischendurch einmal auslüften lasse, und dann ist Rag ja schließlich unser Hausgenosse und hat so ein Anrecht darauf, auch einmal gebadet zu werden.«

Das Wasserbecken stand schon im Rasen bereit, und nach einigen Fehlschlägen gelang es auch, Rag einzufangen. Barnardo übernahm es, den winselnden und schrecklich sich sträubenden Terrier zu halten, damit er ordentlich eingeseift und gefegt werden konnte.

Möglicherweise hätte sich Barnardo nicht so rasch zu diesem Dienst bereit erklärt, wenn ihm die Arbeit am Schreibtisch rascher von der Hand gegangen wäre. Aber er fühlte sich nicht wohl, schon den ganzen Morgen waren seine Glieder wie zerschlagen und sein Kopf benommen gewesen. Ach, diese Müdigkeit! Er war froh, als Marjorie ihr Geschäft endlich besorgt hatte und er Rag freigeben durfte. Er hätte es kaum ausgehalten, noch länger an der Sonne zu stehen. So richtete er sich auf, sah dem Hündchen noch nach, wie es wie toll davonjagte und einen ganzen Sprühregen aus dem nassen Fell schüttelte. Dann ging Barnardo hinein und setzte sich an den Arbeitstisch. Und plötzlich begann alles um ihn her zu schwanken, sich zu drehen, kalter Schweiß brach ihm aus der Stirn, und krampfhaft hielt er sich an den Armlehnen seines Sessels fest. Und dann kam jener unheimliche, würgende Griff nach seinem Herzen, daß er glaubte, ersticken zu müssen. »O Gott, o Gott«, stammelte er. War das das Ende? Starb man so? Er rang nach Atem, stöhnte und röchelte, doch die unbarmherzige Hand ließ nicht locker. Syrie, wäre doch Syrie bei ihm gewesen! Aber es war ihm unmöglich, ihr zu rufen. Da sah er im Chaos der durcheinanderwirbelnden Lichter und Schatten, in das er gerissen war, in sekundenschnell aufleuchtenden Bildern die sonnenbeschienene Klippe in Sussex, über der er mit ihr gesessen und hinuntergeschaut hatte in die ewige Brandung des Meeres. Damals, vor langer, langer Zeit. Und doch, wie schnell war sie vorübergegangen. »Syrie, geliebte Syrie.« Ließ da der Schmerz nicht nach, erlahmte nicht der Griff der grausamen Hand? Luft strömte wieder in seine Lungen, da sah er wieder den Schreibtisch, die Papierberge darauf, dahinter das geöffnete Fenster, den Rasen und die hohen grünen Bäume, deren Blätter im leisen Sommerwind zitterten.

Der Anfall war vorüber. Barnardo ahnte, was er von ihm zu halten hatte. Er war ja selber Mediziner. Es war unverantwortlich, was er sich all die Jahre hindurch zugemutet hatte. Das war Raubbau gewesen, den auf die Dauer keiner aushielt. Er wußte es. Eine Kerze, die an beiden Enden angezündet wird, verbrennt rasch. Nun war er gewarnt. Gott hatte mahnend seinen Finger erhoben.

Er würde Syrie nichts sagen, um sie nicht zu erschrecken. Aber Milne sollte ihn gründlich untersuchen, ihm würde er sich anvertrauen. Es war ja so viel zu tun. Seine Kinder, seine vielen Kinder, sie hatten ihn doch noch notwendig.

Dr. Milne machte ein bekümmertes Gesicht. »Natürlich ist es das Herz. Es mußte so kommen.«

»Und, was raten Sie?«

»Was auch Sie als Arzt jedem Patienten in Ihrem Zustand raten würden: Aussetzen, unbedingte Ruhe.

Sonst werden sich die Anfälle wiederholen, bis es dann einmal — na, Sie wissen ja Bescheid, bis es dann einmal der letzte ist.«

»Keiner weiß, wann ihm die Stunde schlägt.«

»Nein, das weiß keiner. Aber bei Ihrer Konstitution können Sie gut mit noch zwanzig Jahren rechnen. Vorausgesetzt, daß Sie vernünftig sind. Sie haben es in der Hand, Sie können nun selber Schicksal spielen.«

»Aussetzen? Gut, ich werde mich fügen. Ich werde mit Syrie nach Sussex fahren. Ich weiß dort ein kleines Haus, ganz hinter Blumen verborgen: Fuchsien, Stockrosen und Glockenblumen. Dort will ich mich ausruhen und mein Herz wieder zur Vernunft bringen. Zwanzig Jahre möchte ich noch arbeiten können. Diese Aussicht ist wohl das Opfer wert, vorübergehend fahnenflüchtig zu werden und alles den andern zu überlassen.«

Und Barnardo führte den einmal gefaßten Entschluß auch wirklich aus. Der Schatten, der sich hinter ihn gestellt hatte, Gottes mahnender Finger, hatte Eindruck auf ihn gemacht. Da ihm der Ostwind in Kehlkopf und Lunge Beschwerden verursachte, forderte Milne einen vollständigen Luftwechsel und riet zu einem Aufenthalt an der französischen Riviera. Obschon Barnardo am Grundsatz festhielt, seinen Ärzten nur dann zu gehorchen, wenn es ihm paßte, sonst aber unter Umständen das Gegenteil zu tun, beugte er sich diesmal und trat die Reise an. Aber mit seinem Herzen blieb er daheim. Wie herrlich die Gegend auch war, und wie sehr der fast tropische Pflanzenwuchs ihn entzückte, es fiel ihm, dem Betriebsamen, schwer, es all den Müßiggängern gleichzutun, deren Lebenszweck darin zu bestehen schien, an der Sonne herumzuliegen und sich von ihr wärmen zu lassen.

Schon in den ersten Tagen seines Aufenthaltes im sonnigen Süden schrieb er seinem jüngsten Knaben Cyril, der nun auch die Schule besuchte, einen Brief: »Mein lieber Sohn, ich hoffe, Du wirst im laufenden Trimester sehr gut arbeiten. Alles, was Du tust, beim Spiel und in der Arbeit, mußt Du mit ganzem Herzen tun. Es gibt junge Leute, die sich wohl für Fußball, für Krickett und Radfahren begeistern können, denen jedoch ihre Arbeit gleichgültig ist. Sie werden es nie zu etwas bringen. Laß Dich nicht dazu verleiten, zu werden wie sie.

Vor allem, mein lieber Junge, ist es verabscheuungswürdig, zu lügen, einen andern an Deiner Stelle beschuldigen zu lassen, die Unwissenheit eines Kameraden auszunützen, etwas, das nicht Dir gehört, zu nehmen, und wäre es auch nur eine Briefmarke, ein Bleistift oder ein Knopf. Bleibe ehrlich, Cyril, und gehe immer den geraden Weg. Sag stets die Wahrheit, nichts als die Wahrheit, bei jeder Gelegenheit. Halte Dein Herz und Deine Gedanken rein. Höre nie zu, wenn Dir einer Deiner Kameraden gemeine Dinge sagen will. Schau keinem zu, der schmutzige Dinge tut. Verunreinige nicht mit unanständigen Reden Deinen Mund, den Deine Mutter geküßt hat. Denke stets daran, daß Du mein Junge bist, der Sohn Dr. Barnardos, und halte Dich abseits von allem, was schlecht und unehrenhaft ist, um Deiner Mutter und um meinetwillen.

Vergiß nicht, jeden Tag zu beten. Wenn wir Gott bitten, uns zu behüten, und wenn wir es wirklich wollen, dann wird er es auch tun. Wenn wir in Versuchung geführt werden, gibt er uns die Kraft, dem Bösen zu widerstehen. Zerreiß diesen Brief nicht, bewahre ihn sorgfältig auf, bis ich Dich wiedersehe. Lies ihn zwei- oder dreimal für Dich ganz allein und bitte dann Deine Mutter, ihn Dir zu erklären.

Auf Wiedersehen, mein geliebtes Kind, Gott behüte und segne Dich. Dein Dich liebender Vater Thomas J. Barnardo.«

Lange hielt er es am Mittelmeer nicht aus. Er kehrte nach England zurück und widerstand tapfer der großen Versuchung, die Arbeit wieder aufzunehmen, sich über das, was vorging, orientieren zu lassen. Zum erstenmal genoß er die Stille seines nahe bei Schloß Hampton Court gelegenen Landhauses und das ungestörte Zusammensein mit der Frau und den Kindern. Wie wohltuend war das gemächliche Wandern in die herrliche Umgebung, in die Gärten und ausgedehnten Parkanlagen, wie befreiend der Umgang und das fröhliche Spiel mit den Kindern, die sich mächtig freuten, daß ihr Vater so viel Zeit für sie hatte.

So erholte sich Barnardo wider Erwarten rasch, und als ihm dann endlich im Herbst 1895 Dr. Milne erlaubte, nach und nach an die Arbeit zurückzukehren, tat er es mit den besten Vorsätzen. »Ich darf nicht mehr in gleicher Weise arbeiten wie vor meiner Krankheit«, schrieb er einem seiner Mitarbeiter. »Sie und Ihre Kollegen werden darauf Rücksicht nehmen und sehr nachsichtig sein müssen. Ich werde nicht mehr alles tun können, was Sie von mir erwarten. Vielleicht wissen Sie nicht, daß ich vor meiner Erkrankung acht Monate lang praktisch pausenlos 16 bis 18 Stunden im Tag an der Arbeit gewesen bin, daß ich außer dem Frühstück keine andere Mahlzeit zu

Hause eingenommen habe und in bezug auf das Einnehmen dieser Mahlzeiten sehr sorglos war. Immer bin ich erst in den frühen Morgenstunden zur Ruhe gekommen. So darf es nicht wieder werden. Es ist ganz klar, daß ich mein Leben anders gestalten muß, wenn ich dem Werk noch einige Jahre dienen soll.«

Diesen lobenswerten Vorsätzen auch nachzuleben, war freilich nicht so einfach. Als bekannt wurde, daß Barnardo die Leitung der Heime wieder übernommen habe, wurde er überallhin eingeladen, alle wollten den Genesenen begrüßen, ihn beglückwünschen und ihn wieder einmal sprechen hören. Und da Barnardo ausgeruht war und sich im Vollbesitz seiner Kräfte fühlte, schlug er lange nicht jede Einladung aus. So war er bald wieder mehr auf Reisen, als er sich vorgenommen hatte. Peer, der Kutscher, wurde nach ruhigen Wochen wieder mächtig in Anspruch genommen, und Barnardos Gefährt, von der Bevölkerung »der fliegende Schotte« genannt, wurde wieder zu jeder Tages- und Nachtzeit gesehen. Nach ein paar Wochen sah Barnardo ein, daß er im Begriffe stand, ins alte Fahrwasser zu geraten. Syrie bat und Dr. Milne warnte, und so siegte noch einmal die bessere Einsicht: »Während ich auf Vortragsreisen auswärts für das Werk tätig bin, bleibt die Arbeit daheim liegen und häuft sich zu erdrückenden Bergen an, so daß bei meiner Heimkehr die schlimmste Hetze meiner wartet. Bis tief in die Nacht hinein muß ich mich der Erledigung der Briefe widmen, und noch ehe ich die Stöße aufgearbeitet habe, muß ich woanders hin. Damit fängt die Geschichte von vorne an. Ich muß mir allen Ernstes überlegen, ob ich es mir künftighin noch leisten darf, eine Einladung zu einer auswärtigen Veranstaltung anzunehmen.«

Und noch immer wuchs das Rettungswerk ohne Unterlaß, sich längst nicht mehr auf London beschränkend.

Nachdem eine Reihe von unaufgeklärt gebliebenen Mordfällen in Whitechapel die Aufmerksamkeit weitester Kreise auf die bedenklichen, ja beängstigenden Zustände in den Logierhäusern gelenkt hatte, setzte sich Barnardo energisch für die unverzügliche Einrichtung zweier Logierhäuser für Kinder ein, um wenigstens einen Teil der unglücklichen, kleinen Schlafgänger vor den Gefahren und zersetzenden Einflüssen zu bewahren, denen sie in den übrigen Logierhäusern ausgesetzt waren. Das eine war in der Flower-and-Dean Street, das andere in der Dock Street gelegen. Hier konnten die Kleinen für einen Penny Schlafgeld übernachten, doch wurde kein Kind abgewiesen, auch wenn es nicht in der Lage war, die Gebühr zu entrichten. In diesen Häusern fanden auch Mütter mit ihren Kindern Aufnahme. Die Türen wurden etwa um 19 Uhr geöffnet und die Personalien der sich meldenden Schlafgänger sorgfältig registriert. Dann gab es ein einfaches, doch schmackhaft zubereitetes Abendbrot, und ehe die jungen Schlafgänger in die Schlafräume entlassen wurden, fanden sie sich noch zu einer kurzen Andacht zusammen. Um 22 Uhr wurden dann die Türen versperrt und die Lichter gelöscht.

Da die Verhältnisse in andern Städten des Landes kaum besser waren als in London, da es auch dort eine praktisch außerhalb der Gesetze lebende Unterschicht und in dieser verlassene, heimatlose Kinder gab, strebte Barnardo in allen größeren Städten die Gründung von Kinderheimen an, deren Türen wie jene des ersten Knabenheimes am Stepney Causeway bei Tag und bei Nacht für die Schutz und Obdach suchenden Kinder offen stehen sollten. Außer in London unterhielt das Werk solch »Immer offene Türen« bereits in Bath, Belfast, Birmingham, Brighton, Bristol, Cardiff, Edinburgh, Hull, Leeds, Liverpool, Newcastle, Plymouth, Portsmouth, Sheffield und Southampton. Die Erwartungen, die Barnardo in diese Häuser setzte, erfüllten sich: für Hunderte von Knaben, halbwüchsigen Burschen und Mädchen nahm in ihnen ein neues, glücklicheres Leben seinen Anfang. Damit waren Barnardos Rettungsheime zu einer Einrichtung von nationalen Ausmaßen geworden.

Auch seinen Auswanderungsbestrebungen war ein voller Erfolg beschieden. Von Jahr zu Jahr konnte er mehr Kinder nach Kanada schicken. Während im Jahr 1894 die öffentlichen Hilfsorganisationen Englands insgesamt 299 Kindern zur Auswanderung verhalfen, brachte Barnardo deren 800 nach Übersee. Und das Werk kümmerte sich um das Wohlergehen jedes einzelnen. Die Auswanderer unter vierzehn Jahren wurden in Familien untergebracht, so daß sie sich natürlich in die neuen Verhältnisse hineinleben konnten. So lange sie schulpflichtig waren, kamen die Heime für ihr Kostgeld auf, im Gegensatz zu den Kindern der öffentlichen Hilfsorganisationen, die sich durch Arbeit in der schulfreien Zeit ihren Unterhalt selber verdienen mußten.

So hatten die Barnardokinder auch ihre Freizeit, in der sie sich nach Herzenslust mit ihren Kameraden tummeln konnten. Erwartungsfroh durchstreiften sie auf Entdeckungsfahrten die Wälder, kletterten auf Bäume, durchwateten Bäche, fischten und badeten und lernten so alle Herrlichkeiten kennen, die die

Herzen der kanadischen Kinder höher schlagen ließen. Im Winter bot sich ihnen reichlich Gelegenheit, Schlittschuh zu laufen, mit Ski und Schlitten auszuziehen oder Schneeballschlachten zu schlagen. Wie anders war es hier als in den Slums der Großstädte! Neben dem Besuch der öffentlichen Schulen betätigten sie sich in Haus und Hof, lernten reiten, Pferde führen und Kühe melken, fütterten Schafe und Schweine, besorgten Hühner, Truthähne, Gänse und Enten, und auch mit Hacke und Spaten wußten sie bald umzugehen. So wuchsen sie zu gesunden anstelligen Menschen heran, die man überall hinstellen und gebrauchen konnte. Kein Wunder, daß bald einmal die Nachfrage nach den Kindern das Angebot um das Achtfache überstieg.

Bei einem derart weitschichtigen Betrieb war die Versuchung für einen Mann wie Barnardo groß, sich immer mehr zuzumuten. Es ging ihm ja gesundheitlich wieder gut, was sollte er sich da länger schonen und alles in Rückstand kommen lassen! Was gab es nicht alles zu tun, um für die größte Familie der Welt zu sorgen! So ließ er denn bald jegliche Rücksichtnahme auf sich selbst fallen und schlug trotz den Mahnungen des Arztes und den Bitten seiner Frau das alte Tempo wieder an, das seine Kräfte Tag für Tag und bis tief in die Nächte hinein aufs äußerste in Anspruch nahm. Andern riet er: »Ich beschwöre Sie, darauf zu halten, daß Sie sich von nun an jeden Abend spätestens um 21.30 Uhr von Ihrer Arbeit zurückziehen. Das ist die einzige Möglichkeit, um Ihre Nervenkraft wieder herzustellen.« Er selber aber gönnte sich keine Ruhe, als habe er den Finger vergessen, den Gott mahnend erhoben hatte.

Londons fleißigster Mann

Das Haus am Stepney Causeway, in dem Barnardo vor einem Vierteljahrhundert sein erstes Knabenheim eröffnet hatte, war Hirn und Nervenzentrum des gewaltigen Werkes geworden. Hier, im Zentralbüro, liefen die zahllosen Fäden zusammen, die Barnardo mit seinen vielen Anstalten diesseits und jenseits des Ozeans verbanden. Schon im Winter 1888 waren zur Bewältigung der Büroarbeiten, zur Beantwortung der eingehenden Post für die Dankbriefe der aus aller Welt eintreffenden Spenden 120 Sekretäre, Schreiber, Schreiberinnen und Gehilfen beschäftigt gewesen, und seither hatten noch weitere Arbeitskräfte eingestellt werden müssen. Im Laufe des Jahres 1895 gingen in Stepney 158 030 Briefe und Pakete ein, und weggeschickt wurden sogar 197 657 Poststücke. Dazu kamen noch die Druckschriften, von denen jeden Monat etwa 150 000 Stück versandt wurden. Bis da nur alle Adressen geschrieben waren! Der Dezember war mit täglich mehr als 2000 Briefeingängen der am stärksten belastete Monat. Doch in Stepney wurden nicht nur Briefe beantwortet und die eingehenden Spenden gewissenhaft in die Bücher eingetragen, hier wurde auch über die Aufnahmegesuche von Kindern beraten und entschieden, und jedes ein- oder austretende Kind zur Ergänzung seiner Akten photographiert.

In Stepney erfolgte auch der Einkauf der für den gewaltigen Betrieb erforderlichen Lebensmittel und übrigen Güter sowie der Vertrieb und der Verkauf dessen, was in den Barnardo-Werkstätten und im Beschäftigungshaus fabriziert und hergestellt worden war. Eine klug und übersichtlich angelegte Registratur erleichterte den Betrieb, dem Barnardo mit einem ans Unglaubliche grenzenden Gedächtnis vorstand. Er vergaß kaum ein Gesicht, das er einmal gesehen hatte, und erinnerte sich sofort der Geschichte eines Menschen, mit dem er schon früher in Berührung gekommen war. Unter den Tausenden seiner Kinder kannte er die meisten persönlich und mit Namen. Dabei kümmerte er sich um alles, auch die kleinsten Einzelheiten waren ihm wichtig. Er war tatsächlich die Seele des Ganzen.

Sein Tagewerk begann schon daheim in Surbiton, wohin jeden Morgen ein Gehilfe die wichtigsten Briefe zu bringen hatte. Auch die mit dem Vermerk »Privat« versehenen Briefe befanden sich dabei, da diese immer von Barnardo selbst geöffnet wurden. Die eingegangenen Briefe wurden ihrer Dringlichkeit nach erledigt. Barnardo war ein Meister im Diktieren. Völlig auf die ihn beschäftigende Angelegenheit konzentriert, wußte er seine Gedanken mühelos zu formulieren, wobei er allerdings leicht der Gefahr erlag, zu lange Briefe zu schreiben. Briefe von neun bis zwölf Schreibmaschinenseiten waren bei ihm keine Seltenheit, sie konnten aber bis zu zweiundzwanzig Seiten lang werden. Ein eigener Bote brachte die Stenogramme nach Stepney, wo sie ins reine geschrieben wurden. Was bis um 13 Uhr nicht erledigt werden konnte, kam in den mit früheren Rückständen bereits angefüllten Korb, um dann am Samstag aufgearbeitet zu werden. Am Samstag pflegte er in Surbiton zu bleiben.

Dann eilte Barnardo zur Station, erwischte eben noch den Zug, wurde in der Stadt von Peer abgeholt und langte um 14.30 Uhr im Knabenheim an. Kaum hatte er Zeit, sich seines Hutes und des Mantels zu entledigen, weil schon die Sekretäre auf ihn warteten und seinen Entscheid in wichtigen Angelegenheiten haben mußten, die sie von sich aus nicht erledigen konnten.

Während des hastig eingenommenen Lunchs ließ er sich über schwierigere Fälle orientieren, erwog das Für und Wider, durchsuchte zwischen zwei Bissen einen Stoß von Papieren und erteilte die zur Abfertigung notwendigen Instruktionen.

Und das war erst der Auftakt. Sobald er dann seinen Arbeitsraum mit den beiden großen, aneinandergeschobenen und mit Briefen und Briefkörben beladenen Schreibtischen betrat, erfaßte ihn die tägliche Arbeit wie ein Wirbel, in den er mit unwiderstehlicher Gewalt gerissen wurde. Zuerst wandte er sich dem mit der Bezeichnung »Dringend« versehenen Stoß von Aktenstücken zu. Doch kaum hatte er mit dem Lesen des obersten Briefes begonnen, als ihn sein Privatsekretär daran erinnerte, daß für eines der Häuschen in Ilford eine neue Hausmutter angestellt werden müsse.

»Richtig. Da war ein Bewerbungsschreiben, das uns besonders gefallen hat.«

»Jawohl. Leider kann ich es Ihnen nicht vorlegen – «

Verwundert sah Barnardo auf. »Wieso nicht?«

»Weil es nicht mehr zu finden ist.«

»Aber Williams, ein Brief kann doch nicht einfach verloren gehen!«

»Möglicherweise befindet er sich in Ihrem Koffer.«

»Immer, wenn Sie einen Brief verlieren, verdächtigen Sie meinen Koffer. Ich weiß genau, was in ihm ist, Ihr Brief aber ist nicht dabei.«

»Soll ich nicht doch einmal nachsehen? Ich glaube nämlich, mich erinnern zu können, wie Sie ihn vorgestern mit andern Briefen in den Koffer steckten.«

»Lassen Sie, ich möchte schon lieber selbst nachsehen. Hat die Druckerei die Korrekturabzüge der neuen Nummer von ‚Nacht und Tag' noch nicht gebracht? Das Heft muß doch heute gedruckt werden.«

»Ich werde nachsehen, Herr Direktor.«

Als er mit den Abzügen zurückkam, hielt Barnardo das vermißt gewesene Bewerbungsschreiben in den Händen. »Sie haben recht gehabt, Williams. Tut mir leid. Unglücklicherweise öffne und durchsuche ich meinen Koffer nicht jeden Tag, und da sich noch etwa neunhundertneunundneunzig andere Dinge in ihm befinden, kann wohl einmal ein Brief darin untergehen.« Barnardo las den Brief aufmerksam und studierte auch die beigelegten Zeugnisse. »Macht mir einen guten, einen vorzüglichen Eindruck. Wir wollen es mit dieser Frau versuchen. Sie soll sich möglichst bald persönlich vorstellen. Haben wir nicht für heute den Architekten bestellt?«

»Jawohl.«

»Führen Sie ihn zu mir, wenn er kommt.«

Dann wurde mit der Durchsicht der Korrekturen begonnen. Seine eigenen Artikel wollte Barnardo immer selber durchlesen, um nötigenfalls noch kleine Änderungen anbringen zu können.

Zwischenhinein kam ein Telegramm mit der Nachricht, daß in einer der Anstalten eine ansteckende Krankheit ausgebrochen sei. »Versuchen Sie, Dr. Milne aufzutreiben, und sorgen Sie dafür, daß sofort eine ausgebildete Krankenschwester hingeschickt wird.«

Der Architekt brachte Pläne und Kostenberechnungen für einen notwendig gewordenen Umbau mit. Barnardo stimmte dem Projekt zu, schlug aber einige kleine Änderungen vor. Dann berieten sie noch über die Trockenlegung eines Grundstückes, das zu Besorgnissen Anlaß gegeben hatte. »Haben Sie das Haus schon gesehen, das uns Herr Robinson als Geschenk angeboten hat?«

Sobald der Architekt gegangen war, wurde ein Herr Fohl aus Chemnitz gemeldet, der den Wunsch hatte, Barnardo persönlich kennenzulernen. Er stellte mancherlei Fragen, die sich auf das von ihm bewunderte Werk bezogen. Erfreut über das Interesse des deutschen Hochschulprofessors, erteilte ihm Barnardo bereitwillig Auskunft. Nach ihm kam ein Journalist, der einen Artikel über Barnardos Rettungswerk zu schreiben beabsichtigte und dazu verschiedene Angaben benötigte. Barnardo unterhielt sich mit ihm eingehend über die in seinen Heimen angewandten Methoden und stellte ihm statistisches Material zur Verfügung. Dann erschien eine der Ilford-Mütter mit drei Mädchen, die ihre ersten Stellen antreten sollten. Alle drei waren bereit, das Enthaltsamkeitsgelübde zu unterschreiben. Mit Tränen in den Augen dankten sie dem Doktor für alle seine Wohltaten. »Wir werden die schönen Jahre in Ilford nie, nie vergessen.« Da sie nun aus der großen Familie entlassen wurden, überreichte ihnen Barnardo zum Abschied eine Bibel.

Es folgte eine Besprechung mit Herrn und Frau Dudley, die sich wegen ihres Sohnes, der ihnen großen Kummer bereitete, beraten lassen wollten. Das war durchaus nichts Außergewöhnliches, war doch Barnardo zahlreichen bemittelten Kindern der einzige gesetzliche Vormund. Zeitweise hatte er bis zu 87 Mündel zu betreuen. Und Herr und Frau Dudley schieden mit neuer Hoffnung.

Der Korrespondenz konnte sich Barnardo erst um 19.30 Uhr widmen, weil erst dann die letzten Besucher gegangen waren. Und so mannigfaltig wie die Anliegen der Besucher, waren die Anfragen und Gesuche der Briefschreiber. Ein Freund plante die Durchführung eines Basars zugunsten der Anstalten und bat Barnardo, den Anlaß mit einer Rede zu eröffnen. Eine frühere Spenderin schrieb, wie sie ins Unglück geraten und verarmt sei, und fragte an, ob ihr nicht mit einem kleinen Darlehen geholfen werden könnte. Ein Herr trug sich mit der Absicht, einen Barnardo-Knaben zu adoptieren, und verlangte die Bekanntgabe der Bedingungen. Ein Mädchen, das früher in Ilford gewesen, hatte sich mit einem Burschen eingelassen. Nun wußte es in seiner Not nicht mehr aus und ein, war dem Verzweifeln nahe und setzte nun seine letzte Hoffnung auf Barnardo. Ein langjähriger Spender gab seinem Unwillen Ausdruck, weil ein von ihm dringend empfohlenes Kind nicht aufgenommen worden war. Er drohte, das Werk nicht mehr zu unterstützen, wenn ihm nicht eine befriedigende Erklärung gegeben werden könne.

Gegen 22.30 Uhr ließ sich Barnardo die bereits geschriebenen Briefe zur Unterschrift vorlegen. Er las sie alle sorgfältig durch, entdeckte jeden Schreibfehler, und wenn ihm ein Satz oder auch nur ein Wort nicht gefiel, mußte der Brief verbessert oder neu geschrieben werden. Dazwischen diktierte er einige weitere Briefe. Die Schreibmaschinen klapperten.

Schon war es 23 Uhr und noch immer hatte man ihm nicht alle diktierten Briefe zum Unterzeichnen gebracht. »Vorwärts, in vierzig Minuten muß ich gehen, und ich gehe nicht, ehe ich diese Briefe gesehen habe. Wo bleiben sie nur so lange?«

Eben wurde ihm wieder einer vorgelegt. »Halt, halt, halt!« rief er aus. »Das kann doch nicht stimmen. Was haben Sie sich auch dabei gedacht. So geht das nicht. Diese Seite muß noch einmal geschrieben werden. Williams! Sorgen Sie bitte dafür, daß die Briefe, die noch nicht fertig sind, von Ihnen unterschrieben werden und heute noch auf die Post kommen. Lesen Sie sie sorgfältig durch, ich muß leider gehen, es ist allerhöchste Zeit. Harry soll mir morgen mit den Briefen ein Verzeichnis der dringenden Geschäfte bringen.« Er stürmte die Treppen hinunter, schwang sich in die längst bereitstehende Droschke, die sich einmal mehr als »fliegender Schotte« erweisen mußte, wenn Barnardo noch rechtzeitig die Waterloostation erreichen sollte.

Nun erst, während es in scharfem Trab durch die nächtlichen Straßen ging, fand Barnardo Zeit, die Beine auszustrecken, die Augen zu schließen und aufzuatmen.

Zuweilen blieb Barnardo über Nacht in Stepney. Dann inspizierte er das ganze Haus, ging wohl nach Mitternacht noch durch die Schlafsäle, machte mit der Nachtschwester die Runde durch das Krankenhaus, und dabei konnte nichts seinen kurzsichtigen Augen und seinem nachlassenden Gehör entgehen. Seine Mitarbeiter und Angestellten wußten, welch große Ansprüche er an sie stellte, doch waren die meisten von ihnen glücklich, für ihn und sein Werk arbeiten zu dürfen. Ein Wort der Anerkennung aus seinem Munde entschädigte sie für ihre Mühe. Er forderte ja nicht nur, er ging mit dem Beispiel völliger Hingabe an seine Aufgabe voran. Er lebte sein Leben nicht für sich, sondern für die anderen. Die Erniedrigten und Beleidigten standen ihm näher als er sich selbst. Indem er ihnen diente, ehrte er seinen himmlischen Meister.

Londons fleißigsten Mann nannten ihn die Leute.

Und er war und blieb es, bis die Krankheit, die schon einmal seinen Händen die Arbeit entwunden, sein Leben von neuem überschattete, seinem eisernen Willen sich entgegenstemmte und sich schließlich als der Stärkere erwies.

Du bist mein

Im Jahre 1901 wurde Barnardo mitten in der Arbeit von einem heftigen Herzkrampf befallen. Und in kurzen Abständen folgten dem Anfall weitere Attacken. Dr. Milne war aufs äußerste beunruhigt und riet dringend, Barnardos Bruder Fred, der praktizierender Arzt war, beizuziehen. Über die Art der Krankheit bestand für sie beide kein Zweifel, und der von ihnen gerufene Sir Lauder Brunton, einer der damals führenden Herzspezialisten, bestätigte ihre auf angina pectoris lautende Diagnose. Doch war er zuversichtlich. »Sie müssen nach Nauheim«, entschied er. »Dort werden ja nun diese Abnutzungskrankheiten mit großem Erfolg behandelt.«

»Haben Sie eigene Erfahrungen?«

»Jawohl. Ein paar wundervolle Fälle.«

»Und — wo liegt eigentlich Nauheim?«

»In Deutschland, im Hessischen. In prächtig waldiger Umgebung. Noch nie von diesem Herzbad gehört, das ja Weltruf genießt?«

»Tut mir leid —«

»Nun, dafür haben Sie sich um andere Dinge gekümmert, wie man weiß. Zuerst ist die Nauheimer Sole für Badezwecke nur für Rheumatiker benutzt worden. Bis dann 1858 Professor Beneke aus Marburg durch eine Reihe sorgfältiger Krankenbeobachtungen nachwies, daß auch Herzfehler durch die Nauheimer Sole sehr günstig zu beeinflussen sind.«

»Und wie das?«

Sir Lauder Brunton hob und senkte die Schultern. »Wir stehen da noch vor mancher ungelösten Frage. Sicher ist, daß die schwere Salzlösung einen Druck auf den Körper des Badenden ausübt, wodurch das Blut aus den Venen zum Herzen hingetrieben wird. So wird auf der einen Seite das Herz entlastet und auf der andern der Blutkreislauf beschleunigt. Doch hat auch die im Badewasser enthaltene Kohlensäure eine außerordentlich günstige Einwirkung auf die Herztätigkeit.«

»Und Sie glauben —«

»Jawohl, lieber Freund, ich glaube. Sie werden in Nauheim nicht nur ihre Herzkraft, sondern auch Ihre Leistungsfähigkeit zurückgewinnen.«

Sobald es sein Zustand erlaubte, trat Barnardo die Reise nach Deutschland an. Und während er daheim noch voller Unrast gewesen, kam schon auf der Fahrt, die ihn ja immer mehr von der zurückgelassenen Arbeit entfernte, eine herrliche Ruhe über ihn. Er fügte sich überraschend willig den Anordnungen der Ärzte, hielt sich ausruhend im weitausgedehnten, wunderbar angelegten Kurpark auf und spürte schon nach wenigen Tagen ein Nachlassen der Beschwerden. So dehnte er seine Spaziergänge immer weiter aus. Hatte er sich in der ersten Zeit damit begnügen müssen, auf ebenem Weg den Großen Teich aufzusuchen und, auf einem Bänklein sitzend, zu den beiden, im dunklen Wasser liegenden Inselchen hinüberzuschauen, so waren nun der idyllische Donnersgraben, der Johannisberg mit seiner weiten Aussicht ins Usatal und der Nauheimer Hochwald mit seinen alten Eichen und prächtigen Weißtannengruppen die bevorzugten Ziele seiner Wanderungen.

Sobald es ihm besser ging, begann er rasch der schon viel zu langen Untätigkeit überdrüssig zu werden. Er sah nicht ein, daß die Erledigung einiger Briefe seine Kur nachteilig beeinflussen sollte, und so forderte er, die Mahnungen seiner Ärzte in den Wind schlagend, seinen Privatsekretär telegraphisch auf, zu ihm nach Nauheim zu kommen und damit die Verbindung zwischen ihm und den Heimen herzustellen.

Herr Williams kam, und sein Erscheinen beschwor zum Entsetzen der Ärzte eine wahre, mit jedem Tage noch anschwellende Briefflut herauf. Dennoch besserte sich Barnardos Zustand weiterhin, und eines Tages brach er die Behandlung vorzeitig ab, kehrte nach England zurück und nahm seine Arbeit unverzüglich wieder auf. Wohl faßte er gute Vorsätze und legte sich zuerst gewisse Beschränkungen auf. Er gab sich Mühe, die Vortragstätigkeit auf das Allernotwendigste zu beschränken und kehrte nicht erst nach Mitternacht nach Surbiton zurück. Doch schon nach wenigen Monaten arbeitete er wieder auf vollen Touren.

Nicht, daß er den Finger je vergessen hätte, den Gott nun schon mehrmals mahnend erhoben hatte; aber gerade diese Mahnungen hatten ihm mit aller Klarheit zu Bewußtsein gebracht, daß es ihm wohl nicht beschieden war, so lange zu wirken, wie er gehofft hatte, und daß er mit einem plötzlichen Ende rechnen mußte. War es da nicht geradezu seine Pflicht, die ihm noch zugemessene Zeit voll auszunützen? Als Mediziner mochte er wissen, daß es unvernünftig, ja unverantwortlich war, wie er es trieb. Aber er war eben nicht in erster Linie Mediziner, sondern Christ, der daran glaubte, daß Gott kein Werkzeug auf die Seite legte, solange er seiner noch bedurfte.

Und es mußte noch so viel getan werden, so mancher Plan harrte der Ausführung! Die guten Erfahrungen, die er mit seinen jungen, dem Seemannsberuf zugeführten Leuten machte, hatten in ihm schon lange den Wunsch geweckt, seinem Werk ein Schulschiff anzugliedern, um so einen Teil seiner Zöglinge regelrecht auf den Dienst in der Marine ausbilden zu können, wie das ja bereits Lord Shaftesbury geplant hatte.

Kurz nach seiner Rückkehr von Nauheim wurde ihm zur Erweiterung seiner Anstalten in Norfolk bei North Elmham ein Gebäudekomplex angeboten, der, vor dreißig Jahren als Grafschaftsschule errichtet, seit mehreren Jahren nicht mehr benützt worden war. Barnardo erkannte sogleich, daß er hier nun die Möglichkeit hätte, die Marine-Ausbildungsschule, von der er träumte, einzurichten. Man ließ ihn auch wissen, daß sich jemand bereit erklärt habe, ihm für die Kaufsumme 500 bis 1000 Pfund zu spenden. Was sollte Barnardo tun? Hier bot sich ihm eine vielleicht nie wiederkehrende Gelegenheit. Durfte er aber eine derartige Erweiterung seiner Anstalten in einem Zeitpunkt verantworten, da ihn Geldmangel zu äußerster Sparsamkeit zwang?

Früher hätte er wohl ohne Bedenken zugegriffen, jetzt aber zögerte er. Da wurde ihm mitgeteilt, daß von dem ungenannten Spender ein noch größerer Betrag in Aussicht gestellt worden sei für den Fall, daß Barnardo sich entschließen könnte, in Elmham eine Marineschule einzurichten.

So fuhr denn Barnardo nach Elmham, um das Anwesen zu besichtigen und zu prüfen, ob es sich zur Verwirklichung seiner Pläne auch eignen würde. Es war an einem herrlichen Sommertag, an dem sich Barnardo äußerst frisch fühlte. Gebäude und Umgebung machten den besten Eindruck auf ihn. Er hätte es sich nicht besser wünschen können: Spielplätze, Schwimmbad und Bootshaus, alles war schon vorhanden. Freilich blieb seinem geübten Auge nicht verborgen, daß die notwendigen Reparaturen und Aus- und Umbauten einen bedeutenden Betrag verschlingen würden, daß es also mit dem Aufbringen der Kaufsumme nicht getan wäre. Doch der Spender, der sich ihm nun als E. H. Watts, Teilhaber einer bedeutenden Reederei in London, vorstellte, war vom Plan, in Elmham eine Marineschule zu gründen, nicht minder begeistert als Barnardo selbst. Um Barnardos letzte Bedenken zu zerstreuen, erklärte er sich bereit, das gesamte Anwesen zu erwerben und es nachher Barnardo zu überlassen. Doch noch ehe die Verkaufsverhandlungen abgeschlossen waren, erkrankte Barnardo neuerdings, so daß er ein zweites und drittes Mal nach Nauheim fahren mußte, wo er wohl zu den ungeduldigsten Patienten gehörte. Sobald die Beschwerden einigermaßen erträglich waren, packte er zusammen und fuhr nach England zurück.

»Könnte er sich doch darauf verstehen, wenigstens die Last der laufenden Geschäfte seinen Mitarbeitern zu überlassen!« klagte Dr. Milne, der das Unheil nahen fühlte. Barnardo schüttelte den Kopf. Er wollte nichts aus den Händen geben. »Wenn nicht ich mich der Sache annehme, dann wird sie überhaupt nicht getan«, erklärte er eigensinnig.

In Nauheim hatte er Zeit genug gehabt, seinen Plan für Elmham bis ins Kleinste durchzudenken. Nun brannte er darauf, ihn in die Tat umzusetzen. Wer konnte denn wissen, wie lange ihm noch Zeit dazu blieb? Das ganze Haus sollte wie ein Schulschiff geschaltet und eingerichtet werden, in dem alles bis zum Schlag der Stunden den Verhältnissen auf einem richtigen Schiff entsprach. Die Leitung der Schule würde er einem erprobten Marineoffizier übertragen. Da er die beträchtlichen Kosten unmöglich von den laufenden Einnahmen abzweigen konnte, sah er keine andere Möglichkeit, als wieder einmal mit einem Aufruf an seine Freunde zu gelangen, obwohl er befürchten mußte, daß dieses Vorgehen nicht ohne weiteres von allen gebilligt würde.

Als er sich eben hingesetzt hatte, um den Aufruf zu schreiben, den er noch am gleichen Tag in die Druckerei geben mußte, brachte ihm ein Bote die Meldung, daß Watts ihn dringend bitte, unverzüglich bei ihm vorzusprechen.

Barnardo erschrak. Was war geschehen? Waren Schwierigkeiten aufgetaucht, hatte Watts seinen Entschluß geändert? Schlimmer Ahnungen voll ließ er sich von Peer hinfahren. Es wäre ja nicht die erste Enttäuschung gewesen!

Doch zu seiner freudigen Überraschung eröffnete ihm Watts, daß er mit seinem Sohne übereingekommen sei, die Sache noch weitgehender zu unterstützen. Sie seien bereit, nicht nur das Gebäude zu kaufen, sondern auch noch sämtliche aus Umbau, Reparaturen und Neueinrichtungen erwachsenden Kosten zu übernehmen.

Barnardo atmete auf. So war ihm auch diese Last abgenommen worden. Nun wurden die Arbeiten unverzüglich in Angriff genommen, und im Frühling 1903 konnte die Schule eröffnet werden. Zwei Jahre später beherbergte sie bereits über 150 Knaben, die hier ihre Lehrzeit absolvierten, um nachher in die Kriegs- oder Handelsmarine einzutreten.

Außer der Eröffnung der Schule in Elmham brachte das Jahr 1903 noch weitere Ereignisse. Im Juli entgleiste zwischen Liverpool und Birkdale der Zug, in dem Barnardo reiste. Wenn er dabei auch von ernsthaften Verletzungen verschont blieb, so wirkte sich doch der erlittene Schock ungünstig auf sein geschwächtes Herz aus.

Doch schon kurze Zeit nach diesem Schrecken widerfuhr ihm, dem Kinderfreund, eine große Freude. »Gratulieren Sie mir und bezeugen Sie mir Ihre Hochachtung«, schrieb er der Oberin in Ilford, »soeben bin ich Großvater eines allerliebsten Bübleins geworden. Daß ich das noch erleben durfte! Meiner Tochter geht es den Umständen entsprechend gut. Nach schwerem Kampf darf sie nun die Wonnen der Mutterschaft kennenlernen.«

Im folgenden Jahr reiste Barnardo erneut nach Nauheim, da ihm sein Herz immer mehr zu schaffen machte. Ach, diese Nächte, in denen der Schlaf ihn floh und er mit schweißnasser Stirn, dem Ersticken nahe, nach Atem ringen mußte! Er war jedesmal wie erlöst, wenn endlich die Dunkelheit wich, wenn sich die Umrisse der hohen Parkbäume vor dem Fenster vor dem verblassenden Himmel abzuzeichnen begannen. Und wenn ihn Syrie beim Frühstück mit ängstlich besorgtem Blick fragte, wie er geschlafen habe, dann lächelte er ihr zu: »Danke, mein Liebes, ganz leidlich.«

Diesmal nahm er den Angestellten mit, der ihm jeden Morgen die Post nach Surbiton zu bringen pflegte. Er war anstellig und ein flinker Arbeiter, der wohl fähig war, die Verbindung mit dem Zentralbüro aufrecht zu erhalten und Barnardos Instruktionen an den Sekretär in Stepney weiterzuleiten. Dem jungen Mann war in Nauheim nicht viel freie Zeit beschieden.

Es bereitete Barnardo großen Kummer, daß just während seiner Abwesenheit eine Gruppe von Mädchen nach Kanada ausreiste. Es war nicht anders einzurichten gewesen. Nun würden sie sich zum erstenmal ohne ihn in der kleinen Kirche des Mädchendorfes zur Abschiedsfeier versammeln. Alles, was er noch für sie tun konnte, war, ihnen einen letzten Brief zu schreiben. »Scheuen Sie sich nicht, ihnen einen Satz zweimal vorzulesen, wenn Sie den Eindruck haben, er sei beim erstenmal nicht richtig verstanden worden«, ließ er seinem Sekretär ausrichten. »Und wenn Sie den Brief vorgelesen haben, dann fragen Sie: ‚Nun, Kinder, habt ihr verstanden, was Dr. Barnardo euch zu sagen hat? Möchtet ihr, daß ich euch den Brief noch einmal lese?'«

Was war es, was er den jungen Auswanderern noch einmal mit aller Eindringlichkeit ans Herz legen wollte? »Meine lieben Kinder, Ihr wißt, daß Ihr alle meine Kinder, meine Mädchen, seid und daß ich Euch alle lieb habe. Wißt Ihr auch, wie Ihr meine Kinder wurdet? Nun, ich will es Euch sagen. Gott gab Euch mir, einige von Euch, als sie noch ganz kleine Mädchen waren, einige waren noch Wickelkinder. Andere hat er meiner Familie zugeführt, als sie schon bedeutend älter waren. Aber jedes von Euch war ein mir von Gott gegebenes, feierliches Geschenk. Vom ersten Augenblick an, da er mir Euch gab, habe ich versucht, Euch zu lieben, und das zu tun fiel mir nicht sonderlich schwer, weil mir alle Kinder lieb sind.« Dann schrieb er ihnen vom schönen und leuchtenden Land, in das sie nun gehen würden, und bat sie, sich täglich dessen zu erinnern, was sie im Heim gelehrt worden waren, und keinen Tag vergehen zu lassen, ohne um Gottes Segen gebetet zu haben. »Vergeßt nie, meine lieben Mädchen, daß Ihr und ich, daß wir alle nicht glücklich leben können, ohne zu beten, weil nur das Gebet Gott in unser Leben hineinbringt und wir nur im Gebet unsere Sorgen ihm übergeben können.«

Wie immer, so nahm er auch diesmal sofort nach seiner Rückkehr die Arbeit wieder auf; doch die ihm nahestanden, bemerkten wohl, daß seine Kräfte nachzulassen begannen, wie sehr er sich auch zusammennahm. Sich selber machte er freilich nichts vor. So schrieb er einem alten Freund nach Dublin: »Ihr Alter wird mir nie beschieden sein. Kleine Anzeichen bringen mir zum Bewußtsein, daß ich nicht mehr im Vollbesitz meiner Kräfte bin, und das Herz, das während des letzten Anfalls sehr geschwächt wurde, mahnt mich, daß wir hier keine bleibende Stätte haben.«

Nicht, daß er niedergedrückt gewesen wäre. Er fürchtete sich nicht vor dem Letzten, weil er wußte, daß dahinter ein neuer Anfang stand. »Ich habe dem

Tod schon mehrmals ins Angesicht geschaut«, schrieb er einer Frau, die ihren Gatten verloren hatte. »Und ich kann Ihnen versichern, er ist nicht so schrecklich und dunkel, wie er gemalt wird. Es war mir, als läge ich in Freundes Armen.«

In einem Brief erzählte Barnardo am 27. Juli 1905 seinem ältesten Sohne ausführlich von den Festlichkeiten, die aus Anlaß seines 60. Geburtstages unter dem Vorsitz des Lord Mayors von London stattgefunden hatten. Die Königin hatte ein Telegramm geschickt, und außer Bischöfen und zahlreichen Pfarrern hatten auch der Herzog von Argyll, Lord Brassey und Lord Reay das Wort ergriffen. »Nach dem, was da gesagt wurde, bin ich ein Engel mit Zwicker und in Pantoffeln, so daß ich mich nachher tatsächlich im Spiegel betrachten mußte, um festzustellen, ob meine Flügel noch nicht zu wachsen begonnen hätten. Leider habe ich auf meinen Schultern nicht das geringste Anzeichen von Flaum feststellen können, so daß ich vermute, man habe doch in der Schilderung meiner engelhaften Tätigkeit ein wenig übertrieben.«

Kurz darauf nahmen Barnardos Beschwerden wieder derart zu, daß ihm die Ärzte am 31. August dringend rieten, wiederum ins Herzbad zu fahren. Und zwar ohne Angestellten. In Köln mußte er wegen der raschen Verschlimmerung seines Zustandes die Reise für vier Tage unterbrechen. Schließlich konnte er dann doch weiterfahren, aber diesmal hatten die Bäder keine schmerzlindernde Wirkung mehr. Barnardo erkannte wohl, daß nun die Kerze niedergebrannt war. Er durfte nicht länger bleiben. Er bereitete alles zur Heimreise vor, schleppte sich in Begleitung einer Pflegerin noch einmal zu den Kaufhallen in der Parkstraße, wo er bei seiner Ankunft in der Auslage eines Juweliers einen schönen Silberschmuck entdeckt hatte. Den wollte er Syrie nach Hause bringen. Obwohl er vor Atemnot kaum sprechen konnte, ruhte er nicht, bis er den Schmuck erstanden und in seiner Brusttasche verwahrt hatte. Er lächelte unter Schmerzen vor sich hin, während ihm die Pflegerin in den Wagen half. Nun konnte er reisen.

Am 9. September erhielt Frau Barnardo aus Paris ein Telegramm des Inhaltes, daß Barnardo einen äußerst heftigen Anfall erlitten habe und allein nicht mehr weiterreisen könne. Sofort fuhren ihm Frau Barnardo, sein jüngster Sohn Cyrill und Dr. Fred Barnardo, sein Bruder, nach Paris entgegen.

Sein Zustand war äußerst kritisch, auch die herbeigerufenen französischen Spezialisten wußten keinen Rat mehr. Keuchend saß der Kranke im Bett des kahlen Hotelzimmers. »Danke, Liebstes«, nickte er seiner Frau zu. Ihr Erscheinen beruhigte ihn, und als die Krämpfe etwas nachließen, deutete er auf den über der Stuhllehne hängenden Rock. »Willst du nicht nachsehen, Syrie? Dort, in der linken Brusttasche.«

Sie fand das Schächtelchen und öffnete es. Tränen rannen ihr über die Wangen. »Tom, mein lieber, guter Tom!«

»Gefällt es dir?«

»Wie sollte es nicht! Nie habe ich ein schöneres Stück gesehen!«

»Dann ist es gut.«

Umhegt von der Liebe seiner treuen Gefährtin besserte sich sein Zustand von Tag zu Tag, so daß sie die Heimfahrt antreten konnten. Am 14. September langten sie in St. Leonhard's Lodge, dem Hause Barnardos in

Surbiton, an. Ein paar Tage ging es auf und ab, im allgemeinen war aber doch eine allmähliche Besserung festzustellen. Barnardo fing schon wieder an zu lesen und einige wichtige Briefe zu diktieren.

Am 19. September diktierte er von zehn Uhr vormittags bis um sechzehn Uhr. Dann verabschiedete er sich von seinem Sekretär. Nun war er wirklich müde. Vielleicht hatte er sich doch etwas zu viel zugetraut. Er bat, seinen bequemen Lehnstuhl neben den Kamin zu schieben. Dann schlief er ein. Als er um 17.45 Uhr erwachte, brachte ihm Frau Barnardo den Tee. »Es tut mir leid, daß ich so müde bin. Ich bin eben doch schon alt geworden«, lächelte er. »Und ich hätte doch noch so viel zu tun gehabt«, fügte er nachdenklich hinzu.

»Aber Tom, was hast du nicht schon alles getan.«

»Einiges ja. Aber weißt du, Syrie, eines hätte ich noch so gerne tun wollen. Immer nahm ich es mir vor, und nie habe ich Zeit gefunden dafür.«

»Nun?«

»Ein Märchenbuch schreiben, ja, das ist schon immer mein Wunsch gewesen. Schon als Knabe.«

»So wirst du es nun für deine Enkelkinder schreiben.«

Barnardo lächelte still vor sich hin. Dann wandte er mühsam den Kopf seiner Frau zu. »O Syrie, mein Kopf ist so schwer.« Sie eilte zu ihm hin. »Laß mich ihn an dein Gesicht lehnen.«

Mit leiser Hand strich sie ihm über die Stirn.

Da seufzte er auf und lehnte sich im Stuhl zurück. Nun litt er keine Schmerzen mehr, er war für immer eingeschlafen. Von der Uhr auf dem Kaminsims schwangen sechs silberhelle Schläge durch den Raum.

Am 22. September wurde die Leiche nach London überführt und in der Kirche des Edinburger Schlosses aufgebahrt. Während drei Tagen zogen Tausende von Männern, Frauen und Kindern an seinem, ganz in Blumen eingebetteten Sarg vorüber. Am 27. September, dem Begräbnistag, bewegte sich ein einzigartiger Zug vom Edinburger Schloß durch die Straßen von Ostlondon nach Liverpool-Street Station. Voran gingen die Knaben von Barnardos Musikkapelle, denen weitere 1500 Kinder aus den Anstalten folgten. Auf jeder Seite des Leichenwagens schritten 22 Bahrtuchträger, und hinter ihnen führte Peer die leere Kutsche Barnardos. Dann kamen die Vertreter des Werkes, die Vorsteher und Angestellten der Anstalten, die Freunde und die Abgeordneten ungezählter wohltätiger Vereine. Und überall, wo der Trauerzug durchkam, ruhte der Verkehr. Zahlreiche öffentliche Gebäude hatten ihre Fahnen auf Halbmast gesetzt, und zu Zehntausenden säumte die Menge die Straßen. Sie stand da, ergriffen, schweigend, die Männer mit entblößten Häuptern.

Einmal schrie eine Frau auf: »O Gott, gib ihn uns wieder zurück, gibt ihn uns wieder zurück!«

Dann herrschte wieder Stille, in der nur noch der gedämpfte Klang der Begräbnisglocke von St. Botholphs zu hören war.

Im Bahnhof nahm Frau Barnardo den Sarg in Empfang, dann führte ein Extrazug die Trauergemeinde nach Barkingside. Im Mädchendorf wurde in einem großen Zelt der Trauergottesdienst gehalten. Obwohl es in Strömen regnete, war das Zelt zum Brechen voll und Hunderte von Personen, die keinen Einlaß mehr gefunden, standen draußen im Regen.

Unter ihnen die schluchzenden Mädchen des Kinderdorfes.

Domherr Fleming sagte in seiner Trauerrede: »Dr. Barnardo kennen, hieß ihn lieben, und wer mit ihm arbeitete, der durfte einen Hauch vom Geiste Christi verspüren. Deshalb nimmt er heute seinen Platz ein unter den großen Wohltätern der Menschheit, wie John Howard, Elisabeth Fry, William Wilberforce, Lord Shaftesbury und die andern, die ein Salz der Erde gewesen sind.«

Nach der Feier wurde der Sarg noch während einiger Tage in der Kirche des Mädchendorfes aufgestellt. Dann wurde, was sterblich gewesen, eingeäschert und, nach dem Wunsche Barnardos, am 4. Oktober auf dem grünen Rasenplatz, der ihm allezeit ein Lieblingsort gewesen, in die Erde gelegt.

Was aber Thomas John Barnardo in seinem Leben geschaffen, wirkt fort bis auf den heutigen Tag. Die Heime, die er gründete, um die Kinder der Straße aufnehmen und in christlichem Geiste erziehen zu können, stehen weiterhin offen, ja, die Zahl der zu »Dr. Barnardo's Homes« gehörenden Häuser ist auf weit über hundert gestiegen.

Was für ein großer Baum ist aus dem Senfkorn geworden! 7000 Kinder werden Tag für Tag in den Barnardo-Heimen gespeist, gekleidet und zu brauchbaren Menschen erzogen, und es sind mehr als 150000 Knaben und Mädchen, die bis heute durch Barnardos Liebe und Glaubensmut gerettet worden sind. So wuchs die Wirkung des Geschaffenen, und sie wächst weiter wie alles, was aus der Liebe lebt, ohne Pause und ohne Ende.

Literatur-Nachweis

»Something Attempted. Something Love«
By T. J. Barnardo (1889)

»Dr. Barnardo: The Foster Father of Nobody's Children«
By J. H. Batt (1904)

»Memoirs of the late Dr. Barnardo«
By Mrs. Barnardo und Sir James Marchant (1907)

»Dr. Barnardo: Physician, Pioneer and Prophet«
By Dr. J. Wesley Bready

»Dr. Barnardo, der Vater der Niemandskinder«
Von Immanuel Friz (1908)

»The Boy who did grow up«
By Newman Plower (1916)

»The Keys of Paradise«
By Darkin Williams (1927)

»Barnardo of Stepney. The Father of Nobody's Children«
By A. E. Williams (1942)

»Lord Shaftesbury, ein Helfer der Bedrängten«
in »Helden der Menschlichkeit« von Benno Steinitz (1950)

Der Stoff dieses Buches hat mich während mehr als 20 Jahren beschäftigt. Die Niederschrift der endgültigen Fassung erfolgte in den Jahren 1944–1955.

E. E. R.

Inhaltsverzeichnis

Ein Mensch wird zweimal geboren 7
Missionare für China 15
Sonderbarer Kerl, dieser Barnardo! 22
Der Weinberg im Sumpfe der Großstadt 28
Gottes Wort im Eselstall 38
Niemandskinder 45
Die Geschichte des kleinen Jim 55
Islington 64
Einblick in ein dunkles Kapitel 70
Auf dem Fischmarkt von Billingsgate 80
In Dick Fishers Kaffeehaus 91
Die gelbe Rübe 99
Gehet hin in alle Welt 107
Neue Pläne 113
Eine Mutter schreibt ihrem Sohn 123
»Zu des Königs Waffen« 128
Unter den Freudenmädchen 133
Der Zusammenbruch 144
Die Entscheidung fällt 158
Die Kotkugel 167
Lebewohl, Jim Jarvis! 177
Die offene Tür 187
Eine Nacht des Schreckens 201

Der Mann mit der Laterne	209
Der König der Diebe	224
Es waren ihrer drei	241
Eine gewisse Miß Elmslie	257
Abenteuer in Golden Lane	268
Die Teufelszitadelle	286
Ein Baum wächst im Ostend	300
Billy und Bess	311
Wie schön ist deine Liebe!	322
Erfüllung und Enttäuschung	339
In Oxford wird es hell	352
Wetterleuchten	359
Mutter Brown	374
Das Gewitter bricht los	383
Das Kleinod im Ringe	394
Gott ist nicht taub	406
Die rettende Hand	418
Liebe und diene	428
Das Herz in Stepney	436
Die Speisung der Fünftausend	447
Neue Sorgen — schweres Leid	459
Die jungen Helfer	469
Gott hebt mahnend seinen Finger	476
Londons fleißigster Mann	486
Du bist mein	494

Weitere Titel von Emil-Ernst Ronner

Emil-Ernst Ronner

Die Krone des Lebens
Blanche Gamond – Ein Leben für den Glauben

Tb., 342 S., Nr. 74.101, ISBN 3-7751-0504-2

Hintergrund des geschilderten Schicksals von Blanche Gamond ist die Zeit, in der der hugenottische Glaube bei Todesstrafe verboten ist und in der sich Widersetzende grausam verfolgt werden. Auch die begüterte Familie Gamond wird ihres ganzen Besitzes beraubt. Um der ihnen drohenden Gefangenschaft zu entgehen, verbirgt sie sich wochenlang in der Wildnis und versucht ins Ausland zu flüchten. Die achtzehnjährige Tochter wird jedoch eingekerkert und hat unvorstellbares Leid zu erdulden. Doch selbst die grausamsten Folterungen erschüttern ihren Glauben nicht, den sie immer wieder als tröstendes Licht auch an andere weitergibt.

Emil-Ernst Ronner

Der Turm der Constance
Marie Durand – Der Engel der Vergessenen

Tb., 424 S., Nr. 74.102, ISBN 3-7751-0892-0

Da im Haus der Familie Durand hugenottische Zusammenkünfte stattfinden, werden die Eltern eingekerkert, die erst fünfzehnjährige Marie für achtunddreißig Jahre gefangengehalten. Aber Marie Durand nutzt ihre Gefangenschaft, um sich der etwa dreißig Mitgefangenen in Liebe anzunehmen, sie zu pflegen, zu trösten, mit ihnen Andachten zu halten und sie mit ihrer Liebe und ihrer starken Glaubenstreue immer wieder aufzurichten. Das von ihr im Gefängnis eingekratzte Wort »RECISTER« (»widerstehet, haltet Stand«) wird zum Glaubensbekenntnis der Gefangenen.

Bitte fragen Sie in Ihrer Buchhandlung nach diesen Büchern! Oder schreiben Sie an den Hänssler-Verlag, Postfach 12 20, D-73762 Neuhausen-Stuttgart.

hänssler

Emil-Ernst Ronner

Die Lerchen Gottes
Die drei Hirten von Bordeaux
Aufstand der Kamisarden

Tb., 320 S.,
Nr. 74.103, ISBN 3-7751-1994-9

Nach Aufhebung des Ediktes von Nantes erläßt Louis XIV. ein neues Dekret, in welchem u. a. den etwa sechshundert protestantischen Pfarrern befohlen wird, Frankreich innerhalb von fünfzehn Tagen zu verlassen oder zum katholischen Glauben überzutreten. Mit dem Fehlen der Pfarrer bricht für die Hugenotten eine Zeit bitterer Leiden an, in der für sie nur noch unter Todesgefahr heimliche Zusammenkünfte möglich sind. Die sich daraufhin ausbreitende Inspirationsbewegung erfaßt in großer Zahl auch Kinder und Jugendliche, von denen manche auch zu predigen beginnen, um die Hugenotten zum weiteren Ausharren zu ermutigen. Amos du Ferre, ein begüterter Edelmann und eifriger Protestant, bildet Jugendliche heimlich zu Predigern aus, die mit begeistertem Einsatz erfolgreich als Lerchen Gottes zu wirken beginnen – unter ihnen die drei jungen Hirten aus Bordeaux.

Bitte fragen Sie in Ihrer Buchhandlung nach diesem Buch! Oder schreiben Sie an den Hänssler-Verlag, Postfach 12 20, D-73762 Neuhausen-Stuttgart.